■ 本书受温州商学院著作出版基金资助

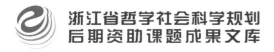

浙江省哲学社会科学规划
后期资助课题成果文库

追梦与幻灭：
报人成舍我研究

Zhuimeng Yu Huanmie：
Baoren Cheng Shewo Yanjiu

黄志辉　著

中国社会科学出版社

图书在版编目（CIP）数据

追梦与幻灭：报人成舍我研究 / 黄志辉著 . —北京：中国社会科学
出版社，2017.3

ISBN 978 - 7 - 5161 - 9344 - 0

Ⅰ. ①追…　Ⅱ. ①黄…　Ⅲ. ①成舍我（1898 - 1991）- 人物研究

Ⅳ. ①K825. 42

中国版本图书馆 CIP 数据核字（2016）第 280822 号

出　版　人　赵剑英
责任编辑　许　琳
责任校对　邓雨婷
责任印制　李寡寡

出　　　版　中国社会科学出版社
社　　　址　北京鼓楼西大街甲 158 号
邮　　　编　100720
网　　　址　http://www.csspw.cn
发 行 部　010 - 84083685
门 市 部　010 - 84029450
经　　　销　新华书店及其他书店

印刷装订　北京市兴怀印刷厂
版　　　次　2017 年 3 月第 1 版
印　　　次　2017 年 3 月第 1 次印刷

开　　　本　710 × 1000　1/16
印　　　张　22.5
插　　　页　2
字　　　数　370 千字
定　　　价　78.00 元

序

　　黄志辉博士的大作《追梦与幻灭：报人成舍我研究》出版了。这是他穷五年精力孜孜以求的硕果。翻看每章每节都可见珠玑纷呈、玲琅满目，让人爱不释手。

　　对一个个鲜活的著名新闻界人物展开研究是新闻史研究的一个核心领域。这种研究，能更清晰地展现新闻观念、新闻业务和经营理念的演进。研究中国新闻界的历史人物，可以探索新闻事业的发展规律，特别是可以找出中国新闻事业发展的特殊规律。

　　成舍我有着近80年的新闻工作生涯，他在中国大陆、香港和台湾地区都创办过报纸，因而研究成舍我的意义自不待言。但各地研究成舍我者众多，对已有研究的深入了解和把握实属不易，仅图书就有100来种之多，文章更是汗牛充栋；况成舍我创办和工作过的报刊不下16家，这些报刊不一一阅看，谈不上会有深入的研究；成舍我写过的文章、日记和他的演讲，更是研究不可或缺的第一手材料。他一生笔耕不缀，但他认为他的报章文字，应时第一，没有重行阅读的价值，而不同意结集出版，这又为研究增添了难度；他的同事、故人、亲朋好友、学生及其他接触过的人，他们有关成舍我的文章，同样繁多且驳杂；分散于北京、上海、重庆、台湾等地的相关档案，同样查找不易，费时费力费钱。虽然各种数据库的面世，给了我们很多前人想象不到的方便，但仍有一些是数据库和网络上查找不到的。黄志辉博士自费上北京，下台湾，多方搜寻各种相关史料，可说是"上穷碧落下黄泉"。每当他发现一点前人还没发现的或还没发表过的有用材料，他每每第一时间同我分享，当时他的欣喜之情溢于言表，至今仍历历在目。

　　黄志辉博士认为：新闻史人物研究，一方面借鉴"兰克式的、实证主义模式"，注重史料的搜集和核实，努力还原人物的人生轨迹；一方面借鉴"年鉴派的、综合主义的模式"，通过各种途径去解释史料，努力达到不仅要叙述"是什么"，还要分析说明"为什么、有何影响"，即用史料综合阐释人物的内心世界，包括他是如何走上新闻业道路的？他的政治思想、新闻思想是如何形成的？两者又有无必然的关联？在职业生涯中又碰到过哪些危机？对其事业又有何种影响？他是这样想的，也是这样做的。在研究各种史料的时候，他有强烈的问题意识，善于发现问题，然后加以仔仔细细地分析，得出解决问题的结论。因而我以为，该书史料丰富翔实，论据充分，论证严谨，所得结论令人首肯。这是一本难得的史论专著。字数不是很多，但给人沉甸甸的厚重感。

成舍我作为具有"好言功利"性格的民族资产阶级报人，虽在20世纪20年代后期开始沉陷政治纷争。但他始终不渝的爱国情怀和丰富的新闻工作经验，又使他在新闻界具有较高的声望和影响。成为中国的报业大王，组建中国的报业托拉斯之梦，成为他大半生的执着追求，"如飞蛾扑火般地一次次跌倒，一次次站起，其悲壮直可使每一个从事新闻业的人感叹不已，然而中国近现代的政经之路，注定了他的梦想终将幻灭"。

掩卷而思，不禁让人浮想联翩。近现代中国多少仁人志士都在寻找救国救民的真理。最终在中国共产党的领导下，中国人民选择了具有中国特色的社会主义道路。我们应该借鉴各国新闻事业发展的经验和教训，坚持为中国特色的社会主义服务。坚持这一原则，我国的新闻事业必将迎来健健康康、蓬蓬勃勃的更大发展。

许清茂

2015 年 12 月 18 日草于厦门大学北村

目　　录

引论　中国新闻史人物研究与成舍我研究 ……………………………（1）

　　一　人物研究是中国新闻史研究的核心领域之一 ……………（1）

　　二　成舍我是中国近现代新闻史中独树一帜的报人 …………（7）

　　三　成舍我研究文献回顾 ………………………………………（9）

　　四　本书的研究思路及章节架构 ………………………………（37）

第一章　"惨绿少年"：新闻精神的孕育 ………………………………（40）

　　第一节　"立志做新闻记者" ……………………………………（40）

　　第二节　任职上海《民国日报》与"问政"意识的初步锤炼 ……（46）

　　第三节　加入南社与"南社内讧"事件 …………………………（56）

　　　　一　加入南社 …………………………………………………（56）

　　　　二　成舍我与"南社内讧"事件 ……………………………（61）

　　第四节　求学北大与五四新文化运动中的成舍我 ……………（70）

　　　　一　求学北大 …………………………………………………（70）

　　　　二　五四新文化运动中的成舍我 ……………………………（73）

第二章　"'世界'与'民生'辉映"：《世界日报》系和

　　《民生报》 ……………………………………………………………（81）

　　第一节　成舍我世界主义思想的形成 …………………………（81）

　　第二节　《世界日报》系 …………………………………………（95）

　　　　一　启航《世界晚报》 ………………………………………（95）

　　　　二　《世界日报》的创办及其办报特色 ……………………（101）

第三节　《民生报》发刊日考 ……………………………………（135）
　　一　关于发刊日的几种说法 …………………………………（136）
　　二　对发刊日的辩证 …………………………………………（138）

第四节　"五洲未定一年游"：对成舍我20世纪30年代初欧美
　　　　远游的考察 ………………………………………………（142）
　　一　欧美远游的缘起 …………………………………………（143）
　　二　欧美远游的行程 …………………………………………（146）
　　三　欧美远游的影响 …………………………………………（149）

第五节　《民生报》停刊事件：中国言论斗争史上的典型
　　　　案例 ………………………………………………………（154）
　　一　事件全扫描 ………………………………………………（155）
　　二　事件原因分析 ……………………………………………（162）
　　三　事件的影响 ………………………………………………（170）

第三章　"大众化报纸新革命"：小型报上海《立报》 ………（173）
第一节　成舍我的大众化报纸思想 ……………………………（173）
　　一　大众化报纸思想的形成 …………………………………（175）
　　二　大众化报纸思想的内涵 …………………………………（178）
　　三　大众化报纸的实践：小型报办报策略 …………………（182）
第二节　小型报的杰出代表：上海《立报》 …………………（185）
　　一　《立报》的创刊 …………………………………………（185）
　　二　精编主义编辑原则 ………………………………………（189）
　　三　"在本报销达十万份之前，不载广告" …………………（198）
第三节　抗日救亡运动中的上海《立报》 ……………………（202）
　　一　"一二·九"运动中的宣传 ………………………………（203）
　　二　曹聚仁在"八·一三"淞沪会战中的报道 ………………（208）

第四章　"纵横万里半坵墟"：战争与和平 …………………（217）
第一节　辗转万里中的思想剧变 ………………………………（217）
　　一　"好言功利"的性格 ………………………………………（218）
　　二　民族危机中的选择 ………………………………………（220）

三 组建中国报业托拉斯的追求 …………………………… (225)

第二节 国共和谈期间《世界日报》的政治倾向分析 ……… (231)

一 反对内战、呼唤和平统一 ………………………………… (232)

二 对国共两党的评判及立场 ………………………………… (235)

三 鼓吹"第三条道路" ……………………………………… (239)

第三节 战时新闻思想 …………………………………………… (243)

一 战时宣传思想 ……………………………………………… (244)

二 战后新闻制度的规划 ……………………………………… (247)

第五章 "隔洋此日梦垂念":从"北平世新"到"台湾
世新" ……………………………………………………… (256)

第一节 "北平世新"创办动因探析 ………………………… (256)

一 成舍我早年的新闻实践活动是其兴办新闻学校的
动因之一 ……………………………………………… (258)

二 此时形成的报刊思想是成舍我兴办"北平世新"
的另一动因 …………………………………………… (262)

第二节 "台湾世新"的创办及成舍我的教育思想 ………… (266)

一 "台湾世新"的创办 ……………………………………… (266)

二 新闻教育思想 ……………………………………………… (270)

三 办学理念 …………………………………………………… (275)

第六章 "壮志未遂双鬓白":在台湾的报业活动 ………… (282)

第一节 "戒严"期间争夺"办报"权利的争斗 …………… (282)

一 "戒严"期间"办报"活动的尝试 …………………… (284)

二 "戒严"期间"办报"不成之原因分析 ……………… (286)

第二节 报禁解除与《台湾立报》的创办 …………………… (298)

一 报禁解除 …………………………………………………… (298)

二 报禁解除前夕成舍我对报业解禁后的展望与《台湾立报》
的创办 ………………………………………………… (300)

第三节 《台湾立报》何以难"立"? ……………………… (303)

一 激烈的市场竞争是《台湾立报》难"立"的客观原因 … (303)

二　新闻理念及经营方式不能与时俱进是《台湾立报》难
　　"立"的主观原因 ………………………………………（309）

余论　中国近现代报人的生存图景与成舍我报业托拉斯之路的
　　破产 ………………………………………………………（321）

参考文献 ………………………………………………………（330）

后记 ……………………………………………………………（350）

中国新闻史人物研究与成舍我研究

一 人物研究是中国新闻史研究的核心领域之一

人是历史的创造者和推动者。在 19 世纪末至 20 世纪前半叶中国新闻事业由近代向现代迈进的转折中，有一大群新闻工作者做出了不懈的努力，并因他们的贡献在中国新闻史上留下了璀璨生辉的名字。他们或因新闻理念，或因新闻采写，或因经营管理，冲出了旧的新闻业的藩篱，奠立了中国现代新闻业的基本疆域。对一个个鲜活的新闻人物展开研究能更清晰地展现新闻观念、新闻业务和经营理念的演进，从此层意义上说，人物研究应是中国新闻史研究的核心领域之一。

然而由于历史的原因，自新中国成立至 20 世纪 80 年代，学界对人物研究并没有付诸应有的重视。据一位学者的观点，"这一时期，已出版的新闻史专著和教材中，往往只强调报纸在'宣传''组织''鼓动'活动中作为一个整体的作用，很少提到个人。能够列名于近、现、当代新闻史中的人物屈指可数。对历史上的名记者、名编辑、名报人的研究严重缺失"。①

20 世纪 80 年代后海峡两岸的学者不断呼吁加强对新闻人物的研究。例如，大陆新闻史专家方汉奇多次指出，"研究报刊史，必须研究每一个在新闻战线有过贡献、产生过影响的报刊工作者活动的历史，他们的丰富的办报经验，他们的文字风格，他们的新闻手法等等，都值得下功夫去研究"。②

---

① 乔云霞：《60 年来中国新闻界人物研究现状及对策》，《新闻春秋》（第 12 辑），南京师范大学出版社 2010 年版，第 33—38 页。

② 方汉奇：《关于新闻史研究的几点体会与建议》，《方汉奇文集》，汕头大学出版社 2003 年版，第 31 页。类似的呼吁见《新闻史是历史的科学》《花枝春满 蝶舞蜂喧——记 1978 年以来的新闻史研究工作》《新中国五十年来新闻史研究》，《方汉奇文集》，汕头大学出版社 2003 年版，第 19、47、92 页。

义如，我国台湾地区新闻史学者朱传誉说："我们也有不少名报人，办了不少的名报刊。他们的贡献，应该记录，他们的心得和经验，值得我们吸收和参考，他们的精神，值得我们效法，他们的经历，是我们传播事业史的一部分，尤应设法保存留传。"① 因而，他认为，中国新闻史的一项重要工作是报人传记的编撰，"一个有名的报人，他所创办的报纸，常对整个新闻事业发生很大的影响。他个人的历史，往往可列为新闻史的一部分"。②

在上述学者的呼吁下，随着新闻史自身研究领域的不断拓展，新闻史人物研究自此逐渐进入研究者的视野。在 1981 年出版的《中国近代报刊史》中，方汉奇举出姓名的近代报人，就不下 1500 人，对其中知名度较高、贡献较大的，还设置了专节或专目，作进一步的详细介绍。同时，我国台湾地区的赖光临以"中国近代报人与报业"为题，以人物为中心，重点阐述了王韬、梁启超、汪康年、张季鸾等人的报业活动与新闻思想。此后，一些报人在《新闻研究资料》《新闻学论集》等刊物上发表了大量回忆性的文章，成为现今对旧时报人和刊物展开研究的重要文献。1983 年始，新华山版社出版《新闻界人物》丛书，以中国为主，选取对新闻事业有重大贡献的近现代知名人士，全面介绍他们的生平、经历、思想、言行、新闻观点、新闻实践和在新闻史上的作用，至 1989 年 5 月，共出版了 10 本，先后介绍了 23 名中外新闻界人物，可惜的是此套丛书此后未能连续出版。也是 1983 年，《中国新闻年鉴》开始增设"中国新闻界名人"专栏，对我国历史上的著名新闻工作者每人作 500 字左右的简介，至 1996 年累计介绍达 1905 位，可以说对近现代新闻史上较有名的人物都搜寻无遗。1996 年，人民日报出版社联系众多专家编写《中外名记者丛书》，该丛书至 1999 年共出版了两辑，介绍了 23 人，除李普曼、斯诺和本多胜一外，其余 20 人均为中国近现代史上著名的新闻人士。该套丛书属于评传性质，既是传记，又是研究性著作，它不是单纯的叙事作品，而是有传有评，评传结合，成为至今尤有借鉴意义的重要文献。

与此同时，中国新闻史学会，作为主要研究力量，以一些历史上深有影

---

① 朱传誉：《中国新闻事业研究导论》，载朱传誉《报人·报史·报学》，台湾商务印书馆 1980 年版，第 251 页。

② 朱传誉：《我们亟须"中国新闻史"》，载朱传誉《报人·报史·报学》，台湾商务印书馆 1980 年版，第 80—81 页。

响的新闻工作者的纪念活动为契机，与其他主办单位开展了一系列的学术研讨会，会后将大部分纪念文章结集出版。代表性的文集有《纪念埃德加·斯诺》（1984 年）、《人民新闻家邓拓》（1987 年）、《报海生涯：成舍我百岁诞辰纪念文集》（1998 年）、《胡政之先生纪念文集》（1998 年）、《张友鸾纪念文集》（2000 年）、《林白水纪念文集》（2008 年）、《埃德加·斯诺：向世界见证中国》（2011 年）。

　　20 世纪 90 年代后，对新闻人物的研究逐渐由初始的资料汇集到编写传记、年谱等纵深方向发展，推动力量也由以往出版社组织的集体力量开始转向学者个人的兴趣爱好，这样看似力量分散了，但是实际上研究成果更丰硕。据笔者不完全统计，至今对下列近现代新闻人物王韬、黄远生、邵飘萍、林白水、史量才、张季鸾、戈公振、邹韬奋、范长江、邓拓、王芸生、赵超构的研究成果尤为显著。①

　　总之，30 余年来，中国新闻史人物的研究有了很大的进展，经过了一

---

　　①　关于这些人物的评传有：忻平：《王韬评传》，华东师范大学出版社 1990 年版；张海林：《王韬评传》，南京大学出版社 1993 年版；［美］柯文：《在传统与现代性之间：王韬与晚清改革》，雷颐译，江苏人民出版社 1994 年版；鲁正葳：《报界奇才黄远生见证》，甘肃人民出版社 2004 年版；旭文：《邵飘萍传略》，北京师范大学出版社 1990 年版；华德韩：《邵飘萍传：报业巨子·新闻导师》，杭州出版社 1998 年版；郭汾阳：《铁肩辣手：邵飘萍传》，浙江人民出版社 2006 年版；散木：《乱世飘萍：邵飘萍和他的时代》，南京日报出版社 2006 年版；林溪声、张耐冬：《报人时代：邵飘萍与〈京报〉》，中华书局 2008 年版；林蔚君：《我的父亲林白水》，时事出版社 1989 年版；王植伦：《林白水》，福建教育出版社 1992 年版；庞荣棣：《史量才：现代报业巨子》，上海教育出版社 1999 年版；庞荣棣：《申报魂——中国报业泰斗史量才图文珍集》，上海远东出版社 2008 年版；方舟：《一代报王史量才》，中国文联出版社 2005 年版；陈纪滢：《报人张季鸾》，文化图书公司 1957 年版；徐铸成：《报人张季鸾先生传》，生活·读书·新知三联书店 1986 年版；王润泽：《报人时代：张季鸾与〈大公报〉》，中华书局 2008 年版；汪丁丁：《报人张季鸾先生传》，生活·读书·新知三联书店 2009 年版；李满星：《张季鸾与民国社会》，百花文艺出版社 2011 年版；洪惟杰：《戈公振年谱》，江苏人民出版社 1990 年版；穆欣编著：《邹韬奋》，湖北人民出版社 1981 年版；复旦大学新闻系研究室：《邹韬奋年谱》，复旦大学出版社 1982 年版；邹华义：《以笔代剑的英雄：邹韬奋》，花山文艺出版社 1990 年版；俞润生：《邹韬奋传》，天津教育出版社 1994 年版；沈谦芳：《邹韬奋传》，山东人民出版社 1998 年版；郝丹立：《韬奋新论：邹韬奋思想发展历程研究》，当代中国出版社 2002 年版；邹韬奋纪念馆编：《邹韬奋研究》（三辑），学林出版社 2005 年版；马仲扬：《邹韬奋传记》，重庆出版社 2008 年版；方蒙：《范长江传》，中国新闻出版社 1989 年版；徐向明：《范长江传》，南京大学出版社 2002 年版；范苏苏、王大龙：《范长江与青记》，北京工艺美术出版社 2008 年版；于友：《解读范长江：记者要坚持真理说真话》，群言出版社 2009 年版；蓝鸿文：《范长江记者生涯研究》，中国人民公安大学出版社 2009 年版；王必胜：《邓拓评传》，群众出版社 1986 年版；成美、顾行：《邓拓传》，山西教育出版社 1991 年版；庞旸：《邓拓和他的一家》，春风文艺出版社 1998 年版；朱秀清：《书生豪情：邓拓》，山东画报出版社 1998 年版；李辉：《邓拓：文章满纸书生累》，大象出版社 2000 年版；张帆：《才子邓拓：一位蒙冤者的血泪人生》，海天出版社 2003 年版；李玲：《往事经年归史笔：邓拓评传》，南京师范大学出版社 2005 年版；宋连生：《邓拓的后十年》，湖北人民出版社 2010 年版；王芝琛：《一代报人王芸生》，长江文艺出版社 2004 年版；王芝琛：《百年沧桑：王芸生与〈大公报〉》，中国工人出版社 2001 年版；张林岚：《赵超构传》，文汇出版社 1999 年版；赵则玲：《报界宗师：赵超构评传》，浙江大学出版社 2009 年版。

个"从点滴回忆到系统研究"的阶段，出现了前所未有的繁荣局面。① 然而关于人物研究的现状也有学者提出了种种批评②，这些批评都言之有理，但在笔者看来，当前中国新闻史人物研究亟待从以下两方面加以反思。

其一，史料挖掘问题。

"史学即史料学"的观点虽未必十分正确，可谁也否认不了史料对于历史研究的重要性，对于历史研究来说，离开了史料就如无源之水，无本之木。在笔者看来，搜罗一位新闻史人物的第一手资料可从3方面着手：一是尽可能完备地搜寻他所著的作品。个人往往将他的生平经历、心路历程、思想观点体现于他的著述中，因而个人的著述是研究人物的首要的第一手资料。以往在缺乏数据库的时代，为了较完备地搜寻被研究者的作品，研究者需要花费大量的时间和精力去翻阅旧时的报刊，并做好资料卡片和笔记。然而近年来随着"晚清期刊全文数据库""民国时期期刊全文数据库"等大型数据库的建成，研究者只需输入各种笔名就能较完备地检录被研究者的作品，如此能大大减少研究者的劳动量。现今环境下学会使用这些数据库是研究新闻史人物的必备素质。二是翻阅他创办或工作过的报刊。新闻史人物研究单单阅读他的作品是不够的，为了对他的新闻思想和业务经验有更明晰的认识，务必要翻阅他创办或工作过的报刊，如此才能对报刊的版面设计、标题制作、消息来源、新闻采写等业务做法有较直观的感受，从中对他的新闻理念由感性认识上升到理性认识，更不用说在翻阅这些发黄的报刊过程中不时能发现久被人遗忘的史料。三是查阅相关的档案资料。档案文献是史料的重要一类，是一种较隐秘的文献，是评判

① 乔云霞：《60年来中国新闻界人物研究现状及对策》，《新闻春秋》（第12辑），南京师范大学出版社2010年版，第33—38页。

② 例如乔云霞认为新闻人物研究主要有以下问题：研究死人多活人少；就事论事多，从历史发展的角度认识不够；重复研究"炒冷饭"多，深入挖掘不够；爱憎由己，不是一把尺子量到底；人物评说等方面，存在着以革命史为蓝本，依葫芦画瓢的状况，等等。而樊亚平批评现今的研究大多停留在新闻从业者的新闻思想、新闻活动、办报特点、历史贡献等的探究与介绍层面，但这些研究感受不到每一个新闻从业者所处的人生情景和社会情景相应的职业认知、职业认知、职业情感、职业态度以及很可能存在着的价值、理念、身份、角色等方面的困惑与张力，因而也就看不到作为一种特殊职业群体的中国新闻从业者在新闻职业道路上筚路蓝缕、一路走来的心路历程。参见乔云霞《60年来中国新闻界人物研究现状及对策》，《新闻春秋》（第12辑），南京师范大学出版社2010年版，第33—38页；樊亚平《从历史贡献研究到职业认同研究——新闻史人物研究的一种新视角》，《国际新闻界》2009年第8期。

人物及报刊政治立场的一种重要佐证材料，可是长久以来一直为我国的新闻史研究者所忽略，由此导致对人物及报刊的评介或沿袭旧说，或牵强附会，乃至自相矛盾。可喜的是，近年来学界逐渐改变这种态度，认识到档案文献是有待开发的富矿，并有学者取得了丰硕的成果。例如，有学者充分挖掘台北"国史馆"所藏"蒋介石档案"的文献，对新记《大公报》与蒋介石政府之间的关系，《大公报》的"不卖"原则，王芸生与蒋介石、孔祥熙的关系、"九·一八"事变后《大公报》的抗日倾向有了新的考证和论断，引起业界较大的反响。① 随着海峡两岸档案文献的陆续解密，相信新闻史研究应该有不少新的发现，对人物和报刊的评介能推翻不少早已有的论断。

其二，研究方法问题。

利贝卡·鲁宾等人在《传播研究方法：策略与资料来源》中将传播研究的方法分为两大类：一类是信息或人为导向的研究，主要着重于传播信息本身以及与其关联的态度上；另一类则是人物或行为导向研究，着重于传播行为的研究，包含观察与实验研究。以这种划分为依据，新闻史人物研究主要采用的研究方法当然属于第一大类，是要"对过去的传播事件或者传播者，提取有关的结论以及给出新的解释"，因而人物研究从性质上是属于"传记的、运动的或思想的、制度上的、历史案例的"，从属其中的历史性研究（historical research）。② 因而首先要明确的是，新闻史研究，包括新闻史人物研究当然是历史研究，属于史学的范畴。

自 19 世纪以来，史学的发展呈现出两大模式。一种模式称为"兰克式的、实证主义模式"，占据了 19 世纪西方史学的主流地位。该模式以德国历史学家兰克（Leopold von Ranke）为代表，认为借助史料和历史家严谨的叙事能够完全、客观地重构历史事实，因而该派注重收集史料，又被

---

① 参见俞凡《试论新记〈大公报〉与蒋政府之关系——以台北"国史馆"藏"蒋介石档案"为中心的考察》，《新闻与传播研究》2013 年第 5 期；俞凡《也谈新记〈大公报〉的"不卖"原则——以 20 万美元官价外汇事件为中心的考察》，《新闻与传播研究》2012 年第 8 期；俞凡《青年与政治真的是"违心之作"吗？——谦论王芸生与蒋介石、孔祥熙之关系》，《国际新闻界》2012 年第 6 期；俞凡《"九一八"事变后新记〈大公报〉"明耻教战"论考辨——以台北"国史馆"藏"蒋介石档案"为中心的考察》，《国际新闻界》2013 年第 4 期。

② ［美］利贝卡·鲁宾等：《传播研究方法：策略与资料来源》（第四版），黄晓兰等译，华夏出版社 2000 年版，第 173—174 页。

称为"考据派"。自 20 世纪后，这一模式受到挑战，其地位逐渐被"年鉴派的、综合主义的模式"（"新史学"）所取代，该模式否认前一模式通过史料可以重建过去的观点，认为"历史的最高任务不是叙述过去真正发生过的事，而是作出'科学的解释'"，提倡一种"总体"的概念，主张借助社会学、人类学、心理学等各种学科的理论来解释历史现象。① 史学界关于这两大模式孰优孰劣的争执基本已停止，然而在新闻史研究领域里，关于两大模式的优劣仍不时有争执。②

笔者无意在此讨论两种模式的优劣，只是私下妄想，能不能将两者的优势和特点结合起来呢？既然史料的无穷性，使得想通过史料重构历史事实不可能实现，那么我们能不能尽最大的努力去收集资料、核实资料来重构历史，然后再辅以社会学、人类学等学科的理论来解释历史呢？因此，笔者主张，新闻史人物研究，一方面借鉴"兰克式的、实证主义模式"，注重史料的收集和核实，努力还原人物的人生轨迹；另一方面借鉴"年鉴派的、综合主义的模式"，通过各种途径去解释史料，努力达到不仅要叙述"是什么"，还要分析说明"为什么、有何影响"，即用史料综合阐释人物的内心世界，包括他是如何走上新闻业道路的？他的政治思想、新闻思想是如何形成的？两者又有无必然的关联？在职业生涯中又碰到过哪些危机？对其事业又有何种影响？

事实上，笔者关于新闻史人物研究的这种思考，早已有学者做过类似的呼吁并付诸实践。例如有学者主张引入职业社会学中的"职业认同"概念，通过对新闻史人物职业动机、情感、态度、认知、身份等认同要素的考察，呈现其从业过程中的动机、追求、情感甚或苦衷。③ 类似的还有学者主张采用

① 朱本源：《两个世纪以来西方史学的两大发展趋势（两大模式）和对它们的马克思主义评价》，载历史科学规划小组史学理论组编《历史研究方法论集》，河南人民出版社 1987 年版，第 317—344 页。

② 例如李彬教授认为，为了摆脱新闻史研究的尴尬处境，可以借鉴"新史学"的路径，以社会史的范式和叙事学的方法，综合考察并书写新闻传播的历史衍变与现实关联；然而程曼丽教授认为西方"新史学"有其合理性，也有其片面性，新闻史研究在借鉴西方史学理论的同时，要考虑到中国的具体情况，且要考虑到新闻学学科的具体情况。参见李彬《"新新闻史"：关于新闻史研究的一点设想》，《新闻大学》2007 年第 1 期；程曼丽《也谈新史学：关于新闻史研究的若干思考》，《新闻大学》2007 年第 3 期。

③ 参见樊亚平《从历史贡献研究到职业认同研究——新闻史人物研究的一种新视角》，《国际新闻界》2009 年第 8 期。

心理传记的研究方法，研究新闻史人物的职业认同产生的历程。①

二　成舍我是中国近现代新闻史中独树一帜的报人

在整个 20 世纪的中国新闻史中，成舍我无疑是占有重要一席的。正如早在 1967 年，为庆祝他七十大寿时，一位老报人在一篇文章中所评价的："摊开民国的新闻史，乃至全部中国新闻史，占据的篇页这么多，又这么丰富，除舍我先生外我还想不出第二人。"② 然而，在大陆，由于历史的原因，在相当长的时间内，成舍我一直处于被忽视的尴尬地位③，大陆学术界对他在中国新闻事业史上的地位和贡献一直讳莫如深。直到临近逝世，才首先由方汉奇在《中国大百科全书·新闻出版》中关于"成舍我"的条目处作出如下评价："成舍我从事新闻工作近 80 年，在评论写作、报业经营管理和新闻教育等方面积累了丰富的经验，在新中国成立前的新闻界和 1949 年以来的台湾新闻界有较高的声望和影响。"④ 为纪念成舍我 100 周年诞辰，方汉奇又在《一代报人成舍我》一文中对成舍我的功绩作了较全面的概述，总结了成舍我在中国新闻事业史中创造的五项纪录：从事新闻事业时间最长的人；参与和创办新闻媒体最多的人；为了办报受到挫折最多的人；旧中国发行量最大的报纸的创办人，和旧中国时期北京地区发行量最大的日报的创办人；中国历史上培养最多的新闻教育机构的创办人。方汉奇又从成舍我是一位"爱国的新闻工作者""杰出的报业活动家"和"卓越的新闻教育家"三方面对成舍我在中国新闻史中的历史地位作了比较客观全面的论述。⑤

因此，以这样一位在中国新闻史中创造过如此多项纪录的报人为研究

---

① 例如，陈继静采用心理传记的研究方法，考察了青少年成舍我形成报业家志向的心理过程。见陈继静《从成平到成舍我——一项心理传记的研究》，《新闻春秋》2011 年第 2 期。

② 萧同兹：《老兵不老的成舍我先生》，香港《新闻天地》杂志第 1021 期，"成舍我七十大寿纪念刊"。

③ 李磊教授认为，大陆地区一直忽视成舍我，是因为"对成舍我的研究，无法绕过国共对峙时期关于新闻史上'第三条路线'的争议，无法绕过中国现代新闻史上自由主义现象，无法绕过当时中国特殊社会背景下的新闻产业化等一系列错综复杂、颇为复杂的学术问题"。见李磊《报人成舍我研究》，中国传媒大学出版社 2011 年版。

④ 中国大百科全书总编辑委员会《新闻出版》编辑委员会编：《中国大百科全书·新闻出版》1990 年 12 月版，第 57 页。

⑤ 方汉奇：《一代报人成舍我》，《新闻学论集》1999 年 12 月版第 18 辑。

对象无疑是有意义的。首先，从历时的角度，成舍我的新闻活动贯穿了从民国初年至 20 世纪末近 80 年的岁月，以其为考察对象，可以观照此间整个媒介环境的变化，可作为一个个案，来反映在不同时代下媒介制度的变迁、新闻理念和新闻业务的嬗变。其次，从共时的角度，成舍我可作为中国近现代民间报人的代表之一，尽管在抗日战争胜利后其政治立场有所偏向国民党，但从整体上看，他还是属于中间力量。[①] 由于历史的原因，我国的新闻史研究在相当长的时间内摆脱不了以阶级成分为依据划分的影响，因而对中间力量和资产阶级报人的研究是块有待开垦的荒地。正如方汉奇所指出的，"中间力量的这一部分，还有较大影响。他们同样也是新闻史必须研究的对象，在中国新闻事业史中，也应该占有一定的比重"，"在中国现代史上，中间力量是值得研究的。把这个观点用在新闻史的研究上，就是应该加强对中间报刊的研究"。[②] 面对国共两党对峙的局面，中间力量是怎样坚持其政治立场，并在国共两党之间周旋的？其最终是怎样破产的？将成舍我及其所创办的报刊作为其中的一个案例来进行分析，有着其他报人所不可比拟的重要意义。

实际上，成舍我还有一项纪录，即他是唯一一位在海峡两岸暨香港创办过报纸的报人，因而对成舍我开展研究至少还有两个现实意义。

其一，有利于认识台湾报禁解除后的媒介生态。1988 年元旦，我国台湾地区报禁正式解除，7 月 12 日，已届 91 岁高龄的成舍我创办了《台湾立报》。人们有理由相信，以成舍我之前在大陆辉煌的办报经历，这无疑是他东山再起的一个良机，因而在创办之初，传媒界（包括他本人在内）对《台湾立报》的发展抱有相当高的期望。但是事与愿违，尽管成舍我使出浑身解数，甚至在临终前的病床上仍然召集属下、好友集思广益，为《台湾立报》支招献策，还是摆脱不了它在生死线上徘徊的命运，这成为他此生最后的遗憾。由此，我们不禁产生疑问：为何在之前物资缺乏、不

---

① 例如，老报人顾执中认为成舍我的政治立场还是较中立的，属于中间力量；又如陈建云教授在其著作《向左走 向右走：1949 年前后民间报人》中将成舍我作为一个典型的民间报人、中间力量的代表来叙述。参见顾执中《报人生涯》，江苏古籍出版社 1987 年版，第 565 页；陈建云《向左走 向右走：1949 年前后民间报人的出路抉择》，福建教育出版社 2010 年版，第 193—230 页。

② 辛华：《中国新闻史研究的黄金时代——中国新闻史学会会长方汉奇教授访谈录》，《现代传播》2002 年第 5 期。

能充分享受新闻言论自由的年代，成舍我能取得骄人的办报成果，而在挟有数亿雄厚资金、能较充分享受新闻言论自由等条件如此优僵的今天，反而成果甚微？是不是因为成舍我的新闻理念跟不上时代发展的洪流？如果是，台湾报禁解除后媒介生态发生了怎样的变化？从这方面说，对于《台湾立报》的运营策略、新闻理念进行分析，作为一个个案，来揭示台湾报禁解除之初处于"混沌状态"的媒介环境，无疑是有意义的。

其二，有利于活跃海峡两岸的学术交流。对成舍我展开研究，可以在海峡两岸的学术交流活动中起到一种中介作用。正如方汉奇所说的，"在新闻学研究领域中，大陆和台湾之间，以近代报刊研究的共同语言为最多……在今后大陆和台湾之间新闻学界的交流活动当中，近代报刊史方面是可以起一点打前站和带头的作用的"。① 近年来，随着两岸关于成舍我历史地位的共识越来越多，两岸以成舍我为学术话题的交流也越来越多。例如，为纪念成舍我诞辰纪念 100 周年，1998 年 8 月两岸学者首次聚集在中国社会科学院召开成舍我学术研讨会；2010 年 5 月，海峡两岸暨香港的学者又聚集于台湾世新大学召开"新闻典范的挑战与另类媒体——纪念成露茜教授国际学术研讨会"，其间"成舍我学术研讨会"作为会议讨论的另一主题；2011 年 3 月，为纪念成舍我逝世 20 周年，由中国新闻史学会、北京大学、台湾世新大学舍我纪念馆三方主办的"中国新闻史国际学术研讨会"在北京大学召开，会议的主题是"成舍我与民国新闻史"；另外，台湾世新大学附属的"舍我纪念馆"从 2006 年起面向全球每年招收数名博士后研究员并聘任数名协同研究员，其中大多学者来自大陆，他们与我国台湾地区的学者及其他各地的学者互相砥砺，是增进两岸互相了解，促进互信的一架桥梁。

三　成舍我研究文献回顾

（一）史料回顾

所有的历史认识都是间接认识，史家要较客观地认识历史面貌，必须通过"史料"。在确立成舍我为研究对象后，2011 年暑期，笔者受由我国台湾地区铭传大学承办的"接待大陆地区大众传播研究生来台实习活动"项目之邀，来到宝岛台湾，走访了世新大学、世新大学舍我纪念馆、台北"国

---

① 方汉奇：《关于新闻史研究的几点体会与建议》，《方汉奇文集》，汕头大学出版社 2003 年版，第 27—28 页。

家"图书馆、国民党党史馆等地，收集了大量与成舍我相关的资料。分析整理后，大致归为以下几类。

1. 成舍我创办和工作过的报刊

据不完全统计，从 1913 年成舍我开始任安庆《民嵒报》外勤记者算起，近 80 年的新闻活动中，他亲自创办的报刊有：北京《世界日报》《世界晚报》《世界画报》、南京《民生报》、上海《立报》、香港《立报》、重庆《世界日报》《小世界》和《台湾立报》；参与创办的有香港《自由人》三日刊；工作过的报刊有：安庆《民嵒报》、沈阳《健报》、上海《民国日报》、上海《太平洋》杂志和北京《益世报》。① 详细情况可参阅表 1。

表 1   成舍我创办和工作过的报刊

报刊	创办（工作）时期	职务
安庆《民嵒报》	约 1913 年秋至 1914 年夏	外勤记者
沈阳《健报》	约 1915 年 8 月至年底	校对、编辑
上海《民国日报》	1916 年 3 月至 1917 年 7 月	副刊编辑
上海《太平洋》杂志	1917 年 8 月至 1918 年年初	助理编辑
北京《益世报》	1918 年 5 月至 1922 年春，期间有短期退出	校对、编辑、总编辑
北京《世界晚报》	1924 年 4 月 16 日至 1937 年 8 月 9 日 1945 年 11 月 20 日至 1949 年 2 月 25 日	发行人、社长
北京《世界日报》	1925 年 2 月 10 日至 1937 年 8 月 9 日② 1945 年 11 月 20 日至 1949 年 2 月 25 日	发行人、社长
北京《世界画报》	1925 年 10 月 1 日至 1937 年 8 月 8 日	发行人、社长
南京《民生报》	1927 年 10 月 21 日至 1934 年 7 月 23 日	发行人、社长
上海《立报》	1935 年 9 月 20 日至 1937 年 11 月 24 日③	发行人、1935 年 9 月 20 日至 1936 年 7 月代总经理职务

① 据一些文献证实，成舍我还分别约在 1914 年、1921 年创办过安庆《长江报》和北京《真报》，但是或因创刊时日过短，或停留在筹备阶段即夭折，没有留下原件，故在此未计入。

② 1937 年 8 月 8 日日军入北平城，9 日继续出版一天，其后中断 9 天，至 19 日又复刊，出版至 1937 年 12 月 30 日停刊，但此期间报纸中新闻大多都来自日本"同盟社"，表明报纸已由日本全面接管。又据《世界晚报》1937 年 8 月 9 日载《世界日报、世界晚报停刊启事》："成舍我先生因病返籍，无意经营，已辞去本报社长职务，兼以纸告罄，来源已竭，特即日起暂行停刊，一俟内部改组就绪，当再继续出版。此启。"故以 1937 年 8 月 9 日为截止日期。

③ 1945 年 10 月 1 日，上海《立报》复刊，但是实际上已成为 CC 系潘公展的报纸而非成舍我所有。

续表

报刊	创办（工作）时期	职务
香港《立报》	1938 年 4 月 1 日至 1941 年 12 月 13 日	社长、总编辑
重庆《世界日报》	1945 年 5 月 1 日 1949 年 7 月 25 日	社长、总经理①
香港《自由人》三日刊	1951 年 3 月 7 日至 1959 年 9 月 13 日	发起人之一、社长②
重庆《小世界》	1965 年 1 月 2 日③——	社长
《台湾立报》	1988 年 7 月 12 日——	发行人④

资料来源：笔者收集整理。

在上述报刊中，除了沈阳《健报》外，其他报刊在国家图书馆、台北"国家"图书馆和世新大学图书馆等都存有原刊、复制品或缩微品。这些报刊成为研究成舍我的生平经历、报刊思想、新闻业务及政治思想转变的第一手资料。

2. 成舍我的文章

在近 80 年的新闻生涯中，成舍我勤于写作，即使在他弥留之际，仍用颤抖的手写下"我要说话"。正如 1955 年他在新闻论文集《报学杂著》中的自序所说的："从十四岁做'职业记者'那时起，已经过四十年继续不断的工作。为了工作，虽然每天平均至少要写一千字，每年三百六十五天，四十年总写了一千四百多万（字）。"⑤ 成舍我的一生是写作的一生，身后留下了数目惊人的作品，涵盖了诗词、小说、翻译作品、文艺批评性文章、时事评论、小品文等不同类型。

然而，成舍我在生前除了《报学杂著》外，并无其他文集出版。即使在 1947 年，北平新闻专科学校的学生从"世界日报"合订本中抄选了几十篇文章，想为他出版一册"文存"时，却被成舍我阻止。为什么呢？成舍我解释说：

---

① 1945 年 9 月 1 日后，实际的负责人是陈云阁。

② 1952 年冬，成舍我举家迁往台北，此后，除偶尔在《自由人》发表文章外，报纸的所有业务与成无关。

③ 《小世界》早在 1957 年就创办，专为学生实习，至 1965 年 1 月 2 日起正式计号，并对外发行。

④ 1991 年 4 月 1 日，成舍我逝世后，发行人为其女儿成露茜。

⑤ 成舍我：《报学杂著·自序》，（台北）"中央"文物供应社 1956 年版。

因为我个人深切体验，报章文字，应时第一，无论时事评论，或新闻特写，如非出版政论专家或文学名手，则时过境迁，即很少有重行阅读的价值。尤其为应时而写的任何文稿，时间迫促，最容易粗制滥造，不特谈不到传诸久远，往往次日读报，即发现疵病百出。我既非政论专家，对文学又无素养，何必灾"纸"祸"墨"，贻笑大方？①

基于对新闻作品的这种认识，成舍我在余生中再也没有有意识地收集作品、结集出版的计划。这对后来研究者收集其作品造成了极大的不便。

从笔者现有的搜寻情况来看，成舍我的文章散见于各种报刊，约略可分两大类。

一类是多数作品刊于成舍我自己所办或工作过的报刊上。如早年编辑上海《民国日报》副刊时，在上面发表了一些诗词、小说、文艺短评及时事短评；《世界日报》早期的多数社论（评）都由他执笔；《民生报》的部分社论及上海《立报》的部分短评也由他所写；香港《自由人》的时事评论栏"半周展望"在成舍我离港前也大都由他执笔；到中国台湾地区后，成舍我在学生实习刊物《小世界》上开辟"卑论集"栏，以"百忧"为笔名写了大量短评性的文章。这类作品因为散见于多种报刊，且有的报刊如《世界日报》存在17年之久，时间跨度大，给收集成舍我的作品增添了难度。要收集这类文章只有认真翻阅上述报刊。

另一类是相当的作品发表在其他的刊物上。如1916—1917年在上海"卖文"期间，他同王新命、刘半农、向恺然等人组建"卖文公司"②，在《小说海》《妇女杂志》《小说大观》《太平洋》等刊物上发表了多篇自撰小说、翻译小说和散文。另外，每当政治环境险恶，成舍我失去了办报机会时，他要"说话"，就只得将文章发表在其他刊物上。例如，抗战爆发初期，他随国民政府退守汉口，在《大公报》等刊物上发表了一些文章；

---

① 成舍我：《报学杂著·自序》，（台北）"中央"文物供应社1956年版。

② "卖文公司"并不是实体的公司，而是王新命对他们当时在上海通过给刊物投稿以赚取稿费的生活方式的一种戏语。参见王新命《新闻圈里四十年》，龙文出版社股份有限公司1993年3月15日初版，第139—141页。

又如到台北初期，在 1952 年至 1955 年，他一边在政治大学等学校教书，一边在香港的《新闻天地》、台湾的《中华日报》《中央日报》等刊物上发表对时局的看法；此后，他还曾以"一戈"为笔名在《联合报》的副刊上辟有"待庐谈报"专栏，谈国内外报业的动向，成为对成舍我后期报刊思想展开研究的重要文献。这类作品相比于前类，涉及的报刊更多、更分散，收集的困难也更大，翻阅诸如《中国近代期刊篇目汇录》《五四时期期刊介绍》《二十世纪中国文学大典》等工具书才能查到一点线索，因此只有发扬"蚂蚁撼大树"的精神，见到相关线索马上去找，才有可能收集得较齐全。

　　基于上述困难，世新大学舍我纪念馆也只是将成舍我来台后的部分作品收集并汇集出版①。而对于成舍我大陆时期的作品也只得通过广泛收集线索，找到一篇，即传送到"成舍我先生纪念网站"上，其办法也是逐步展开，且进展较慢。

　　近年随着学术界对成舍我研究的关注不断加深，一些学者有意识地开始收集整理他的文献。例如，李磊教授在《报人成舍我研究》附录部分收录了成舍我离开大陆前的一些新闻学文章；刘家林等人更是将成舍我一生中重要的新闻学文章汇集为《成舍我新闻学术论集》。这两本文集，因受编者研究领域的限制，所收录的文章仅限于成舍我对报刊工作的论述，而对于成舍我的其他重要文章，如各个时期的评论等体现政治思想发展的文章，则没有收录。

　　3. 成舍我的日记

　　日记作为个人对生活的记录，对研究人物实有莫大的意义。成舍我自 14 岁起就养成写日记的习惯，1920 年起日记从未间断，至 1937 年"七七"之变，全部均遗留北平，日寇掠夺《世界日报》，当时被当烂纸秤斤售去，以后日记，毁于香港之变，再毁于桂林之变，自此中断"②，抗战胜利，1946 年元旦起又重新恢复日记写作，至 1984 年止。现存有 1940 年 8 月至 12 月、1946 年 1 月至 1968 年 12 月、1974 年 1 月至 1983 年 12 月间

---

　　① 即《成舍我先生文集：港台篇 1951—1991》《成舍我先生文集：大陆篇新闻事业》，先后于 2006 年、2013 年出版。

　　② 《成舍我日记》，1946 年元月 1 日，转引唐志宏《尝试与突围：成舍我与中国近代报业（1919—1949）》，博士学位论文，台湾政治大学，2010 年 6 月，第 10 页。

的日记原件，累计达 37 册。①

成舍我称自己的日记为"民国日记"，它不仅是研究成舍我个人的宝贵材料，也是研究民国时期及国民党迁台后台湾地区的重要文献。但是可惜的是，日记暂时仅限于成舍我的亲友翻阅，不对外借用。据曾参与整理成舍我日记的唐志宏博士说，"成舍我记载日记，并不是将每日琐碎之事铺陈记述，而是有系统地、有选择地记录，'以供将来整理'之用"。日记的内容涵盖"读书心得、摘要、与朋友的谈话内容、每日附录的撰述、重要演讲的资料，并详细纪录每日所收书信和寄发信件数"②。从中可知，成舍我写日记的用心并不仅限于普通人的心情、事项之记载，而是有更长远的目的，即为将来写传记或回忆录之用③。

4. 档案材料

档案是史料的另一种重要形式，是再现历史真实面貌的原始文献之一。关于成舍我的档案资料分布较散，以北京档案馆、上海档案馆、重庆档案馆、台湾"国史馆"和国民党党史委员会（即国民党党史馆）较为集中。

北京档案馆能查询到的仅有一条关于成立北平新闻专科学校的呈文及批复价值较大，另外几条都是关于成舍我与当局或他人的纠纷诉讼。④

上海的档案资料大都围绕《立报》展开，且多是抗战胜利后《立报》复刊后的资料，而之前的资料大都湮灭不见。至于《立报》前期的资料仅见《徐永祚会计师事务所于〈立报〉馆公司登记》一条，通过此条可知 1937 年《〈立报〉股份公司登记书》、报社的董事名单等情

---

① 《成舍我日记》，1946 年元月 1 日，转引唐志宏《尝试与突围：成舍我与中国近代报业 (1919—1949)》，博士学位论文，台湾政治大学，2010 年 6 月，第 9 页。

② 同上书，第 10 页。

③ 成舍我曾有撰写自传或回忆录的打算，如他曾计划写一本《记者四十年》的自传，并写了《我有过三次值得得意的"笑"》《"机场"几乎变成了"坟场"》两篇文章作为《记者四十年》的资料之一及之二，但由于时间太匆忙，终究没有完成。参见：成舍我《我有过三次得意的"笑"》"前记"，《报学杂著》，（台北）"中央"文物供应社 1956 年版，第 145 页。

④ 档案名及编号分别为：《成平、殷兆霆关于成立北平私立新闻专科学校初级班、无线电研究社、英俄日语学社等的呈文及社会局的批复》，档案编号：J002－003－00142，1933 年 1 月 1 日—1933 年 12 月 31 日；《京师警察厅传世界日报社社长成平登载失实一案卷》，档案编号：J181－019－47303，1925 年 3 月 1 日—1926 年 3 月 1 日；《妨害公务 妨害安全》，档案编号：J065－001－00014，1925 年 3 月 1 日—1926 年 3 月 1 日；《赔偿》，档案编号：J065－023－02498，1947 年 1 月 1 日。

况，价值较大。①《立报》复刊后较有价值的资料有《〈立报〉日刊申请登记书、调查书、变更登记申请书等往来文书》《上海市军管会新闻出版处接管〈立报〉物质移交单》。② 其中，《〈立报〉日刊申请登记书、调查书、变更登记申请书等往来文书》透露了成舍我将《立报》股权转让给陆京士、严服周的细节情况，揭露了《立报》为国民党 CC 派所把持的前后经历。

我国台湾地区"国史馆"关于成舍我的材料较丰富。最有价值的是《成舍我："总统府"人事资料袋》，内有《军事委员会委员长侍丛室（成舍我）人事登记片稿》，较详细地载有成舍我的履历，其中不少细节不为世人所知，并附有国民党特务对成舍我的刺探报告。③ 在"总统史料文物查询系统"中查询到，蒋介石、陈诚、蒋经国等历任"总统"有多份文件与成舍我相关，体现了成舍我与国民党当局之间存在复杂的关系。例如，在蒋介石的文物中，有多份电报围绕 1934 年南京《民生报》查封事件展开，揭示了该报被查封的深层次原因；又如在陈诚的文物中，有两份重要的文献佐证了抗战初期成舍我曾任国民党政治部"设计委员会"会员，这都是以前学界未知的信息。④ 又在"国家历史资料库"查寻到多篇涉及成舍我的人物访谈录，这些访谈表明成舍我在到中国台湾地区后的 20

① 《徐永祚会计师事务所于〈立报〉馆公司登记》，档案编号：Q92 - 1 - 209，1937 年 2 月 6 日。

② 《〈立报〉日刊申请登记书、调查书、变更登记申请书等往来文书》，档案编号：Q6 - 12 - 53 - 12，1945 年 9 月—1947 年 10 月；《上海市军管会新闻出版处接管〈立报〉物质移交单》，档案编号：Q431 - 1 - 105 - 16，1949 年。

③ 《成舍我："总统府"人事资料袋》，典藏号：个人史料 12800/940000/A 成舍我，"国史馆"。

④ 此类档案在台北"国史馆"有：《蒋中正"总统"文物·事略稿本——民国二十三年七月（二）》，典藏号：002 - 060100 - 00084 - 011，1934 年 7 月 18 日；《蒋中正"总统"文物·事略稿本——民国二十七年二月》，典藏号：002 - 060100 - 00125 - 019，1938 年 2 月 1 日；《蒋中正"总统"文物·一般资料——民国二十三年（二十六）》，典藏号：002 - 080200 - 00168 - 030，1934 年 6 月 7 日—1934 年 6 月 13 日；《蒋中正"总统"文物·一般资料——呈表汇集（九）》，典藏号：002 - 080200 - 00436 - 213，1934 年 7 月 24 日；《陈诚"副总统"文物·军事会员会政治部设计草案汇编》，典藏号：008 - 010705 - 00002 - 004，1939 年 1 月 1 日—1939 年 5 月 19 日；《陈诚"副总统"文物·政治部任内各属人员工作报告》，典藏号：008 - 010507 - 00015 - 006，1939 年 6 月 9 日—1940 年 1 月 11 日；《蒋经国"总统"文物·政情——有关党外人士活动及政情报告》，典藏号：005 - 010201 - 00041 - 011，时间不详。

世纪五六十年代，在轰动一时的"雷震案"及台湾党外运动中所扮演的角色。①

国民党党史馆保存的多为成舍我到中国台湾地区前在大陆所办报纸的一些剪报，是国民党当局对成舍我及其报纸政治倾向的考察，价值不大。较重要的有两份文献：一份表明成舍我曾在国民党商人部任职；另一份为抗战胜利初期，为抢夺胜利果实和宣传的"制高点"，国民党中央宣传部核准内地报纸迁往京沪平津等地出版的密电，其中提及准予南京《民生报》复刊事项，从而证实成舍我与国民党的关系发展到了一个新的阶段。②

5. 亲友、同事、学生的作品

除了上述第一手资料外，对成舍我的研究还可参考与其较亲密的人物的作品，这些人包括他的旧时报社的同人、亲友、学生。此类作品数目庞大，对了解成舍我的生平提供了不少细节，是对成舍我展开研究的重要佐证材料。

在这些作品中最重要的无疑是马之骕的《新闻界三老兵：曾虚白·成舍我·马星野奋斗历程》（后文简称为《新闻界三老兵》）。此书近半的篇幅专门叙述成舍我。作者与成舍我关系亲密，是同事、又是朋友。书中大

---

① 这些人物访谈录有：《马之骕先生访谈纪录》，"国史馆""国家历史数据库"，http：// nhd. drnh. gov. tw/AHDPortal/browse/text_ content. do? method = showContent&pgType = 1&showId = 2434&eadName = 马之骕先生访谈纪录 &seriPk = 15&eadSeriSubPk = 178&seriName = 民主运动的萌芽与挫折 &seriSubName = 史料汇编；《雷德宁先生访谈纪录》，"国史馆""国家历史数据库"，ht-tp：//nhd. drnh. gov. tw/AHDPortal/browse/text _ content. do? method = showContent&pgType = 1&showId = 2438&eadName = 雷德宁先生访谈纪录 &seriPk = 15&eadSeriSubPk = 178&seriName = 民主运动的萌芽与挫折 &seriSubName = 史料汇编；《雷美琳女士访谈纪录》，"国史馆""国家历史数据库"，http：//nhd. drnh. gov. tw/AHDPortal/browse/text_ content. do? method = showContent&pgType = 1&showId = 2439&eadName = 雷美琳女士访谈纪录 &seriPk = 15&eadSeriSubPk = 178&seriName = 民主运动的萌芽与挫折 &seriSubName = 史料汇编；《黄杰警总日记选辑：民国四十九年七月二十二日》，"国史馆""国家历史数据库"，http：//nhd. drnh. gov. tw/AHDPortal/browse/text_ content. do? method = showContent&pgType = 1&showId = 2594&eadName = 民国四十九年七月二十二日 &seriPk = 15&eadSeriSubPk = 178&seriName = 民主运动的萌芽与挫折 &seriSubName = 史料汇编。

② 此两份文献分别为：《张振鹏致成舍我函》，国民党党史委员会，馆藏号：部 2569，1927年 11 月 24 日；《中央宣传部至中秘处代电》，国民党党史委员会，馆藏号：会 6. 3/26. 15，时间不详。

量采用了成舍我谈话录音，并在完稿后经成舍我亲自过目，加以补充，可以说是成舍我的第一本传记式的读物。①

余下作品大约可分两大类：一类是在期刊杂志等连续出版物上的文章；另一类是相关人物的传记或回忆录。

先说第一类。在港台，刊载与成舍我相关文章较多的刊物主要有两个：香港《新闻天地》杂志、台北《传记文学》杂志。

《新闻天地》② 创刊于抗日战争胜利前夕，它的创办人为成舍我的老友卜少夫，当时刊登了几则成舍我创刊重庆《世界日报》、成立"中国新闻公司"及复刊上海《立报》、北平《世界日报》情形的报道，成为现在了解抗战胜利初期成舍我情况的重要资料；在 1967 年 9 月 9 日（第 1021 期）特发"成舍我 70 大寿纪念刊"，内有成舍我的好友、同事、学生，如卜少夫、程沧波、萧同兹、邓俊和孙克宽等人的纪念文章，大都谈及同成舍我的交往经历，从中可知成舍我人生中某些重要时期的细节情况。例如，我们通过邓俊的《我所认识的成舍我先生》，可知 20 世纪 30 年代初成舍我欧美之游的具体情形。③ 此后，《新闻天地》又刊登了如《成舍我结婚》《成舍我八十大庆》等文章，对于了解成舍我晚年生活有一定的帮助。

《传记文学》1962 年 6 月创刊于台北，秉持客观、公正、实事求是、超党派和超政治的编写理念，被海内外学术界誉为"民国史长城"。笔者在"传记文学数位全文资料库"以"成舍我"为字段全文搜索，搜索到

---

① 马之骕在该书的自序中说，他写此书的最初原因是为了纠正早年我国台湾地区一些"中国新闻史料"中关于成舍我的错误叙述，愿意单独为成舍我写一本传记，但是在告知成时，成舍我说："你想做这件事，倒是很好，不要写我一个，我个人没有甚么好写的；新闻界的老人，在台湾很多么，我可以介绍几个人，这样可以多搜集一些资料。"参见：《新闻界三老兵》"自序"，台湾经世书局 1986 年版。

② 《新闻天地》创刊于 1945 年 1 月 12 日，以"天地间皆是新闻，新闻中另有天地"为宗旨，当时为月刊；1947 年第 30 期后改为半月刊；1949 年第 59 期起改为周刊，持续出版，至 1985 年 1 月 20 日第 1982 期止，整整 80 年。《新闻天地》是创造记录的一本中国杂志，它经历四个城市：抗战胜利前夕重庆创刊，抗战胜利后迁至南京，随着国民党的节节败退，先后移至上海、香港出版。

③ 邓俊：《我所认识的成舍我先生》，《新闻天地》杂志第 1021 期，"成舍我 70 大寿纪念刊"。

共计 145 篇文章。这 145 篇文章中除成舍我个人撰写的 4 篇外[①]，其余 141 篇大致可分为两种情形。第一种情形，仅小部分文章以成舍我为主题，多为好友对其事业的介绍或纪念性文章。例如，在成舍我 1991 年 4 月逝世后，《传记文学》在 5 月即刊出"成舍我先生逝世纪念特辑"，内有好友、同事的多篇纪念文章。第二种情形占了 141 篇文章的大多数，在"他人"的小传、评传、回忆录、史事中提及成舍我，这里的"他人"当然是与成舍我有过接触的，不乏成舍我的同事、好友、下属、学生。例如张恨水是成舍我在大陆办报的重要成员，几乎所有以张恨水为主题的文章都要提及成舍我。通常情况下此类文章全文仅有一小段甚至一句话提到成舍我，但是价值甚大，往往能提供成舍我生平活动的重要线索，是撰写成舍我传记或年谱不可缺少的资料。

在大陆，连续出版物上有关成舍我的文章要少得多，多为《世界日报》、上海《立报》的旧人回忆文章。在 20 世纪六七十年代，此类文章多发表在《文史资料》选辑和各地的《文史资料》上，较重要的文章有吴范寰的《成舍我与〈北京世界日报〉》[②] 和张常人的《成舍我与上海〈立报〉》[③]，尤其是《成舍我与〈北京世界日报〉》对成舍我去中国台湾地区前的办报生涯和个人情况作了较全面的介绍。吴范寰同成舍我曾是小学、大学同学，且长期担任北平《世界日报》的实际主持人，因而此篇文章具有重要的史料价值，但因此文发表时正值我国以阶级斗争为路线的年代，文中不少地方"带有政治表白与思想总结意味，阶级标准代替了专业标准"[④]，需要仔细甄别。1979 年 8 月，中国社会科学院新闻研究所主办的《新闻研究资料》创刊，以收集整理新中国成立前报

---

① 这四篇文章分别为：《〈林白水传〉序》，《传记文学》第 90 号，1969 年 11 月；《我所认接触的季鸾先生》，《传记文学》第 181 号，1977 年 6 月；《如何塑造一个独立记者》，《传记文学》第 254 号，1983 年 7 月；《我有过三次值得追忆的"笑"》，《传记文学》第 348 号，1991 年 5 月。

② 吴范寰：《成舍我与〈北京世界日报〉》，载中国人民政协委员会文史资料研究会编《文史资料选辑（合订本）》第 43 辑，1999 年。

③ 张常人：《成舍我与上海〈立报〉》，载中国人民政治协商会议全国委员会文史资料会编《文史资料存稿选编·文化》，2002 年。

④ 曹立新语，见其博士后结项论文《"世界"变了，何以"立报"——"成舍我方案"及其晚年遭遇的挑战》，来自世新大学"舍我纪念馆"，http://csw.shu.edu.tw/website/1—7d.html。

史资料为己任，呼吁报界旧人发文撰写。1980 年至 1983 年间，以此刊物为阵地，《世界日报》的旧人发表了大量回忆文章，列举如下：贺逸文等人撰写的系列文章：《世界日报初创阶段（1924 年至 1927 年）》《发展时期的世界日报（1928 年至 1931 年 6 月）》《采纳意见 改进版面——1931 年 7 月至 1937 年 7 月的世界日报》《抗战胜利后的世界日报》；张友渔的《我与世界日报》；毕群的《成舍我与世界日报》、陈云阁的《重庆世界日报纪实》；左笑鸿的《世界日报和世界晚报的副刊》。① 1982 年，中国社会科学院新闻研究所将贺逸文等人撰写的系列文章连同陈云阁、毕群的文章及吴范寰的《成舍我与〈北京世界日报〉》等加以扩充、修订，汇集出版为《世界日报兴衰史》，成为研究《世界日报》及成舍我的重要文献。

再说第二类。同第一类情形相似，在中国台湾地区出版的涉及成舍我相关内容的传记著作远远超过大陆。在中国台湾地区，对成舍我早年生活有记载的有：王新命的《新闻圈里四十年》、罗敦伟的《五十年回忆录》、易君左的《火烧赵家楼》（"六十年沧桑"回忆录之二）、龚德柏的《龚德柏回忆录》。这四本自传对于了解成舍我上海"卖文生活"、北京求学及创办《世界日报》等早年生活有重要的参考价值，是探究成舍我无政府主义思想形成的重要文献。② 另外赵效沂的《报坛浮沉四十五年》，对于了解《世界日报》的管理方式也有一定的参考价值。③ 对于香港《自由人》三日刊和台湾世界新闻专科学校的创办情形可参看阮毅成的《八十忆述》和程沧波的《沧波文存》。④ 在大陆，仅限于《世界日报》和《立报》的旧人的一些传记、回忆录或纪念文集。如《张友渔回忆录》《胡子的灾难历程：张友鸾随笔选》《张友鸾纪念文集》《写作生涯回忆》《萨空

---

① 上述各文分别载于《新闻研究资料》，1980 年第 1 期；1981 年第 1 期、第 4 期；1983 年第 3 期。

② 上述各书详细出版情况如下：王新命：《新闻圈里四十年》，龙文出版社 1993 年版；罗敦伟：《五十年回忆录》，（台北）"中央"文化供应社 1952 年版；易君左：《火烧赵家楼》，三民书局 1969 年版；龚德柏：《龚德柏回忆录》，龙文出版社有限公司 1989 年版。

③ 赵效沂：《报坛浮沉四十五年》，传记文学出版社 1981 年版。

④ 两书分别为：阮毅成：《八十忆述》，联经出版社 1984 年版；程沧波：《沧波文存》，传记文学出版社 1983 年版。

了》等书都能提供一定的资料，但较零碎。①

除了上述两类外，成舍我逝世后，两岸都出版了纪念文集，如中国台湾地区有《成舍我先生纪念文丛》《继志一年》，大陆有《报海生涯：成舍我百年诞辰纪念文集》，都为成舍我生前的好友、同事和学生的哀悼文章，回忆了成舍我的生活点滴，有一定的价值。②

（二）已有研究回顾

对成舍我的研究，近年已成为新闻传播史学术界的一个热点话题，刘家林教授更以"成学"来形容其火热③。为了明晰起见，我们可以从多方面来分析已有的成舍我研究成果。

1. 读秀数据库呈现的研究趋势

首先，为了从宏观上把握近几十年来成舍我研究的状况，我们可以通过超星数字图书馆读秀数据库的搜索工具来辅助分析。④ 笔者以"成舍我"为字段在读秀数据库的图书资料库和期刊资料库作全文搜索，分别搜索到相关图书 190 种、期刊文章 289 篇，且学术趋势如图 1、图 2 所示。

图 1 和图 2 从宏观上至少能反映出以下两点：1980 年是研究的临界点，之前，无论是图书或是期刊涉及成舍我的可以说是微乎其微；自1980 年以来 30 余年的趋势看，学术界对成舍我研究日益关注，成舍我研究已然成为一个热点研究的主题。

然而上述两图并不能精确地反映 30 余年来成舍我的研究。在这些图书和期刊文章中有多少是以成舍我为研究主题的？30 年来研究成舍我又是从哪些维度展开的？与社会时代发展又呈现出怎样的关联？能否体现新

---

① 上述各书出版情况如下：陈荷夫编：《张友渔回忆录》，北京大学出版社 1990 年版；张钰编：《胡子的灾难历程：张友鸾随笔选》，北京十月文艺出版社 2005 年版；张友鸾纪念文集编写组：《张友鸾纪念文集》，文汇出版社 2000 年版；张恨水：《写作生涯回忆》，人民文学出版社1982 年版；萨沄：《萨空了》，花山文艺出版社 1997 年版。

② 成舍我先生纪念文丛编辑委员会：《成舍我先生纪念文丛（百岁诞辰专辑）》，世新大学1998 年版；《继志一年》，台湾立报社 1992 年版；中国人民大学港澳台新闻研究所编：《报海生涯：成舍我百年诞辰纪念文集》，新华出版社 1998 年版。

③ 见：刘家林：《"成学"研究刍议：试论成舍我研究的开拓、深化与创新》，"中国新闻史国际学术研讨会"（2012·台北）宣读论文，2012 年 5 月 24～25 日。

④ 超星数字图书馆读秀数据库是由海量图书等文献资源组成的庞大的知识系统，有 228 万种中文图书等文献数据，占 1949 年以来已出版中文图书的 95% 以上，是一个可以对文献资源及其全文内容进行深度检索的平台。

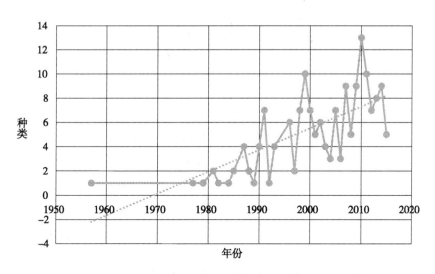

图 1　成舍我研究学术趋势（图书）

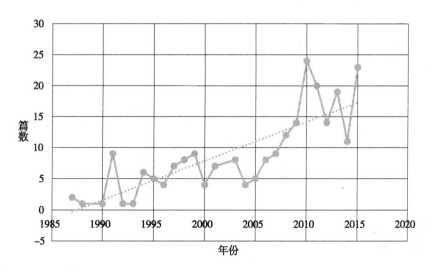

图 2　成舍我研究学术趋势（论文）

闻史研究者学术视野的变迁？

2. 图书分析

在共检索到的 190 种图书中，剔除不同版本、多卷本等情形的，剩下约 172 种。这 172 种图书大致可分以下六类：以成舍我为主题的图书；涉及成舍我的新闻传播史著作；将成舍我收录其中的名人传记集；提及成舍我的他人传记、回忆录、文集；各地的文史资料图书；及其他。① 后面四类都可划分为史料性质，在前面已述及，此处不再赘述，下面重点讨论前两类（见图3）。

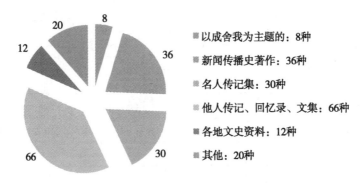

图3　与成舍我相关的图书分析

（1）全书以成舍我为主题，或为成舍我的著作，归为一类。仅8种，其中《报海生涯：成舍我百年诞辰纪念文集》是纪念文集；《报学杂著》《成舍我先生文集——港台篇1951—1991》和《成舍我新闻学术论集》都是成舍我的作品集；《新闻界三老兵》中对成舍我的叙述占全书过半的篇幅，可算作成舍我的传记，也可归入此类；《〈世界日报〉兴衰史》虽以《世界日报》为主线，但全书参插叙述了成舍我去台前在大陆所有相关的事业，当然可归入此类。上述六种图书，都只能算为资料性质，可作为研究成舍我的史料，但不能认为是研究成舍我的成果。全书真正以成舍我为研究主题的只有《报人成舍我研究》和《上海〈立报〉史研究（1935—1937）》，前者收录了李磊教授在世新大学舍我纪念馆攻读博士后的结项论文及其对成舍我的几篇经典文献的解读的文章，后者以上海《立报》为个案，全面细致地考察了上海《立报》的创刊、内容特色、经营及其在一些重大历史事件中的表现。

（2）涉及成舍我的新闻传播史著作。此类图书共有36种，又可分为两种情形，新闻传播史专著和新闻传播史教材。

---

① 此类划分有值得商榷之外，是作者为方便分析起见作如上分类。归入"其他"类的多是一些小说集和逸闻趣事方面的书，如《爱国英雄小史》（王瀛州编，交通图书馆，1918年）和《名闺奇缓集序》（挹芬女史编，交通图书馆，1922年）两部小说集收录了成舍我早年上海时期的两篇小说。

　　新闻传播史专著是作者对新闻传播史的某个方面或问题作深层次的探讨，共有 7 种涉及成舍我，体现了成舍我研究的多维性。《风吹枷锁——中国新闻史著名报案》探讨了中国历史上的 11 个著名报案，其中收录了 1934 年南京《民生报》查封事件；《蜂飞蝶舞——旧中国著名报纸副刊》对世界日报社的副刊《明珠》《夜光》和上海《立报》的副刊《小茶馆》《言林》作了比较详细的介绍；《出奇制胜——旧中国的民间报业经营》则对成舍我的经营作了初步的分析。① 上述三书同为"报界档案系列"丛书，体现了成舍我办报的三个特点：敢言、注重副刊和重视经营。在《向左走 向右走：1949 年前后民间报人的出路抉择》中作者对成舍我的办报、办学、从政作了全面具体地介绍，分析了《世界日报》言论立场，认为是其"在政治信仰上不认同共产主义而赞成三民主义"，导致了成舍我最终走上拥蒋反共的道路。② 《民国报人：新闻史上的隐秘一页》则专对成舍我的办报生涯作了一番回顾，注重叙述的故事性，揭示了成舍我办报生涯中一幕幕的悲喜剧。③ 《自由的历险：中国自由主义新闻思想史》将成舍我放在自由主义新闻思想在中国的发展和终结这个大背景下叙述，以"世界主义"作为主线，分析了其在"专制和激进夹缝中"挣扎的报刊自由主义办报策略及"新闻托拉斯"之梦的最终破产。④ 《追寻失去的传统》从严格意义上说并不是新闻史专著，应是一本随笔集，但是全书以"文人论政"作为主轴，每一篇章都是围绕对中国言论史做过贡献的报人展开，从这个意义上也可说是一本新闻史专著，正如一位学者在它的序言中所说的，"这本书是另一种新闻史，是一本有个人风格的新闻史。"⑤ 作者以较短的篇幅、充满激情的笔墨，集中描绘了成舍我办报的坎坷。在上述著作中，除《向左走 向右走：1949 年前后民间报人的出路抉择》和《自由的历险：中国自由主义新闻思想史》较注重学理上的讨论外，其余都为介绍或描述性的。

---

　　① 三本书的详细出版情况是：李文绚：《风吹枷锁——中国新闻史著名报案》，福建人民出版社 1999 年版；陈昌凤：《蜂飞蝶舞——旧中国著名报纸副刊》，福建人民出版社 1999 年版；陈彤旭：《出奇制胜——旧中国的民间报业经营》，福建人民出版社 1999 年版。

　　② 陈建云：《向左走 向右走：1949 年前后民间报人的出路抉择》，福建教育出版社 2010 年版，第 280 页。

　　③ 张功臣：《民国报人：新闻史上的隐秘一页》，山东画报出版社 2010 年版。

　　④ 张育仁：《自由的历险：中国自由主义新闻思想史》，云南人民出版社 2002 年版。

　　⑤ 傅国涌：《追寻失去的传统》"序"，湖南文艺出版社 2004 年版。

新闻传播史教材对新闻传播史知识和成果进行综合和系统阐述，要体现研究的时代性，蕴含了编写者的撰写理念，体现特定时代对新闻人物和事件的评价。那么，在中国新闻史教材中对成舍我的评价是怎样的？对其叙述又是从何维度展开的呢？在不同时代的教材中对成舍我形象的构建有何差异性？这种差异又体现了不同时代撰写者怎样的新闻理念？

据于上述思考，笔者查阅了自上世纪80年代初至今出版的29种中国新闻史教材。① 结果发现，除了《中国新闻事业简史》（方汉奇、陈业劭、张之华编著，中国人民大学出版社，1983年版）和《中国新闻事业史》（谷长岭、俞家庆编，中央广播电视大学出版社，1987年版）两书没提及成舍我及其事业外，另外27种都有所涉及，这说明了学术界对成舍我及其事业有一定的共识。

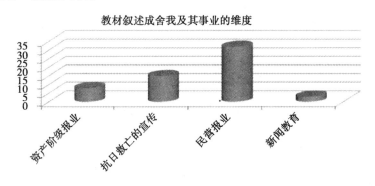

教材叙述成舍我及其事业的维度

图4　27种中国新闻史教材关于成舍我及其事业的维度叙述

由图4可知，27种教材共有57处涉及成舍我，其中，25处设为小节或单独知识点专门叙述成舍我及其事业；叙述最多的是作为研究生教材的《中国新闻事业通史》（第二卷）（方汉奇主编，中国人民大学出版社，1996年版），有10处提及。那么，在这57处，教材的编著者是将成舍我及其事业置于哪些维度下叙述的呢？

据统计，教材中关于成舍我及其事业的叙述，除一处以《世界日报》

① 这29种新闻史教材尽管名称叫法不一，其教学对象也不一（有自考、职高、专科、本科、研究生用书之分），但是都遵从教材编写的完整性原则，它们的撰写范围都覆盖了从五四新文化运动至新中国成立前的新闻史，且这一时期占据了各教材的绝大部分篇章。这一时期，也是成舍我办报生涯的高峰期，奠定了其在中国新闻史的地位。因此，笔者选取这29种教材，是符合比较研究方法的可比性要求的。

在"三一八"事件中的报道为例，来体现当时新闻界不屈服于北洋军阀的统治外，其余主要围绕四项维度展开：资产阶级报业、抗日救亡的宣传、民营报业和新闻教育。①

从共时角度看，教材最易将成舍我及其事业放在"民营报业"维度下叙述，达到32次之多。例如在叙述平津地区民营报业的发展时，往往以《世界日报》作为典型报纸来分析；或讨论《世界日报》《立报》企业化的经营模式；或探讨《立报》小型报"小报大办"的精编方针。其次，几乎每种教材在叙述抗日救亡运动中的宣传时，都要提及成舍我的《世界日报》《立报》在"九·一八"和"一二·九"中的杰出表现，尤其是《立报》，被称为"抗日小型报"，有学者甚至认为，"在1935年'一二·九'运动前后，最著名的抗日救亡运动报刊是《生活》周刊，其次是《立报》"②。这使得在此维度下叙述成舍我及其事业达到15处，仅次于"民营报业"。相比之下，在"资产阶级报业"（或"资产阶级新闻事业"）维度下叙述成舍我的仅有8处。经典马克思主义作家将资产阶级定义为在生产商品的资本主义社会中拥有生产工具的阶级，因此"资产阶级报业"这个词或多或少地带有"以阶级斗争为纲"的时代烙印，体现了一定的意识形态。但是在教材中，在此维度下叙述的也大多是成舍我的企业化经营和管理特色，与在"民营报业"维度下叙述并无很大的差别。最后，在"新闻教育"维度下叙述的仅限于"北平新闻专科学校"，而对成舍我去台后所创的"世界新闻专科学校"（今天的"世新大学"）则不言及，因为北平新闻专科学校存在的时间较短，影响不是很大，这使得在此维度下叙述的仅有3处。

从历时角度看，近年来，中国新闻史的教材编写开始突破"政治史、革命史、思想史"的思维束缚，试图从新闻事业自身的发展规律入手，因

---

① 需要说明的是，对民营报业的说法在不同教材中有不同表述，如私营报业、私营企业化报业、民营商业性报业、民报、商业报刊等等，在笔者看来，这些表述没有实质性的差异，所指的都是国、共两党以外的由民间人士创办的、实行企业化经营的报刊。另外，按照这四种维度的划分，一些叙述成舍我之处有重叠交叉的情形，如有时在叙述民营报业时，放在抗日救亡的背景下叙述，故此时两类维度都算入。

② 梁家禄等著：《中国新闻业史》（古代至1949年），广西人民出版社1984年版，第334页。

此从编写体例上看，出现了多元化的趋势。① 撰写理念和体系的变化，使得对成舍我及其事业的叙述也有略有差异。一个表现就是，"资产阶级报业/新闻事业"这个词虽没走进历史的坟墓，但其声音却是越来越弱小，更多的是从"民营报业"维度来叙述成舍我，这种转变体现了学术界对成舍我历史地位的重新认定；另一个表现是，即以"民营报业"维度来论，因为编写者角度的细微差异，对其表述也越来越多元化，例如出现了"商业性报纸""私营企业化报纸""商营报纸""民报"等不同的表述，这些表述上的细微差异表明学术界对成舍我研究的越来越细致，视野也越来越宽广。

3. 期刊论文和博、硕士论文分析

（1）期刊论文

期刊是刊载学术成果的另一重要阵地。前文笔者已通过读秀知识库的期刊资料库来表明近30余年来对成舍我研究的总体趋势，但是单以"成舍我"作为字段来搜索过于简单，不能搜索出所有与成舍我相关的研究文章，于是笔者又以"世界日报""民生报""立报"等作为搜索字段，以多种搜索方式在"中国知网（CNKI）期刊全文数据库"反复检索，剔除重复的、不相关的、及史料性质的，共得141篇。从研究维度看，这141篇文章大致可分为七项：对成舍我的总括研究、人生片断研究、报刊思想研究、新闻教育研究、报纸研究、与成舍我相关的人物的研究及其它。（见图5）

对成舍我的总括研究大多是对成舍我办报经历的描述性研究，或突出他在办报生涯中坎坷历程，或总结出其办报的成功之处，此类文章数量多，主题重复性高。在此类文章中较有价值的文章有：孙景端的《报业巨子成舍我》② 和陈建云的《报人成舍我成功之道》③。孙曾是《世界日报》的老员工，在此文中他以亲历者的身份叙述了成舍我的办报历

---

① 近年来，这类的中国新闻史教材有：《中国新闻事业发展史》（第二版），黄瑚 著，复旦大学出版社，2009 年；《中国新闻社会史》（第二版），李彬 著，清华大学出版社，2009 年；《中国新闻传播史》（传媒社会学的视角）（第二版），陈昌凤 著，清华大学出版社，2009 年；《中国新闻事业史》，吴廷俊 主编，阳海洪、张振亭 副主编，武汉大学出版社，2009 年；《中国新闻媒介史》（1949 年前），王润泽 著，北京大学出版社，2011 年 6 月。

② 载《文史资料》1997 年第 4 期。

③ 载《新闻大学》2010 年第 4 期。

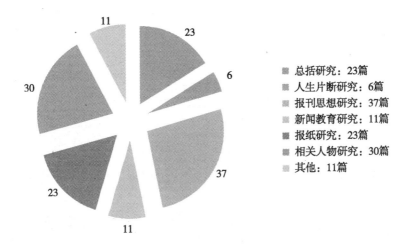

图5　期刊论文所呈现的成舍我研究维度

程，其中提供了不少的内幕情况，例如成舍我与胡适、张友鸾、张友渔、萨空了等人的关系；成舍我欧美远游归来后仿效欧美报纸，对《世界日报》实行大刀阔斧的改革，等等。陈建云从成舍我的办报宗旨、办报路径和报业管理三个方面总结了成舍我的办报特色，有一定的借鉴意义。

对成舍我人生片断展开研究的仅有6篇，且多集中于"南社内讧"事件和"民生报案"。例如，《成舍我与南社"朱柳论诗"公案》① 和《成舍我与"南社内讧"》② 两文都是对1917年成舍我在"南社分裂"事件中所扮演的角色的阐述；《新闻记者和行政院长》③ 是以随笔的形式对1934年"民生报停刊"事件进行叙述。"南社内讧"事件能展现了成舍我青少年时期所具有的朝气，"民生报停刊"事件则展现成舍我办报不畏权贵的精神，都是成舍我人生中最出彩的片断。

研究成舍我报刊思想的文章较多，涵盖其新闻思想、编辑思想、报业经营思想等。对成舍我的大众化报刊思想和报业经营思想的研究成果较为显著。在研究大众化报刊思想方面，学者往往以上海《立报》作为例证。较有特色的是李磊教授，他以成舍我的两篇重要文献来探讨成舍我的办报

①　熊罗生：《株洲师范高等专科学校学报》，2001年第3期。
②　张晓锋：《成舍我与"南社内讧"》，《传媒观察》，2011年第3期。
③　陈向阳：《新闻记者和行政院长》，载《读书》，1999年第5期。

思想。① 重视报业经营是成舍我办报又的一个重要特点，因此分析此类的文章较多，但是大多是根据《世界日报》、《立报》报社旧人的文章拼凑而成，有价值的不多。其中只有唐志宏博士的《成舍我的小型报广告策略》（载《广告大观》2008 年第 4 期），是在翻阅大量《立报》的广告后，从感性认识上升至理性认识的基础上写成的，分析了成舍我的广告经营思想和策略，言之有物，较有特色。

对成舍我新闻教育活动和思想展开研究的仅有十余篇，且同新闻史教材一样，仅限于北平新闻专科学校，分析的多为成舍我兴办学校的动因和教育理念。

对成舍我所创的报纸进行研究的文章也较多，成果也最丰硕。这些报纸以《世界日报》系、《民生报》和《立报》为研究对象，特别是以《世界日报》和《立报》为研究对象的尤多。以前，对《世界日报》系研究的多围绕它的两个著名副刊《夜光》《明珠》和连载张恨水的小说展开。近年来，对《世界日报》的研究出现了可喜的变化，即有些学者在接触原刊后，对它的专刊和专版也开始了研究，如侯杰教授以《世界日报》的著名专刊《妇女界》为研究目标，分析中国 20 世纪 30 年代的女性主义思潮；② 唐海江教授以《世界日报》的专刊《新闻学周刊》为例子，分析了上世纪 30 年代北平地区新闻学话语的内在逻辑。③ 对《立报》较早展开研究的是许清茂教授，他在《萨空了、恽逸群和〈立报〉》一文中，最早分析了《立报》的特点、萨空了和恽逸群等共产党员在《立报》中所扮演的重要角色，指出"《立报》产生的巨大影响，也反映了我们党在新闻事业中的光辉业绩。《立报》创造的新闻工作经验，同样闪烁着我们党新闻工作优良传统的光辉。"④

---

① 即《成舍我"二元化"办报思想初探——对上海《立报》发刊辞的解读》和《一篇反映成舍我办报思想的重要文献——对成舍我《中国报纸之将来》的一个解读》，分别刊载于《国际新闻界》2009 年第 5 期和第 10 期。

② 即《媒体·性别·抗战动员——以 20 世纪 30 年代〈世界日报〉副刊〈妇女界〉为中心》和《女性主体性的媒体言说——对 20 世纪 30 年代〈世界日报〉专刊〈妇女界〉为中心》，分别刊于《南开学报（哲社版）》2010 年第 2 期，《安徽大学学报（哲社版）》2010 年第 4 期。

③ 即《论 1930 年代北平新闻学话语的逻辑构成与纠葛——以〈世界日报·新闻学周刊〉为文本个案》，载《国际新闻界》2009 年第 2 期。

④ 许清茂：《萨空了、恽逸群和〈立报〉》，载《厦门大学学报（哲社版）》1991 年第 2 期。

对与成舍我相关人物研究的文章占据最多，这些人物大多是成舍我的儿女（成思危、成之凡等）和报界同人（如张恨水、萨空了等）。此类文章虽不以成舍我为直接的研究对象，但是这些人或是成舍我的亲人，或是曾经亲密无间的友人，通过这类文章可以从多个侧面了解成舍我。

（2）博士、硕士论文

以成舍我为主题的博士论文，至今能查阅到的有《尝试与突围：成舍我与近代中国报业（1919—1949）》《读者想像与文化实践：上海〈立报〉研究（1935—1937）》和《一代报业巨擘成舍我》。

《尝试与突围：成舍我与近代中国报业（1919—1949）》为台湾的唐志宏博士所作。唐志宏的论文指导老师之一是成舍我的四女成露茜，他协助成露茜整理成舍我的资料，凭借如此有利的条件，用了将近五年的时光写就《尝试与突围：成舍我与近代中国报业（1919—1949）》一文。在此文中，作者占据大量文献，试图"廓清成舍我从五四以降到1949年，于大陆时期，办理报刊的活动及其方向"。作者先以晚清到民国这一转折时期中国报业的变化为基点，探究成舍我的历史定位；然后叙述成舍我就读北京大学的活动，认为成舍我报刊思想的源流是出于此间；再以成舍我的办报活动——《世界日报》系和"小型报"《民生报》《立报》为主线，分析了各报的行销策略、广告模式等；关于成舍我的新闻教育，作者认为成舍我的教育模式经过了一个从体制外（学徒制）到体制内（学校）的转变；最后，作者得出结论，认为成舍我在中国近代报业的地位，体现在以下几方面：他的报业实践方式是建立在五四时期文化运动所奉行的社会改造的方式基础上，即"书局、报馆、大学校"三位一体；他创造了一种"平价报纸"，即"小型报"；为实践平价报纸，他在报纸编排上实行了一系列的改革；他的报业经营手段独树一帜；能任用不同主张的人才，在报纸上能容纳不同政治主张的意见；重视新闻教育，并能将报社和学校结合起来培养新闻人才。[1]

《读者想像与文化实践：上海〈立报〉研究（1935—1937）》以成舍我的大众化报刊思想的重要实践场所——上海《立报》为考察对象，深入分析了其实际运作和编辑策略。作者认为，成舍我的大众化办报思想是一种

---

[1] 唐志宏：《尝试与突围：成舍我与近代中国报业（1919—1949）》，博士论文，台湾政治大学，2010年。

"非资本主义大众化"。通过对上海《立报》的文本分析，作者认为"非资本主义大众化"的核心意义在于，大众不仅被视为消费者，而且是可以教育、沟通、合作的人民，他们通过读报认清各人的社会位置，从而承担国家社会责任。作者并且通过分析上海《立报》的组织结构、编辑策略与新闻框架，指出"非资本主义大众化"的实质内涵：在总体架构上，上海《立报》降低价格门槛，通过浅显的语体文、多元的副刊版面吸引读者；让读者进入该报所构筑的社会真实，它通过改写国际新闻，使读者了解中国的国际情势，通过国家正当化的新闻框架竞争，争取新闻的诠释权，产生舆论力量；它格外重视读者投读，让读者不仅可以报社，也可和其他读者沟通、议论、分享，并由此获得新闻线索，使报社与读者间更为接近；最后，上海《立报》第一人称的集体书写，是现今逐渐被遗忘的报告文学的遗产。①

《一代报业巨擘成舍我》则以成舍我创办与经营报纸的活动与经历为主要线索，将其办报思想和经营理念为经，以其办报、兴学、问政经历为纬，对成舍我进行了较全面的考察。作者认为，成舍我作为报人，经历了不同历史时期的新闻统制和报海厄运，饱受过民族苦难和高压政治的摧残，其经历即是一面时代的镜子；成舍我的报海生涯跌宕起伏，既囿于时代环境，又囿于其政治立场，带有鲜明的时代烙印。②

至于硕士论文共有 15 篇围绕成舍我及其事业展开。早些年多集中于阐释成舍我的报刊思想（如经营思想、小型报思想），近年来呈现出多元化、细致化的趋势。例如，《自由与统制：民国时期成舍我对国民党的态度》探讨了成舍我在不同历史时期与国民党的政治立场和态度，总结出成舍我作为自由报人代表，对国民党的态度经过了一个由中立、公正批评到不断缓和，再到完全反对的变化过程。又如《民国时期成舍我以记者为本的用人策略》对成舍我不拘一格的用人策略展开了研究。

4. 研究重镇：世新大学"舍我纪念馆"

在我国台湾地区，推动成舍我研究的主要是世新大学"舍我纪念馆"。"舍我纪念馆"成立于 2006 年，其成立宗旨有二：一是为了纪念世新大学创办人成舍我在"办报、兴学、问政"三方面的努力及贡献；二

---

① 叶韦君：《读者想像与文化实践：上海〈立报〉研究（1935—1937）》，博士论文，世新大学，2014 年。

② 孟鹏：《一代报业巨擘成舍我》，博士论文，中国人民大学，2010 年。

是推动中国新闻史相关研究，以培育新闻史学术人才。因此，它的工作主要围绕三方面展开。一是收集、整理成舍我相关资料，为研究成舍我及中国新闻史提供便利。现已基本完成"舍我先生及近代新闻史资料库"的建设工作，并正在努力开展成舍我所创办的报纸的数字化工作，初步建成"舍我先生办报数位典藏网站"，向全球的学者免费提供全文检索。二是自2006年起，每年负责招聘2至3名的博士后研究员，进行为期半年至一年的"华人世界的新闻与传播现象为主题的社会、文化或历史性经验研究"，或"以成舍我先生所创办的报纸为研究对象或为材料所发展的新闻史研究"。这些人员结业后被聘为纪念馆的"协同研究员"，继续资助进行相关研究。三是协助世新大学联合中国新闻史学会等机构定期召开"中国新闻史国际学术研讨会"（见图6）。①

图6　舍我纪念馆展览厅
资料来源：舍我纪念馆网站 http：//csw. shu. edu. tw/website/1—2. html。

在纪念馆的推动下，尤其是在它的第二、第三项工作推动下，近年开始出现以成舍我为研究对象的研究群。下面分述第二、第三项工作的成果。

自2006年至2013年1月共招录17名博士后研究人员，已有15名出站，其个人及研究情况见表2：

———————————

① 世新大学"舍我纪念馆"，http：//csw. shu. edu. tw/website/1—2. html。

表2   舍我纪念馆博士后研究人员及其研究

姓名/职称	研究主题/投稿或出版刊物
唐海江/湖南大学新闻与传播学院副教授	1. 投稿文章：唐海江：《党报"转型困境"的政治文化分析：以〈中央日报〉为中心》，《新闻学研究》，Vol. 97：127—177； 2. 投稿文章：唐海江、廖勇凤：《论1930年代北平新闻学话语的逻辑构成与纠葛——以〈世界日报·新闻学周刊〉为文本个案》，《国际新闻界》，2009/2：115—119。
Carlos Rojas/美国佛罗里达州立大学（现任杜克大学助理教授）	1. Carlos Rojas：The Naked Gaze：Reflections on Chinese Modernity（Harvard University Asia Center, 2008）； 2. Carlos Rojas & Eileen Chow（translators）：Yu Hua´s Brother（Routledge：2008）； 3. Carlos Rojas & Eileen Chow（Editors）Rethinking Chinese Popular Culture：Cannibalizations of the Canon，Routledge，2009。
侯杰/南开大学教授	1. 期末报告主题：媒体·性别·战争动员——以北平《世界日报·妇女界》为中心； 2. 投稿文章：侯杰（2009）：《文本分析与中国近现代性别史研究》，《郑州大学学报》，2009：2，P125； 3. 投稿文章：侯杰（2010）：《媒体·性别·战争动员——以北平《世界日报·妇女界》为中心》，《南开学报》，2010：2，P9—15。
李磊/中国传媒大学新闻与传播学院	1. 期末报告主题：成舍我"二元一体化"办报模式研究； 2. 投稿文章：李磊（2009）：《一篇反映成舍我办报思想的重要文献——对成舍我〈中国报纸之将来〉的一个解读》，《国际新闻界》，2009：10，P116—122； 3. 投稿文章：李磊（2009）：《成舍我"二元化"办报思想初探——对上海〈立报〉发刊词的解读》，《现代传播》，2009：5，P34—37。
黄顺星/世新大学传研所博士	1. 投稿文章：黄顺星（2009）：《广场到剧场：阿扁的媒介奇观》，《中华传播学刊》（TSSCI），104：113—160； 2. 投稿文章：黄顺星（2010）：《新闻的场域分析：战后台湾报业的变迁》，《新闻学研究》（TSSCI），104：113—160； 3. 学术书评：黄顺星（2009）：《模糊的文人、相异的实践》，《新闻学研究》（TSSCI），100：297—306； 4. 投稿文章：黄顺星（2010）：《另类的公共性：媒介空间的文化运动》，《文化研究月报》，108：32—51； 5. 投稿文章：黄顺星（2011）：《旧闻新史：对台湾新闻史研究的思考》，《传播研究与实践》，2：179—209。
张晓锋/南京师范大学新闻与传播学院	期末报告主题：成舍我早期的实践活动与新闻精神孕育。
程丽红/吉林大学文学院教授	1. 研究主题：20世纪二三十年代中国报业家群体研究； 2. 期中报告主题：在矛盾中前行——追索成舍我的思想世界； 3. 期末报告主题：在传统与现代之间——中国现代报业家的自我身份认同； 4. 投稿文章：程丽红（2010）：《在传统与现代之间——中国现代报业家的自我身份认同》，《探索与争鸣》，254：P91—95。

续表

姓名/职称	研究主题/投稿或出版刊物
张继静/中国人民大学新闻学院讲师	1. 研究主题：欧美传媒与新闻教育对民国报人的影响：成舍我的"五洲未定一年游"； 2. 期末报告主题：从成平到成舍我：一个心理传记研究。
Tim Weston/美国科罗拉多柏德分校	1. 研究主题：邵飘萍与中国新闻史； 2. 期末报告主题：邵飘萍与中国新闻史的开始。
曹立新/厦门大学新闻传播学院副教授	1. 研究主题：当独立报人遭遇报禁解除：晚年成舍我的报业思想研究——以台湾《立报》的创办为中心； 2. 期末报告主题："世界"变了，何以"立报"——"成舍我方案"及其晚年遭遇的挑战。
李煜/中国传媒大学新闻系副教授	1. 研究主题：中国现代性建构与民间报刊——以成舍我及其世界报团为例； 2. 期末报告主题："学人访问记"：关于知识分子的现代性"祛魅"。
张咏/美国密苏里大学新闻学院助理教授	1. 研究主题：文化移植与知识再生产：美国新闻教育在现代中国的本土化，1918—1937； 2. 期末报告主题：Professionalization and the Reproduction of Journalistic Knowledge：Institutional Transplantation of American Journalism Education in China，1918—1937。
叶思吟/世新大学传播研究所博士	1. 研究主题：谁在看《破报》——另类媒介的文化想像； 2. 报告主题：《〈破〉世界：另类媒介的文化想象实践》。
武志勇/上海社科院新闻研究所研究员	1. 研究主题：台湾报纸发行体制与业态变迁（1949—2000）研究； 2. 报告主题：20世纪下半叶台湾报纸发行体制变迁内容提要。
萧旭智/东海大学社会学博士	1. 研究主题：尸体与上海租界：新的经验与作为； 2. 报告主题：死亡的双重地带：大众媒体。

资料来源：世新大学舍我纪念馆 http：//csw. shu. edu. tw/website/1—7d. html。

由表 2 可知，大部分研究人员以成舍我为研究对象，且研究主题和研究方法均呈现多元化的趋势，较有代表性的成果有：

张晓锋的《成舍我早期的实践活动与新闻精神孕育》以成舍我独立创办报刊前在上海、北京两地的新闻实践和社团活动为主轴，考察了成舍我在这些组织中的活动以及呈现的思想观念、行为规范和品格特征。作者认为这些早年的活动孕育了成舍我的新闻精神，即开阔的思维方式、服务社会的问政意识和个性独立的人格特征。

《从成平到成舍我：一个心理传记研究》采用心理史的研究方法，对成舍我在 1918 年至 1930 年所经历的心理认同危机进行考察，作者从革命与暴力、师长与朋友、婚姻与爱情及 1930 年的欧美之行四方面剖析了成舍我面临的认同危机和身份认同的重构，探讨了成舍我为何最终选择"报人"作为其一生孜孜以求的职业。作者认为，从"成平"到"成舍我"

名字的改变，是其认同危机得到克服、身份得到重建的一个明证。

1988 年 7 月 1 日，台湾正式解除报禁，12 日，成舍我以 91 岁高龄创办《台湾立报》。然而，《台湾立报》自创刊至成舍我逝世，一直未能摆脱在生死存亡线上徘徊的尴尬地位，因此，"成舍我晚年创办《台湾立报》留给世人不少迷思：为什么在 20 世纪前半叶中国新闻史上屡创佳绩的成舍我，在报禁解除后的台湾却未能再创奇迹？换句话说，一生以追求新闻自由为志愿的独立报人，在新闻不自由时代尚可成就一番事业，在新闻自由制度业已达成之后，为何反映显得力有未逮？换言之，成舍我在北京、上海曾经运用成功的新闻理念、专业技术以及经营手法，面对解禁后台湾新闻自由竞争的业态环境，为何会陷入难以作为的困境？"曹立新博士在《"世界"变了，何以"立报"——"成舍我方案"及其晚年遭遇的挑战》中对这些问题进行了探讨，并试图通过解答这些问题来揭示成舍我的晚年思想和台湾报禁解除后媒体环境的变化。

近年来舍我纪念馆协助世新大学，并联合大陆的一些新闻史研究机构和大学召开了多次新闻史的国际研讨会，其中影响较大的有 2010 年 5 月 28—29 日在世新大学召开的"新闻典范的挑战与另类媒体：纪念成露茜教授国际学术研讨会"，2011 年 3 月 26 日在北京大学召开的"中国新闻史国际学术研讨会（2011·北京）——成舍我与民国新闻史"。下面略述几篇与成舍我相关的重要文章。

唐海江教授在《世界主义与民族主义之间：成舍我自由报刊理念的形成及其现代困境》中认为，成舍我自由报刊理念的形成经过了平民报刊、舆论领袖、大众化报刊和超然报纸等多重内涵的演变；演变中，成舍我的世界主义和民族主义这两种看似矛盾与冲突的思想却一直纠缠在一起，内化成演变的主轴，并最终使自身的冲突与矛盾得到化解；成舍我的这种自由报刊理念，表现出两种特征，即鲜明的道德主义色彩和实用主义倾向。

夏春祥、叶思吟的《信仰与行动：〈世界日报〉大众公仆版之研究》通过剖析文人论政、商业报纸、党报与侍从等报刊理念，具体讨论了新闻实务工作者如何生存的真实情形，包括了版面的创立、新闻题材的选择等，该文以《世界日报》的"大众公仆"版为研究例证，证实成舍我的新闻实践受到无政府主义的影响。

叶韦君在《上海〈立报〉的大众化策略》中则希望通过《立报》的主体构成和阅读框架两方面来分析其大众化策略。作者认为，前者通过作者与读者不同社会经验的融合，有了异质的作者群，才能以相对低廉的价格与浅显易懂的文字进入读者市场；后者则通过小型报的近用性、精编主义的编辑方针、版面的创新和特色写作等策略实现。①

唐志宏的《回荡下的抉择——成舍我对新闻统制的态度》以国民党政府的新闻统制制度为背景陈述的基础，重新检视了自北洋军阀政府至国民政府期间的新闻统制内容，来说明成舍我从北平《世界日报》、南京《民生报》、上海《立报》和香港《立报》这四个阶段面对新闻统制时，其在报业经营上所采取的应对之策，以及其是如何在报业与政治之间取舍的。

孟鹏在《成舍我的"问政"经历：以〈世界日报〉的考察为核心》中以《世界日报》的社论为分析对象，考察成舍我在不同历史时期扮演的不同政治角色。文章发现，成舍我始终以一个报人的视角参与政治活动，无论是初期的初涉政界，还是中后期的问政经历，可以看出其出发点和落脚点都是以办报为依托和归宿，体现了他作为报人的特质——"问政"始终围绕"办报"进行。②

5. 研究中存在的问题

成露茜、唐志宏等人认为，到目前为止，有关成舍我的相关研究大约呈现下列特点：主题重复率高；史料深度不足；新颖的学术观点开创性少；内容讨论纵度不够；应景式、悼念式、介绍性文章多于严谨性的学术论文以及过度集中在报纸内容的文本分析，忽视当时的产制经验、社会结构、意识形态等问题。③ 笔者认为，近年来在舍我纪念馆的推动下，上述不足正在得到逐步改进，但在以下几方面有待加强。

（1）关于成舍我的生平历程研究不够。其一，现在关于成舍我的生平有很多盲点。例如，要了解成舍我20世纪30年代初欧美之行的具体行程，我们需要阅读此时期的《世界日报》《民生报》；通过"军事委员会委员长侍从室（成舍我）人事登记片稿"，我们知道他在抗战中曾任国民

---

① 以上三文都是在"新闻典范的挑战与另类媒体：纪念成露茜教授国际学术研讨会"（第二场 成舍我的报业实践）上的宣读论文，日期：2010年5月28日，地点：世新大学舍我楼12楼会议室。

② 以上两文是在"中国新闻史国际学术研讨会（2011·北京）——成舍我与民国新闻史"会议上的宣读论文，时间：2011年3月26日，地点：北京中关新园7号楼。

③ 成露茜、唐志宏、李明哲：《无政府主义的影响和实践：成舍我的"非资本主义大众化报刊"》，《新闻学研究》2011年1月第106期。

党的政治部设计委员会委员等职，他任这些职务做了什么？以及这些职务对他以后同国民党的关系有何影响？需要我们找更多的资料证实；又如通过一些资料，我们可以大略地知道他在 20 世纪五六十年代台湾的党外运动中扮演一定的角色，那么，这一角色置于他同当局何种微妙的关系？这一关系对他去台后不能复刊《世界日报》有无影响？对办学又有何影响？等等，都需要我们找更多的资料去证实。其二，现存对成舍我生平叙述的文章大多是根据成舍我个人的文章、述说及亲友、同事的回忆文章，多是人云亦云，其中不少是以讹传讹，致使自相矛盾之处甚多。例如，他是何时到上海"卖文"为生的？成露茜编的"年谱"与王新命的传记等多种材料相矛盾；又如《民生报》是何时创办的？根据现今的材料，说法更是五花八门，莫衷一是。对于此类错误，需要研究者去勘误和辩证。尽管关于这方面的研究容易沦落为描述性研究，但是，它却是奠定后续研究的基础，更是撰写成舍我传记必不可缺的工作。

（2）对成舍我的思想不注重"动"的研究。现今对成舍我的思想研究，多集中讨论其早期经历（上海、北京时期）对于其无政府主义（世界主义）思想养成的影响，而对其以后世界观、人生观的变化，特别是其政治思想的变化不甚关注。实际上，单就成舍我的世界主义思想来说，在五四运动中得以形成后也不是一成不变的。1927 年后随着与李石曾的交往增多，渗入了"工读、互助主义"的思想，此后随着日本侵华加剧和民族危机的加深，民族主义的基因在生根发芽，使其世界主义思想又有了新的变向。又如，成舍我曾深受陈独秀、李大钊之恩，并曾翻译过列宁的《无产阶级政治》，在其报社的工作人员更不缺乏中国共产党党员，《世界日报》也一度披上"粉红色的报刊"，可是，他终究还是步步走近国民党当局，并最终被打上 CC 派的烙印，在这过程中，他的政治思想是怎样转变的？有何因素影响其转变？诸如此类的问题，以往的研究并不能令人信服。

（3）对于成舍我报刊思想、业务的研究，手段单一，缺乏以报纸实物为文本的深度解读。现今关于成舍我研究，相当部分集中于讨论其大众化办报思想、小型报思想，然而对它们的研究多是对成舍我的几篇经典文献的解读，不能配合以报纸的文本来分析，这使得研究脱离了当时的媒体实践情境和土壤，其分析往往显得空洞无力。例如在论述成舍我的小型报思想时，除了运用他的几篇经典文献进行解释外，更要运用《民生报》

《立报》上的文本进行分析：小型报思想体现在版面上主要通过"精编主义"编辑方针得以实现，那么，从版面的布局、栏目的设置、新闻报道类型的运用、新闻标题的拟定直至新闻主体的撰写，是怎样体现"精编主义"方针的？《民生报》《立报》的成功既然同这种编辑方针有莫大的关联，那么与同时代的其他报纸作文本比较，这种编辑手段有何特征和优势？对当时其他报纸有无影响？乃至对现代报业的发展有无启示？

为何会出现以上的问题？在笔者看来，还是资料上的困难。一是资料获得不易，如李磊教授所说的"有关成舍我先生的资料汇集工作一直不甚系统……台湾方面近年来虽然整理出版了一些有关成氏研究的第一手资料，但却还不能便捷地为大陆学者所获悉"[1]；二是资料纷繁，涉及的报刊数量多、年代久，要想克服上述不足，需要研究者有足够的精力和耐心。

四　本书的研究思路及章节架构

基于前述对新闻史人物研究的思考，本书拟主要以成舍我所创的报纸、作品、档案文献等原始资料为解读文本，去建构成舍我的人生轨迹、精神世界，发掘他与外部世界的关系，揭示他的办报思想以及对历史的启迪。具体地说，本书的研究思路如下。

（一）希冀较系统地勾勒出成舍我的人生历程，将他人生中的几个重要阶段描述出来。

（二）在描述的基础上，联系社会大环境，探究成舍我的思想历程，包括他的人生观、世界观的形成和政治思想的变化。

（三）以成舍我办报活动为主线，探究自北洋军政府直至"台湾当局"统治时期近80年来，两岸不同时期的媒介环境的变化以及成舍我的新闻理念、新闻业务的嬗变。

此研究思路下，本书篇章结构如下。

第一章　"惨绿少年"[2]：新闻精神的孕育

此章探究少年时期成舍我的内心世界。上海的卖文生活和北京的求学经历在成舍我的一生中占有极其重要的地位，此时期内发生了一系列影响

---

① 李磊：《报人成舍我研究》"自序"，中国传媒大学出版社2011年版。

② "惨绿少年"是成舍我在上海卖文为生时用的笔名之一。

他整个人生的活动，编辑上海《民国日报》、加入南社、发起组织"上海记者俱乐部"、经营"新知书社"及在五四运动中的其他表现，这些活动不仅对于成舍我的人生观的形成具有重要的意义，而且铸就了其个性和品质，锻炼了其经营管理能力，初步养成了其新闻传播理念，为以后的办报生涯作了很好的准备。

第二章　"'世界'与'民生'辉映"①：《世界日报》系和《民生报》

在成舍我的前半生中，他是一个典型的世界主义者，这种思想影响了他早期的办报活动，在《世界日报》和《民生报》中体现得尤为明显。本章探寻成舍我的世界主义思想形成过程；探究《世界晚报》《世界日报》的办报策略；考辨《民生报》的发刊日；最后对这一时期影响成舍我一生的两件大事——20世纪30年代初的欧美之行和民生报停刊事件——作详细的叙述和分析。

第三章　"大众化报纸新革命"②：小型报《立报》

成舍我一生钟情于小型报办报策略，这与他的大众化报纸思想是密切相关的。可以说，小型报思想是其大众化报纸思想的体现；而办成一份大众化报纸是他创办《民生报》《立报》等小型报的追求目标。本章先探寻他的大众化报纸思想的形成、内涵、实践；再以上海《立报》为例，分析他的小型报办报策略；最后通过文本解读，分析《立报》在抗日救亡宣传中的杰出表现。

第四章　"纵横万里半圻墟"③：战争与和平

此章时间跨度较长，历经抗日战争和解放战争。此段时间中国的主题是战争，而对于成舍我来说最大的愿望是早日结束战争，恢复和平，恢复其作为报人的生活。这是此时期他思想发生急剧转变及与国民党当局交好的一个主要因素，此种思想转变也影响了他的报业活动。本章第一节从多角度分析成舍我思想巨变的原因；第二节分析复刊后的《世界日报》的言论倾向，以更见成舍我政治思想的剧变；第三节讨论他的战时新闻思

---

① 此语出自1929年元旦李石曾给《民生报》的题词，见《李煜瀛题词》，《民生报》1929年1月1日第3版。

② 此语出自上海《立报》的发刊词《我们的宣言》，《立报》1935年9月20日第1版。

③ 此句来自成舍我的诗《赠挚友程沧波先生》，"纵横万里半圻墟，痛惜中原付刼余；报国愧言吾有笔，安贫敢叹出无车；最难论事同新贵，只合幽居理故书；群盗未夷双鬓白，闲搜恶草细锄除"。

想，主要包含两分部的内容：战时宣传思想和战后新闻体制的规划。

第五章　"隔洋此日梦垂念"①：从"北平世新"到"台湾世新"

本章研究成舍我的新闻教育活动和思想。第一节从"北平世新"的创办动因谈起，分析成舍我创办新闻学校的动机、宗旨；第二节主要以"台湾世新"为例，分析他的新闻教育思想和办学理念。

第六章　"壮志未遂双鬓白"②：在台湾的报业活动

本章探究成舍我去台湾后的报业活动。然而在"戒严"的30余年间，成舍我被剥夺了办报的权利，分析此时期他在台的活动，可见"报禁"并不是唯一的因素。本章先叙述成在"戒严"期间为争取办报权利的挣扎；再叙述《台湾立报》的创办，重点分析《台湾立报》不能成功的原因，以见台湾报禁开放初期的媒介生态及成舍我晚年的办报思想。

余论　中国近现代报人的生存图景与成舍我报业托拉斯之路的破产

作为结束部分，本部分将成舍我置于中国近现代报人的生存图景下分析其个人及其事业的命运。从政治思想上，成舍我典型地体现了民族资产阶级的两面性，这种两面性使得他探求的救国方案——"世界主义"和"新闻救国"——带有天然的调和性，并最终归结于组建中国的报业托拉斯、成为中国的报业大王的追求上。成舍我大半生都为实现这个梦想奋斗不止，然而，中国近现代的政经局势，注定其梦想幻灭的结局，这既是他个人的悲剧，更是近百年来中国民间报业的悲剧。

---

① 此句来自成舍我的《八十自寿诗》，"八十到头终强项，敢持庭训报先亲；生逢战乱伤离散，老盼菁英至太平；壮志未随双鬓白，孤忠永共万山青；隔洋此日梦垂念，顽健差堪告故人！"

② 此句亦来自《八十自寿诗》，见前注。

第一章

"惨绿少年"：新闻精神的孕育

在中国新闻史中，成舍我是为数不多的终身以新闻为职业的人。他自己在晚年也总结说，"我小时候立志做新闻记者，……做了几年记者，又能自己'办报'，现在我已九十岁了，等于我这一生都做记者，都'办报'；来台湾以来，又办新闻学校，目的在培育无数的新闻记者，继续发展中国的新闻事业。若以现在学生升学考试的'联考制度'为例，我算是得到第一志愿了，这一点我很高兴。"① 如他所说，这种对新闻事业的执着，应追溯于他的早年生活。本章以成舍我 1924 年创办《世界晚报》为界，先探究其"立志做新闻记者"之缘由；再分析他早年的新闻活动和一些典型的社会活动。本书认为，早年丰富的新闻记者生活和众多的社会活动，不仅体现了成舍我少年时期的风范，也铸就了他非同一般的多项能力，这些都为其后来事业的发展奠定了基础。

第一节 "立志做新闻记者"

要探讨成舍我为何一生与新闻事业结缘，需从他出生时的中国社会背景说起。

1898 年 6 月 11 日，光绪帝颁布《明定国是诏》，中国历史上由资产阶级发动的第一次政治改革运动正式启动。这次维新变法运动虽仅持续了103 天，但是在中国历史上具有重大的意义。正如台湾学者张灏所说，在鸦片战争结束后相当长的一段时期内，西方对中国的影响是有限的，"中国传统和西学之间有意识的思想相互影响仍然是孤立的和表面的"；直到

---

① 马之骕：《新闻界三老兵：曾虚白·成舍我·马星野奋斗历程》，经世书局 1986 年版，第355 页。

"19 世纪的最后十年，主要因为改良运动的出现，思想变化的速度急剧加快了"，这场运动把自东西方接触以来长时间存在的"西学和传统思想割裂开来的文化隔阂"逐渐弥合，因而他认为这场运动不仅是政治运动，更是一场思想运动，使"西学和传统文化之间建立起了具有重大意义的文化交流"。①

成舍我出生于 1898 年 8 月 28 日，正值维新变法运动高涨之时，各种"求富""求强"的诏书、谕令纷至沓来。我们现在虽不能看见他论述这场运动的有关文章，但是这场运动于他的影响是不容置疑的，一个明证就是他后来的笔名有一个叫"戊戌生"。取这个笔名之本意，或许是与维新运动提倡的救亡图存相呼应。成舍我后来所创的报纸宗旨，无论是《世界日报》宣传的世界各国互助主义，抑或《民生报》倡导的"民生建设"，及上海《立报》的"立国立己"，都体现了他在民族危机日益加深的背景下，对中华民族发展前景的思考和探索，渴望中国走向独立、富强的迫切心情，可以说是对维新运动倡导的救亡图存思想的延续。

这场运动于成舍我的另一个影响，就是激发了他一生对办报的兴趣。因为在这场运动中，"为了宣传他们的思想，年轻的知识分子开始与期刊杂志的出版工作打交道。他们的成功直接或间接地刺激了许多类似的活动，导致更有政治倾向和思想内容的期刊杂志大批出现"，② 掀起了所谓的第一次国人办报高潮。这种将办报活动与实现政治理想紧密结合在一起的做法，开创了中国报纸工具化的道路，深远地影响了中国报纸的发展进程，也同样影响了成舍我的办报活动。在探寻救国之路的过程中，从早年宣扬的世界主义思想到后来的"新闻救国"主张，在这个转变中成舍我都将办报作为实现政治主张的途径，这可能是对他为何一生对新闻业孜孜以求的一个解释。

如果说仅从其出生的时代背景来探求成舍我从事新闻业的原因过于勉强的话，那么，在他 10 岁时发生的一件关系到其家庭生死存亡的祸事，可以说是对他一生从事新闻业的另一个更有力的解释。

1908 年夏，安徽舒城县监狱发生囚犯破狱事件，时任舒城县典史的

---

① 张灏：《梁启超与中国思想的过渡（1890—1907）》，崔志海、葛夫平 译，新星出版社 2006 年版，第 3—5 页。

② 汤志钧：《戊戌变法史论丛》，湖北人民出版社 1957 年版，第 222 页。

正是成舍我的父亲成壁。虽拼死阻止，终被数十名囚犯冲破牢狱，集体逃跑。按照大清的法律，破狱分为两种情形：一为越狱，因为看守人员看守不力，疏于防范，致囚犯逃跑，这属于典史的责任；二为反狱，指囚犯以武力集体暴动破狱，有造反的嫌疑，这种情形属于狱政上的问题，知县应该负全责。根据案件发生的情形，该案性质归于反狱，应由知县陆某负全责。但是陆某为减轻其责任，先是以纹银两千两①，试图贿赂成壁，要他一人承担责任，在写给上级的报告上将"反狱"改为"越狱"。成壁"以饰词纳贿，有亏士行，坚不可"②。行贿不成，陆某又找到上海某报驻安庆的一个记者，要他按照自己的意愿写一篇报道，在上海报纸刊登出来，一时舆论于成壁大为不利，成壁因而被撤职，如若照此情形发展下去，成壁将受到更严厉的惩处。成壁被迫携眷回安庆，一面向主管机关陈述实情，一面四处活动想达到申述冤屈的目的。此时恰好经由朋友介绍，得以结识上海《神州日报》驻安庆的记者方石荪。方石荪的儿子方竞舟，知悉案情后，或出于同为湖南人而激起老乡的义气，或由此案激起的正义、同情心，从而奋笔疾书，写一长文，寄往《神州日报》，将此案件的前后经过如实地揭示。鉴于《神州日报》在上海的巨大影响，此文刊登后，纷纷被其他报纸转载，一时舆论又发生逆转，最终成壁得到"平反"，陆某被革职拿办。③

这件祸事虽然最终得到较圆满地解决，可是对年幼的成舍我心理之冲击无疑是巨大的。

一方面，他由此案"震惊于新闻记者旋乾转坤之力量"④，而对新闻事业发生兴趣。晚年成舍我在一次受访中说，"从父亲这个案件，不由让我深切认识到：记者为善为恶，直接关乎人类社会祸福。坚定我立愿从事

---

① 在《先考行状》中，成舍我说是"八千金"，这里采用《新闻界三老兵》中的说法。见：舍我：《先考行状》，《世界日报》1931 年 9 月 4 日第 10 版；马之骕：《新闻界三老兵》，经世书局 1986 年版，第 135 页

② 舍我：《先考行状》，《世界日报》1931 年 9 月 4 日第 10 版。

③ 因为这件事，成舍我一生对方家都怀着感恩的心理，他同方竞舟保持了一生的友谊，后又把方石荪的孙子请到台湾世界新闻学校（现今的世新大学）做事。

④ 《成舍我生平事迹年表》，舍我纪念馆，http://csw.shu.edu.tw/website/2—2.html，2012 年 6 月 2 日检索。

新闻工作的决心"。① 那么他到底是怎样走上新闻业道路的呢？据《新闻界三老兵》中这样叙述：

> 成先生因感念方（竞舟）之为人正直，肯为父亲仗义直言，得以平反冤屈，又钦佩他能写文章，因此相交往。……方发现"成小弟"，对作文很感兴趣，所以就以"大哥"的关系，时加鼓励，并讲解报纸言论，对社会人心之影响，以及转移社会风气之功用等，都有很大助益。并指导就日常见闻，撰写新闻稿之方法，每撰一稿，必经方改正后，代向报馆投稿，亦常被采用，这对当时的"成小弟"来说，真是一个莫大鼓励。从那时起，成先生就与报纸发生密切关系了。②

著者马之骕说，《新闻界三老兵》是根据成舍我等三人的口述录音而编写的，因而真实性是毋庸置疑的。照这样说法，方竞舟不仅向成舍我灌输新闻的社会功能，而且指导他写作新闻报道，可以说是成舍我走上新闻道路的引路人。而在成舍我看来，既已对新闻业有如此崇高理想，便应终身不辍，以此为职业，他曾反复说过，"一位怀抱崇高理想的记者，……便多半会自许或被期许为一终身记者"，"记者应有抱负，应尽可能以其为终身职业"。③

在震惊于新闻记者力量的同时，另一方面，成舍我也深切地感知到报馆具有"知讼狱之曲直"的社会功能，而发挥此社会功能的决定因素在于记者能否抵制金钱等外来物欲的侵蚀，维持其独立自由的身份。受此事件触动，在他看来，人格教育，培养新闻记者的正义感，尤其重要，因此加强道德建设，是培养一名成功的新闻记者之本。这是他后来为什么将"德智兼修"作为办学的宗旨之一，并将它排在首位，在课堂上他也不时向学生灌输，"要想成为一个好的新闻工作者，除了应具备的基本学识，和一枝生花妙笔之外，最重要的是能辨冤白谤，并有富贵不能淫，威武不

---

① 齐绚如：《老骥伏枥志千里——访老报人成舍我先生》，台北《文星》杂志 1988 年第 1 期。

② 马之骕：《新闻界三老兵》，经世书局 1986 年版，第 141—142 页。

③ 成舍我：《如何塑造一个独立记者的典型——从〈沧波文存〉中可获得三项珍贵启示》，台北《传记文学》1983 年 7 月总 254 号。

能屈的精神，才能忠实而公正的报道新闻，受到广大读者的尊重"。① 这是此案于成舍我的另一影响。

父亲成壁的鼓励是成舍我"立志做新闻记者"的另一大原因。上述事件不仅使成舍我从此"喜读报，好议论"，萌发做新闻记者的念头，而且使成壁对从事新闻记者心向往之。当成舍我辍学后，成壁问其志向，他答道："欲终身操记者业"，成父一听"甚喜"，这不能不说在一定程度上受此事件的影响。在以后的新闻生涯中，成舍我多次"因言贾祸"，也曾有意从事他业，但正是因为有了父亲的谆谆教诲和鼓励，才能坚持将新闻业作为终身事业。最典型的一个事例是，1926 年 8 月，成舍我遇到平生最大一次凶险，被张宗昌投入大牢。身陷囹圄的他，产生"念十余年中之忧危恐怖，辄思一旦得释，必弃此他图"的想法。但是得释后，成父以"直言纵可实祸，然士君子读书所应尔也"来鼓励他，坚定了他将一生奉献给新闻业的志愿。② 在成父逝世前，更以"士当忠其所职，信其所守，望汝异日勿异此而他鹜也"再三叮嘱，在以后的岁月中，成舍我虽然也有段时间操持他业，但一直自命新闻记者为第一职业，用他自己的话来说，"终不忍一日离去，固由天性习好，而感于先考训戒者实泰半也"③。

既然已立志做新闻记者，成舍我便一往无前地投身于新闻活动中。从最早年仅 14 岁在方竞舟指导下给安庆《民喦报》投稿算起，到 1924 年《世界晚报》初创成功止，成舍我已积累了丰富的新闻实践经验（见表 1－1）。

表 1－1　　　　　　成舍我早年（1913—1923 年）的新闻活动

新闻机构	工作（创办）时期	职务
安庆《民喦报》	约 1913 年秋至 1914 年夏	外勤记者
安庆《长江报》	1914 年	创办人之一
中国通讯社	1914 年	创办人之一
沈阳《健报》	约 1915 年 8 月至年底	校对、编辑
上海《民国日报》	1916 年 3 月至 1917 年 7 月	副刊编辑
上海《太平洋》杂志	1917 年 8 月至 1918 年年初	助理编辑
北京《益世报》	1918 年 5 月至 1923 年夏，期间有短期退出	校对、编辑、主笔、总编辑

① 安强：《永远的报人成舍我》，《台湾立报》1991 年 4 月 26 日。

② 舍我：《先考行状》，《世界日报》1931 年 9 月 4、5 日第 10 版。

③ 同上。

续表

新闻机构	工作（创办）时期	职务
《真报》①	1921 年	创办人
北京联合通讯社	1923 年	编辑、记者

资料来源：据笔者收集相关材料整理而成。

由表 1-1 可知，在年仅 10 余年的新闻活动中，成舍我担任过报社中的多重角色，除了印刷工外，从校对到记者、编辑、主笔等无所不承担，从而使他熟悉报社的所有工作岗位，培养了他多面手的能力，这对于他后来的办报事业不无益处。

一个不容忽视的事实是，早年成舍我就有三次办报、办通讯社的尝试。1914 年为宣传反袁运动，他与朋友先后创办过《长江报》"中国通讯社"；1921 年，他又利用"知新书社"失败后残余的资产，创办了一张四开的小报——《真报》。这些创业活动显示了成舍我不甘心居于他人之下的雄心，更体现了他在独立记者道路上的不懈追求；虽最终都以失败告终，但是都锤炼了成舍我的社会活动能力和报刊经营能力，为后来《世界日报》等报纸的成功做了很好的准备。

1916—1922 年，正是中国近现代历史上激变的年代，高举"民主"和"科学"旗帜的新文化运动、伟大的"五四"爱国学生运动都发生在这激情四溢的年代。少年成舍我恰逢其会，从上海来到北京，亲身见证了运动的过程。并且，在繁忙的新闻活动之余，自命为"惨绿少年"② 的他

---

① 《真报》可能为《今报》。据张恨水说："这期间（1920—1922 年），我曾与成舍我君两度合作，一度是《今报》，一度是（北京）'联合通讯社'。但时间都不久，工作又停止了。"这里采用成露茜的说法。分别参见：张恨水《写作生涯回忆》，人民文学出版社 1982 年版，第 24 页；成露茜、唐志宏《成舍我年谱》，舍我纪念馆，http://csw. shu. edu. tw/timeline/view. php3？order = YEAR_ NO&limit = 10&view = all，2012 年 6 月 2 日检索。

② "惨绿少年"语出唐代张固《幽闲鼓吹》：子孟阳初为户部侍郎，夫人忧惕，谓曰："以尔人材，而在丞郎之位，吾惧祸必之至也。"户部解喻再三，乃曰："不然，试会尔同列，吾观之。"因遍招深熟者。客至，夫人垂帘视之。既罢会，喜曰："皆尔俦也，不足忧矣。"问："末座惨绿少年何人也？"曰："补阙杜黄裳。"夫人曰："此人全别，必是有名卿相。"惨绿：浅绿，指服色。原指穿浅绿衣服的少年，后指讲究装饰的青年男子，引申为风度翩翩的青年男子。"惨绿少年"是成舍我在上海卖文为生时的笔名之一。见《"惨绿少年"成舍我》（新闻稿），台湾《新闻人》杂志 1976 年 3 月 22 日。

不仅写文章，为运动摇旗呐喊，而且还身体力行地参与了多种社会活动，实践上为运动的进展做出了贡献，充分展示了少年成舍我的自信和活力（见表1-2）。

表1-2　　成舍我早年（1913—1922年）参与的社会活动

社会团体	团体宗旨	成舍我角色	备注
安徽"讨袁"运动	推翻袁世凯政权	秘密会员	1913年参与安徽都督柏文蔚领导的秘密"讨袁"运动
南社	"操南音不忘本"，提倡民族气节，鼓吹资产阶级民主革命	会员	1916年5月8日，成舍我加入，参加了第14次、第16次雅集
上海报界俱乐部	征集全国报纸逐日摘记要闻，备各报查考；证求新出版书籍，加以评语披露各报，以介绍读者	18位发起人之一；临时干事	1917年5月1日成立
新潮	介绍西洋近代思潮，批评中国现代学术上、社会上各问题	社员	1918年11月19日成立，第一批21位社员之一，一年后自动退出
新知编译社（新知书社）	研究学术，传播思想，共同努力于文化运动，以图世界根本的改造	社长	1919年10月1日成立
新人社	宣扬"新村主义"，改造社会	社员	1920年4月成立
北京非宗教同盟	"专以解脱宗教羁绊，发挥科学真理为宗旨"	15位总干事之一	1922年5月10日成立

资料来源：据笔者收集资料整理。

下文选取这一时期与成舍我有关并对其产生深远的典型事例，来探析其新闻意识的养成。

第二节　任职上海《民国日报》与"问政"意识的初步锤炼

1916年1月，成舍我"应同志之约"，自沈阳返回安庆，准备筹办报纸继续讨袁的斗争。惜事机泄露，为时任"安武将军"督理安徽军备的倪嗣冲抓捕，幸得倪嗣冲的秘书长裴景福说情，枪决之命得免。因旧友王新命等在上海，故出狱后决定投靠。

2 月下旬，成舍我来到上海。① 此时上海是反袁运动的一大中心，各种讨袁团体风起云涌云集上海滩，其中最著名的是中华革命党人创办的《民国日报》②。成舍我先是与王新命、刘半农、向恺然（即平江不肖生）等组成"卖文公司"③，靠向各报刊杂志投稿为继。至下半年，因向《民国日报》投稿，结识该报总编辑叶楚伧，并得到其赏识，推荐成舍我为该报校对，年底即擢升为助理编辑，负责副刊编辑。④

成舍我发表在《民国日报》的文字集中于 1916 年 10 月 21 日至 1917 年 7 月 21 日，除一篇是来自安庆的短讯外，其余全部刊发于副刊版面。⑤ 笔名有"舍我""舍""我""小白"；从文体类别看，其作品涵盖诗词、诗话、小说、小品文、散文、戏评、文艺批评短文及时事短评（见表 1 - 3）。

---

① 关于成舍我何时来上海，多种文献有不同的说法。据王新命说，他是"阴历元宵前二日"（经查万年历，即为公历 1916 年 2 月 15 日）到上海，又说"约七八日后，成舍我也从沈阳（应安庆）来到上海"一句，我们可知，成舍我来到上海较确切的日期应为 1916 年 2 月下旬。参：王新命《新闻圈里四十年》，龙文出版社股份有限公司 1993 年版，第 138—139 页。

② 上海《民国日报》创刊于 1916 年 1 月 22 日，为中华革命党（中国国民党前身）人陈其美、叶楚伧、邵力子等所创办，以反袁为宗旨，"发扬民之精神，延长民国之寿算，除国民之恶魔，此民国日报之所由作也。"参：《本刊发刊词》，《民国日报》1916 年 1 月 22 日第 2 版。

③ 所谓的"卖文公司"，是王新命对他们几个人卖文为生的戏语，并不是真的公司。

④ 关于成舍我在《民国日报》任职，文献有不同说法。一是他何时进入《民国日报》。据王新命说，"我和成舍我、向恺然合作卖文的局面，是五年年底结束的。此时成舍我做了《民国日报》副刊的编辑，已搬进报馆……"；《南社史长编》载："本月（即 1917 年 1 月）社员成舍我参加《民国日报》社工作，任'杂俎'栏（应为《民国日报》副刊'艺文部'）编辑"（参：《南社史长编》，第 441 页）；据成舍我自己说："仆于今年（1917 年）正月入上海《民国日报》编辑《杂俎》……"（参：成舍我《记柳弃疾违法驱逐朱玺出社之始末》，载《中华新报》1917 年 9 月 1—3 日）；现今查到，成舍我在该报大量发表文字是始于 1916 年 10 月 21 日，主要发表于该报副刊"艺文部"。综以上文献，可确知，成舍我是在 1917 年 1 月末 2 月初正式进入《民国日报》的，但是在这之前，即 10 月 21 日始应他在《民国日报》副刊"艺文部"客串过临时编辑，或如某些文献上所说，做过校对。二为有些文献说，在担任副刊编辑前，他还做过要闻版编辑，查阅此时期的《民国日报》和相关文献，并不能直接证实。

⑤ 此篇为《安庆短简》，刊发 1917 年 1 月 16 日第 7 版，署名"舍"。另，《民国日报》的副刊在 1917 年 3 月 5 日前叫作"艺文部"，此后改为"文坛艺薮"。

表 1–3　　　　　　　成舍我在《民国日报》发表的作品一览表

文体类别	发表时间及篇目/栏目	备注
词	1916 年 10 月 21 日：《望江南·送秋》《浣溪沙·晚眺》《相见欢》《百字令》；10 月 24 日：《风入松》《浪淘沙》《望海潮》《南柯子·有赠》；10 月 25 日：《采桑子》《金缕曲》《醉花阴》《误佳期》；10 月 26 日：《清平乐》《一丝风·舟泊》《点绛唇》《相见欢》；10 月 27 日：《绮罗香》《苏幕遮》《生查子》《一斛珠》；10 月 28 日：《鹊桥仙》《摸鱼儿》（附前调）；10 月 30 日：《长亭怨慢》《一剪梅》《踏莎行·燕台春柳》；10 月 31 日：《花犯》《临江仙》《水调歌头》；11 月 3 日：《金缕曲》；11 月 4 日：《江神子》《高阳台》； 1917 年 1 月 5 日：《减兰》（秋夜读韵琴九嫂词感而题此）、《浣溪沙·残荷》；	成舍我将其词命名为《天问庐词》；署名"舍我"
诗	1917 年 1 月 15 日：《辽东秋感呈六桥》 1917 年 3 月 17 日：《春感》 1917 年 6 月 12 日：《追忆一首寄芷侪师并示申伯世弼》	署名"成舍我" 署名"舍我" 署名"舍我"
诗话	《天问庐诗话》连刊于 1917 年 2 月 5—8 日、11 日	成舍我将其诗话命名为《天问庐诗话》
小品文	1916 年 10 月 21 日"强为欢笑"栏：《大辫子与曲辫子之谈话》； 1917 年 2 月 8 日"纵横古今"栏：《李德裕》； 1917 年 3 月 20 日"趣闻"栏：《邮局兼船票——乡下佬又出笑柄》；3 月 22 日"趣闻"栏：《莺声喔喔：我亦为之不平》；3 月 24 日"趣闻"栏：《投稿人预备寻死——其欲向龙王投稿欤》；3 月 30 日"趣闻"栏：《少年急智：谁之太太》；3 月 31 日"趣闻"栏：《新世界之女郎：美中不足》；6 月 11 日"趣闻"栏：《牛医妙挽》； 1917 年 5 月 31 日"谐薮"栏：《戏拟袁世凯至倪嗣冲电》；7 月 9 日"谐薮"栏：《真民意》；7 月 19 日"谐薮"栏；	署名"舍我"；署名"我" "趣闻"栏下署名全为"小白" 署名"舍我" 署名"小白"
散文	1916 年 10 月 22—24、26 日"人海奇觚"栏：《帝制观光录》	署名"舍我"
小说	1916 年 10 月 25—29 日：《魔妇》；11 月 2—4 日：《顽童感悔记》； 1917 年 1 月 11—14 日：《天囚就戮记》；1 月 15—16 日：《覆水录》；1 月 27 日：《出风头》；1 月 28 日、29 日、31 日，2 月 1 日、7 日、8 日、10—12 日、14—28 日，3 月 3 日、4 日：《原来是你》；1 月 28 日：《佳著》（译）；1 月 29 日：《记周孝女》；1 月 30 日：《司提芬》；1 月 31 日：《娜迷阿》；2 月 1 日：《中山狼》；2 月 2 日：《伐爱司镇之奇女》；2 月 3 日：《殉国女儿自述》、2 月 5 日：《恨海埋香记》；2 月 6 日：《孀妇》；2 月 7 日：《阿瑟》；2 月 11 日：《艳梦》；2 月 13 日：《比国少年》；5 月 1 日、2 日：《车夫》；6 月 1 日：《欢迎会》	《顽童感悔记》署名"成舍我"，其余署名为"舍我"

续表

文体类别	发表时间及篇目/栏目	备注
文艺批评短文	"艺文屑"栏：11 月 24 日：《辨体》（一）（二）；12 月 19 日：《论词》；12 月 25 日：《杂感》；1917 年 1 月 5 日：《摹拟》；1 月 9 日：《文艺界之新发明》；1 月 10 日：《文胆》；1 月 11 日：《挽联》；1 月 12 日：《地非球》；1 月 14 日：《科学》；1 月 15 日：《质某君》；1 月 16 日：《文字革命》；1 月 17 日：《文章盲谈》；1 月 18 日：《论文》；1 月 26—31 日、2 月 4 日、7 日、8 日、10 日、11 日、13—15 日、17 日、19 日：《小说杂评》（1—22）；2 月 28 日：《龚定庵》；3 月 3 日：《明七子》	此类全在"艺文屑"栏，1916 年 12 月 19 日前，署名"舍我"，此后署名"我"
时事短评	1917 年 3 月 5 日：《革新》；3 月 6 日：《单思病》；3 月 18 日：《钱官》；3 月 20 日：《疯子》 1917 年 3 月 10 日、11 日、13 日、15 日、17 日、20 日、21 日、25 日、27 日、28 日、30 日、4 月 1 日、3 日、4 日、7 日、15 日、17 日、20 日、21 日、23 日、24 日、28—30 日、5 月 1 日、14 日、19—22 日、24 日、25 日、27 日、28 日、30 日、31 日、6 月 1—24 日、26—28 日、30 日、7 月 1—16 日、18—21 日每日有文无题	此类全在"余墨"栏下；署名全为"舍我"
戏评	1917 年 4 月 22 日：《刘铁仙可以已矣》	署名"舍我"
书信	1917 年 6 月 13 日：《报琢如丈书》	署名"舍我"

资料来源：据作者阅读此时期《民国日报》整理而成。

在上述作品中，有三类值得注意。

一是词。填词是成舍我早年为数不多的嗜好之一。[①] 此时期他也曾说过，"词小道也，而予耽之，每有所感，辄以自遣。今万念虽寂，而此独孳孳未倦"。[②] 相比以后繁忙的新闻生涯，此时期成舍我较有余暇，在卖文之余，他将大多数的时间用于遣词自娱，因而这时期是他一生中作词最

---

① 关于成舍我早年嗜好填词，有多处文献记载。如张友鸾说，成舍我后来离沪赴京，随身携带的除几件衣衫外，就是一部《白香词谱》；徐迅在《张恨水家事》载："（成舍我）特别喜欢吟诗填词，在同学中很有才名。同学结伴出游，他没有钱结伴同道，自己就独自诵书、寻句。同学们见他吟咏诗词时整天摇头晃脑，送了他一个外号：'摇头先生'"；后并因此结识张恨水，"这天，（张恨水）正在填词，以前在安徽报馆里与他一起工作过的朋友方竟舟来看他，一眼就看到他写的'十年湖海，问归囊，除是一肩风月……'之句，很是欣赏。这词后来就不知怎么传到当时北平《益世报》的总编辑成舍我的手上，成舍我这位从小就在安徽长大，操着一口怀宁口音的湖南老乡大为钦慕，很想结识张恨水。过了一天，方竟舟对他说：'你口袋里钱不响了，大概用缺了吧？成舍我想找一个人打下手，你去不去？'张恨水沉吟了下，转而想自己下午和晚上没有事，就答应了"。上述资料详参：张友鸾《报人张友鸾》，载张友鸾等《世界日报兴衰史》，重庆出版社 1982 年版，第 10 页；徐迅《张恨水家事》，新华出版社 2009 年版，第 74、86 页。

② 舍我：《屑玉词》，《民国日报》1916 年 10 月 21 日第 12 版。

频繁的时期，现今留存最为集中的，即为此时期他在《民国日报》发表的三十余首词。从作词的主题看，不外乎抒发"离愁别恨"，经常有"少年不识愁滋味""为赋新词强说愁"之情思，例如：

浪淘沙①

天际乍轻阴，庭院惝惝。勉扶残醉一登临。楼外夕阳红未了，还滞荒浔。

往事暗销沈，肠断而今。可堪愁病两相侵。春似落花花似梦，一样难寻。

有少数抒发男女相思之苦，充满脂粉气息的浓辞艳句，像下面这首：

江神子

一天愁雨破斜阳。转寒窗，越凄凉。往日荷花，又满旧池塘。莲子逢秋须采寄，怕辜负，苦心肠。

别时红泪一汪汪。入潇湘，染栏艭。怎料而今，两地赞思量。水远山遥都不管，但求个，梦儿长。

也有少数抒发人生苦短，反省人生变幻无常、充满哲理的作品，例如以下这首为怀念故人而作：

金缕曲②

血染青衫碧，恁匆匆，故人永决。雨啼风泣，渺渺孤魂归也。未满院绿，阴岑寂。更楼外残阳悄立，却怪秋来才几许也。伤心迸作凄凉色。凝伫久，人天隔。

死生夭寿谁能识？讵前宵，论诗煮酒，顿成隙迹。玉宇琼楼今在否？应许寻销问自■③，只恐音容难觅。岁月磨人，如车毂。纵尘寰辗尽，何须惜？魂与梦，苦相忆。

---

① 舍我：《浪淘沙》，《民国日报》1916 年 10 月 24 日第 12 版。

② 舍我：《金缕曲》，《民国日报》1916 年 11 月 3 日第 12 版。

③ ■表示原报不可辨识之字，下文类同。

　　二是小说。早年成舍我极喜作小说。从现今所搜寻的作品看，在上海卖文时期，他发表的作品多数是小说。早期的作品散布于风行上海滩的小说读物《小说海》《小说大观》《中华小说界》等刊物上；成为《民国日报》助理编辑后，他就将其作为主要阵地，小说集中发表在该报的副刊版面上。成舍我为何对小说情有独钟？这是因为他对小说的社会功能有充分的认识。他说，"小说家，言多怪诞不经。然其佳者，往往能标新领异，潜人心思，或规讽当时，或垂训后世，极其力，足以移风易俗，彰善瘅恶，未可以其文之小，而忽之文也。又示可以其怪诞不经，而一概抹杀之也"①。正是因为有了这样的认识，此时，他才将主要的创作时间用于小说。主持《民国日报》副刊期间，他还在文艺批评性栏目"艺文屑"中接连发表了 22 篇《小说杂评》，对小说的社会功能、当时小说的弊端、小说的文风及如何作小说作了反复的论述。例如他以当时风行一时的小说《九尾龟》为靶子，批评时下的小说有"多趋向于言情方面，揣摩床笫污秽中篝其文"等弊端，并不惜与《九尾龟》的作者张春帆展开了一场半月有余的笔战。②

　　成舍我在《民国日报》总共发表 20 篇小说。概而言之，其特点如下。

　　（一）重视短篇小说创作。成舍我认为"叙事之文首贵简洁"，他赞叹"汉魏唐宋小说，每篇至长不过万余字，而文心之曲折令人百读不厌"；而攻击近人"小说动辄数十万言，说来说去尚不知其所述为何事。大有王妈裹脚，又臭又长之慷"。③ 这就是为什么在这 20 篇中，除《原来是你》是中篇外，其余都为短篇的缘故。

　　（二）主题多元化，重视发挥小说的移风易俗、改造社会的功用。由这 20 篇小说可看出成舍我的创作视野开阔，主题多元，或对中国传统文化的反思、宣扬；或对现今盲目引进新思想、新文化的反省；或彰善惩恶；或宣扬祖国被外患入侵时，国人应勇赴战场，一致对外。这些主题都深合他对小说所具有的移风易俗、改造社会的功用的理解。在这种创作宗

---

　　① 舍我：《小说杂评（一）》，《民国日报》1917 年 1 月 26 日第 12 版。

　　② 关于这场笔战的详情，可看看：舍我《小说杂评（二）》《小说杂评（五）·答张春帆先生》《小说杂评（六）》《小说杂评（八）·再答张春帆先生》《小说杂评（十）·三答张春帆先生》《小说杂评（十四）》，分载《民国日报》，1917 年 1 月 26 日、30 日、31 日及 2 月 2 日、5日、10 日第 12 版。

　　③ 舍我：《小说杂评（十二）》，《民国日报》1917 年 2 月 8 日第 12 版。

旨指导下，他提出应作"高尚之小说"，以抵制"晚近小说，以里巷粗鄙之文，写市井秽亵之事"，达到"大足以改良社会，小足以增长见识"的目的。①

（三）多数用文言文创作，仅有少数小说用白话文创作。1917 年 1月，胡适在《新青年》杂志发表《文学改良刍议》，提出"白话文学为文学之正宗"的主张，随之得到陈独秀等人的响应，"白话文运动"由此正式拉开帷幕。那么，成舍我对此的态度又是怎样呢？从他在 1917 年 1月 16 日写于"艺文屑"栏目的一段文字我们可以大略得知：

> 近来社会上有一班最流行之外国学者，只要认得几个外国字，便傲然自足，动辄说，中国文字要大革命才好。吾不知彼辈革命之宗旨何在？目的何在？或谓此种革命家皆系不知本国文字为何物，而外国文字又能一知半解者。此即彼辈主张革命之说之所由来也。呜呼！中国文字何不幸而有此种无耻之革命家。②

由此可知，此时仍只受过旧时教育、爱吟诗词的成舍我总体上对这场文字革命运动是持否定态度的，对于它的目的与宗旨认识不清，当然对其后来的巨大影响更是始料未及的。这可能是解释此时他的作品为何多为文言文，少用白话文的原因。然而矛盾的是，成舍我又说，"小说以白话为正宗，文言次之"③，这是为何呢？这是因为他奉以明清两代的优秀白话小说如《红楼梦》《水浒传》《西游记》等为小说的正宗。他认为这些优秀白话小说之所以"纵横奇博、引人入胜"与其语言各有特点有关系，"水浒之文豪、西游之文粗、红楼之文细"都值得现今作小说细加揣摩。④因而他认为作白话小说实比作文言小说更难，"白话虽无义法，而无形之义法实较文言为严，是在作者平时之心得而已。若一味拘泥，则亦未见其能有成也"⑤。从中可知，成舍我之所以白话小说作得少，不是因为他反对白话小说，反而正是因为他奉白话小说为正宗，而对作白话小说取一种

---

① 舍我：《小说杂评（十九）》，《民国日报》1917 年 2 月 17 日第 12 版。
② 我：《文字革命》，《民国日报》1917 年 1 月 17 日第 12 版。
③ 舍我：《小说杂评（七）》，《民国日报》1917 年 2 月 1 日第 12 版。
④ 舍我：《小说杂评（九）》，《民国日报》1917 年 2 月 4 日第 12 版。
⑤ 舍我：《小说杂评（七）》，《民国日报》1917 年 2 月 1 日第 12 版。

审慎态度有关。

（四）作品的主角大都是女性，主张女子在国家和社会发展中扮演积极的角色。在一般小说中，主角多为男性，女性多处衬托辅助地位。但是在成舍我的小说中时常以女子为主角，反以男子为配角来衬托女子的不平凡。在这20篇小说中，有12篇以女子为主角；这12篇中除《魔妇》《出风头》《恨海埋香记》外，其余都表现出女子的坚韧、睿智等优秀品质。尤以《司提芬》《伐爱司镇之奇女》《殉国女儿自述》《孀妇》《阿瑟》《艳梦》等翻译作品予人印象深刻。它们都以正在进行得如火如荼的第一次世界大战为背景，讲述国家正遭外患入侵之际，这些奇女子深明大义，以国家民族存亡为先，或自身深入虎穴，刺探敌情，或以情驱使丈夫、情人、儿子勇赴战场，情节曲折、悲怆，具有较高的艺术感染力，令读者读完也不禁涌出一股爱国主义情愫。这类作品既表现了作者具有男女平等思想，也体现了他不满中国女子在国家和社会发展中扮演的角色，而对她们寄予厚望（见表1-4）。

表1-4　　　　　　　成舍我在《民国日报》发表的小说一览表

小说篇目	主题/概要	语体	备注
《魔妇》	对"自由平等"等新思想的反思	白话文	
《顽童感悔记》	宣扬中国传统文化中的"孝"	方言文	
《天囚就戮记》	讽劝世人莫作浪荡儿	文言文	
《覆水录》	对女子"贞节"的反思	文言文	
《出风头》	讥讽国人爱"面子"、爱"出风头"的心理	白话文	
《原来是你》	揭示"中华革命党人"良莠不齐	白话文	中篇小说
《佳著》	揭示出版界的丑恶现象，表现"卖文之苦"	文言文	译作
《记周孝女》	对"孝"的反思，揭示军阀统治下的黑暗	文言文	
《司提芬》	国难当头，国人应以国家民族为大义	文言文	译作
《娜迷阿》	讽劝人莫做金钱的奴隶	文言文	译作
《中山狼》	奉劝女子婚姻应慎重，勿让"中山狼"有机可乘	文言文	
《伐爱司镇之奇女》	表现战争中比利时一女子为国家而牺牲	文言文	译作
《殉国女儿自述》	以"一战"为背景，表现英国一女子伪饰为妓，刺探敌情的英勇行为	方言文	译作
《恨海埋香记》	奉劝世人珍爱生命	文言文	
《孀妇》	战争中，比利时一寡妇驱使两儿上战争的爱国行为	文言文	译作

续表

小说篇目	主题/概要	语体	备注
《阿瑟》	一女子在战争期间兼顾友人、国家、父亲的不平凡故事	文言文	译作
《艳梦》	在爱情驱使下男子英勇杀敌的故事	文言文	译作
《比国少年》	受爱情驱使少年在战场上英勇杀敌的故事	文言文	译作
《车夫》	袁氏当政下，下层民众的痛苦生活	白话文	
《欢迎会》	揭示新式学堂的混乱、弄虚作假	白话文	

资料来源：据笔者阅读整理而成。

三是时事短评。《民国日报》在 1916 年、1917 年初创时期，其副刊属于文艺性质，刊登的多是小说、诗词、诗（词）话，并没有专门开设时事言论栏目。自 1917 年 3 月 5 日，《民国日报》大改版，副刊由《艺文部》改称为《文坛艺薮》，新开设"余墨"栏目，本意是让编辑对文艺界现象进行简短点评，其性质类似之前的栏目"艺文屑"。但是在成舍我主持期间，一改其性质，扩展成对国家大事发表评论的言论栏目。从 3 月 5 日到 7 月 21 日①，除少数日子有事他出，暂由他人主持外，成舍我几乎每天都要在该栏发表百十字不等的小言论，体现了他对"问政"极感兴趣，初步展示了其"指点江山，激扬文字"的精神风貌。概括起来，他的这种小言论具有以下两个鲜明特点。

（一）紧随时局，充分发挥言论的战斗功能。言论写作的基本要求之一，是反映社会发展的时代强音，选题须以时局及社会生活中的热点、焦点问题为宜。从成舍我的这几十篇短论看，基本是符合这一要求的，选题集中抨击了北洋军阀的黑暗统治及统治下的民力凋敝。最为典型的是他在 1917 年"张勋复辟"事件中的表现。早在风波之始，成舍我就识破张勋等人的阴谋，认定他们终将走上复辟的邪路，此将"陷数千年之祖国于灭亡"，呼吁国民"再牺牲一腔热血，从事革命"②；6 月初，当张勋摘下虚伪面目，正式宣布复辟，复辟势力气焰高涨之时，他既哀共和政体之不幸，又怒掌权者之不争，悲愤地说"人苟不能杀贼讨逆，立事立功，则莫

---

① 1917 年 7 月 22 日，成舍我以"抱病初痊，精神未复"为由，将副刊托由胡朴庵主持，此后虽名义上还为该刊的编辑，但因不久发生"南社内讧事件"，8 月即从《民国日报》辞出，在此期间再无成舍我的文章在该刊发表，事实上自该日起成舍我已退出该报。

② 舍我：《余墨》，《民国日报》1917 年 5 月 21 日第 12 版。

如遁迹名山，遗世独立"①，一再发文建议掌权者应当机立断，以武力讨伐群逆；7 月 13 日，张勋走避荷兰使馆，宣统第二次宣布退位，这场复辟风波终于落下帷幕，成舍我又多日撰文，要求痛打落水狗，不让这些帝孽有翻盘的机会，甚至喊出了"二日不杀贼，便觉得头脑发闷"的过激言语。在这一事件中，成舍我的小言论紧跟时局变化，在嬉笑怒骂及三言两语中，就点明了事件的真相，具有莫大的鼓动力，体现了他作为一位论政者所具备的基本素质，具有敏锐的洞察力。

（二）善于运用由近及远，以小见大的写作技巧。言论写作的一大问题是怎样让读者毫不抵触地接受作者的观点，切忌一开头即摆着一幅"姥姥不疼舅舅不爱"爱教训人的面孔出现，优秀的言论家善于创造一些写作技巧，达到抽象与形象的结合、情与理的沟通。主持《民国日报》副刊虽然是成舍我最早论政时期，但是他已经开始探索自己的言论写作风格，例如这时期他在文中经常运用由近及远、以小见大的写作技巧，并且已趋于成熟。例如，7 月 9 日，他为鼓动国民须有长期与敌作战的斗志，他以吃酒来比喻：

> 吃了几杯酒，便悲歌击筑，慨然有澄清天下之志；酒兴，既退，便又是听天由命，与世浮沉了。
> 今之志士，其欲澄清天下者，固未必尽为几杯浊酒，所激发。然而酒兴一退便听天由命者，举世皆是也。岂不哀哉。②

又如 7 月 15 日，他从"身体之病"写到"中国之病"：

> 偶然受点风寒，便觉得天翻地覆，痛苦非常于，以知人之不可病也。
> 中国之病久矣。吾民所受之痛苦亦已甚矣。倘再无良医之，则死亡之日即在目前，吾民其知之乎？③

正当成舍我意气风发，想借《民国日报》一展才华时，南社中有人

---

① 舍我：《余墨》，《民国日报》1917 年 6 月 3 日第 12 版。
② 舍我：《余墨》，《民国日报》1917 年 7 月 9 日第 12 版。
③ 舍我：《余墨》，《民国日报》1917 年 7 月 15 日第 12 版。

对他少年气盛的言行抱有不满①，迫使他在 7 月 22 日以"抱病初痊，精神未复"为由暂时离开《民国日报》；而数日后成舍我卷入轰动一时的"南社内讧"风波，又使他永久离开了此报，结束了我们现在对他展开研究有迹可循的最早的一段新闻生涯。

第三节　加入南社与"南社内讧"事件

一　加入南社

南社是近代中国一个最有影响性的文学革命社团组织。由柳亚子、陈去病、高天梅等同盟会员发起，正式成立于 1909 年，取"操南音，不忘本"之意，以"欲一洗前代结社之弊，以作海内文学之导师"②相召，作品提倡民族气节，鼓吹资产阶级民主革命，对中国近代革命历程具有不可磨灭的贡献。

成舍我亡命上海不久，1916 年 5 月 8 日，即在林寒碧、叶玉森两人的介绍下入南社。③加入南社对成舍我的一生具有持久的影响。

其一，南社汇聚了当时中国最优秀的人才，其中不少成员后来成为"近代中国政治、思想、文艺、新闻、出版、教育各界的精英"④。同他们交往，在扩大成舍我视野，增长见识的同时，其中一部分人物的言行风范

---

①　这种不满见诸柳亚子的文字："……足下主《民国日报》笔政以来，社中俦侣不满意于足下者，实繁有徒，有诋为草包者，有谓见之当作三日恶者，几于谤书盈箧……"，此话发生于柳、成交恶之后，虽有夸大之嫌，但可见南社中诸友对成的言行不满应是事实。见柳亚子《报成舍我书》，《民国日报》1917 年 8 月 8 日第 12 版。

②　高旭：《南社启》，《民吁报》1909 年 10 月 17 日第 12 版。

③　此种说法据《南社史长编》（参：杨天石、王学庄编著《南社史长编》，中国人民大学出版社 1995 年版，第 417 页），但据成舍我自己说，"（我）是叶楚伧介绍我参加的"（参：张堂锜《南社因我而起的内讧——成舍我谈南社社务停顿始末》，载《生命风景》，文史哲出版社 1994 年版，第 284 页），此处按照杨天石等人的说法。林寒碧，原名昶，字亮奇，以别字寒碧行世，1886 年出生于福建侯官，民国后曾任宋教仁的秘书；后因反袁逃亡上海，与其妻徐蕴华一起加入南社，出任《时事新报》总编辑，以笔讨伐袁氏，抨击军阀；1916 年 8 月 7 日被英人汽车撞死。叶玉森（1880—1933），字荭渔，号中冷，江苏镇江人；少年中秀才，曾为中国最早的报纸文艺副刊《消闲报》的主要撰稿人之一，民前入留学日本学习法律，返国后，先后在江苏、安徽等地任过官职；通晓中西文化，善音乐书画篆刻，尤考释甲骨文字。

④　杨天石：《南社史长编·序》，中国人民大学出版社 1995 年版，第 1 页。

对于年少的成舍我来说无疑有着莫大的吸引力, 成为他效仿的对象, 甚至影响他一生思想的发展, 在下一章讨论成舍我的世界主义思想的形成时我们将作深入的探讨。

其二, 使得成舍我在当时能借用南社宽广的人脉关系, 展开活动, 锻炼能力。除了前述加入《民国日报》是借助南社关系外, 此时他还利用南社人脉积极开展了其他活动, 如参与讨袁运动, 组织"上海报界俱乐部"。在这里最值得一提的是"上海报界俱乐部"。1917 年 5 月 1 日, 由吴稚辉、陈白虚、成舍我、王钝根等十八人发起的"上海报界俱乐部"在四马路望平街口九十六号正式成立, 其主要任务是"议征全国报纸, 逐日摘记要闻, 备各报馆随时查考; 又议征求新出版书籍, 加以评语披露各报, 介绍读者"①。因"上海报界俱乐部"存在时间较短, 活动不多, 故少为人知, 但是在中国新闻史中应有记载一笔的地位, 因为它可说是后来中国第一个全国性新闻职业团体"全国报界联合会"的最早源头之一, 正如王新命所评价的: "这个联合会虽不是由民国六年的上海记者俱乐部(应为"报界俱乐部", 作者注) 蜕化而成, 但上海记者俱乐部的分子, 却都是联合会的中坚分子, 我们无论如何都不能不承认联合会与俱乐部之间, 有一种极密切的关系"②。开幕式上, 成舍我当选为两名临时干事之一, 负责俱乐部的具体事务。俱乐部的十八位发起人多数都是南社成员, 可以这样说, 成舍我之所以当选为临时干事, 除了他当时表现积极, 其少年有为之印象外, 也与南社这个大家庭作为保护色有关。

其三, 更为重要的是, 对成舍我以后的办报活动产生积极影响。南社为了实现其宗旨, 除了在体制内通过社务活动推动外, 还通过体制外的一些活动如经营报刊、另组社团等来扩展其影响, 其中最重要的手段就是经营、编辑报刊。方汉奇在《中国近代报刊史》中说南社担任报刊编辑工作的有 128 人, "分布于北京、上海、天津、广州、杭州、吉林、无锡、香港等地的四十余家报纸"。③ 另据南社研究专家林香伶博士统计, 自南社成立至 1923 年停止运作, 南社会员参与创办的报刊如表 1 - 5 所示:

---

① 《上海报界俱乐部开幕式》,《民国日报》1917 年 5 月 2 日第 10 版。
② 王新命:《新闻圈里四十年》, 龙文出版社股份有限公司 1993 年版, 第 175—176 页。
③ 方汉奇:《中国近代报刊史》(下), 山西人民出版社 1981 年版, 第 733 页。

表1-5　　　　　　　　　　　南社会员创办的报刊一览表

成立时间	地点	刊物名	编辑、主要撰稿人加入南社者	备注
1910.1.1	上海	《中国公报》	林獬、陈去病	
1910.3.11	上海	《天铎报》	陈布雷、戴传贤	总编辑陈训正、李怀霜，南社成员发表作品重要场所
1910.3.17	北京	《帝国日报》		宁调元任总编辑
1910.5.23	上海	《民声丛报》	于右任、沈砺、林獬、高旭、陈去病、景耀月、黄侃、宁调元、雷昭性	陈其美主持
1910.8.29	上海	《小说》	王蕴章、王蕴曾、包天笑、成舍我、吴梅、吴虞、周瘦鹃、周树奎、林景行、林獬、姚锡钧、柳亚子、胡朴安、胡怀琛、范烟桥、徐珂、徐觉、高旭、高燮、叶楚伧、诸宗元、庞树柏	
1910.9.17	桂林	《南报》	赵正平	
1910.11.11	上海	《民立报》	王无生、吕志伊、宋教仁、邵力子、范光启、徐血儿、陈其美、陆曾沂、景耀月、叶楚伧、谈善吾	
1910.12.2	槟榔屿	《光华日报》	雷昭性任总编	同盟会在南洋的重要宣传阵地，亦是南社成员发表作品重要场所
1911.3	北京	《国风日报》	仇亮、田桐、景定成、程家柽	社长白逾桓
1911.4	上海	《克复学》	于右任、李怀霜、高旭、陆曾沂	李瑞椿任编辑兼发行人
1911	北京	《国光新闻》	井勿幕、田桐、景定成、续西峰、龚国煌	宣称"痛国人之疲玩，外族之强横，非武装不足以求平和"，鼓吹军民教育
1911.10.19	上海	《警报》	朱少屏、柳亚子	宣传武昌起义消息
1911.11.21	苏州	《大汉报》	张昭汉、陈去病、付博等创	意旨"张吾民族之气而助民国之成，并提倡民生主义，以极图社会之升平，获共和之幸福"

续表

成立时间	地点	刊物名	编辑、主要撰稿人加入南社者	备注
1911.11	上海	《民国报》	胡朴安、黄节	
1912.1	绍兴	《越铎日报》	陈去病、鲁迅	越社机关报
1912.2.20	上海	《民声报》	汪文溥、柳亚子、宁调元、杨德邻	民社机关报，后反孙中山，南社成员纷纷出走
1912.3.28	上海	《民权报》	牛逊、汪洋、张恚、蒋箸超、戴季陶	
1912.4.1	上海	《太平洋报》	王锡民、朱少屏、余天遂、李叔同、周伟、林百举、姚锡钧、柳亚子、胡朴安、胡怀琛、夏昌炽、梁龙、陈辅相、苏曼殊	社长姚雨平，总主笔叶楚伧，以"唤起国人对于太平洋之觉心，谋吾国在太平洋超越地位之巩固"为宗旨，辟有"太平洋文艺"专栏，由柳亚子、李叔同、曾延年定其体例，为南社社员发表作品的重要场所
1912.6.20	上海	《民主报》	总理仇亮、总编景耀月、雷昭性，撰稿人：汪精卫、张继、陈范、阳兆鲲	原名《东亚日报》
1912.6.21	杭州	《平民日报》	陈去病	
1912.7.20	上海	《中华民报》	汪洋、胡朴安、胡怀琛、程善之、管义华、刘民畏、邓家彦	反袁时期，反对态度最激烈
1912.7.25	上海	《民国新闻》	总编辑汪精卫、主笔吕志伊、沈砺、林庚白、陈毓川、陶铸	以"保障共和政体，宣扬民生主义"为宗旨
1912.11.1	绍兴	《天觉报》	宋琳创办	以"振兴教育，提倡实业，指导社会，匡辅政府以及鼓吹尚武精神，发展民生主义"为宗旨
1913.2.12	汕头	《大风日报》	古直、林百举负责编务，姚雨平、柳亚子、陈去病、叶楚伧撰稿	

续表

成立时间	地点	刊物名	编辑、主要撰稿人加入南社者	备注
1914.4.25	上海	《民权素》	编辑刘铁冷、蒋箸超，第三集后重要南社稿员有：包天笑、李怀霜、汪洋、周廋鹃、陈枕亚、高旭、张焘、陈匪石、陆曾沂、杨锡章、刘铁冷、蒋箸超、戴季陶、苏曼殊	《民报报》被袁世凯下令封禁，改为月刊发行
1914.6.6	上海	《礼拜六》	王钝根、周瘦鹃为编辑，主要撰稿人：王蕴章、朱玺、周瘦鹃、姚锡钧、陈栩（天虚我生）、叶楚伧	1916.4.2 停刊，1921.3 复刊，为鸳鸯蝴蝶派重要阵地
1914.11.27	上海	《七襄》	王蕴章、姚锡钧、胡朴安、陈世宜、叶楚伧、庞树柏	小说杂志
1915.10.10	上海	《中华新报》	欧阳振声任总经理，李述膺、谷钟秀、徐溥霖任编辑	南社成员发表作品重要场所
1915.12.25	上海	《民信日报》	沈伊默、邵元冲、柳亚子、胡怀琛、傅尃、黄侃、杨铨、叶楚伧、郑泽	
1912.1.22	上海	《民国日报》	邵力子、姚锡钧、陆旋、陆曾沂、叶楚伧	中华革命党机关报，南社成员发表作品重要场所
1916.1	上海	《春声》	王蕴章、包天笑、吴梅、周瘦鹃、姜可生、姚锡钧、胡怀琛、陈世宜、叶玉森、叶楚伧、庞树柏	以发表小说为主，亦有戏曲、笔记、诗词
1916.8	长沙	《长沙日报》	傅尃等人	续刊
1920.10.10	上海	《震坛》	申柽、朱剑芒、吕志伊、柳亚子、景定成	
1923.4.1	黎里	《新黎里》	柳亚子创办	
1923.6.19	广州	广州《民国日报》	于右任、成舍我、余十眉、李澄宇、汪文博、周瘦鹃、柳亚子、胡蕴、孙璞、高燮、刘泽湘、蔡守、郑泽、邓万岁	

资料来源：林香伶：《南社文学综述》，里仁书局 2009 年版，第 149—155 页。

即使在 1923 年南社日趋分裂濒临解散后，表 1-5 中的相当部分社员仍长期寄身新闻出版业，如林白水、邵飘萍、包天笑、王钝根、张溥泉、周瘦鹃、胡朴安、管际安等。他们既同是出身于南社，可说是同气连枝，又同是长期投身新闻业，可说是同声相应、同声相求，这决定了在以后的新闻生涯中他们能够互相提携、保持密切的联系，成舍我后来的事业发展不得不说得益于此层关系[①]。1935 年成舍我甚至同胡朴安、管际安等南社旧人一起创办了辉煌一时的上海《立报》。

二 成舍我与"南社内讧"事件

1916 年，成舍我加入南社时，清朝已被推翻，反袁斗争也已趋于胜利，共和政体日渐巩固，使得南社丧失了政治斗争目标，没有了政治共同意识，先前搁置的内部分歧重新抬头，导致南社步入分裂解体时期。但是，导致南社分化并最终解体的，是 1917 年的"南社内讧"事件。在此事件中，成舍我扮演了至关重要的角色，毫不夸张地说，他对南社的最终解体起到了催化的作用。

事件的起因是当时诗坛上的"同光体之争"。同光体是 19 世纪末 20 世纪初盛行的学古诗派之一，宣称"不墨守盛唐"，主张"学宋"，追求宋诗"抒写情志"的审美风格，其代表人物有郑孝胥、陈衍，陈三立等。至民国初年，同光体风靡一时。与此同时，诗坛上还有主张"学唐""兼采唐宋"等诗派，他们之间最大的分歧是学诗"宗唐"还是"宗宋"，并为之争吵不休，至反袁斗争结束后，诗坛上的这种分歧与争吵于南社内部表现得最为明显。

事件导火线是 1916 年 11 月 17 日还未入南社的吴虞写给柳亚子一封信，信中对柳亚子关于同光体诗派领袖的批评——"郑（孝胥）、陈（三立）枯寂无生趣"——大为赞赏，主张"南社起而振之"，打破"上海诗流，几为陈、郑所垄断"的局面。[②] 时为南社主任的柳亚子接信后，大起知音之感，马上致函吴虞，除了再述他一贯提倡"唐风"，反对同光体的

---

① 例如 1924 年成舍我在北京创办《世界日报》系，时已为新闻界大腕的邵飘萍、林白水可能对其帮助不少，因为这能解释以下事实：在 1926 年林被害后，成舍我安排其女进入《世界日报》工作，对其家属多方照顾；1928 年 8 月，在北洋军阀登上历史舞台、北伐成功之时，北平新闻界召开"邵飘萍、林白水两先生纪念大会"，成舍我作为主要发起人之一，对会议提供不少赞助；又，在林被害的第二天成舍我也被张宗昌抓捕，一个说法是因为他在林被害的当天，即将这一消息以头条新闻并加黑边刊登在《世界晚报》，由此惹恼了张宗昌。上述文献分别参考：《邵飘萍、林白水两先生追悼大会通启》，《世界日报》1928 年 8 月 15 日第 1 版；成舍我《〈林白水传〉序》，《传记文学》1969 年 11 月总第 15 卷第 90 号。

② 吴虞：《与柳亚子书》，《民国日报》1917 年 4 月 28 日第 12 版。

主张外，还表述了"思欲振衰起敝，一洗其众咻之习"的想法，并动员吴加入南社，以一起斗争。① 既已决定战斗，当然要找到斗争的靶子。恰好数日后，社员胡先骕写信给柳亚子，信中对同光体大为赞扬，柳亚子接信后，认为机会来临了。他先是在 1917 年 3 月 11 日的《民国日报》上发表《答胡先骕诗作二首》，责骂同光体崇尚的以黄庭坚为首的"江西诗派"，"分宁茶客黄山谷，能解诗家三昧无？ 千古知言冯定远，比他嫠妇与驴夫！"② 再干脆把吴虞写给他的信以"与柳亚子书"为题刊发在 4 月 28 日的《民国日报》上，企图挑起纷争。可惜的是，当时胡先骕及其他同光体诗派人员没有应战。一直到了 6 月 9 日，社员闻野鹤（宥）在《民国日报》发表《㤚簃诗话》，盛赞郑孝胥的诗"清神独往，一扫凡秽，零金片玉，诚可珍也"③，随后他又于 6 月 24 日，继续发表诗话，指责吴虞对陈衍《海内诗话》的批评是"执蝘蜓以嘲龟龙"，誓为同光体说话，"以助海内大家，张目于万一"。④ 这两篇文章对于想借机整理"社格"的柳亚子来说是赤裸裸的挑战书，他认为真正的斗争目标来了，于是连续多日在《民国日报》发文《质野鹤》《再质野鹤》，反驳闻野鹤的"执蝘蜓以嘲龟龙之叽"，认为"民国肇兴"，应该"创堂皇乔丽之作，黄钟大吕，朗然有开国气象"，指责同光体是亡国之音。⑤ 面对柳亚子气势如虹的攻击，闻野鹤不免气短，只匆匆交手了一个回合就偃旗息鼓了。正当人们认为柳亚子即将完胜的时候，另一社员朱鸳雏（玺）横插一脚，他于 7 月 9 日发表《平诗》，文内一面为陈衍等三人辩护，认为不能因为他们生于"逊朝"，便将其诗作视为"亡国之音"，并将南社中学宋诗者的名字一一列出；一面攻讦吴虞和柳亚子，"吴又陵《秋水集》小具聪明，便欲自附名作，本不足道；柳亚子太邱道广，竟为所愚，则甚惜之"⑥。这下惹得一向"气盛"的柳亚子勃然大怒，连续在 7 月 27 日至 30 日发表长文《斥朱鸳雏》，对朱文一一驳斥。与此同时，朱鸳雏也转移阵地，在《民国日

---

① 《吴虞日报》，1917 年 3 月 5 日。中国革命博物馆整理，荣孟源审校：《吴虞日记》（上），四川人民出版社 1984 年版，第 290 页。

② 柳亚子：《妄人谬论诗派 书此折之》，《民国日报》1917 年 3 月 11 日第 12 版。

③ 闻野鹤：《㤚簃诗话》，《民国日报》1917 年 6 月 9 日第 12 版。

④ 闻野鹤：《㤚簃诗话》，《民国日报》1917 年 6 月 24 日第 12 版。

⑤ 柳亚子：《质野鹤》，《民国日报》1917 年 6 月 28 日、29 日第 12 版。

⑥ 朱鸳雏：《平诗》，《民国日报》1917 年 7 月 9 日第 12 版。

报》的死敌《中华新报》上发文反击。至此，双方是不死不休，必定要见个真章了，最终使柳亚子一怒之下，于8月1日以南社主任的名义，宣布驱逐朱鸳雏出社：

> 兹有附名本社之松江人朱玺，号鸳雏，又号孽儿者，妄肆雌黄，腥闻昭著，业已驱逐出社，特此布告天下，咸使闻知。中华民国六年八月一日，南社主任柳弃疾白。①

在柳亚子宣布驱朱鸳雏出社之前，成舍我一直处于旁观者的角色。例如他在1917年4月28日的"余墨"中盛赞柳亚子的文学主张，"亚子论文学，谓格调宜旧，理想宜新，此诚不磨之论"②。当7月论诗之争打得如火如荼之时，他甚至以开玩笑的口吻说，"吾之'文坛艺薮'乃一变而为诸君之战场炮火，喧□行及地主，诸君诚恶作剧哉"，劝解双方："何必淘此闲气？倘有佳兴，何不多做几篇在文章，替'文坛艺薮'生色？"③但是在柳亚子宣布驱逐朱鸳雏出社后，成舍我突然在8月7日石破天惊地同时在《申报》《中华新报》以个人名义刊出以下一则启事：

> 南社社员公鉴：
>
> 本社主任柳弃疾（亚子）因论诗之故，为朱鸳雏君所窘，乃老羞成怒，于八月六日在《民国日报》刊登南社紧急通告一通，驱逐朱君出社。查本社定章，并无驱逐社友之明文。柳弃疾何得以一人之私，妄为进退？且今日既能以私忿逐朱君，异日又何尝不可以逐朱君者逐他人？我同社数百人皆束身自好、学行兼优之士，何能堪此侮？似此专横恣肆之主任，自应急谋抵制，以杜其垄断自私之渐。仆与朱君相见日浅，为扶植公道，摧仰强权起见，不得不征求同意，为相当之对待。除觇具理由，另函呈贤外，特此布闻。诸希公鉴。
>
> 社员：成舍我谨启。

---

① 《南社紧急布告》，《民国日报》1917年8月6日第3版。
② 舍我：《余墨》，《民国日报》1917年4月28日第12版。
③ 舍我：《余墨》，《民国日报》1917年7月11日第12版。

　　通讯处：上海四马路望平街口报界俱乐部成舍我收①

　　在这则轰动一时的启事中，成舍我表达了两项意见：（一）指责柳亚子驱逐朱鸳雏无理，"本社定章，并无驱逐社友之明友"，柳驱朱，是柳"以一人之私，妄为进退"的表现；（二）向社友征求意见，呼吁共同抵制柳亚子此等"专横恣肆之主任"。上述两项，是对于一向被奉为"南社灵魂"的柳亚子的领导权的极端蔑视，可以想见柳亚子见报后的反应。第二日，愤懑难解的柳亚子即发表《报成舍我书》，向成舍我发"哀的美敦书"，强横地宣布"仆南社代表也，朱玺者南社公敌也"，警告成舍我以七日为限速速断绝与朱玺关系，否则，"亦将以逐朱玺者逐足下"。② 没想到成舍我下面的行径更是出乎柳亚子等人的意料。8月8日，柳亚子对他发出最后通牒的同时，成舍我先行在《民国日报》宣布脱离与该报的关系，再于次日接连在《中华新报》发两则启事，对前一日宣布退出《民国日报》给出解释，并宣布"与现在南社断绝关系"：

　　成舍我启事一
　　柳弃疾（亚子）因与《民国日报》主任叶君楚伧有同里之雅，遂嘱托叶君，禁仆在各报发表反对柳弃疾之意见。仆以宗旨所在，未便牺牲，且言论自由，初无干涉之余地，只得宣告退出《民国日报》，脱离职位统属之关系。特此声明。
　　成舍我启事二
　　柳弃疾霸占南社，违背社章，专横恣肆，甘为公敌。在未正式驱逐之前，鄙人与现在之南社断绝关系。此布。③

　　见报后，柳亚子怒不可遏，当即宣布"成平猖狂妄行，一至于此，实为害群之马，用并黜其社籍，不认为南社社友"④，至此，这是因论诗之争第二个被驱逐出社的社员了。但是同前一个被驱逐出社的朱鸳雏相比，

① 《南社社员公鉴》，《申报》1917年8月7日第1版。
② 柳亚子：《报成舍我书》，《民国日报》1917年8月8日第12版。
③ 《成舍我启事一》《成舍我启事二》，原载1917年8月9日《中华新报》，转引自：杨天石、王学庄编《南社史长编》，中国人民大学出版社1995年版，第469页。
④ 《南社第二次紧急布告》，《民国日报》1917年8月11日第1版。

成舍我表现得更为激进，从而对处于摇摇欲坠的南社造成的破坏更严重。他于 8 月 14 日在《中华新报》上刊出《南社社友公鉴》，号召"海内同志另行组织"南社，由此拉开了南社正式走向分裂、散体的帷幕。社内早已有相当成员不满意柳亚子的行事方式，他们积极响应，并付诸行动，欲在广州分社的基础上另行组织南社，结果虽未成功，但却使众多的社员心灰意冷，或不再过问社务，或纷纷脱离南社，直至这个在中国近代社会中曾经做出过重要贡献的文学团体最终解体。

此事件中还有一个关键性的问题值得探讨，即成舍我为何在 8 月 7 日刊发那则《南社社员公鉴》启事，一改之前中立者的角色呢？是否单纯如成舍我所坚持的，因为柳亚子越权驱逐朱玺这一不恰当行为，所以作为社员有义务要急谋抵制"此专横恣肆之主任"呢？但是另一当事人柳亚子有另一种说法：

> 成舍我者，初以代姚鹓雏入《民国日报》，遂主"文坛艺薮"，而其人不学无术，任事数月，南社社友谤议蜂起。《民国日报》主任叶楚伧君亦素不满于成，徒以因循未发。适仆有书与叶君，道成氏之短。不数日，而叶君夺成氏之职，延胡朴庵继其事。于是成氏大恚愤，迁怒于仆，遂借驱逐朱玺出社事，遍登广告，与仆为难。……①

根据柳亚子的说法，成舍我一改早先其中立的角色，是因为柳亚子写信给叶楚伧，"道成氏之短"，叶楚伧听其言，便解除了成舍我在《民国日报》的职务，成舍我因此怀恨在心，借柳驱朱一事向柳发难。两种说法孰是孰非？要解开这个谜团，须从成舍我在南社中的境遇以及他与柳亚子的关系说起。

成舍我入南社时年仅 18 岁，入社序号为 597 号，可说是南社中的"小字辈"。但是不同于一般同龄人，此时的少年成舍我已是走南闯北，具有一般少年郎所不具有的开阔见识，同时又具有少年郎的锐气与雄心，这可从他到上海后从孟子的话中"如欲平治天下，当今之世，舍我其谁"取笔名"舍我"可见一斑，其傲睨一世的气概不难想象。挟着这股气势加入南社、进驻《民国日报》，成舍我的言行不免使一些老成、守旧人士

---

① 柳亚子：《报公羊石年书》，《民国日报》1917 年 8 月 21 日第 12 版。

侧目而视。在主持"文坛艺薮"后，成舍我将"余墨"栏变成个人"指点江山、激扬文字"的言论机关，惹得相当多的南社社员不满，尤其是为《九尾龟》一书，不遗余力地攻讦南社老友张春帆，在一些社员看来更是成舍我为升格个人名望、一逞私欲的表现。因此，南社成员中对成舍我的非议必定是有的，这样说来，柳亚子对成舍我的攻击——"自足下主《民国日报》笔政以来，社中俦侣，不满意于足下者实繁有徒。有诋为草包者，有谓见之当作三日恶者，几于谤书盈箧"① ——是有事实依据的。南社成员的这种非议，在成舍我自己的文字中也多次体现。例如，他曾以如下高姿态来应对这种非议：

> 人以狂夫呼我，可也；以愚夫、懦夫呼我，亦可也。此三者，皆我个人之天性。我有何天性，即当任我天性而行，绝不因人之讥评而有所斲丧。盖人之天性，本无丝毫恶根；既无丝毫恶根，则人之讥评我，也直欲我去善而从恶耳。此又为乎可哉？②

当然面对这种非议，他也曾泄气过。例如，他曾如下表述过面对非议无法可解的苦恼：

> 人生最乐事莫如居故乡，父母俱存，兄弟无故，又有二三知己，足以共杯酒论文章，较诸终日仆仆奔逐于名利场中而惟恐落人后者，其苦乐真判若霄壤矣。
>
> 予不幸，而少年失学又好言功利，浮沉人海，忽然已及十载，曾不能有所建白，乃以雕虫末技□，处于文人荟萃之地，劳心疲神，为衣食作刍狗。回念故乡之乐，渺不可得，安能□弃人事作张翰之命，驾归去哉？③

类似的苦恼他多次表述过，如在 1917 年 6 月 11 日的《余墨》中，他写道："屏绝人事，遁迹地深山穷谷间，桃花流水，理乱不知，岂不快

---

① 柳亚子：《报成舍我书》，《民国日报》1917 年 8 月 8 日第 12 版。
② 舍我：《余墨》，《民国日报》1917 年 4 月 17 日第 12 版。
③ 舍我：《余墨》，《民国日报》1917 年 5 月 1 日第 12 版。

哉？奈之何仆仆风尘，为衣食作刍狗也"；第二日他接着感叹说，"生平
以赤诚待人，而人人目我以滑头。偶然放弃良心，模仿几回滑头，手腕则
向之；目我以滑者，转许我以诚笃。嗟夫！处今日而言是非，固尚能得其
真欤"？① 可见，当时成舍我的心理承受压力之大，才使得他发出如此的
感慨，才使得他产生过不"为衣食作刍狗"，回归故乡，甚至隐居山林的
想法。

从以上分析可知，入南社后的境遇并不如成舍我早先所想象的那么美
好，这会不会导致他就此产生退出南社、另寻他路的想法呢？

再来分析成舍我与柳亚子的关系。柳亚子长期任南社主任，被誉为
"南社灵魂"，其在社中地位自不是如成舍我"小辈"所能比拟的。成舍
我入南社、进《民国日报》虽不是柳亚子一手促成的，但是如没有柳亚
子的首肯，可说是难以成事。故在成舍我入南社最初的一段时期内，他是
极力维护与柳亚子之间的良好关系的，体现最明显的是在胡适与柳亚子等
南社同人中的论战②中，成舍我站在南社一边，极力为柳亚子说话。我们
前面提到，在1917年4月28日的"余墨"栏中，成舍我力挺柳亚子的
"格调宜旧，理想宜新"的文学主张，并同时诋毁胡适"未窥国学门径"
"真妄人"；1917年5月19日，他又说，"今之但是文学革命者，其文学
定不高妙，犹之倡社会革命者，其家产定不丰富，二者虽异，其用心一
也"，斥骂胡适等提倡文学革命者如他"七八岁时之见解欤"。③ 照这样发
展，成舍我与柳亚子两人是可以维持较好关系的，当南社内部对成舍我
"谤议群起"的初期，柳亚子作为主任，确实也起过调停的作用，但是可
惜的是，性格使然，两人最终还是交恶，而两人关系交恶，导致对"南社
内讧"事件的发展起到了推波助澜的恶劣作用。交恶之因要追溯于两人对
名伶陆子美的不同看法。

陆子美（1893—1915），名遵熹，字焕甫，与冯春航同为南社戏剧
家，早年毕业于江苏师范学校，后投身新剧，善演悲剧，又擅长绘画，尤
工西洋技法。1913年，陆子美在柳亚子家乡黎里演悲剧《血泪碑》，柳

① 舍我：《余墨》，《民国日报》1917年6月12日第12版。
② 关于胡适与柳亚子等南社同人的文学论战，可详参：杨天石《柳亚子与胡适》，载《南
社研究》（2），中山大学出版社1992年版，第31—47页；林香伶《南社文学综论》，里仁书局
2009年版，第547—564页。
③ 舍我：《余墨》，《民国日报》1917年5月19日第12版。

"颇心赏之"，两人初识；后两人邂逅于酒家，倾谈之余，正式结交，柳亚子后来把他们遇合因缘的经过写成《梨云小录》。自此以后，柳亚子写了大量剧评和诗文为陆子美扬名。不久，在柳亚子的亲自介绍下，陆氏加入南社。可惜，因哀身世之感，陆子美经常郁郁寡欢，终因"哀感伤神，劳瘁伐性"，于 1915 年 4 月去世，年仅 23 岁。柳亚子为此痛惜不已，专门为陆子美作《陆生传》，并把他的遗像，制版印于《南社丛刻》十四集上。①

　　对于柳亚子这种力捧伶人的做法，南社内部众说纷纭，褒贬不一。褒者，赞柳的做法体现了旧时名士风流；贬者，斥柳把陆子美这等伶人介绍进社，是自贬身份，过者甚而怀疑他们之间存在暧昧关系。成舍我属于批评者，他认为，"自柳弃疾以冯（春航）、陆（子美）两伶人社以来，人品已极混杂"②，这是南社渐趋分裂的一大原因。在陆子美病逝后不久，成舍我曾在某报端刊一文，对陆氏有极端不恭之词，流传他的"猥亵之谭传"，攻讦他"吝父赀不与"。③ 当时仍处于悲痛之中的柳亚子看见此文后，怒不可遏，当即写信给成舍我，其中语云："仆与子美为道义交，相知有素。诚不忍郢书燕说，诬其身后之名，故为辩之"，对于成舍我罗列于陆子美身上的不雅之词逐一辩解④。接信后，或许觉察到自己的言语确实过分，或许受到叶楚伧等人的压力，成舍我把柳写给他的信刊登于 1917 年 5 月 22 日的《民国日报》上，并在当日的"余墨"中写下了如下有道歉意味的文字：

　　　　予不喜戏，尤不喜新戏。虽自知其固谬，然性所不习，弗能强也。往吾闻子美名，颇轻其人，意殆为一浮荡子弟，辱身此耳。今读亚子书及所撰子美传，始知其不然。岂新戏中固亦有佳士在耶。予未敢信，然亚子长者，必不忍以□言欺予。今而后，予将以信亚子者，

---

　　① 关于柳、陆的交往经历可详参：郑逸梅编著《南社丛谈》，上海人民出版社 1981 年版，第 170—171 页；田建民、丁合林《柳亚子与冯春航、陆子美交游述评》，《兰台世界》2012 年第 10 期。

　　② 成舍我：《记柳弃疾违法驱逐朱玺出社之始末》，《中华新报》1917 年 9 月 1—3 日。

　　③ 成舍我的这篇文章具体刊于何时、刊于何报，已不可考，但从柳亚子的反击看，是确有其文的。

　　④ 柳亚子：《与成舍我书》，《民国日报》1917 年 5 月 22 日第 12 版。

信子美矣。倘亦亚子之所赞许乎？①

　　信中虽表达了道歉意味，但是成舍我实未心服，在他看来，这是柳亚子以主任之权压迫社员的表现。柳亚子也从这段文字中看出了成舍我不是真心实意地道歉，于是再给他去了一封信，可能同时也给《民国日报》的主持者叶楚伧去了一封信，诉斥成舍我的不良行径。叶楚伧接信后，自然以长辈的身份斥责了成舍我一顿，使得成氏在 5 月 28 日写下了如下悲愤的文字：

　　　　吾与某君交未久，而屡以非分干予。偶不如愿，即责以书。君子乎？小人乎？愿某君有以自省。②

　　此段文字当然是针对柳亚子而发的，更以"小人"称呼柳亚子，要他"自省"。至此，在柳亚子看来，两人的关系已然是水火不容，即再至信予叶楚伧，道"成氏之短"。与柳亚子有"同里之雅"的叶楚伧，素知柳氏"向来不受人劝"的性格，思索良久，没办法，只得委屈成舍我，要求他在 7 月 22 日发出告白，以"抱病初痊，精神未复"为由暂时离开《民国日报》，容柳氏怒气平息后再寻机会返回，这就是柳亚子在《报公羊石年书》所提到的"适仆有书与叶君，道成氏之短。不数日，而叶君夺成氏之职，延胡朴庵继其事"之事了。

　　从以上分析可知，在柳亚子驱逐朱玺出社之前，柳、成两人已交恶。当 8 月 6 日驱逐朱玺的布告刊登于《民国日报》时，少年气盛的成舍我一方面"大悲愤"被夺职于《民国日报》，一方面激起义愤，认为他与朱玺同为柳亚子威权之下的牺牲品，所以当天即向叶楚伧表示"将以死力反对柳氏"③，不顾叶楚伧的一再阻拦，第二天，那则轰动一时的《南社社员公鉴》还是在《申报》《中华新报》同时刊登出来了。此时，成舍我意识到，自己在南社早先既已受到如此多的非议，处境本已很尴尬，而这则启事无疑更是自绝于呆在南社、《民国日报》的最后一点希望，于是索性在

---

① 舍我：《余墨》，《民国日报》1917 年 5 月 22 日第 12 版。

② 舍我：《余墨》，《民国日报》1917 年 5 月 28 日第 12 版。

③ 成舍我：《记柳弃疾违法驱逐朱玺出社之始末》，《中华新报》1917 年 9 月 1—3 日。

第二天、第三天接连发出三则启事，抢先宣布退出《民国日报》"与现在之南社断绝关系"。随着笔战的加剧，成舍我终于在 8 月 14 日发出另行组织南社的呼吁，其产生的效果直如"孙猴子大闹天宫"般，对摇摇欲坠的南社犹如重重一击，加快了其分裂解体的步伐。

第四节　求学北大与五四新文化运动中的成舍我

一　求学北大

1916 年末，正在欧洲考察的蔡元培，受教育部电召回国，接受就任北京大学校长之职。蔡氏出任北大校长，对我国高等教育乃至中国近现代社会的进程产生了深远的影响，他秉持"兼容并包"的办学方针，网罗各派学者，容纳不同学派，提倡学术民主、自由争辩，把这座曾仅制造旧官僚政客的京师大学堂，一变而为五四新文化运动大本营的新式高等学府。

仍在上海以"卖文"为生的成舍我此时的眼光也不禁投向这所生机勃勃的中国最高学府。勾起成舍我欲进北大、继续深造的原因众多：除了北大所呈现的万象更新的气象吸引他之外，其父成壁屡有来信，多次表示"以平年少失学为虑"，要他寻找机会求学，严父的督促是他北上求学的最大原因[1]；另外，在上海相识的一些朋友如陈独秀、李大钊、刘半农纷纷北上，先后被延入北大任职，是另一重要原因[2]。但是生性沉稳的成舍我并不是马上鲁莽行事，而是先托刘半农带口信给陈独秀、李大钊，将他欲去北大求学的想法以投石问路的方式表述之，表面上是垂询两人的意见，实际上是希望两人能提供帮助。果然，陈、李两人都函复表示愿意鼎

---

[1]　在《先考行状》中，成舍我说："先考每有讯示，辄无不以平年少失学为虑"，参：成舍我《先考行状》，《世界日报》1931 年 9 月 4、5 日第 10 版。

[2]　成舍我是在上海时期与陈独秀、李大钊、刘半农认识的。据《新闻界三老兵》载："（成舍我）初到上海，人地生疏，就暂住安徽讨袁总部，在此，得识陈独秀"（马之骕：《新闻界三老兵》，经世书局 1986 年版，第 143 页）。刘半农与成舍我同为"买文公司"成员，两人合著（译）多篇小说。与李大钊相识是在成舍我从《民国日报》离职之后，当时李对成诸多鼓励，并说："如有机会，仍应再进入正规学校深造，他日必有发展。"（马之骕：《新闻界三老兵》，经世书局 1986 年版，第 147 页）此三人先后被北大延请为文科学长、图书馆馆长和法科预科教授。

力相助。① 1918 年 2 月，在翻译三篇小说筹得川资后，成舍我这才动身北上。抵京后，苦于无中学文凭，不能直接报考北大，于是"辗转思维，立草万言书，致北京大学校长蔡孑民，自述好学之殷，请校长予以通融办法，俾得有所成就。孑民阅了他的万言书，觉得文笔条畅，言之有理，怜其情况，竟纳之为旁听生"②。虽能成为旁听生，进北大有一线希望，然而生活无着，只得在李大钊的帮助下，成舍我得以进入北京《益世报》工作，开始了半工半读的生活。关于这段生活的艰辛，成舍我一生记忆犹新：

> 我是民国七年一月去北京的，目的是入北京大学读书，但是要等到暑假才能考学，所以就请李大钊介绍到《益世报》工作。我一进《益世报》，就做总编辑，写社论、编副刊、看大样，都是我一个人；暑假到了，我以同等学历的资格，考取北大做旁听生，按照规定旁听生的成绩如在第一学年，平均到八十分以上时，就改为正式生。但如果这一年都不缺课的话，可以加三分。我为了争取全勤加分，每天都不敢缺课。但报馆的工作等看过大样之后，一定要到凌晨四点钟。而报馆离学校很远，每天早晨都是打个盹，就去学校上课，太累了身体实在吃不消。一学期过去了，成绩考得还不错，看情形升"正式生"是没问题了，所以向杜社长说明工作太累，请准辞掉总编辑的职务，改为主笔名义，除写社论外，还跑新闻，薪水照旧。③

1918 年 8 月，成舍我终于得尝夙愿，顺利考上北京大学国文系，成

---

① 马之骕：《新闻界三老兵》，经世书局 1986 年版，第 145 页。

② 郑逸梅：《南社丛谈》，上海人民出版社 1981 年版，第 126 页。有学者对成舍我致蔡元培"万言书"的说法表示怀疑，如陈平原认为此种说法仅见于郑逸梅，不好遽下判断。（陈平原：《舆论家的态度与修养——作为北大学生的成舍我》，载中国人民大学港澳台新闻研究所编《报海生涯：成舍我百年诞辰纪念文集》，新华出版社 1998 年版，第 92 页。）据笔者查阅，此种说法成舍我本人虽从未提起，但又为传记家关国煊所引用。（关国煊：《锲而不舍的新闻界老兵成舍我》，《传记文学》1991 年 5 月总第 348 号。）关于成舍我入北大之经过，有另一种说法，"成恳求在报界结识的陈独秀，准许他入国文系做选读生"（《日本文摘》总编辑：《一个实用主义者之死》，《人民周刊》1991 年第 9 期），这种说法得到了其女成露茜的认可，"我父亲……进北大是李大钊介绍的……"（温洽溢：《成露茜口述自传》，《传记文学》2010 年 4 月总第 575 期）

③ 成舍我谈话录音。转引自：马之骕《新闻界三老兵》，经世书局 1986 年版，第 150 页。

为正式生，掀开了予其人生有重要影响的一页。

三年多的北大求学生活对成舍我来说，"尚称顺适。无论是人格修养及思想见识，均由萌芽、苗壮，益臻成熟"①。具体来说，其收获如下。

一是受北大在此期间奠定的"爱国、进步、民主、科学"等传统②熏陶。"五四"爱国运动中北大师生迸发出的爱国激情，及校长蔡元培那振聋发聩的喊声"读书不忘救国，救国不忘读书"，想必成舍我一生无可忘怀。这就是为什么在以后的办报生涯中，无论他个人的政治倾向如何，他所办报纸的一个重要特征就是以国家、民族大义为先，以国家民族的利益为其报纸的利益，从报纸的言论到新闻报道都渗入了强烈的爱国主义情怀。另外，观察成舍我以后办报的用人制度，有一个鲜明的特征，即在他所办报纸任用的人员中，涵盖了"左、中、右"等不同政治倾向的人物③，这不得不说是受北大此时期"兼容并包、网罗众家"办学方针的影响。

二是受此时北大师生自办刊物风气的影响，成舍我萌生了自己创办报纸的念头。1917 年，北京大学聘请留美研习新闻学的徐宝璜为文科各系学生开《新闻学》选修课，介绍欧美概况及理论，开我国新闻教育风气之先；1918 年 10 月 14 日，被誉为"中国历史上第一个新闻学研究团体"的北京大学新闻研究会正式成立，两年多的时间里，研究会面向北大学生招收会员，每周延请邵飘萍、徐宝璜定期授课，为中国新闻事业培养了一批优秀的新闻人才。在研究会的推动下，加之受五四新文化运动提倡的思想解放、自由讨论风气的影响，北大校园内一时出现了办刊办报的风潮。单在国学门一个班内，就产生了《新潮》《国民》《国故》三个刊物，出现了俞平伯后来所吟唱的"同学少年多好事，一班刊物竟成三"④的奇特

---

① 马之骕：《新闻界三老兵》，经世书局 1986 年版，第 145 页。

② 关于北大传统，有多种不同表述，如"兼容并包，思想自由，独立人格""科学与民主""独立、自由、批判、创造"等，但多年来，多数学者认为，将它概括为"爱国、进步、民主、科学"能较全面、准确地反映北大的历史特点和精神。参见：黄楠《五四·北大·传统》，载郝斌、欧阳哲生主编《五四运动与二十世纪的中国——北京大学纪念五四运动 80 周年国际学术研讨会》（上），社会科学文献出版社 2001 年版，第 326—344 页。

③ 例如早期的《世界日报》系既有深受社会主义思想影响的张友渔，又有顽固国家主义思想的罗敦伟，还有主张走中间路线的张恨水等。后来的上海《立报》更是容纳了形形色色不同政治主张的人物。

④ 孙荣华：《俞平伯与朱自清》，载中国文学网，http：//www. literature. org. cn/article. aspx? id = 27958，2012 年 7 月 20 日。

现象。当时成舍我在紧张的学业之余，为生活所迫，在北京《益世报》工作，没有多余的时间用于其他活动，但是在当时来说这股办报办刊潮流对他无疑是有刺激的，一个明显的例子是，1921年因感到在《益世报》受言论管制，怒而辞职，拉着张恨水一起创办四开小报《真报》，这可说是成舍我的第一次创业尝试。虽然终因缺乏资金和物力，支持不久即终刊，但是在成舍我心中一直有一个梦想，即受"五四"时期思想解放、言论自由风气的影响，要创办一份"立场坚定、言论公正"的报纸，后来创办《世界晚报》的动力也应追究于此。

三是在北大期间结识的一班同学、师友成为他以后办报的重要助手。考察成舍我以后的报业活动，其用人来源主要有三方面：一是乡友，二是同学、师友，三是通过招考练习生。在同学、师友来源中，主要来自北京大学。例如吴范寰几乎参与了成舍我在大陆所有的办报活动，成之所以对他信任有加，不仅因为两人是老乡关系，更因两人同出于北大。另外曾在北大任过职或求过学的周作人、刘半农、罗敦伟等人也或长或短在成舍我办的报纸中工作过，他们以其不同一般的社会威望为这些报纸的发展做了一定的贡献。

二 五四新文化运动中的成舍我

成舍我北大求学三年适逢五四新文化运动①。这场波澜壮阔的运动是以北大为主要阵地的，如其他的北大师生一样，成舍我主要以他的如椽之笔来鼓吹这场既是以"民主"和"科学"为旗帜的思想启蒙运动，也是以反帝救亡为宗旨的爱国运动。

（一）撰文积极呼应新文化运动

五四新文化运动中，受《新青年》《每周评论》等报刊的政治思想评论所激励，以及学术自由讨论的普遍开展，以知识分子为主要群体的精英分子加快了探索"中国应走何种道路"的力度，与此相应，各种外来"思想"和"主义"纷纷引进，以求得思想的碰撞，找出适应中国的道

---

① 在多数学者看来，"新文化运动"与"五四运动"两词从词义及词形上早已合而为一，用"五四新文化运动"来概之。例如周策纵认为"'五四运动'是一个复杂现象，它包括新思潮、文学革命、学生运动、工商界的罢市罢工，抵制日货运动，以及新知识分子所提倡的各种政治和社会改革"，因而他将1917年至1921年笼统地称作"五四时代"。参：[美]周策纵《五四运动史》，陈永明等译，岳麓书社1999年版，第1—8页。

路。同其他知识分子一样，祖国和民族的命运之忧也迫使成舍我对盛行的各种"思想"和"主义"加以研究，并把他所认可的主要作品译介给国人。例如，对于当时引进的形形色色的社会主义，成舍我也大感兴趣，他在1919年3月30日的《每周评论》上，摘译了德国社会民主党创始人之一、国际著名工人运动活动家倍倍尔（August Bebel）的名著《近代社会主义与乌托邦社会主义的区别》，此文辩解了社会主义与空想社会主义的区别；在后一期的《每周评论》上刊登了他节译的《共产党宣言》，在文前他点评道："这个宣言，是 Marx 和 Engels 最先最重大的意见。……其要旨在主张阶级斗争，要求各地劳工的联合。是表示新时代的文书"[1]；1919年12月出版的《解放与改造》刊发了他摘译的托洛斯（茨）基的《广义派与世界和平》；1921年6月1日在《新青年》杂志上又刊发了他节译的列宁的《无产阶级政治》。成舍我在向国人介绍这些理论著作的同时，自身也扩大了视野，增强了理论素养，并将这些理论运用于日后的言论写作中，展现其言论的前瞻性与洞察力。

五四新文化运动的一个重要目标是打击封建专制思想，动摇封建思想的统治地位。在小说《吾友》中成舍我以一个封建家庭的悲惨境遇，控诉了中国两千多年来封建礼制对人性的摧残与戕害，可说与鲁迅先生的《狂人日记》遥相呼应，无情地鞭挞了"吃人"的旧礼教旧道德。[2] 同时他的另一篇小说《车夫》，既反映了封建军阀统治下民众生活的无限艰辛，也反映了下层家庭间相依为命的脉脉温情。[3]

1920年，五四新文化运动的高潮已过，渐有偃旗息鼓之势，那么今后的新文化运动该何去何从呢？成舍我在当年8月写有一篇《文化运动的意义与大规模的文化运动》，在充分肯定了几年来新文化运动的成果后，主张新文化运动在较短的时期内应该取得更大的成效，并认为今后的文化运动，"非有各种大规模的组织不可"，如报馆、大学校和书局。关于报馆，他写道：

> 我以为文化运动最大的武器就是报馆。并且以中国现在情形看起

---

① 舍我：《共产党宣言》，《每周评论》1919年4月6日第16号第2版。

② 舍我：《吾友》，《晨报》1919年4月4—5日第7版。

③ 舍我：《车夫》，《晨报》1919年4月6日第7版。

来，各方面均极很需要大报馆发声。所以要使中国文化运动有效，办大报馆最为紧要。①

办报馆离不开人的因素，因而在另一篇文章《舆论家的态度》中，成舍我继续探讨了报人（他所谓的"舆论家"）要完成今后的大规模的文化运动及要成为"社会的向导"需具备的态度与修养，最后他以典型的"新青年体"总结道：

　　总之，舆论家是要往前进的，不可以随后走的；他是要秉公理的，不可以存党见的；他是要顾道德的，不可以攻阴私的；他是要据事实的，不可以凭臆想的；他是要主知识的，不可以尚意气的。②

这是对新闻从业人员应该具备的素养的总宣言。

关于大学校，这一"大规模的组织"在文化运动中的角色，他说：

　　大学校是一个文化运动的中心点。有健全的人才才可以做健全的文化运动。来造就这种人才的地方就是大学校。③

同时，他又认为国立大学（包括北京大学在内）因受制于国有，受限制必多，不能完成"文化运动的中心点"的任务，认为只有"一个规模宏大的私立大学"才能完成任务。他写道：

　　我以为国内应该有一个规模宏大的私立大学。教员要严格选举，不能像北京大学有大多数饭桶教员在内。学生也要严格管理，不要做像北京大学的学生，终年有不必上课的在内。此外国图馆呢，大学院呢，都是急须筹备的。那么，总可以达到做文化运动中心点的目的了！④

---

① 成平：《文化运动的意义与今后大规模的文化运动》，《新人》杂志 1920 年 8 月第 5 号。
② 舍我：《舆论家的态度》，《时事新报》1920 年 4 月 15 日第 1 版。
③ 成平：《文化运动的意义与今后大规模的文化运动》，《新人》杂志 1920 年 8 月第 5 号。
④ 同上。

从以上引文里，我们至今仍可以领会成舍我当年写下这些话时那种挥斥方遒的意气和雄心，可以说，成舍我的两大志向——办报和兴学，就是在这时奠定了基础。关于兴学，诚如陈平原先生所分析的，"成氏之设想建立大学，有两点值得注意，一是强调'有健全的人才，才可以做健全的文化运动。来造就这种人才的地方，就是大学校'；二是主张'国内应该有一个规模宏大的私人大学'。日后成氏之三办新闻专科学校，很可能源于年轻时候的梦想"①。

（二）以言论为武器　支持学生运动

除了上述发专文与五四新文化运动呼应外，成舍我还利用在《益世报》任主笔的机会，发表大量言论，与时局俱进，反映民众的呼声，抨击当局的反动统治。五四运动发生时，《益世报》由于力攻国贼，由日销数千份，激增至两万份。② 特别是在 1919 年 4、5 月五四运动高涨期，成舍我更猛烈发文支持学生运动，当时《益世报》有关学生运动的大部分社论都是出自其手。5 月 23 日发表的《安福与强盗》一文发出"扫除这极大的强盗窟宅"的呼声，成为时代的号角，成为成舍我漫长的新闻生涯中屡以言论抗争当局的经典之作。为见其人和其文的锐气，让我们欣赏全文：

安福与强盗

舍　我

北京城里，强盗的窟宅非常的多，这几年来，又发生了一个最大的窟宅，弄得兵戈忧攘，鸡犬不宁，诸君知道这个窟宅在那里呢？就是太平湖的安福俱乐部。

安福俱乐部成立以来，试问他们替人民安了什么，福了什么，他们所作所为，哪一件不是鬼鬼祟祟祸国殃民的勾当？他们眼中只有金钱，只有饭碗，只要自己那一窝子有金钱、有饭碗，他们便不问国亡也好，种灭也好，这种行动，简直是强盗的行动，所以我说它是强盗窟宅。

---

① 陈平原：《舆论家的态度与修养——作为北大学生的成舍我》，载中国人民大学港澳台新闻研究所编《报海生涯：成舍我百年诞辰纪念文集》，新华出版社 1998 年版，第 97 页。

② 马之骕：《新闻界三老兵》，经世书局 1986 年版，第 145 页。

他们得意的时候，便是我们痛哭的时候，我想他们若是到了生平最大得意的时候，那么便是我们宣告死刑的时候了，我现在且把他们得意的事情写出请大家看看。

军事协约成功，他们有了参战借款，每个人都分了若干卖国钱，这是他们第一件得意事，新国会成功造就了几百个饭碗，他们可以帮着政府为所欲为，这是他们第二件得意事，现在他们又有了两件得意的事：（一）就是南北合约快要决裂，他们在那里拼命运动，从前眼巴巴的在那里盼望决裂，如今快达目的了，从此南北还是打仗，他们还是可以多吃饭抢钱卖国；（二）就是这一次学生爱国运动，政府不但不能发现半点儿天良，也去爱下国子，却反把一班有名望的志士一网打尽，他们安福部都趁着这个机会，要去把那从前没有插入的地方去极力钻迎占据，你看这几天外间所盛传的什么教育总长哩！大学校长哩！他们安福不都在那里打主意，想把这两把交椅抢夺过来，做成他们完全的强盗政治。

我可怜的国民呀！安福部最大得意的时候快要到了，我们便听他得意么，我们若果不叫他得意，我们便应该大家起来，扫除这极大的强盗窟宅，我们就有了光明同幸福，若是大家放弃扫除的责任，叫他们大肆活动。那么，恐怕我们宣告死刑的日子就在目前了。

关于此文的发表经过及影响，成舍我后来得意地回忆道：

"五四"事件发生后，我到报馆来问："社论写什么？"结果恰巧杜（即杜竹轩，当时《益世报》的社长）回家去了，不在报馆，代理他的人，就说："老板不在，你随便写吧。"我就想了《安福与强盗》这个题目。本来社长很谨慎我写社论，他都亲自看过的，他认为言论激烈的地方，就删改几个字，这次恰好不在报馆。没想到这篇文章就惹了"大乱子"。文章发表的当天警察就来了，查封报馆抓走了总编辑……①

---

① 成舍我访谈录音，参见：马之骕《新闻界三老兵》，经世书局1986年版，第150页。

　　介于此文大大促进了《益世报》销路的事实，成舍我也因祸得福，在总编辑被抓后，杜竹轩索性请成舍我代行总编辑一职。

　　（三）创办"新知书社"

　　在风起云涌的"五四"时期，全国各地还涌现出了众多的社团组织，这些社团连同《新青年》《每周评论》等报刊一起担负起了传播新知识、新思潮，探索改造社会的重任，推动了五四新文化运动的发展。这些社团大都以青年学生为主体，而北大作为五四新文化运动的主要阵地，其社团也如千帆竞渡。据徐木兴的不完全统计，此时北大出现了32个名目繁多的社团。① 对于半功半读的成舍我来说，因为学业繁重、工作繁忙，他不能像别的同学一样有更多的时间与精力参与社团组织，只参与了三个社团。1918 年下半年，成舍我参与"新潮社"，是"新潮社"首批的21 名社员之一，但是属于"一年以内不投稿，而对于社务又毫无贡献者"，第二年即从社员名单中被除名。② 1920 年又因为好友王无为是"新人社"的主要发起人的关系，受他召唤，成舍我也被列入社员，但除了在 1920 年 8 月《新人》杂志出版的"文化运动批评号"上发表了一篇文章外，其余并不见他在该社的其他活动。上述两个社团，可说成舍我只挂名，无所作为，但是在"新知编译社"中，他却起到了主导作用。

　　"新知编译社"成立于 1919 年 9 月 28 日③，是在北京大学校长蔡元培及校职员工的赞助下成立的，以"研究学术，传播思潮，共同努力于文化运动，以图世界根本的改造"为宗旨，在成立大会上成舍我被公推为社长。顾名思义，从该社的名称可知，它的主要业务是翻译书籍，"本社认

　　① 徐木兴的这个数字单以 1914 年至 1919 年为限，因而并不能包含"五四"时期所有的社团组织。参：徐木兴《五四新文化运动时期北京大学社团类型与功能的历史考察》，《北京党史》2009 年第 3 期。

　　② 《新潮社纪事》，《新潮》二卷二期，1919 年 12 月。

　　③ 此日期是据成舍我的说法（参：成平《新知编译社报告书》，载《北京大学日刊》1921年 1 月 7 日第 7、8 版），但是另一说为 1919 年 10 月 1 日，据在 1919 年 10 月 2 日《北京大学日刊》又载："本校学生王若怡等，在校内组织一新知编译社，已得校长及各方面赞许，于昨日在理科大学内开成立大会……"参：《新知编译社成立记》，《北京大学日刊》1919 年 10 月 2 日第7 版。

为文化运动最善之方法，厥在编译书籍"①，成舍我为此制订了一个庞大的编译书籍计划，他将要编译的书划为文学部、哲学部、政法部和理论部，每部下面又有众多的学科，可说是包罗万象，将人类的各科知识都网罗其中。可惜的是，在该社运行一年多时间里，受学潮及出版问题等扰乱，如此雄心的计划，进展缓慢。

1921年1月7日，成舍我宣布，"如想有重大的发展，就非组织一书社，自行印刷发行不可"，拟组织"新知书社"，附属于"新知编译社"。其业务分为两种：主营是印刷发行新知编译社的图书杂志；附营包括代售国内各种学术上有价值的图书杂志、由欧美日本贩运过来的图书杂志、代印各种学术上有价值的图书杂志及代售各种教育用品。②"新知书社"要作为一个实业经营非有庞大的资金注入不可，因此，成舍我又宣布，拟向全校师生招股，资本总额暂定为两万元，先期募款五千元，成舍我自己担任募集两千元，同社同人募集一千元，再向北大校职员工及同学募集两千元，在招股广告打出后，"从校长蔡元培起，到稍有资力的同学，都被拉入股"③，五千元款顺利募集。关于"新知书社"的具体情形，罗敦伟回忆说：

> 另外，我们还与成舍我先生合作，创办了一个"新知书社"，是一个新兴的出版事业，成任总经理，我和君左（即易君左）一班人分任董事。事实上由成主持，在东城干面胡同租一个大洋房。……自备马达发电，连电灯都有自己的电力。另外又在南池子辟了一个门市部。可见当日也有点规模。舍我创业的能力，的确不坏。第一部出版的是《罗素讲演集》……④

从罗敦伟的回忆中，可知"新知书社"一度呈现兴旺局面。可是没多久，由于后续资金没跟进，管理不到位，业务逐渐萎缩，加之毕业在

---

① 《新知编译社成立记》，《北京大学日刊》1919年10月2日第7版。
② 成平：《新知编译社报告书》，《北京大学日刊》1921年1月7日第7版。
③ 吴范寰：《成舍我与〈北京世界日报〉》，载《文史资料选辑》第43辑，第231—261页。
④ 罗敦伟：《五十年回忆录》，（台北）"中央"文化供应社1952年版，第29—30页。

即，各奔前程，以及社员间的分歧加大①，缺乏人力，该书社没支持几个月就倒闭了。

由上述成舍我早年的活动可知：（一）他由"立志做新闻记者"到自办报刊意识的觉醒经过了一个发展过程，自办报刊是成舍我人生轨迹的必然追求。早先生活的一些经历使他初步认识了报刊的社会功能，而对投身于新闻业寄予一种憧憬；但是在新闻实践中，他屡次感觉到单纯作为一名新闻记者或一个主笔，无法满足他对报刊功能的渴望，而决心以自己力量办起一份"言论独立、不受外来干扰"的理想中的报纸。（二）成舍我早年丰富的新闻实践活动锻炼了采、写、编等各项业务能力，初步养成了新闻理念，为自办报刊打下了坚实的实践基础；同时参与组织"上海记者俱乐部""新知编译社"等社团活动开阔了视野，扩展了人脉，锻炼了管理团体的经验和能力，铸就了个性和品质，这都为以后自办报刊的成功提供了一种可能性。

---

① 据罗敦伟回忆："起初我们一团和气，大家合作得很好。青年朋友，意气之争，总不免的。同时我和君左生气太重，一心仿佛只有文化第一，写文章是天下第一件大事，也是天下第一件有价值的事，写文章的人是天下第一等能人。哪个见了我们，都得低声下气，气焰之高，不可一世。舍我虽然也会作文章，而且担任《益世报》的主笔，文章也比我写得好，不过《益世报》是偏于保守的报纸，我们也不十分恭维这个报纸，而且他以事业为重，又是写文言文，与我们的观感有些不同。外间早已传说纷纭，说'新知书社'闹意见，舍我是一派，我和君左是一派。我们也真的受了这些话的催眠，隐然之中，仿佛是两派对立，总想找些问题，和舍我为难。"（参：罗敦伟《五十年回忆录》，（台北）"中央"文化供应社1952年版，第30页）而直接导致"新知书社"散伙的是当时闹得沸沸扬扬的"鸣呼苏梅事件"。有一湖南人谢楚桢，此人过着穷困潦倒的生活，但受新文化运动影响，极喜作白话诗。后来谢楚桢撰有《白话诗研究集》，载有许多他自己做的白话诗，准备出版，发售预约，找上罗敦伟、易君左两人，请他们在预拟的广告上签上介绍人的名字，罗、易两人同情他的境遇，加之同为老乡，故自然照办了。当时苏梅女士（苏雪林）对文学很感兴趣，看了那个广告，一口气地预约好几本，准备自用之外，还分赠亲友。书出版后，苏梅看了这本怪诗集，不但鄙视著者，而且连罗、易这些作介绍人的也责备上了。于是苏梅在一家刊物上写了一篇文章，用"最尖锐的句子"责怪易、罗两人不应该作介绍人，伙同来骗人。易、罗两人由此动了肝火，由易写了《呜呼苏梅》一文，刊在罗主编的《青年之友》上，其文风比苏更泼辣，极尽嬉笑怒骂之能事。不久，成舍我也来凑热闹，他突然在《晨报》论前显著的地位刊登了一个广告，大意说本社董事易家钺为文攻击苏梅，引起社会公愤，以"信用荡然，人格扫地"为由，着即免去董事职务，同时又说罗某主编青年之友，刊载此种文字，也在人格扫地之列，一同免职。此后，双方纷纷在北京各报刊登启事，打起了笔仗，再也无心经营"新知书社"了。（参：罗敦伟《五十年回忆录》，（台北）"中央"文化供应社1952年版，第30—32页；易君左《火烧赵家楼》，三民书局1969年版，第44—47页。）

第二章

"'世界'与'民生'辉映"：《世界日报》系和《民生报》

1924年4月，在经历了前几次的创业尝试后，成舍我终于成功创办《世界晚报》。以此为依托，第二年先后创办起《世界日报》《世界画报》，组建成《世界日报》系；1927年又尝试以"大报小办"的方式创办了《民生报》，至此，"世界"与"民生"南北辉映，迎来了成舍我办报活动的第一个高峰。

有学者称成舍我"是一个顽固的世界主义者"①。姑且不论这个称呼是否能体现成舍我的思想发展历程，但是，自五四运动至"九·一八"事变爆发，在相当长的一段时期内，成舍我确实受世界主义的巨大影响，这种影响体现于他的报业实践活动中，而以此时期他创办的《世界日报》系和《民生报》体现得尤为明显。然而，20世纪30年代后，民族危机的日益加重，以及他自身的一些经历，使他的世界主义思想增添了更多的民族主义色彩。

本章先分析成舍我的世界主义思想的形成，再讨论在这一思想指引下的新闻活动——《世界日报》系和《民生报》的具体创办情形，最后详述对成舍我一生造成深远影响的两事件——20世纪30年代初欧美之行和"民生报停刊事件"，来探求其思想的变化。

第一节　成舍我世界主义思想的形成

世界主义（cosmopolitan）一词内涵古老，其源头可追溯到古希腊的

---

① 张育仁：《自由的历险：中国自由主义新闻思想史》，云南人民出版社2002年版，第414页。

斯多葛学派。公元前 3 世纪，为响应亚历山大大帝提出的加快希腊人和野蛮人融合的政策，斯多葛派从哲学上给出了支持：一切人都共享一个共同的理性和服从一个理念，因此，每个人并非某一个国家的公民而是全世界的公民，从这种角度出发，斯多葛派自称为世界主义者。① 这种思想后来被基督教所继承，出于传教的目的，基督教宣扬不受狭隘的地域、民族意识的限制，所有的教徒都有共同的信仰，都是"上帝之子"。与此同时，在中国古代儒家思想体系中，对人类理想社会——"大同社会"的某些构想，也深合世界主义思想。

而近代的世界主义思潮则产生于 18 世纪法国的思想启蒙运动中。出于批判封建专制思想的需要，启蒙思想家宣扬要建立一个"理性王国"，在这个王国里，人无阶级、民族、地域之分，能实现全人类的自由、幸福和进步。这成为思想家宣传启蒙运动的思想基础，从中可见带有明显的世界主义倾向，因而正如某些学者所说的，"在批判封建专制的斗争中，启蒙思想家挥舞着一种有力的武器便是世界主义"②。到了 19 世纪 40 年代，随着无政府主义思潮在欧洲的泛滥，世界主义往往被看作其中的派别之一，它们在平等、自由、民主等基本原则上并无多大差异，因而当 20 世纪初"无政府思想"被引入我国并大规模传播后，在相当长的时期内，将世界主义与无政府主义等而划一，诸如"无政府主义乃世界主义，乃世界人民共图之事业"③ 等言论不时见诸早期的无政府主义相关文献中。之所以出现以上现象的另一重要原因，是此时的世界主义思想深受俄国无政府主义大师彼得·阿历克塞维奇·克鲁泡特金的无政府共产主义的影响。克鲁泡特金从人的互助本能出发，论证"一切财富都是互助的力量产生的"，所以"财富当归大家所共有，实行（无政府）共产主义"④，这为西方行将走入末路的无政府主义注入了新的活力，也为世界主义提供了一种新的思路，中国无政府主义者主要接受的就是这种思想。

"五四"时期，在新文化运动的推动下，在欧战爆发和国内动荡不休等因素的刺激下，无政府主义在中国得到了大规模传播，受到了无数知识

---

① 刘建国：《主义大辞典》，人民出版社 1995 年版，第 324 页。

② 李宏图：《西欧近代民族主义思潮研究》，上海社会科学出版社 1997 年版，第 107 页。

③ 太仵：《复了僧君》，《无政府主义在中国》，湖南人民出版社 1984 年版，第 282 页。

④ 胡庆云：《中国无政府主义思想史》，国防大学出版社 1994 年版，第 32 页。

分子的青睐，成为当时最为时髦的思潮之一。关于这种现象，有一位亲历者曾作过如此的描述：

> 　　那时又因种种运动的失望，对于国家制度的本身，也发生了绝大的怀疑，所谓无政府主义，也很流行起来了。先前大家都提倡爱国，到了这时，连什么国家，什么政府都不要了。①

实际上，该位作者言过其实。当时中国的无政府主义者不是不爱国，而是他们太爱国了，其走上这条道路，是在国家、民族危如累卵的险境下的一种迫不得已的选择。在他们看来，国内军阀混战不休，国外又面临大敌压境，以往的一些如暗杀等搞破坏性质的陈旧手段早已宣告失败，在这种困境下，克鲁泡特金的互助论对于他们来说无疑是救命稻草。他们借鉴于互助论，联合全世界弱小的国家、民族，互相协作，能与强大的帝国主义抗衡，以免国家灭亡、民族灭种的危险。由此可知，"五四"时期的无政府主义者的立足点还是爱国，或者说仍是民族主义。而这也是成舍我选择无政府主义、信仰世界主义的立足点。他后来在一篇经典文献中对这一点解释得很清楚。他首先提出"民族自决，即民族主义。民族主义，固弱小民族自救图存之唯一法宝"，那么弱小民族该如何自救图存呢？实现"民族主义"有何具体方案呢？他给出了两个不同的选择：

> 　　一为世界主义，即大同主义，一即帝国主义，或国家主义。其目的在主和平，尚自由，由各民族之亲爱和睦，以至于天下为公，此世界主义之精义也；其目的在主侵略，行专制，恃一人之威权兵力，以至于统一宇内，此帝国主义之精义也。②

成舍我认为弱小民族实现民族独立、国家繁荣有两套方案，一是世界主义，联合全人类各民族和平、互助发展，以实现中国古代儒家理想中的大同社会；二是帝国主义，通过侵略扩张"以至于统一宇内"。在该文中，成舍我以获得独立未久即陷于内乱的土耳其等三国为例，论证弱小国

---

① 沈雁冰：《五四运动与青年们的思想》，《民国日报》1922年5月11日"觉悟"副刊。

② 舍我：《世界主义与帝国主义》，《民生报》第一版1929年1月15日。

家要获得长久的和平与发展，必须走第一套方案，而不能"因误解民族主义"，"遂不惜倾向于专制，外谋侵略"，步帝国主义之后尘，因而在文后，他得出结论"民族主义之极端，应为世界主义，不应为帝国主义，或国家主义"①。

无政府主义（世界主义）立足于民族（爱国）主义，这是理解那个时代无政府主义（世界主义）者思想转变的一把钥匙，也是理解成舍我"九·一八"后民族危机日益加重之时思想剧变的关键点。然而两种主义的互相交织使主体经常处于纠结之中，因为正如海因利希·劳伯所说的："爱国主义是单方面的、狭隘的，但它又是实用的、有益的、令人幸福的、使人安宁的；而世界主义是亮丽的、伟大的，但对于个人而言，它却显得过于伟大，这种思想是美妙的，但是这种生活的结果却是内心的矛盾分裂……"② 这种矛盾和纠结在成舍我的余生中时隐时现。

在实现人类和平，构建人类大同社会的过程中，成舍我认为新闻媒体居于重要的角色。一国的媒体对于他国的报道既可以消除彼此间的误解，化解矛盾，又可以制造误解、矛盾，挑起两国的纷争，因此，各国的新闻工作者也应消除民族偏见，加强合作，共同担负起为人类谋幸福的重任。正如1930年12月28日，他在比利时报界公会作的演讲中所说：

> 世界和平之保障，不在少数政治家间之谅解，而在全体国民间之谅解。最足以造成或促进此种谅解者，即在全世界新闻家之推诚合作。③

上述对成舍我的世界主义思想作了初步的探讨，然而他的这一思想是如何形成的呢？已有文章④从他的"朋友网络"中作了阐述，但过于笼统，下文另作分析。

---

① 舍我：《世界主义与帝国主义》，《民生报》1929年1月15日第1版。

② 转引自［德］乌尔里希·贝克著，杨祖群译《世界主义的观点：战争即和平》，华东师范大学出版社2008年版，第1页。

③ 舍我：《英法报纸之比较——我所见之巴黎各报纸》，《世界日报》1931年1月19—20日第3版。

④ 见：成露茜、唐志宏、李明哲《无政府主义的影响和实践：成舍我的"非资本主义大众化报刊"》，台北《新闻学研究》2011年1月第106期。

在成舍我的"朋友网络"中，与他维持终生友谊、对他影响最大的，无疑是王新命、李煜瀛两人。

王新命，本名曦，又名几道，字无为，福建闽侯人，1892 年生。1911 年即投入新闻工作，撰新闻稿投沈阳各报馆。1913 年，加入沈缦云所领导的关外讨袁军，旋因事机泄露被捕。出狱后，与友人白云深创设东北通讯社，1915 年，遭张作霖通缉，不得已结束通讯社业务亡命大连。是年 7 月复回沈阳，协助张复生创办《健报》，任总编辑，后因与张不和，离开《健报》赴上海，任《中华新报》撰述，稍后任柳州《民国日报》及昆明《义声日报》驻沪通讯员，并为当地《正报》撰写短评。1919 年年底，因感平民无发言之痛苦，遂邀集同志组织新人社，并发行《新人月刊》，鼓吹人道精神。1920 年 7 月，应邀至湖南任《民国日报》总编辑；11 月底，赴日考察，并任上海《商报》特约通讯员。1922 年，复应张复生之邀，至哈尔滨任《国际协报》总编辑。1924 年 3 月，往北京任宋发祥所创办之中美通讯社汉文部总编辑，后又兼任《中美晚报》总编辑、《大同晚报》副刊主编，及《申报》特约通信员。1927 年 3 月，返上海创办《三民周报》，获国民党资助，后历任南京《国民党革命军日报》总编辑、上海《劳工日报》编辑、福州《民国日报》总编辑等党报职务。1928 年，入厦门《江声报》任总编辑。翌年，因病退出新闻圈。1933 年复出，任上海《晨报》总撰述。1935 年 1 月 10 日，与何炳松、武堉干、孙寒冰、黄文山、陶希圣、章益、陈高佣、萨孟武、樊仲云九教授，联名在《文化建设》月刊上发表《中国本位的文化建设宣言》，强调要加强"中国本位的文化建设"，对西洋文化要"吸收其所当吸收，而不应以全承受的态度，连渣滓都吸收过来"，旗帜鲜明地反对"全盘西化"主张。这就是现代史上有名的"十教授宣言"，在当时引发了关于中国文化的大讨论。1938 年 11 月，至香港任《国民日报》总撰述。1943 年，入渝任《中央日报》主笔。1949 年，随报社来台。1961 年，病逝台北。毕生从事新闻事业，著有《蔓萝姑娘》《狗史》《新闻圈里四十年》等书。①

王新命与成舍我最早相识于 1915 年，当时王新命主持沈阳《健报》，

---

① 据《王新命小传》，《新闻圈里四十年》（下），龙文出版社股份有限公司 1993 年版，第 1—2 页。

成舍我也因秘密参与反袁运动，事端败露，被迫亡命东北，得正在沈阳当官的本家成本朴之助而得以进入《健报》。两人同事《健报》虽短，但他们两人关系无疑是十分友好的，当时王新命已为新闻老手，而年少的成舍我除了在安庆《民嵒报》任过一段为时甚短的记者生涯外，并无其他新闻经历，对于立志毕生从事新闻事业的成舍我来说，要学习的东西太多了，正是在王新命的指导下，在短短的几个月中，成舍我由校对升至编辑，可说王新命是成舍我在新闻生涯中第一个学习的楷模，也是第一个从报刊编辑、经营等各方面给予他全面指导的人。关于这段经历，成舍我后来深情地回忆说：

> 回忆我与新命先生相识，远在民国四年，那时我由安庆到奉天，为奉天报任校对，编副刊，新命先生是健报总编辑，我以十七岁青年，做新命先生部下，屈指迄今，也已四十多年。就眼前在自由中国的朋友说，我或是新命先生最老的朋友，同时，新命先生也或许是我在报业中，唯一仅存的上司。①

经过短暂的分别后，1916 年年初王、成又相逢于上海。在成舍我入《民国日报》之前，两人长期共租一室，朝夕相处，并与刘半农、向恺然一起组成"卖文公司"。四人中，王新命作为老大哥，对其余三人如何提升"卖文"的技巧常加指点，而独对成舍我表现出来的同龄人中少有的"老成持重"青睐有加，他在回忆录中说：

> 我在和向恺然比赛写小字和作文时，成舍我都没有参加。他能袖手旁观，不置身这种比赛场中。使我感到惊异，因他的年龄比我小，比向恺然更小，似乎不应该如此老成持重。②

特别是在南社内讧事件中，王新命虽然不是南社成员，但是除了为成舍我提供《中华新报》这一新的笔战阵地外，自己也不惜赤膊上阵，写

---

① 成舍我：《成舍我序》，载王新命《新闻圈里四十年》（上），龙文出版社股份有限公司1993 年版，第 7—9 页。

② 王新命：《新闻圈里四十年》（上），龙文出版社股份有限公司 1993 年版，第 156 页。

了大量的文章猛烈攻击柳亚子及其主持的南社，成为成舍我的有力外援①，也使得王新命成为南社分裂的另一"罪魁祸首"②。因有了这段经历，成舍我对王新命无疑是感激涕零，在此事件中成舍我将他们都塑造成不畏强权、反抗强暴的义士，因而后来不吝用过誉之词来赞扬王：

> 至于他自动自发，为了正谊（义）与人道，和当时权要，黑暗势力，誓死搏斗的英勇事迹，更属指不胜屈。照他书内所说，我们可能感觉，新命先生太不通人情，不懂世故，甚至或竟乎闹别扭，发神经，但这些地方，正是新命先生令人敬爱之处，而新命先生足为青年楷模的报人精神也正在此。③

1924年创办《世界晚报》时，恰逢王新命来访，成舍我想拉他入伙，但王新命认为办报资金过少，必定难以支持，而加以拒绝。④

两人间这段非同寻常的友谊，使得王新命成为影响成舍我早期思想形成的最为深远的人物之一。而王新命的政治倾向，用他自己的话说，"始终是略带无政府主义倾向的三民主义"⑤。在接触无政府主义之前，王新命主张一点一滴地对社会进行改良，当时他在报刊上发表了大量文章抨击国民的娼妓制度、婢女制度及纳妾、吃鸦片的恶习；但是在进入《中华新报》后，深受同在《中华新报》工作的吴稚晖的影响，转向无政府主义，他说：

① 作者查阅相关文献，据不完全统计，王新命在内讧事件中发表的文章有：《平不平》，《中华新报》1917年8月9日；《惠生来函》，《民国日报》1917年8月11日；《三与太素书》，《中华新报》1917年8月15日；《与野鹤书》，《中华新报》1917年8月15—17日；《无为馆丛话》，《中华新报》1917年8月22—23日；《报郑千里书》，《中华新报》1917年9月2日；《与蔡寒琼书》，《中华新报》1917年9月5日。

② 如林香伶认为王新命扮演着"南社分化的推手"角色，见：林香伶《南社文学综论》，里仁书局2009年版，第177页。

③ 成舍我：《成舍我序》，载王新命《新闻圈里四十年》（上），龙文出版社股份有限公司1993年版，第7—9页。

④ 参见：王新命《新闻圈里四十年》（下），龙文出版社股份有限公司1993年版，第290—291页。

⑤ 王新命：《新闻圈里四十年》（上），龙文出版社股份有限公司1993年版，第220页。

同时，我受吴稚老影响颇深，对于稚老所选择的无政府主义，也渐感兴趣。稚老经常赞美无政府主义是人道主义、社会主义的结晶，使我多少也相信，无政府主义实现之日，就将是一切痛苦人类大解放之时，……因此，我也为了人道主义，不坐人力车；为着不浪费社会的物资，逐渐减少纸烟和酒的消费量。……我自以为如此尊重人道，珍惜物力，应该不愧是一个升堂入室的无政府主义者。①

对于当时与王新命朝夕相处的成舍我来说，这番思想也不能说于他毫无影响，例如，成舍我一生保持勤俭的生活习惯可能就是受无政府主义者宣扬的"人道主义"思想影响。

1920 年春，王新命联合陈白虚、赵南公等人创办了新人社，发行《新人月刊》，"以拥护正义公理为宗旨，反对一切违反人道的制度，努力实现一个没有奴婢，没有娼妓，没有中间剥削，也没有贫富悬殊的理想社会"②。因王新命的关系，成舍我也得以名列社员。从《新人月刊》的文章看，新人社宣扬的是"新村主义"，这是一种"唯心主义和无政府主义的混合物"③。"新村主义"幻想通过"和平的手段去占领我们所要求的空间"，在这个空间（"新村"）里"使一切罪恶和人的生活没关系"，没有强权，没有剥削，没有脑力和体力劳动的差别④。这股思想曾对近代中国影响颇大，对于成舍我而言，影响最为明显的体现在两方面：一是他将《民生报》的副刊干脆命名为"新村"，刊发大量文章鼓吹"新村主义"。而予他影响最大的是新闻教育观念。二是由"新村主义"，成舍我对未来的新闻事业组织也寄予一种乌托邦的设想，"觉得未来的新闻事业，它的内部组织，不但应消灭资本与劳动两阶级的对立，并且连劳心劳力的界线，也应一扫而空"⑤。在他看来，为建设新闻事业中的"新村"，首先必须培养新的新闻工作者，"他们将没有劳心劳力的区别，他们一方面可以

---

①　王新命：《新闻圈里四十年》（上），龙文出版社股份有限公司 1993 年版，第 159 页。

②　同上书，第 182 页。

③　张允侯等：《五四时期的社团》（三），生活·读书·新知三联书店 1979 年版，第207 页。

④　《〈新人〉的宣言书——〈新人书〉》，原载《新人月刊》，1920 年 4 月 3 日第 1 卷第 1期，转引自《五四时期的社团》（三），第 209—210 页。

⑤　成舍我：《我所理想的新闻教育》，《世界日报》1935 年 4 月 11 日第 12 版。

做劳力的工人，一方面也可以做劳心的经理，或编辑"①。因此，他三办新闻专科学校都将"手脑并用"作为办校的宗旨，其源头实由于此。

李煜瀛（1881—1973），河北高阳人，以字"石曾"行于世，晚年自号扩武，晚清名臣李鸿藻之子。1902年随清政府驻法公使孙宝琦赴法留学，成为中国赴法留学第一人。留法期间，接受普鲁东、克鲁泡特金的无政府主义学说。1906年与张静江、吴稚晖发起世界社，创办《世界画报》《新世纪》周刊。尤以《新世纪》为近代中国有影响的刊物之一，该刊"纯以介绍世界为主义"，"发愿与世界种种之不平等者为抵抗"②，宣扬无政府主义，鼓吹革命，被誉为同时代的革命党机关报《民报》的姐妹刊物，也成为中国无政府主义思潮引入的策源地之一；李石曾在该刊首先译介克鲁泡特金的《互助论》，成为近代中国介绍克氏学说的第一人。辛亥革命前夕回国，创办留法俭学会、勤工俭学会，先后资助2000多人赴法勤工俭学。1917年应蔡元培之邀任北京大学生物系教授。1920年创办中法大学。1926年任故宫博物院首任院长。1927年，向南京政府提议实行大学区计划，并自任为北平大学区校长。1929年任北平研究院院长。李石曾被誉为国民党四大元老之一，历任国民党中央监察委员、中央语言委员、总统府资政等职。蒋氏政权败退台湾后，曾短期居住瑞士，1956年定居台湾。

从年龄来说，李石曾比成舍我大得多。于成舍我，李石曾或许仅是亦师亦友人物；而于李石曾，成舍我是他平生一知己，是他事业的继承人，可用"推许过重"来形容他对成舍我的青睐有加。兹录他暮年时致成舍我的一封信函中的一段话，可见这种"推许过重"：

> 弟（李自谦之语）向佩兄实过其言者，远胜于"言过其实"。不唯原则尤事实之可贵也，但兄恒自谦谓"不能做大事"为言，实自谦耳。正宜以"实过其言"而成大事，此弟切信切望于兄者也。社会不少兄之知己，但不了解者亦不乏人。熟友中了解兄之优点者，弟

---

① 成舍我：《我所理想的新闻教育》，《世界日报》1935年4月11日第12版。

② 朱传誉：《吴稚晖与〈新世纪〉》，载朱传誉《报人·报史·报学》，台湾商务印书馆1980年版，第1—5页。

之所知，遐迩所及者，……弟亦深了解之一。……①

此信是李石曾在刚参观完台北世界新闻专科学校后写成的。从信中可知，他对成舍我以一己之力能创办如此规模的学校而赞叹不已，将这一事业看作他早年实践"世界主义"——如创办"中法大学"——的继承，因而他在信中称呼世界新闻专科学校为"世界新村"，推许成舍我为"实过其言""成大事"之人，并寄予更殷切的期望。实际上，这种"推许过重"更多地反映在早年他对成舍我的事业不遗余力的帮助上。

据贺逸文等人在《北平〈世界日报〉史稿》中载："成舍我在1925年秋冬之时，认识了李石曾。"② 此种说法有误，一种可能是，早在成舍我北大读书时两人可能就认识了，当时李石曾为北大生物系教授，只是两人一为学生，一为教授，地位悬殊，交往不多；两人认识最迟在1922年5月10日，在该日，"北京非宗教同盟"成立大会于北大召开，成舍我与李石曾、李大钊等15人同时被推选为总干事。③ 而成舍我真正引起李石曾注意，是在他创办《世界晚报》后，这份报纸使李石曾想起他在二十年前于法国创办的一份名字类似的报纸（《世界画报》），故在1926年元旦为《世界日报》题词，内有"吾人吴稚晖张静江诸先生廿年前在欧洲创办世界社，刊行世界报，故引世界日报为同志"④ 之语（见图2-1）；多年后，面对北平新闻专科学校的师生，他更明白无误地说："我们办报的名称，前后相同，并且都想拿'世界'来做我们的对象，这可说几十年前我同成先生就已经发生了一种精神上的契合。"⑤ 从此以后，李石曾就开始寻找机会"拉拢、提携"成舍我。不久，机会果然来临。1926年8

---

① 李煜瀛：《致成舍我函》，载中国国民党中央委员会党史委员会编《李石曾先生文集》（下），（台北）"中央"文物供应社1980年版，第386—387页。

② 贺逸文、夏方雅、左笑鸿：《北平〈世界日报〉史稿》，载张友鸾等《世界日报兴衰史》，重庆出版社1982年版，第50页。

③ 关于"北京非宗教同盟"可参看：中共北京市委党史研究室编《北京革命史简明词典》，北京出版社1992年版，第54—55页。

④ 1926年1月1日出版的《世界日报》已不可见，此语是根据李石曾在1929年元旦为《世界日报》题词，重新提及三年前题词的内容而得。

⑤ 《李石曾先生在北平新闻专科学校讲演：介绍两位能"排"能"写"的老同志》，《民生报》1933年1月26日第7版。

月在险遭张宗昌枪杀这一"惊险怪剧"后，成舍我离开北京，来到南方，仿"狡兔三窟"，想拓展其新闻事业，找上了因在"四·一二"政变中献策有功而在蒋介石眼中正是炙手可热的李石曾。1927 年 5 月 12 日，《世界日报》发表了《李煜瀛之打倒共产主义论》一文，正式标明了两人思想的融合。才有了如成舍我所说的"与同志创《民生报》于新都"①，才诞生了李石曾所说的"'民生'与'世界'南北辉映"一幕的出现。之所以取名《民生报》，正是因李石曾之故，他在 1929 年元旦为《民生报》题词中说得更为明白：

> "民生"与"世界"南北辉映，互为表里，此实即"世界"之真义，亦即"民生"之真义也。真世界主义乃民生主义，至伪世界主义或第三国际主义乃民死主义。②

图 2-1　1929 年元旦李石曾为《民生报》题的词

资料来源：据 1929 年 1 月 1 日《民生报》原报拍摄。

此后，北方的《世界日报》系和南方的《民生报》经常出现李石曾等"同志"宣传无政府主义的文章，也开设了一些有无政府主义倾向的副刊、专刊，如《世界日报》的"世界语周刊"，《民生报》的"新村"副刊、"文化经济周刊"。

既为"同志"，此后，李石曾动用手头一切资源多方提携成舍我，帮助他的事业发展。1927 年 7 月，南京国民政府通过李石曾等人拟订的试行大学区计划，不久正式公布设立北平大学区，李任校长，并荐成舍我为秘书长，主持大学区的日常工作；在大学区计划破产后，李又向南京司法

---

① 舍我：《先考行状》，《世界日报》1931 年 9 月 4、5 日第 10 版。

② 《李煜瀛题词》，《民生报》1929 年 1 月 1 日第 3 版。

院行政部长魏道明举荐成任司法行政部简任秘书职。① 1928 年后，《世界日报》进入稳定发展时期，印刷设备不能跟上发行量的快速增长，成舍我正苦于款项不足以购置印刷设备之时，多亏李石曾给予一笔资金，使得报社能添购印刷机器、铜模及各项印刷设备。② 1930 年春，为"研考报业，备异日革进所营各报"，成舍我拟作欧美之游，也是由李石曾出面，由其主持的北平研究院委以成舍我"接洽学术文化事宜"的名义出使，大部分费用由李主管的中法教育事业费贴补。③ 李石曾的这些帮助和提携当然使成舍我感恩在心，其思想也更受李石曾的影响，除了在自己所办的报纸上留有更多的版面宣传他的思想外，1933 年 10 月 19 日，当北平新闻专业学校董事会正式成立时，成舍我聘请李石曾为七位董事之一；④ 在 1973 年李石曾逝世后，成舍我担任"世界社中国同志会常务理事"，作为李石曾的继承者的角色完成其未了事业。⑤

成舍我的无政府主义倾向的形成，除了朋友影响外，还与其成长的环境有关，而北大求学的三年无疑是关键时期。诚如某些学者指出的，此时期"无政府主义思潮在北京大学学生中近乎占据文化霸权"⑥。校长蔡元培早在辛亥革命前夕就完成了无政府主义者的转变，在执掌北大后，就利用其身份、地位及"兼容并包"的治校方略为无政府主义在北大的传播大开方便之门，他将"新世纪"派的主将李石曾、吴稚晖请到北大任教，自己亲身作为发起人，创办带有鲜明无政府主义"禁欲"色彩的"北京大学进德会"⑦。由北大学生会出版的、供"全体同学共同发表思想的机关刊物"的《北京大学学生周刊》，对无政府主义的介绍占用了大量版

---

① 据成露茜、唐志宏在为成舍我编撰的年谱中说，成舍我并未到任，但是据关国煊在《锲而不舍的新闻界老兵》中载：直至 1932 年 3 月才免去了成舍我的此职务。参：关国煊《锲而不舍的新闻界老兵》，《传记文学》1991 年 5 月总第 348 号。

② 关于此事可详参：《世界日报兴衰史》，第 92 页。

③ 关于成舍我欧美远游，本章有专节论述。

④ 详参：《北平新闻专科学校董事会正式成立》，《民生报》1933 年 10 月 26 日第 7 版。

⑤ 关于成舍我任"世界社中国同志会常务理事"一事，可参：《成舍我："总统府"人事资料袋》，"国史馆"，典藏号：个人史料 12800/940000/A 成舍我。

⑥ 顾昕：《无政府主义与中国马克思主义的起源》，载许纪霖编《二十世纪中国思想史论》（下），东方出版中心 2000 年版，第 410 页。

⑦ 关于"北京大学进德会"资料，可参看：《北京大学史料》第二卷（下册），北京大学出版社 2000 年版，第 2566—2576 页。

面，刊登了不少有关克鲁泡特金和巴枯宁的文章，并且在第 12 号（1920 年 3 月 21 日）和第 16 号（1920 年 5 月 16 日）刊登了他们两人的肖像，从中可见北大师生对无政府主义的狂热程度。在这种舆论环境下，北大师生还身体力行地创办多种社团，将无政府主义思想付诸实践，产生了如以传播世界语为宗旨的"世界语研究会"，近似于"进德会"的道德自律社团"北京大学同学俭学会"和"本互助精神，实行半工半读"的"工读互助团"。

在上述社团中，尤以"工读互助团"宣扬的工读主义对成舍我影响最大。因为成舍我不像大部分同学能得到家庭的资助，而是通过在《益世报》工作所得来支持学业，这使得他对工读主义一直"心有戚戚焉"，这种影响鲜明地体现在他的新闻教育理念中。在新闻教育中，成舍我一直主张"半工半读"的方式来完成学业，认为这种方式能培养学生的刻苦和独立精神。1926 年，成舍我拟在世界报社附设"报童工读学校"，"以训育世界报社售报幼童，使其领受普通常识，将来能独立谋生，或升学为宗旨"[1]，以每天上午、下午分开授课、工作的方式完成学业，这既是他对"世界主义"的一种乌托邦实践，也是对工读主义的一种实践。黄天鹏在《中国新闻事业》中高度评价了这种办学模式，认为它为当时的新闻教育开拓了一种新的思路，"新闻教育，日趋兴盛，各校添设新闻系者，亦岁有所闻，惟报童教育尚未有注意及之者，故将世界报社所倡导者附录如上"[2]。可惜，终因办学规模过大，资金缺乏，未能办成。其后，北平新闻专科学校、桂林新闻专科学校都沿用了这种半天工作半天学习的办学体制。即使现在的世新大学仍保持这种余韵。笔者于 2011 年暑期去世新大学参观学习，印象最为深刻的是，整个图书馆的工作人员除了少数为全日制员工外，多数为勤工俭学的学生，这不得不说与成舍我一直倡导的工读主义教育理念有关。

"在智识的道路上，从无政府主义到共产主义只有一步之遥。"[3] 在"五四"时期，面对形形色色的社会主义、共产主义，成舍我也曾感兴

---

① 《世界报社附设报童工读学校章程》，《世界日报》1926 年 10 月 4 日第 1 版。

② 黄天鹏：《中国新闻事业》，上海联合书店 1930 年版，第 126 页。

③ 顾昕：《无政府主义与中国马克思主义的起源》，载许纪霖编《二十世纪中国思想史论》（下），东方出版中心 2000 年版，第 430 页。

趣：他曾研究过马克思、恩格斯的《共产党宣言》；在新知编译社所定的庞大的翻译书目中，他原拟翻译《列宁文集》及托洛茨基的《过激派与世界和平》，虽未完成，但仍被其中的某些观点所吸引，如认识了资本主义的固有弊端，认同社会主义的计划经济、托洛茨基的"世界工厂"等观点。甚至同中国共产党的创办人李大钊、陈独秀关系一度甚是密切。[①] 但是为何他没能像李大钊、恽代英等中国第一代的共产党员一样完成由无政府主义者到社会主义者的转变呢？这需要从成舍我的家世说起。

成舍我出身于濒临破产的下层官僚家庭。其祖父因跟随曾国荃抗击太平天国有功而弃"故业"（田间劳作）成为一下层官员，因"性廉正，俸禄不支所出，则鬻产以足之"；至其父时更是"位卑禄薄"，其穷困"几无日不为衣食所役，穷厄颠沛，殆非文字言语所能形似"[②]。因为已有两代不作农业，且"土地尽芜，产易主"，重归"故业"做一农家翁是不行了，在此种情形下，成氏子弟除了从军一途外，只有在市井中谋职求生。幸运的是，其父成璧在穷困厄倒的生活中仍持向上的心理，当清政府实行"新政"，广开学校之时，年近 50 岁的成璧先后入"安徽官立法政学校""安徽高等警官学校"，苦读法律政治，得以在县衙任职。成父这种为"为衣食作刍狗"奋斗不息的精神深远地影响了成舍我的一生，使得他

[①]　成舍我与陈独秀早在上海就认识，成舍我"初到上海，人地生疏，就暂住安徽讨袁总部，在此，得识陈独秀（见《新闻界三老兵》，第 143 页）；1917 年 5 月，"上海报界俱乐部"成立后向全国报界征集书刊杂志时，群益书社赠送了由陈独秀主持的《新青年》杂志一套（第一至第十四号）（见《报界俱乐部消息》，《民国日报》1917 年 5 月 10 日第 11 版）；另成舍我入北大，除了"万言书"一说外，另一说是受陈独秀的帮助（见吴范寰《成舍我与北平〈世界日报〉》、贺逸文等著《〈世界日报〉史稿》，分载《世界日报兴衰史》，第 14、41 页）。关于成舍我与李大钊认识有两种说法：一说他们早在上海时期就认识，成在辞去《民国日报》职务后，入《太平洋》报工作，经李剑农介绍认识李大钊，李并劝"成诸多鼓励，认为如有机会，仍应再进入正规学校深造，他日必有发展"（见《新闻界三老兵》，第 147 页）；另一说是成来到了北京后才认识的，据吴范寰说："（成舍我）入学问题解决了，接着就要解决生活问题。他写信托李剑农等设法，由李作函介绍，认识了北大图书馆主任李大钊"（见吴范寰《成舍我与北平〈世界日报〉》，载《世界日报兴衰史》，第 14 页）。后来两人同入"非宗教大同盟"，并同时当选 15 位干事之一。1918 年冬，李大钊召集的"马克思主义研究小组"第一次集会时，也邀请成参加。在李大钊被害后，在成舍我所办的《世界日报》上载有大量的纪念性的文章。这些都说明两人关系之密切。

[②]　舍我：《先考行状》，《世界日报》1931 年 9 月 4、5 日第 10 版。

"好言功利"①，相信通过个人的努力能改变人的命运，也使得他加倍珍惜个人奋斗得来的成果。这种心理使他倾向于保护私有者的财产，正如早年他拿"社会革命者"来比拟"文学革命者"一样："今之倡文学革命者，其文学定不高妙，犹之倡社会革命者，其家产定不丰富，二者虽异，其用心一也"②，其意为：有产者是不会革命的，无产者才会革命。因而成舍我从心理上是不认同社会主义的阶级斗争及剥夺有产者之财产给予无产者等主张的，这体现在1918年冬，当参加李大钊等人组织的"马克思主义研究小组"第一次集会后，他说出了这样的话："中国的布尔什维克今天开成立会了。这个主义是'你的是我的，我的还是我的'主义，我可不赞成。"③ 在1931年2月22日《世界日报》的一篇社论中，他更明白地说："师马克思之意则可，惟其方法如阶级斗争等等，中国殊不适用"，"劳动者能以和平途径，达到彼等之目的"④。

第二节 《世界日报》系

一 启航《世界晚报》

1924年4月16日，成舍我创办了第一张以"世界"名号的报纸《世界晚报》。为何先创办晚报而不先创日报呢？原因有二：一是受办报资金缺乏的制约；二是受当时北京报业市场的影响。当时北京已有《晨报》《京报》《顺天时报》《益世报》等大报，且天津《大公报》也虎视眈眈，随时想进入北京报业市场，日报市场竞争已日趋激烈，如若没有较雄厚的资金，贸然创办日报，失败的概率较大，以成舍我在北洋政府的几处挂名差事所得两百大洋来创办日报，欲想成功，更是无此可能；而此时由于军阀间经常发生战争，相比于日报，晚报在刊登战时新闻方面占有得天独厚

① 参见：舍我《余墨》，《民国日报》1917年5月1日第12版。

② 同上。

③ 吴范寰：《成舍我与北平〈世界日报〉》，载张友鸾等《世界日报兴衰史》，重庆出版社1982年版，第14—15页。

④ 《主义研究与取缔暴动：研究社会主义之三要点 三民主义信徒之新任务》，《世界日报》1931年2月22日第2版。

的快捷性，并且北京的晚报市场此时仅有《北京晚报》① 一支独大，因而在成舍我看来，北京的晚报市场仍有待开发的余地。

受《北京晚报》成功的刺激，北京当时已有多家晚报②，可说晚报市场的竞争也并非风平浪静，也呈愈演愈烈之势。那么，成舍我是以何种办报策略使得《世界晚报》支持下去，并使得《世界晚报》成为他事业的起点呢？

《世界晚报》创刊时曾在《京报》等报刊刊登广告，宣传有五大特色，可看作成舍我在烽火遍地、厮杀震天的报业市场的制胜之道，兹录取如下：

（一）本报新闻，力求灵确。而对当日之国务会议，国会纪事及政局上之重要消息，尤能尽先揭载。各部院均有专员采访，京外要埠并有专电，绝不向早报、沪报抄袭片纸只字。

（二）国外新闻关系重要，本报为引起国人之世纪观念起见，特聘专人担任各国通讯，并与外国通信社特约，凡本日下午二时以前拍发之电报，本报均能尽先译载，不但不抄袭早报，而且比早报先登一日。

（三）本报为发展教育起见，特辟专栏，揭载关于教育界之种种消息，以引起国民注意。

（四）本报特辟"夜光"一版，揭载各种富于兴趣之文字，均聘

---

① 《北京晚报》，创办于 1921 年 1 月 5 日，创办人为刘仲乾，这是北京的第一家晚报。从创办起，读者定位为市民阶层，注重社会新闻，经济新闻报道，且开创记者深入事发现场采访的先河，办报的第二年，其日发行量就突破万份，使得其开创期（至 1924 年）为它的黄金时期。受到这份报纸的影响，报人纷纷跟进，一时京城兴起办晚报的潮流。据统计，从其创办至 1925 年，京城内计有 25 家晚报产生。详见：满恒先《清末至民初时期社址在西城地区的报纸（三）》，《西城追忆》2007 年第 4 期。

② 据王新命在《新闻圈里四十年》中载，当时成舍我创办《世界晚报》时，北京仅有一家晚报，即《北京晚报》（见：王新命《新闻圈里四十年》（下），第 291 页），此种说法有误，贺逸文等人说，《世界晚报》创刊时，北京市面上常见的晚报已有 17 家，同业之间的竞争很激烈（见：贺逸文等《北平〈世界日报史稿〉》，载张友鸾等《世界日报兴衰史》，重庆出版社 1982 年版，第 51 页）；又据满恒先统计，在《世界晚报》创刊前，单在西城区已有《五点钟晚报》（1923 年 5 月 13 日）、《道路晚报》（1923 年 6 月）、《都门晚报》（1923 年 9 月）、《新华晚报》（1923 年 3 月）等晚报（详见：满恒先《清末至民初时期社址在西城地区的报纸（三）》）。

有专员，分类担任撰述。而《春明外史》描写北京各级社会之状况，淋漓尽致，尤为不可多得之作。

（五）本报对于政治上各种问题，均时有公正之批评，遇有重大问题发生，并特请专家担任撰述。①

其一，成舍我认为，当时北京晚报市场的一个通病是，多数晚报的编采力量过于薄弱，报上刊登的新闻多是来自早报或者沪报，新闻报道的时效性和真实性无法保障；如果《世界晚报》能从这方面加强，能对政府重要机关和各要埠所发生的事务作"灵确"的报道，它一定会成功的。正如他在邀请王新命加入《世界晚报》时所说的："现在办一张有当日新闻的晚报，是够当行出色的，……这《北京晚报》上的新闻，却几乎全是隔日早报剪下的，绝不采用隔日旧闻的《世界晚报》出版之后，便一定有其光明的前途"②。《世界晚报》初创时因受经济的制约，也无法向各要埠和政府机关派驻记者，当时《世界晚报》的唯一外勤记者就是成舍我。但是因为成舍我早先有在《益世报》、"北京联合通讯社"等新闻机构工作多年的经历，以及他曾在北洋政府内担任过众议院秘书、华威银行监理官等职，认识方方面面的人，熟知官场内幕，所以往往能比别家报纸更早获知信息，经常能探听到独家新闻。这样一种"不炒冷饭""灵确"的报道风格，是《世界晚报》生存的最重要原因。

其二，当时国内报纸除了少数几份大报外，为了节约成本，既不对外派驻记者，也不从路透等国际新闻社购买新闻，少数的几条国际新闻多是抄袭大报。然而，成舍我可贵地认识到"国外新闻关系重要"，国际新闻能"引起国人之世界观念"，因而他主张，如有条件的话，应该从外国通讯社购买新闻，或者聘请对国际关系富有研究的专人担任记者，撰写国际新闻。《世界晚报》初创时，同样无资金从路透等国际通讯社购买新闻，更无力派驻记者，但是《世界晚报》的另一合伙人龚德柏能弥补这方面的不足。当时中国同诸列强中，最重要的关系是与日本的关系，时日本帝国主义为加紧侵华步伐而与其他列强矛盾重重。龚德柏在日本留学多年，

① 转引自：贺逸文等《北平〈世界日报〉史稿》，载张友鸾等《世界日报兴衰史》，重庆出版社1982年版，第51—52页。

② 王新命：《新闻圈里四十年》（下），龙文出版社1993年版，第291页。

懂日语，经成舍我一朋友的介绍，与日本驻华使馆的参事太田为吉结识。此后龚每天去使馆找太田为吉喝茶，在边喝边聊之余，便获知了日本及其他列强对华的动态和我国各要埠发生的最新重大事件。据龚德柏说：

> 我同日本公使馆参事官太田为吉接触，除星期日外，几乎每日上午十一时左右，必去日本公使馆一次。每去必有所获。因为日本在中国各重要商埠，都有领事。这些领事，每日必将地方上所发生之事件，向公使报告。太田参事，每日将所得报告，择要告知我。我回到报社，以所得消息，再加以我的推测，编成新闻，当然是重要消息。这等于《世界晚报》，在中国各大商埠，都有特派员一样，或者更好。因为特派员不一定了解当地全部情势，日本各地领事馆，负有研究与谍报之责，故其报告当较一普通特派员为高明也。①

这可说是《世界晚报》的第二大生存法宝。

其三，北京作为当时的"京师"重地，是全国高校最为集中的地区，有几十万的师生，这部分群体受教育程度高，在知识界和文化界影响力大，在教育未普及的年代，他们也是阅读报刊的主要群体，该怎样吸引他们成为《世界晚报》的固定读者呢？这是在《世界晚报》未创刊之前成舍我就考虑到的问题。他以"揭载关于教育界之种种消息"为策略，在《世界晚报》上大肆报道与教育相关的话题，关于当局教育政策的出台、各高校的人事变动、重大学术成就的产生及校园生活等都有详尽的介绍，成为当时人们获知文化教育领域信息的重要渠道，也由此奠定了成舍我后来办报的一个基本特色和传统，即教育新闻成为他所创报纸的不可或缺的重要内容。

其四，开设副刊"夜光"，专登"富于兴趣之文字"以吸引读者。在五四新文化运动中，包含《京报》副刊等"四大副刊"在内的副刊成为传播新知识新文化的重要阵地，但也由此使得副刊存在一个很大的弊病，即过重专注于学理上的讨论，而忽视了副刊自诞生起即有的消遣性；在五四新文化运动结束的最初几年，《京报》《晨报》等大报的副刊仍多是刊登严肃性的话题和学理上的长篇论著，使得普通民众望而却步。成舍我认为副刊不应是少数学者发表高见的地方，而应是"公开的、平民的"，他

---

① 龚德柏：《龚德柏回忆录》（上），龙文出版社1989年版，第114—115页。

在一篇署名为"白丁"的文章中写道：

> 平心而论，吾人认为尾巴，既各有各的主顾，即各有各的门市，固不可一笔抹杀编辑人的苦衷。然至少应大家公（应为"共"）同向下列的方针努力：
>
> 报尾巴为公开的、平民的，是启发民智一个急先锋。他有神圣的使命，不是少数投稿家的俱乐部；即退一万分说，尾巴文字，至少能避去"无病呻吟""麻木""无聊"等之流弊；主撰人更应抱定"宁缺勿滥"的决心，设法免除改造一切凡人所不能了解及一班人所最厌恶的稿件。①

副刊既然要办成"公开的、平民的"，当然要注意文字的趣味性。翻开当时出版的《世界晚报》，就会发现它确实使人读来兴趣盎然。在不到一版位的"夜光"中包含"寸铁""小月旦""讨论会""趣之素""小说连载"等栏目。"寸铁"是编者（当时编者为张恨水）将当日最轰动的新闻用一句话高度浓缩点评，读来往往使人一笑之余，又发人深思；"小月旦"是编者针对时局写的小品文，极尽嬉笑怒骂之能事；"讨论会"选取民众感兴趣的话题来讨论，通过选登读者来信，不同意见作激烈交锋，例如从1926年5月16日至19日，选取的话题是"女子应不应该穿长嵌肩的装束？"，其中的观点使人读之不禁掩面大笑；而"趣之素"登的都是人们生活中的一些趣事、糗事，读者读了也不时会会心一笑。当然，在所有的栏目中，最吸引读者的，是张恨水的小说《春明外史》。《春明外史》是张恨水的第一部长篇小说，也是他的成名作。这部小说以报馆记者杨杏园与妓女梨云、女诗人李冬青的爱情故事为线索贯穿全书，叙述了北洋军阀统治下"光怪陆离"的社会，场面宏大，描写生动，可谓是20世纪20年代北京的社会画卷。这部小说在《世界晚报》连登数日即引起轰动，在接下来的3年多的岁月中成为《世界晚报》的最大买点，正如龚德柏说的："这篇《春明外史》，在《世界晚报》连续登了几年，因报纸的销路的增加，看者愈多；或者为看《春明外史》，而订阅世界晚报，两者互

---

① 白丁：《谈谈报尾巴》，《世界晚报》1926年10月28日第4版。

为因果……"①

其五，新闻报道立场坚定，言论相对公正。如前一章所述，成舍我走上新闻道路的初衷是因对新闻报道寄予"知讼狱之曲直"的期望；然而在新闻从业中，特别是在《益世报》的一段经历，北京新闻界普遍接受津贴的事件，使他认识到单纯作为一名记者或主笔是无法实现这种期望的。为了使新闻报道和言论不再受制于人，他决心创办一份"第一是要说自己想说的话；第二是要说社会大众想说的话"②的报纸。无论是当时的《世界晚报》，还是以后的《世界日报》都是在成舍我怀有这样的初衷下创办起来的，因而在创办宗旨中都有一条"立场坚定，言论公正"。《世界晚报》自创办起，确实是尽量报道别家报纸不敢刊登的消息，刊登别家报纸不敢说出的话。例如，当时军阀间为争夺地盘，整日厮斗，多数报馆唯恐惹祸上身，不敢刊登此类新闻，而《世界晚报》常常将其放在头版头条刊登出版，这不仅使得此类新闻成为《世界晚报》的"独家新闻"，也使该报在读者心目中树立了"不畏强暴"的形象；又如1924年5月7日，是日本帝国主义强迫袁世凯政府接受"二十一条"的"国耻日"，北京高校学生齐集天安门前集会，被军警打伤了几十人，《世界晚报》不顾

---

① 龚德柏：《龚德柏回忆录》（上），龙文出版社1989年版，第113页。又张恨水写《春明外史》的缘由，他在《写作生涯回忆录》中有较详尽的交代："起初，我们都是编新闻。副刊叫《夜光》，由余秋墨编辑。成君已知道我在南方很写过几篇小说，就要我给《夜光》写个长篇。这原是我最高兴的事，我并没有要求任何条件，就答应了写。又由于民国初年，许多外史之类的小说，给我的印象很深，我就把这写的小说，定名为《春明外史》。《春明外史》，走的是《儒林外史》《官场现形记》这条路子。但我觉得这一类社会小说，犯了个共同的毛病，说完一事，又递入一事，缺乏系统的组织。因之我写《春明外史》的起初，我就先安排下一个主角，并安排下几个陪客。这样，说些社会现象，又归到主角的故事，同时，也把主角的故事，发展到社会的现象上去。这样的写法，自然是比较吃力，不过这对读者，还有一个主角故事去摸索，趣味是深厚些的。当然，所写的社会的现象，绝不能是超现实的，若是超现实，就不是社会小说了。因之这篇稿子，在《世界晚报》发表以后，读者都还觉得熟识，说的故事中人，也就如在眼前。而这篇小说也就天天有人看。这给予我一个很大的鼓励，更用心的向下写。余秋墨君另有专职，《夜光》只编了一个月，就转交给我了。于是我编副刊兼写小说，把《世界晚报》的新闻编辑放弃。我虽入新闻界多年了，我还是偏好文艺方面，所以在《世界晚报》所负的责任，倒是我乐于接受的。"（参：张恨水《写作生涯回忆录》，人民文学出版社1982年版，第25页。）从中可知，《春明外史》之由来实与成舍我的知人之能有莫大的关系。此部小说的成功，也使得张恨水对成舍我心怀感激之情，而成为成舍我办报的重要参与者。

② 马之骕：《新闻界三老兵》，经世书局1986年版，第151页。

北洋政府的恐吓，以头版头条刊登惨案详情，并配发评论，指责政府的暴行，矛头直指当时的教育总长章士钊，要求将他严办。①

当时整个北京市工商业不发达，广告市场有限，因此即使有了上述举措，因《世界晚报》创刊时日短，并不能使它马上繁荣昌盛。据贺逸文等老员工载，"半年后，虽然营业稍有起色，但是人员的薪金仍然没钱开支。晚报处在存停的关键时刻"②。就是在这样的困难时期，成舍我不但没有退缩、停办《世界晚报》，反而想方设法，多方筹集资金，在晚报创刊仅十个月后，创办起了《世界日报》。

二　《世界日报》的创办及其办报特色

1925 年 2 月 8 日，在《晨报》等北京各大报纸上登出了如下一则广告："与北京各大报，有同等（或超过）价值之《世界日报》，现已定二月二十日出版。凡在二月二十日前订阅《世界晚报》者，一律赠阅日报二十天（至二月底），不索分文。费铜圆一百枚，而得读两种议论严谨、消息灵通之报纸，天下最便宜之事，实无过于此。爱读诸君，幸勿交臂失之。……"这则广告就是成舍我为其即将创办的《世界日报》开锣鸣道的（见图 2-2）。

1925 年年初，在得到时任财政总长贺得霖给的三千元资金后，成舍我投入了筹办另一份报纸的工作中，2 月 10 日正式创刊，这就是后来大名鼎鼎的《世界日报》；10 月 1 日，又将日报的"画报"版面分离出来，创办了《世界画报》。至此成舍我建立起了具有日、晚、画三报的世界日报报社，这不仅是北京历史上唯一具有三个报的报社，而且"奠定了成舍我一生办报活动的基础，和一人独办三报的当时全国最大的报业活动家的地位"③。

有学者说，"就报纸而言，无论编辑采访，经营管理，他（成舍我）都有一套办法，甚至可以说那已成为'成舍我体系'吧"④，而在成舍我

---

① 贺逸文等：《北平〈世界日报〉史稿》，载张友鸾等《世界日报兴衰史》，重庆出版社1982 年版，第 53 页。

② 同上。

③ 方汉奇：《报人成舍我》，《方汉奇文集》，汕头大学出版社 2004 年版，第 480—481 页。

④ 张友鸾：《报人成舍我》，载张友鸾等《世界日报兴衰史》，重庆出版社 1982 年版，第9 页。

图2-2　《世界日报》创刊前在《晨报》等报做的广告

资料来源：1924年2月8日《晨报》二版实物拍摄。

所创办的报刊中，最能体现"成氏体系"特点的，无疑是《世界日报》。《世界日报》不仅是"三个世界"的中心，而且是成舍我所办报纸中，存在时间最长的。因而有学者认为"成舍我靠之以起家的报纸，也就是《世界日报》"[1]，还有学者认为，"他办的报纸很多，也各有特色。但以历史和成就来说，似仍以《世界日报》为最"[2]。介于此报在中国报刊史及成舍我个人办报生涯中的地位，本文就以此报为中心，从采编和经营两方面探讨成舍我的办报特色。

（一）采编方面

在采编方面，该报特色有二：一是以知识教育界为主要读者群的编辑方针；二是注重开发新闻源、狠抓独家新闻的报道风格。

1. 明确北平的区域优势，以知识教育界为《世界日报》的主要读者群

一位曾在《世界日报》任职的老记者撰文回忆他初进世界日报时，

① 张友渔：《报人生涯三十年》，重庆出版社1982年版，第20页。

② 朱传誉：《成舍我与〈世界日报〉》，台湾《传记文学》2000年6月总457号。

成舍我与他谈话的一个细节：

> 成舍我……突然问了一句："你说，在文化古城办报抓什么？"
>
> 当时我便怔住了，没有回答，因为不知道怎样回答。
>
> 他见我发窘，启发似地说："北平这座文化古城什么最多呢？是学校，居于全国各大城市之冠。办报抓什么，就可以找到答案了。"
>
> 我心窍一开，马上回答道："抓教育新闻！"
>
> 成舍我点了点头，便将任命书交给我，接着讲起了《教育界》是《世界日报》的传统版面，很受读者欢迎……①

上述的细节，能从一个侧面反映成舍我对北平城为全国高校最为集中的区域优势有着清楚的认识。借鉴晚报的经验，从《世界日报》创刊起，就开设"教育界"栏，并成为在《世界日报》发行的 17 年中始终存在的唯一的固有栏目。实际上，在 17 年的岁月中，《世界日报》除开设"教育界"栏外，还设有其他多种与教育相关的栏目，其读者群也由教育界人士扩及整个知识文化界。例如早在 1925 年 8 月 1 日，为加强与《晨报》的竞争，《世界日报》开辟"学库"专版，以"介绍新潮，研究学术"为号召吸引知识文化界人士；1926 年 7 月 1 日，邀请新文化运动健将、文学家刘半农主编"世界日报副刊"，近现代文学史上的多位名家如鲁迅、沈尹默、张闻天等都曾在此副刊发表作品，成为知识界颇有影响的一个栏目；为了能吸引青年学生群体，1934 年 9 月 1 日又增设"学生生活"专版，以"在汇集描写生活各种方面生活实况之文字，随时刊布，以引起负有指导监督之责者之注意"和"愿以此矮小篇幅，公之于众，尽量传播各校及同学之团体或个人之消息，庶能声气相求，共同迈进"为宗旨②，较如实地反映北平各高校的学生情况，成为现今了解当时青年学生精神面貌的重要材料；1935 年 1 月 28 日，在成舍我的亲自策划下，"教育界"栏添设"学人访问记"专栏，其开设目的，成舍我以编者的身份在当日的栏前说得很清楚：

---

① 孙景瑞：《报业巨子成舍我》，《文史春秋》1997 年第 4 期。
② 《写在发刊日》，《世界日报》1934 年 9 月 1 日第 10 版。

处在国防第一线的故都——北平，一切差不多都已到了"不堪言状"的地步，勉强来撑持门面的，还是靠着所谓"教育界"，因之，"文化区"的头衔，也就加上了。在这"文化区"的里面，既已"学校林立"，当然有不少的专门学者，对于某一种学问，他们都有深刻的研究，雄厚的权威，所以本报打算对于各大学校的名教授，一一加以访问，作一个有系统的介绍，想必是读者乐意知道的。①

至北平沦陷，"访问记"访问了涉及十几种学科共56位学者教授。在叙述他们各自的经历及对本学科的见解中，重点体现了他们不屈不挠的求学精神和勤奋严谨的治学精神，对当时的学人具有极大的激励作用。

然而，最能体现《世界日报》的编采方针的，还是其开设的名目繁多的周刊。从1926年4月1日起，《世界日报》在原"学库"版面改出周刊，至1937年被日伪攫取止，共出59种周刊，兹将名录列举如下（见表2-1）。

表2-1　　　　　　　　　《世界日报》周刊开设详情表

周刊类别	创刊日期	编辑者	备注
教育周刊	1926年4月1日	不明	周四出版
文艺周刊	1926年4月3日	Asis社编	周六出版，文艺性质
经济周刊	1926年4月5日	不明	周一出版
妇女周刊	1926年4月6日	先后由林培庐、成冰等编	周二出版
科学周刊	1926年4月7日	中华科学研究社	周三出版
政法周刊	1926年4月9日	新中国学会	周五出版，后改名为"政治周刊"
"波光"周刊	1926年4月11日	民众周刊社	周日出版，文学性质
国学周刊	1926年5月22日	丽泽社编辑	周六出版，以"扬国学"为宗旨
戏剧周刊	1926年7月5日	北京艺术专门学校，五五剧社	周一出版，1927年年底停刊
儿童周刊	1926年7月1日	儿童报社	周四出版，1928年5月初停刊
医学周刊	1926年8月7日	丙寅医学社	周六出版，1928年12月15日出最后一期

① 《编者附识》，《世界日报》1935年1月28日第7版。

续表

周刊类别	创刊日期	编辑者	备注
"学园"周刊	1926 年 10 月 10 日	爱国中学校友会	周日出版，1927 年 3 月 6 日停刊
"文学"周刊	1926 年 10 月 15 日为创刊前号；10 月 22 日出第一号	无须社	周五出版，1926 年 11 月 26 日停刊
"蔷薇"周刊	1926 年 11 月 16 日	蔷薇社（石评梅、袁君珊编）	周二出版，由原"妇女周刊"改；1934 年 2 月 19 日停刊
"线下"文学周刊	1926 年 12 月 3 日	线下社	周五出版，原"文学周刊"改办
"前向"周刊	1927 年 3 月 13 日	北京前向社	周日出版，文艺性质，学术味浓
文学周刊	1927 年 3 月 25 日为临时增刊，4 月 1 日正式创刊	无须社	周五出版，1927 年 8 月 19 日最后一期。
平教特刊	1927 年 2 月 16 日	中华平教促进会	周三出版，前八期在"世界日报副刊"不定期刊登，1927 年 4 月 5 日（第九期）始转到周刊版面
"星花"周刊	1927 年 4 月 11 日	星花社	周一出版，文学性质，1927 年 9 月 29 日（第 23 期）最后一期。
"骆驼"周刊	1927 年 5 月 1 日	王森然，第 88 期（1929 年 5 月 1 日）后改为李藕丹女士编辑	周日出版，文艺批评性质
"苦果"周刊	1927 年 5 月 4 日	苦果社	周三出版，文艺性质，1927 年 9 月 28 日（第 22 期）最后一期
"绿艾"周刊	1927 年 6 月 12 日	北京中法大学服尔德学院录艾社	周日出版，文艺性质；1927 年 11 月 20 日出最后一期（第 23 期）
"春蕾"周刊	1927 年 8 月 26 日	孔德学校春蕾社	周五出版，文学性质
"挣扎"周刊	1927 年 8 月 26 日	挣扎社，孙春霆	周五出版，文学性质，更具学术性，1927 年 9 月底停刊
电影周刊	1927 年 12 月 18 日	小可主编	周日出版，1928 年 5 月初停刊
少年生活	1928 年 1 月 17 日	不明	用大量图片，反映有益的少年生活
文艺周刊	1928 年 1 月 30 日	雪光社	周一出版，文学性质

续表

周刊类别	创刊日期	编辑者	备注
少年周刊	1928 年 3 月 18 日	北京青年会少年周刊社	周日出版，文学性质，是在前"少年生活"基础上开设；5 月初即停刊
"戏剧"周刊	1928 年 7 月 23 日	烂葡萄馆主编	周一出版，后改为周日出版
小说周刊	1928 年 7 月 26 日	报社同人	载小说研究之文章
"艺术"周刊	1928 年 7 月 29 日	本报艺术周刊部	周日出版，让艺术"向民间去"，照相、跳舞、音乐等各种艺术形式
"谷声"周刊	1928 年 11 月 30 日	谷声社	传播法国文艺
珠光半周刊	1928 年 12 月 12 日	珠光社	半周刊，周三、周六出版，专载时事照片、艺术作品，并代整理世界日报所藏之艺术佳片
农学周刊	1929 年 1 月 6 日	北平大学农学院农学周刊社	周日出版
国际周刊	1929 年 1 月 7 日	中央日报前国际部主任鲍静安	周一出版
艺术周刊	1929 年 1 月 12 日	褚葆蘅编	周六出版
"落叶"周刊	1929 年 2 月 22 日	不明	周五出版，文学刊物
法学周刊	1929 年 3 月 4 日	北平大学法学院	周一出版
医光周刊	1929 年 3 月 15 日	北平大学医学院医光社	周五出版
戏剧周刊	1029 年 3 月 30 日	马一民、刘曼虎主编	周六出版
工学周刊	1929 年 10 月 24 日	大同工学会	周四出版，鼓励"实业救国"
现代周刊	1930 年 2 月 12 日	北平大学法学院励志笃行社	周三出版，学术性刊物（经济、哲学等）
春明周刊	1930 年 10 月 18 日	春明女中国文学会	周六出版，文艺性质，前身为在《北平日报》出版的"春明两周刊"，因《北平日报》停刊而移殖
国语周刊	1931 年 9 月 5 日	国语统一筹备委员会周刊编辑处	周六出版
评论周刊	1931 年 9 月 21 日	保定潜园社主编	周一出版，学术刊物
艺术周刊	1931 年 10 月 1 日	世界艺术学会编辑	周四出版
童子军	1932 年 2 月 24 日	中国童子军通信社	周三，仅出版一其期
"自然"周刊	1932 年 12 月 4 日	各大学教授	周日出版
教育周刊	1932 年 12 月 7 日	北大教育学会	周三出版，1933 年 5 月 31 日停刊

续表

周刊类别	创刊日期	编辑者	备注
法律周刊	1932 年 12 月 16 日	北大法律学会	周五出版
体育周刊	1933 年 6 月 7 日	黄金鳌	周三出版
世界语之光	1933 年 6 月 23 日	北平世界语者协会筹备处北师范大学世界语学会	周五出版
社会科学	1933 年 10 月 4 日	北平世界学会，实际由张友渔主持；1935 年 3 月 12 日（第 73 期）改由世界日报社接编	周三出版，后改为周二出版
新闻学周刊	1933 年 12 月 14 日	国际新闻学会，前期由萨空了主持；1937 年 3 月 11 日，改由北平新闻专科学校编	周四出版
"彗星"周刊	1934 年 2 月 28 日	北平文画社	周三出版
学文周刊	1935 年 3 月 4 日	学文周刊社，实际由梁实秋主持	周一出版，文学批评性质；1935 年 6 月 3 日出最后一期
图书馆周刊	1935 年 3 月 6 日	芸社	周三出版
文艺周刊	1935 年 6 月 10 日	不明	周一出版，1935 年 9 月 28 日（第 58 期）停刊
现代儿童	1936 年 10 月 5 日	通俗读物编刊社现代儿童组主编	周一出版

　　资料来源：据笔者对《世界日报》的阅读整理而成。

　　十三年中，《世界日报》开设的周刊总体上呈现如下特点：（1）多数周刊的编辑（撰）者来自北平各高校，涉及北平大学、北京大学、中法大学、女子师范大学等，多为各高校的社团组织，或以学生、学者、教授为主体，间或个别的学者教授私自编撰；（2）从周刊的内容看，除了如"儿童周刊""医学周刊""少年生活"等少数周刊是以普通的读者为对象，宣扬某门（种）知识外，多数周刊创设的目的是为本学科提供一块学术讨论的园地，因而发表的多为学理式的讨论文章，学术意味较浓，并不适宜一般读者阅读，其读者群体仅限于本学科的学者。从以上两项特点可知，《世界日报》设置各种周刊的目的，也是为了将知识教育界人士吸引过来，成为其潜在的读者群。

　　除了内容上围绕知识教育界设置多种专栏、周刊外，《世界日报》还在发行上向知识教育界倾斜。如 1925 年其创刊不久，即对教育知识界人士实行报费优惠，将原本每月应收取的七角减至为四角。① 此项措施，对于当时收入较高的学者、教授来说并无多大意义，但是对于贫寒的学子来说无疑是有较大吸引力的。此后《世界日报》又多次实行此项活动，成为巩固学生群体为其固定读者群的一种有效手段。

考察成舍我的办报经历会发现，注意报纸所在地的区域特征并不仅体现在北平《世界日报》时期，而且成为他办报固有的一项特色。在南京，他注意到南京此时既为全国的政治中心，为全国政治消息总汇之所在地，因而在《民生报》他特别注重政治新闻的挖掘，在要闻版特别设立了"国民政府命令""国府命令""车站纪事""重要政治人物之演讲""重要消息简报"等栏目，较全面地开拓了政治新闻的报道面；在上海，他注意到上海既为国际大都市，工商业发达，手工业者多，识字的中下层民众也必多，因而在《立报》他大力实行"报纸大众化"办报策略，使《立报》成为中国报纸大众化道路上的一座里程碑。

2. 注重开发新闻源、狠抓独家新闻的报道风格

新闻媒体的首要职责是传递信息，没有丰富、及时、正确的新闻报道，报纸在激烈的市场竞争中是无法立足的，《世界日报》在采编方面除了围绕知识教育界开设众多的栏目、周刊外，也注重新闻源的开掘和独家新闻的报道。

早期，因人员和资金缺乏，《世界日报》上的电讯不多，沿用当时北京报业的通用做法，新闻稿源多靠本社记者每日奔跑于政府各部门机关所得。但是自创办起，成舍我就非常注重独家新闻对于初创报纸的意义，以自己过人的素养以及与一些上层人物千丝万缕的关系"抢"得不少独家新闻，这些新闻以"本报特讯"的形式出现于版面，成为吸引读者的一种有效手段。另外，此时还通过一些非正常的手段来"制造"独家新闻，例如在1925年和1926年，《世界日报》先后同《晨报》《北京晚报》《大同晚报》等报纸产生纠葛，并因攻讦过甚，与段宏业、章士钊、贺得霖等权贵发生笔墨官司，成舍我把这些纠葛、笔墨官司不厌其详地全程刊登在《世界日报》上，作为它的独家报道。成氏的这套做法虽引来非议，但是效果良好：一方面塑造了其"不畏权贵"的形象，提高了《世界日报》

---

① 见《学界注意》："学界注意：世界日报待学界，每月只收报费大洋肆角……"载《世界日报》1925年5月26日第2版。

的声誉;另一方面这些事件确实非常引人注目,在缺少稿源的窘境下,成为填补版面的非常实用的有效材料。

其实,成舍我的上述做法是事业初创时迫不得已的做法,1928年后,随着《世界日报》地位的日益巩固,这些做法基本不复使用,而开始多方开掘新闻源,步入狠抓独家报道的阶段。

其一,采用多方电讯,丰富新闻稿源。1928年后,《世界日报》在新闻报道上的一个重要改进是,无消息头(电头)的消息逐渐减少,代之以日益增多的由多家新闻机构提供的电讯,这表明其开始告别之前稿源单一——多数新闻由本馆记者采集所得——的时代。系统来说,这些电讯可分以下几类。

第一类是由报社职员采集所得,此类情形较复杂。《世界日报》为减轻其经济负担,不能像《申报》等国内其他大报一样在全国各重要城市派驻记者、由常驻记者发回电讯,然而《世界日报》自有其解决方案。

第一种情形是由曾在《世界日报》的旧职员发出的。例如张友渔在20世纪30年代初因受到国民党当局的注意,而被迫暂时离开工作了多年的《世界日报》,在成舍我的帮助下避难来到日本,他以"本报(世界日报)东京特派员"的身份发回了20余篇关于日本政坛动态的电讯[1],对于因日本加快侵华步伐而渴望对日本政情有迫切了解的国民来说具有极大的吸引力;又如张恨水在1930年离开《世界日报》后,他还多次以其特

---

① 据笔者统计,自1932年10月30日至1933年6月3日期间《世界日报》共发表了16篇张友渔(以笔名"忧虞")的"本报东京特派员通信",分别为:《白色恐怖笼罩日京》(1932年10月30日);《"公债洪水"会淹没扶桑三岛》(1932年11月3日);《日本农村恐慌深刻化》(1932年11月7日);《暴日不能使东北民众屈服》(1932年11月15日);《准备作战之日本明年度预算》(1932年11月28日);《罗斯福当选与日本政局》(1932年12月4日,本文连载多日);《日本之外交政策》(1932年12月13日);《帝国主义者之最终目的实行世界全部之再分割》(1932年12月19日);《中俄复交后之日本态度》(1932年12月29日);《准备战争与剥削民众——日本第六十四届国会之任务》(1933年1月12日);《日本失业问题将引起革命运动》(1933年1月19日);《日俄战争迫在眉睫》(1933年1月22日);《日本果断然与国联对立耶 不过是一时的策略罢了》(1933年3月12日);《日本政变即将勃发》(1933年4月15日,本文连载多日);《英日对立与瓜分中国》(1933年5月23日,本文连载多日);《世界经济会议前途如何 果能救济世界经济恐慌耶》(1933年6月6日,本文连载多日)。

派记者（员）的身份传回了大量的新闻报道①。

第二种情形是由成舍我结识的朋友发出的。成氏利用他广泛的交际网络，结识了大批新闻界、文化界、政界的朋友，这些人都成为《世界日报》潜在的"特派记者"。例如，在20世纪30年代初的欧美远游期间，成舍我结识了分别在法国、英国留学的丁作韶和程沧波，这两位在欧洲向《世界日报》发回了多篇关于欧洲各国政坛动态的通信报道，改善了《世界日报》在国际新闻报道方面的不足；尤其是丁作韶，作为一位国际问题专家，具有敏锐的观察力，除了给《世界日报》传回多篇"驻欧特约通信"外，在1932年年底至1933年年初，他以特派员的身份来到四川，当时四川正因刘文辉、刘湘等军阀争斗不休而引起国人注意，为此丁作韶接连发回了5篇"本报成都特约通信"，对四川及川康边区的政情及民情都有极精辟的分析，为《世界日报》增色不少。上述两种情形的发稿者虽不是《世界日报》的正式职员，但都与《世界日报》和成舍我有千丝万缕的关系，并且都有"本报特派记者（员）"的头衔，可说是《世界日报》的外围职员。

第三种情形是通过无线电广播采集新闻。早在1927年当我国第一批官方广播电台兴起的时候，成舍我就认识到无线电广播在新闻报道方面具有"无远弗届"的优势，他租来短波无线电收报机，雇用专业的收报员利用其业余时间来收听各电台播送的消息，再经过改写，以"本报特讯"的形式在《世界日报》刊出。不久，购置多台新式收报机，成立专门的电务组，除了收听南京中央社的广播外，还收听欧美各国的短波电台，并聘专人翻译成中文，编成新闻，成为本报的独家新闻。成舍我的这一做法在现在看来虽有非议之处，但如果站在当时中国民营报业缺钱少物的处境看，是无可非议的，这一做法可说是他的创举，只能令人对他的远见和展现的聪明才智赞叹不已！在1945年《世界日报》复刊后，动荡的局势和困顿的报社收入，使得成舍我扩大了这种做法，先后成立了三个"收音机报告室"，专门收听天空中的电波，成为报社的一支重要的编采力量，为报社节省了不少的财力和物力。

第四种情形是由《民生报》传回电讯。1927年10月，成舍我创办的

---

① 例如，1930年张恨水南下，给《世界日报》传回了4篇特约通讯；1934年他西行考察，又以《世界日报》和《民生报》的特约记者身份发回了多篇报道。

第四家报纸《民生报》在南京创刊，从此，北平和南京两地的报纸充分利用各自的资源为彼此服务，起到了良好的互相配合效果。体现在新闻报道方面，南京作为当时的政治中心，政治军事动态活跃，《民生报》除完成自己的采集任务外，实际上还肩负《世界日报》"驻南京特派记者站"的角色，每有重大消息出现，抢在中央社发稿之前，传给《世界日报》，或以专电方式呈现，电头经常冠以"本报南京某月某日上（下）午某时某分专电"，或以"南京特约通讯"呈现，这些电文多是由成舍我亲自草拟传回的。而每当日寇入侵华北有新动作，华北危机加重时，《世界日报》又成了《民生报》的"驻北平特派记者站"，传回了大量关于华北危机的最新电讯。此种做法，使得两家报纸予读者以消息灵通的印象，实际上，对于两家报纸而言，除此好处外，还大大减轻了两家报纸的成本，取得了一加一大于二的效果。可以说，抗日战争即将胜利时，成舍我之所以有成立"中国新闻公司"的举动，拟以南京为中心，在中国东、西、南、北、中五大地区的十座重要都市陆续办起十家报纸这一宏大构想，有一部分原因正是因为他早就意识到多家报纸在不同城市出版能发挥新闻采集和发行方面的集合效应。

第五种情形是由外地通讯员发回电讯。1928 年后，随着《世界日报》在北平报业地位的巩固，它开始向成为全国性大报的方向奋进，而第一步是要成为华北大报。该年的 11 月 25 日，先是在八版创办"各地新闻"一栏；第二年元月改出"河北新闻"；1931 年 4 月 4 日，又改回"各地新闻"，刊登由河北一省扩及华北各省的动态。经过数年的努力，到 1934 年，《世界日报》的读者已渗透到河北、河南、山西、陕西等华北各省，甚至边远的察哈尔、绥远都有订户，华北大报的地位已奠立。在这样的情形下，为满足这些地区读者的需求，巩固报业市场，《世界日报》在 1934 年起向华北各县招收通讯员，稿件要求如下：（1）通讯稿每条不得超过三百字（但有系统之重要记载，不在此限）；（2）内容以传播民间疾苦，及物产风俗调查为主。临时突发事件，及村镇社会新闻，均所欢迎。[①] 此后从"各地新闻"栏目的变化可知，该启事受到读者的热烈响应，不但华北各县的消息丰富多了，而且全国其他省市的特约通讯也出现得更频繁了。抗日战争爆发前夕，《世界日报》不但在华北各县建立了较密集的通讯员网络，而且在全国的其

①《本报征收各县通讯员》，载《世界日报》1934 年 9 月 4 日第 5 版。

他重要城市如汉口、南昌、长沙、成都、重庆、福州、厦门等都已有了自己的通讯员队伍，可说已较好地奠定了迈向全国性大报的基础。但是可惜的是，抗日战争的全面爆发把他这一梦想毁于一旦。

其二，扩大社会新闻的报道领域。社会新闻是对普通民众日常生活中的事件、问题和风貌的报道，相比于时政新闻，具有浓厚的趣味性和人情味，因而一向受到读者的欢迎。《世界日报》自创办始即辟有"社会新闻"栏，但是地位不稳定，版位仅占四栏，版面刊登的多是讼案、奇闻逸事；1926年5月3日起辟"北京琐闻"栏，自此以后以"琐闻"一词指代社会新闻，而实际上此时"北京琐闻"栏除有报道北平市民生活的动态外，还常将本市的时政等地方新闻容纳其中；1926年12月6日，又将"北京琐闻"栏扩充为"世界琐闻"版，报道的视野由北京一地扩及全世界，将所载的新闻明确限为社会新闻，突出趣味性。社会新闻地位的提高及版面的扩充导致稿源不足。为此，《世界日报》每日在"世界琐闻"版登出启事向社会征求社会新闻稿件，每条起码价一再上涨，由早先的每条五分钱涨至一元钱，说明了社会新闻受读者的欢迎程度和报社对它的重视程度（见图2-3）。在向社会征求稿件的同时，报社自身也加强社会新闻的采写力度，1928年2月，在"世界琐闻"

图2-3 1926年12月6日《世界日报》刊登的征求"琐闻"稿件启事

资料来源：据1926年12月6日《世界日报》六版拍摄。

版增设"法庭旁听记"栏，每日派记者分赴各地方法院旁听案情，将一些轰动一时的奇案和涉及名人的官司如实记下，刊登在第二日的报纸上，迎合了一般读者的猎奇心理，成为其独家报道；1928年9月，在该版又添设"访问记"栏，派记者走访一些新生的机关团体，将各机关团体的发展情形如实报道出来。这些机关团体例如"北平电话总局""北平广播无线电台""北平特别市妇女协会"等都是刚成立不久，因民众不熟悉而它们具有一定的神秘感，吸引了不少的读者；同时，这些团体机关也因《世界日报》的报道引起读者和当局者的关注，从一定程度上促进了它们的发展；时至今日，这些"访问记"成为研究各行各业的可贵材料，例如1928年9月25日载的《北平广播无线电台访问记》揭示了早期的北平广播电台的发展情形，是现在研究北京地方新闻史的必不可少的材料之一。

其三，设有大量短暂的新闻专刊、特刊、增刊，拓展新闻报道的广度和深度。《世界日报》经常在以下情形增设专刊、特刊：（1）为配合报社的社会活动而设。《世界日报》为扩大在读者中的影响，常出资赞助一些社会活动，例如，它曾多次作为主办方筹办过"世界日报华北球类比赛"活动，每次都设有"世界日报华北球类比赛特刊"，对比赛情况作不遗余力的报道。（2）为配合社会相关部门发起的社会运动而设。例如为配合"北京女青年会"发起的废婢运动，《世界日报》在1928年5月3日增设"北京女青年会筹款大会特刊"；为配合"北平青年会"筹办的少年运动周，自1930年4月12日起，《世界日报》在其"明珠"栏连续多日设有"北平青年会少年运动周征文特刊"。（3）每逢重要人物、事件的纪念日而设。对一些重要人物的忌日和具有纪念意义的事件，《世界日报》经常开设专刊、特刊以纪念，如在著名诗人曼殊死后一周年，它在1927年5月连续多日刊载"曼殊大师死祭纪念特刊"；1928年5月3日发生震惊中外的血案"济南事件"①，《世界日报》在其"蔷薇"栏连续多日出"国耻纪念号"。

---

① 1928年5月1日，日军为阻止国民革命军的北伐步伐，进驻济南；3日下午，日军将山东交涉公署包围，置国际公法于不顾，蓄意撕毁国民政府旗帜青天白日旗及孙中山画像，并强行搜掠文件。为避免事态扩大，时刚刚就任国民政府外交部山东交涉员的蔡公时上前婉言要求日军停止搜查、退出公署，遭到日军拒绝，并连同另外16名外交人士，被撕去衣服，百般凌辱后全部枪毙在交涉公署院内。也称为济南"五三"惨案。

增刊多是每逢国庆、元旦等节假日出版。值得一提的是，在 1933 年后，《世界日报》每逢元旦即增出一大张或一张半的新年增刊，名为"民国某某年大事总清算"，以时间为序，对国内外一年来的政治、经济、军事领域发生的大事分门别类地罗列出来，并请相关专家学者给予评析，能给读者对民国政府的内政外交政策予以较明晰的了解。

另一值得注意的是，自 1934 年 11 月 25 日起，《世界日报》每日随报附送"北平增刊"。自"九·一八"事变后北平成为抵御日寇侵略的前线，很多民众对北平前景抱有悲观情绪而纷纷逃离，使得北平商业凋敝，事实上成为一座文化孤城。增刊开设目的，是要鼓舞北平广大市民的士气和当局对它的关注，诚如成舍我在为该增刊拟定的发行启事中说，"我们的目的，就是要使大家知道'北平'的可爱，越可爱，我们就越要保护它，抖擞精神，站在国防第一线，来预备着不让它沦陷做'东北'的第二。"①从这句话中，我们可体会成舍我那炽热、深沉的爱国主义情怀。该刊的一切取材都以北平为限，设有"社会调查""人物写真""名胜志略""风俗杂记""市场消息""游艺情报"等栏目，能较全面地反映北平沦陷前的风貌民情，这也是现今研究北京文化史的重要佐证材料。该刊的另一功能是作为北平新闻专科学校初级班学生的实习园地，不但一切采编都由学生担任，而且从排字到铸版、印刷都由学生负责。

上述各种专刊、特刊、增刊的设置，一方面体现了《世界日报》采编的灵活性，能补新闻版面的不足，扩大新闻报道的广度和深度；另一方面也能展现了《世界日报》具有媒体的公器性，能提高它的美誉度，实际上也是《世界日报》本身扩大社会影响、自我推销的一种手段。

3. 贯彻"读者有其报"的主张，注重与读者的互动，不断改进内容

《世界日报》一向自诩"要实现'读者有其报'的主张"②，为此它在三方面做了努力。

一是设置专栏，让读者有发表言论的园地。早在 1928 年 5 月 16 日，《世界日报》在三版专门开设"读者论坛"栏，每日选取一至两篇读者来稿，讨论国家内政外交（后扩展以讨论公共福利之事件为限）。

---

① 《本市读者请注意：〈北平增刊〉明日出版》，《世界日报》1934 年 11 月 25 日第 3 版。

② 《本报敬致读者一封公开信》，《世界日报》1934 年 2 月 12 日第 3 版。

多数稿件立论宏大，富有思想，论述精到。例如 1931 年 9 月 23 日的一篇稿子，拿"九·一八"事件与"济南事件"作比较，"……这次沈阳事件决不能像济南事件那样便宜。这次是日本处心积累了几年才一旦发动的。日本军队早已有充分的准备。日本在东三省，势力已根深蒂固，早已认为囊中之物，非比山东，因为济南方面究竟根基不稳，不能久住，故终于撤走的，这次最低限度，是要将东三省，收入版图了"①。读到此处，相信不少心怀侥幸心理的民众会猛然觉醒了。该栏留存时间久远，一直到"大众公仆"栏创办以后，还曾作为其中的一个固定次栏目存在，但篇幅已是大为缩小，不久就渐渐地被其他栏目取代了。

　　二是围绕读者的需要，设置专版为读者服务。为满足市民阶层的众多需求，《世界日报》在 1934 年 10 月 16 日创办"大众公仆"栏，除"读者论坛"外，设有多种小栏目：（1）"大众常识"，搜集一般公民必需的常识，作有系统的介绍；（2）"问答栏"，对市民生活中碰到的一些疑难，如入学、旅游等作针对性的回答；（3）"出版介绍"，对赠予《世界日报》社的一些刊物代为介绍；（4）"游艺情报"，报告北平近期的影讯、戏讯；（5）"气象报告"；（6）"广播电台"，介绍本日北平广播电台节目单；（7）"读者日历"，提醒读者本日何地召开庙会、本日的节气等相关信息；（8）"旅行指南"，报告每日的车讯。以上小栏目提供丰富的生活信息，能极大便利市民的日常生活，是"读者有其报"思想的重要体现。

　　三是注重与读者的互动，不断改进内容。至 1932 年，《世界日报》出版到第八个年头，由早先资金不足二百元的《世界晚报》已发展成为有良好经济基础、在华北地区较有影响的一家大报，在成舍我看来，这是因为它是"拥护民众利益之报纸""乃能为民众所拥护"；奉着"真正之报馆主人，乃在广大无数之贤明读者"的理念，他认为《世界日报》为获得进一步发展，必须不断改进内容，"一切内容之因革，亦应悉以大多数读者贤明意见为转移"。② 为此，自该年 5 月 30 日起，连续 17 日给本市直接订户随报附送《读者意见征求表》（见图 2 - 4）。从

―――――――――――

① 胡筠：《举国一致齐赴国难》，《世界日报》1931 年 9 月 23 日第 2 版，"读者论坛"。
② 《读者意见总揭布：本报谨宣告今后方针 始终为拥护民众利益而奋斗》，《世界日报》1932 年 8 月 1 日第 4 版。

《意见征求表》看，调查的内容围绕两方面展开，一是征询报纸何时能送到；二是征询对报纸内容的批评，对板块、栏目哪些最为满意，哪些还须改良，怎样改良。调查内容虽简陋，但可以说是北平报业历史上的第一次大规模的读者调查，总共收到3712件复函，特组织一专门委员会，经过一月又十二日的分类纂合，形成《读者意见总揭布》刊登出来。由这次调查，成舍我较全面地掌握了读者对报纸内容的评价，并根据读者的意见，对内容适时地进行了调整，如加强对外地的报道，扩大经济报道的范围，缩减"妇女界"栏的版面等；在以后的岁月中，《世界日报》还根据这次读者调查，内容作了持续的改进。为了继续贯彻"读者有其报"的主张，1934年2月12日，《世界日报》又刊出《本报敬致读者一封公开的信：征求对本报予以质直的批评》，决意自此以后，每逢周一，均将《读者意见征求表》登在报端，面向所有读者征求意见。但是，《意见征求表》须读者自行花钱邮寄给报社，读者并不踊跃，回复给报社的不多，此项计划最终不了了之。

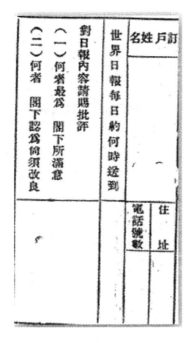

图 2 - 4　《世界日报》刊登的《读者意见调查表》

资料来源：据1932年8月1日《世界日报》（二版）原报拍摄。

总之，在采编方面，《世界日报》注重与读者的互动，让读者有发表言论的机会，并根据读者的意见，不断调整、扩充报纸内容，正如成舍我所说的，"本报……所敢孳孳自勉者，即无时无事，无不在力图革新改进之中。亦无时无事，不诚恳殷盼，本报读者，以至社会民众，能予以确切直谅之指导……"① 成氏的这种锐意进取的精神和"读者有其报"的思想，对现今的传媒业仍有极大的借鉴意义。

（二）经营管理方面

在探讨《世界日报》的经营策略之前，我们先探讨它的报社结构及这一组织结构下的管理制度。在 20 世纪 30 年代之前，因《世界日报》基础不稳固，人员配备困难等原因，报社组织简陋，沿用当时大部分报社的框架，即上设社长或经理，下设编辑、营业、印刷三个部门（见图2－5）。这样的报社结构是在报业基础薄弱下的因陋就简的做法，只能停留在小规模的经营，不具备企业的组织形态，更不能适应报纸的长远发展。进入 20 世纪 30 年代后，《世界日报》经济基础的日益巩固，对其组织形态的扩充提出了迫切要求，也为其提供了良好的经济基础。

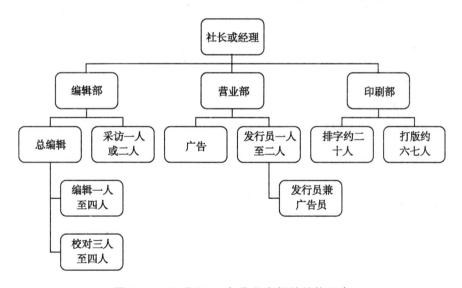

图 2－5　20 世纪 20 年代北京报社结构示意

资料来源：据张恨水：《四十年前的"北京报"》，载中国人民大学新闻系新闻事业史教研室编《中国近代报刊史参考资料》，1979 年 10 月，第 785 页。

---

① 《读者意见总揭布：本报谨宣告今后方针 始终为拥护民众利益而奋斗》，《世界日报》1932 年 8 月 1 日第 4 版。

在这样的情形下，成舍我在20世纪30年代初去欧美各国作了为期约一年的报业考察，吸取了各国报业经营的经验，并受王云五1931年对商务印书馆实行科学管理制度的启发，决意开始改革报馆组织，加强管理，实行企业化经营的探索。1933年9月11日，《世界日报》成立监核处，规定其对报纸的发行、广告等业务都有监察权，吹起了科学管理的号角；1934年，报社结构全面改革，业务进行新的组合，所有的业务分为编辑处、营业处、印刷处和总管理处负责，其中新设的总管理处①可谓全社业务的重心，下辖总务、监核、扩充、仓库四组，其权力实超过其他三处；1935年，成立会计处，采用新式簿计，实行会计成本，至此报社结构基本完备；同年"北平世新"第一届初级职业班毕业，有较充沛的人力，全面推行科学管理制度的时机已成熟，于是借取7月新社址落成之机正式实行（图2-6）。

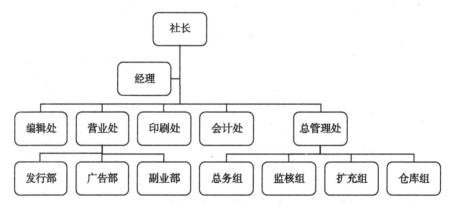

图2-6　20世纪30年代世界日报社结构示意

资料来源：据笔者收集资料整理。

在成舍我看来，所谓科学管理主要体现在两方面。

首先，报社应建立精密的组织，并互相配合。"自报差，工人以至经理主笔，均不能不经有纪律的训练"，要各司其职，"因为一个报差偷

---

① 关于总管理处成立的时间，据贺逸文等人的说法，是在1935年7月社址迁到西长安街路北以后才成立的；但是根据笔者查阅原报，发现早在1934年2月就有总管理处在报上发表的启事了，可知该处此时就已经设立。可分别参考：贺逸文等《北平〈世界日报〉史稿》，载张友鸾等《世界日报兴衰史》，重庆出版社1982年版，第116页；《本报敬致读者一封公开的信》，《世界日报》1934年2月12日第3版。

懒,漏送或迟送了一份报,和一个工人疏忽,将报纸印错或印得一塌糊涂,这与经理主笔的用非其人,都一样的会受到读者的责备"①。多年后,他用更形象的言语来概括这一管理制度,"要把办报看作开机器,马达固然重要,小螺丝钉也不能忽视"②。为训练和提高工作人员的业务水平,在全社范围内推行工作日记制,要求所有职员每天都要写工作日记,记明工作情况,在下班之前汇总送到总管理处。"各处负责人及编辑记者的日记,由成舍我审阅;一般职员的日记由经理审阅。……若有错处,则写有批语。"③ 工作日记制沿袭了中国古时各行各业的"师父带徒弟"的做法,是训练和提高工作人员业务水平的一种有效方法。

其次,报社应建立严格的奖惩制度。成舍我认为办报的基本原则之一是,"要把办报看作指挥一枝作战的军队",要有一套严明的激励和惩处机制,以鼓舞士气,他说:

> 新闻工作,虽然称为自由职业,但为增加工作的效率计,一个报馆的组织和纪律,却绝对不能松懈。指定的发稿时间,一定不许迟误,指定的采访任务,一定需要达成。印刷部延时出版,一定要追究责任,校对房错字连篇,一定要依章处罚。尤其重要的,即对于参加这枝报馆军的每一份子,必须随时随地,充分鼓舞他们的战斗精神。一个标题不如人,编辑先生,应该感觉羞愧,一条新闻不如人,外勤先生,应该吃不下饭,人人要争取胜利……④

为此,他以监核组为科学管理的核心,充分发挥出它的监督核查作用,除了对营业处的发行、广告业务早就实行监核外,1935 年后也对编辑处实施。"每天报纸出版后,有专人负责通读。一方面对各版新闻

---

① 成舍我:《三种报纸的出路》,载《报展》,复旦大学 30 周年纪念世界报纸展览会纪念刊 1936 年 1 月,第 45—53 页。

② 成舍我:《如何办好一张报》,载成舍我《报学杂著》,(台北)"中央"文物供应社 1956 年版,第 116 页。

③ 贺逸文等:《北平〈世界日报〉史稿》,载张友鸾等《世界日报兴衰史》,重庆出版社 1982 年版,第 117 页。

④ 成舍我:《如何办好一张报》,载成舍我《报学杂著》,(台北)"中央"文物供应社 1956 年版,第 117 页。

与其他报纸比较，如发现有遗漏，报告社长处理。另一方面核对报上错字，如系校对上的错误，按照规定罚款扣薪；如为编辑大样的错误，则用专纸剪贴，勾出错字，通知本人"①。

但是在实施的过程中，成舍我以自己能写、能编、能跑的全才来衡量报社职员，对他们过于苛刻，使得这套奖惩制度只有惩罚，少有奖励，失去了其原有的意义。其直接后果，就是导致报社中的人员流动过大，像是流水席，来一批走一批；其长远后果，就是导致《世界日报》缺乏成为全国性大报的动力。正如一位与成氏素有来往的台湾学者所说的，"世界日报知名于北方，但却始终没有能成为全国性的大报，其关键恐怕还是报馆人事制度和结构方面的缺失"，同时他对成氏的用人政策给出了"他用人唯才，却不能养才"的评价，这的确是一语中的。②

上面围绕 20 世纪 30 年代前后《世界日报》内部组织的变化，探讨了成舍我报刊管理方面的一些特点，但是在中国近现代新闻史中，成氏并不是因为他的报刊管理才能而被人记忆的，而是作为一个报刊经营能手而屡次被提及并被人津津乐道的。下面以他在《世界日报》的一些做法为例，来分析他的报刊经营特色。

1. 大力发展直接订阅，多渠道多策略拓展发行

20 世纪初中国报纸的发行主要靠报贩向市民兜售，由此有些街头恶霸各控制一批报贩，以不允推销来威胁，榨取各家报馆的利润，尤其是对新创办的报纸更是百般刁难。从北京到上海的办报活动中，成舍我也始终面临这一个难题。该怎样避过"报霸"对发行的操纵，使办报获之不易的血汗钱不流入他人之手呢？他曾试过多种方法，在《世界晚报》创刊时，他用自卖自买的办法，慢慢打开销路；在《世界日报》成立后，他曾计划创设"报童工读学校"，主要目的就是希望在北京招收2400 名报童为其推销报纸，来打破"报霸"对报纸发行的操纵。在这过程中，成舍我发力最多的、成效最显著的还是大力发展直接订阅用户这一策略。

---

① 贺逸文等：《北平〈世界日报〉史稿》，载张友鸾等《世界日报兴衰史》，重庆出版社1982 年版，第 116 页。

② 朱传誉：《成舍我与〈世界日报〉》，《传记文学》2000 年 6 月总第 457 号。

1925年10月10日，《世界日报》在其三版登出启事《直接定报之最大利益》，载曰"无论日报，画报，晚报，其最先印出之部分，本报均系特别提出，以大批特雇之自行车，分送到直接定阅诸户，故送到时间，均能较间接向贩报人定阅者，特别迅速。因本报定章，非先发毕直接定阅诸户，孰论何人，均不能购得本报一份也。且逐日□□送到，风雨无阻，如有延误，一经通知，即当重惩报差，与任意迟早无法查究者，亦绝不相同"（见图2-7）。这是《世界日报》发展直接订户之始。其做法是将北京市划分为若干区，雇用专人分区骑自行车递送，规定日报须在早上八时前送到，晚报须在下午五时前送到，开北京市用自行车递送报纸之先河。

图2-7　《世界日报》登出的启事《直接定报之最大利益》
资料来源：据1925年10月10日《世界日报》三版拍摄。

在随后的岁月中，《世界日报》开掘以下策略来发展直接订户：（1）予直接订户价格优惠。如在1930年7月16日之前，直接订户每月只需八角，间接购者每月需九角；之后，因纸价上涨，同行公议，每月加价一角，直接订户每月九角，间接购者需一元。（2）给直接订户赠送图书、书券、日历，甚至免费刊登小广告。1927年11月，张恨水的名著《春明外史》一、二集预售，北京市民为之痴狂时，8日起，《世界日报》连续多日登出启事《赠送春明外史 直接订阅世界三报之特殊利益》，使得直接订户数量直线上升；此后又趁发行千号之机，向直接订户赠送书券，也获得了不少新的订户；为了吸引小商户来订阅，自1930年6月日起，甚至推出"直接订阅世界日报者，一律免费送登小广告"的活动。（3）三报联营的策略。自1926年5月起，成舍我对日、晚、画报实行捆绑式销售，打出"一块钱可看三份报"的口号，启事中有"三分合订，每月只收大洋一元，价廉物美，世罕其匹"等语，极富煽惑性；介于《世界画报》一直发行不理想的现实，1926年9月后，成舍我干脆向直接订阅日报的用户赠送画报，这一"买一送一"的做法使日报直接订户呈现井喷式的增长；另外，每当时局紧张，日、晚报即互动为彼此发出启事："欲知今日详细消息，请看今晚之世界日（晚）报"。上述的联营策略，不仅体现在世界三报中，在以后它们与南京《民生报》、上海《立报》之间也常有体现，在经营等方面起到了很好的群集效应。

发展直接订户，不但能避过"报霸"克扣报价的局面，增加报社的收入，另外还有两个意想不到的好处：一是扩大了本市的读者群，巩固并强化了《世界日报》在北平报业市场的地位；二是在监核组严密的监督下，报纸的递送及时率得到了相当的改善，投送时间也大大提前。据1932年5月30日至6月15日的读者调查发现，在总共1231户直接订户中，在7时前送到者，为173户，8时前384户，9时前635户，10时前35户，10时以后到者仅4份，平均在9时前送达，占全部97%以上。[①]

除了在本市大力发展直接订户外，《世界日报》还尝试通过设立分馆、代派处等方式，努力将发行网络扩及外埠。天津是《世界日报》向外埠发展的第一站，早在1926年即设立天津分馆，但此时所谓的"分馆"仅委托一派报组织负责在天津的报纸发行工作，社中并未派人长期驻守，并且报纸须第二天才能送到读者手中[②]；1928年6月，在与该派报组织解除关系后，在天津改设派报处，每早由特别快车寄送，当日上

---

① 《读者意见总揭布》，《世界日报》1932年8月1日第2版。

② 《本报天津分馆启事》，《世界日报》1926年6月28日第2版。

午即可送到①;同年 11 月 10 日,在南市广兴大街正式成立天津分馆,②
读者可以本埠相同的价格购得报纸。在平津的发行得到平稳增长的同
时,《世界日报》还企图在整个华北地区建立其发行网络。1932 年 6 月
1 日起,《世界日报》连续多日在其头版登出如下一则启事:

> 本报在北平具有悠远之光荣历史。日出三张,每星期日,附送
> 世界画报一张。誓为民众喉舌,毫无政治背景,规模宏大,议论谨
> 严。除一切新闻,特别灵确外,教育、妇女、经济、社会,均有专
> 版。对学术文化,尤极注意,全国青年,最所爱读。兹为力求外埠
> 读者便利起见,拟在河北、河南、山东、山西、察哈尔、绥远及华
> 北各省区,广设分馆及代派处。无论"省""市""县""镇",凡
> 愿在当地代售本报者,均极欢迎。代派详章,函索即寄。③

这是《世界日报》迈向华北地区之始。到 1934 年 1 月,在全国共
建立起 101 处分馆及代派所,涉及 10 余个省市,不但在长江以北多数
县市能直接订阅,即使在遥远的广州也能订阅到该报,从中可知它的辐
射之广(见图 2 - 8)。至此,可说《世界日报》作为华北大报的地位已
奠定。

2. 注重广告资源的开发,积极开掘广告市场

如果说发行是报纸的生命线,那么,广告就是报纸的血液,它为报
纸的发展提供源源不断的养分。《世界日报》一向以"纯民营""完全
为营业性"的报纸自居④,单靠发行当然是不足以支持其发展的,必须
大力拓展广告业务。同样,在成舍我看来,"广告是报纸最重要也最庞
大的一项财源"⑤,因而他在广告营运方面花力最多,其开拓广告资源之
手法多样直可使人瞠目。然而,相较于上海、广州等商业大埠,北平商
业凋敝,特别是 1927 年国民党定都南京后,北平顿失其政治地位,各

---

① 《本报添设南京、天津代派处启事》,《世界日报》1928 年 8 月 19 日第 2 版。

② 《本报添设天津分馆启事》,《世界日报》1928 年 11 月 10 日第 2 版。

③ 《本报添招分馆、代派处启事》,《世界日报》1932 年 6 月 1 日第 1 版。

④ 类似的表述见于多种文献,可参:《新闻界三老兵》《世界日报兴衰史》等。

⑤ 成舍我:《"广告道德"比"新闻道德"更重要》,载成舍我《报学杂著》,(台北)
"中央"文物供应社 1956 年版,第 96 页。

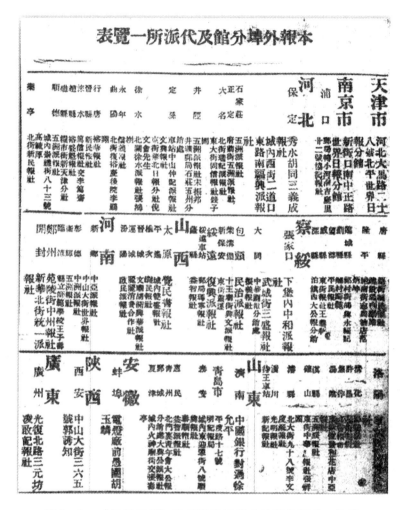

图 2 - 8　《世界日报》在各地设置的分馆及代派处一览表

资料来源：据 1934 年 1 月 9 日《世界日报》一版刊登的《本报外埠分馆及代派年一览表》。

机关纷纷南迁，更如雪上加霜。商业环境不佳导致商户对广告的投入量有限，北平各大报馆莫不处于营运困难之中，正如张恨水在一篇社论中控诉道："北平自首都南迁后，百凡凋敝，不但向来惨淡经营之本报，已早处挣扎之中。即势力雄厚之同业，亦未能在营业上立巩固之基础"①，成舍我自己也说，"说起现在中国的报业，总算整个都陷在不景

----

① 张恨水：《本报复刊之意义》，《世界日报》1930 年 1 月 13 日第 2 版。

气中，而号称拥有一百五十万人口，为全国文化中心的北平，报业的不景气，较其他通商大埠，尤为显着"。① 从中可知广告对于北平各报馆之重要，各报馆对广告之渴望莫不如嗷嗷待哺之婴儿。那么，在激烈的广告市场竞争中，成舍我是怎样杀出一条血路，使广告额逐步上升，为《世界日报》的壮大提供持续的动力呢？

据《世界日报》老员工介绍，在初创时期，为打开局面，成舍我用了一些非正当的手段：一是从别家报纸的广告里，选择几家商业广告，不经业主同意即登出，然后派人持收据收广告费，不拘数目，给钱就行；二是派人出外兜揽，以报上刊的广告价目打折的方略招揽；三是类似发行中"自买自卖"的做法，刊登一些自编广告——予社中职员免费刊登广告——的手法来招徕真正的客户。② 在 1926 年后，随着发行量的稳步上升和广告业务的好转，这些手法基本不复使用。

概括起来，成舍我在《世界日报》体现出的开发广告资源的策略有：

细化广告版位，予以不同价值。版位是版面的局部区域。读者对不同的版位投予的注意力是不同的，因而不同的版位形成不同的版位强势。对于新闻编辑来说，应该善于利用版位强势来安排新闻价值不一的报道；同样，对于广告编排来说，应该根据广告价值的不同来安排广告版位，这是现当代纸质媒体在长期的实践中总结出来的对广告资源开发的基础原则之一。可贵的是，早在 20 世纪 20 年代，成舍我就意识到此原则，不断细化广告版位，并赋予不同的广告价值。当然，他的版位意识是在报刊实践中不断摸索，得到逐渐完善的。表 2 - 2 选取几个关键日期，可体现出其演变：

表 2 - 2　　　　　　　　　《世界日报》广告版位开发一览表

广告版位 日期	新闻栏	论前	封面	中缝	普通广告	第二张第 五、第六版	第一张 第四版	广告版
1925 年 3 月 21 日	甲种，每 寸大洋 八角			乙种，每 寸大洋 四角				

① 成舍我：《谈晚报》，《世界日报》1935 年 2 月 7 日第 12 版。

② 贺逸文等：《北平〈世界日报〉史稿》，载张友鸾等《世界日报兴衰史》，重庆出版社 1982 年版，第 68 页。

续表

广告版位 日期	新闻栏	论前	封面	中缝	普通广告	第二张第五、第六版	第一张第四版	广告版
1926 年 5 月 18 日	另议	照封面价目加倍	每方寸五角，		照封面减半			
1926 年 7 月 11 日		甲等，每行26字，每日大洋七角	乙等，封面及中缝，每行32字，每日大洋四角		丙等，每一张第四版，每行32字，每日大洋二角			
1927 年 10 月 1 日	甲等，登于社论前或新闻栏，每行25字，每日七角		丙等，登于封面或中缝，每行32字，每日四角			乙等，每行32字，每日五角	丁等，每行32字，每日二角	
1930 年 10 月 10 日	甲等，登于社论前或二三版新闻栏，每行26字，每日七角		乙等，每行33字，每日四角	丙等，登于其余各版者及中缝者，每行27字，每日三角				
1934 年 1 月 22 日	甲等，登于第二、第三版要闻栏内，每日每方寸洋二元，概无折扣		乙等，每日每方寸洋六角，多日刊有折扣	丙等，登于普通版及中缝，每日每方寸洋四角，多日刊有折扣				
1936 年 7 月 2 日	每方寸二元		每方寸六角	全算为普通版位，每方寸五角				每方寸四角

资料来源：据笔者阅读原报整理。

由表 2 - 2 可知，在《世界日报》初创时，可能与报纸初创广告量过少有关，其版位意识比较粗犷，广告版位仅为新闻栏和中缝两类；自1926 年后，版位分类日益丰富，富有层次性，约开创出新闻栏、论前、封面、中缝等版位。新闻栏版位开发最早、最充分，从创刊起一直是所有广告版位中价位最高者；其价格从每方寸八角涨至两元，虽然价格昂贵，但因为它是读者投的注意力最为集中的区域，加之面积有限，所以仍是实力商家的首选，到1934 年后，其他版位有折扣，只有它概无折扣。论前版位指的是社论（评）前的一小块区域，因读者投给的注意力高，面积小，故价位也较昂贵，曾经有段时间算入甲等广告版位，刊登的多是名人启事、讣闻；实际上因为它也在新闻版内，到1927 年后，为便于计算，一同计入新闻栏版位。封面也即第一版、头版，初创时刊登社评和新闻，不登广告，1925 年 5 月后，刊登的除了报头等信息外，其余都是广告；

因为它往往是进入读者眼帘的第一版,故价位仅次于新闻栏版位,又因它面积几占于全版,故在所有的广告版位中,它创收最多;刊登的多是学校的招生广告、政府公告,有少量的大幅商业广告。中缝版位在《世界日报》早期扮演了很重要的角色,因为这时报社经济不稳固,无力扩版,开发中缝版位是在版面有限的情况下充分利用报纸版面的一种体现;同时,它的价位较低,在小广告、"新市场""1角钱广告"没开发之前,它最受小商家和长期客户欢迎;早期它刊登的多是影讯、戏讯,后期刊登的多是医药广告、银行公告等长期客户;1935年9月后,随着版面的扩大及"新市场"广告版的设立,中缝广告被取消。

细分市场,拓展新的广告类别和栏目。针对不同的客户广告诉求,《世界日报》细分市场,不断推陈出新,推出多种特点鲜明,能满足不同客户需求的广告类别或广告栏目。通阅《世界日报》,有以下几种广告令人印象深刻。

(1)招生广告。北平作为一座文化城,学校多,招生竞争激烈,多数学校都有刊登招生广告的需求;如前所述,《世界日报》素以文化教育界为它的主要读者群体,在文化教育界有较大的影响,各大中专学校都愿意投予它广告,从而使得招生广告成为《世界日报》"广告费中最大的来源"[1],每天有一个版完全给予招生广告,每逢暑假招生旺季,版面供不应求,至少占据两个版面(一般为封面和第二版),甚至有时两个版面容纳不下,不得已挤入"小广告"等栏内。

(2)医药广告。无论何时何地,医药广告一向是所有广告类别中最赚钱、非议最多的一类,《世界日报》也如此。在早期,医药广告一般只出现于中缝;后来随着版面的扩充,除了新闻栏和封面较少出现外,它可说是无孔不入,成为频频出现于各广告版位的常客。例如,1936年7月28日,《世界日报》共出4大张16版,共有14个版面多少都刊有广告,除封面外,其余13个版面都刊有医药广告,总数达50余则,尤以第15版最为集中,几占版面的2/5,其中不少是容易引起非议的如治疗"花柳病""淋病"的广告(见图2-9、图2-10)。

(3)贺年名片。贺年名片这种广告类型可说是成舍我的独创,它的

① 贺逸文等:《北平〈世界日报〉史稿》,载张友鸾等《世界日报兴衰史》,重庆出版社1982年版,第93页。

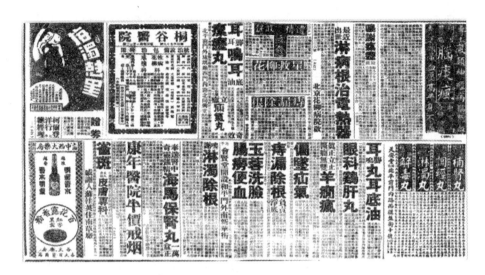

图 2 - 9   《世界日报》刊登的医药广告

资料来源：据 1936 年 7 月 28 日《世界日报》十五版拍摄。

刊登对象是一些名流和商户，采用向读者祝贺新年的形式来吸引读者的注意力，也是一种广告类别。每则贺年名片仅将名流的头衔、姓名或者商户的地址、名号和简单的贺语刊登出来，在报纸上仅占名片大小，价格较低廉，而在读者心目中易形成身份高贵之感，可收到较好的宣传效果，故受到众多名人和商户的欢迎。在《世界日报》早期，成舍我将这种广告作为扩大发行和吸引长期广告客户的手段，如 1928 年元旦，每则贺年名片应实收大洋 1 元 2 角，但是对于那些长年订阅日报或晚报的名流，实行减收 1 元的优惠；对于长期的广告客户则免收费用。

（4）《世界日报》中的小广告实际上是分类广告的一种形式。分类广告和一般工商广告的区别在于，工商广告是以广告客户为中心，注重的是宣扬产品或服务的品质，而分类广告是以读者的需求为中心，对大量的生活实用信息，按主题进行分类，以便于读者快速查找，从这方面来说，分类广告变读者的被动阅读为主动阅读，传播的效果更佳，有助于扩大报纸的发行。诚如徐宝璜在 1919 年出版的《新闻学》中所言："正当广告中之最足以推广一报之销路者，为分类广告。"① 另外，分类广告价格低廉，较易吸引客户，而对于报纸来说，将分类广告聚于一版，可以刊载少则几

① 徐宝璜：《新闻学》，时代文艺出版社 2009 年版，第 68—69 页。

图 2−10 《世界日报》刊登的医药广告

资料来源：据 1936 年 7 月 28 日《世界日报》十六版拍摄。

十条多则几百条的广告，能以量取胜，故利润较高。

《世界日报》自 1926 年 4 月起即开辟了小广告，但在早期，因为广告少，占用的版位仅有一栏，读者能一下子找到需要的信息，因而并无明确分类；到 1928 年后花大力拓展小广告市场，宣扬小广告"费钱少，效力大"的特点，此后日益增多，占用的版位由一栏，至两栏、半版，至1932 年 6 月 19 起扩至一版，版面才固定下来，此后有明确的分类，分为招生、出售、售房、招租、声明、聘请、征求、医药等类；在价格上，1934 年前，50 字以内每日仅收洋 1 角，100 字内收洋 2 角，后涨至46 字以内收洋 2 角，96 字以内收洋四角，按此价格计算，小广告谋利巨大，以每则 46 字计算，一栏至少可刊 14 则，一版可分 10 栏，全版至少可登

140 则，每日可得洋 28 元，全年单独小广告版即可得 9000 余元，无怪乎《世界日报》老员工曾说，"小广告……收入比普通广告多，是报社广告的黄金地带"①。1935 年 11 月起，在小广告的基础上，又将广告字数进一步缩小，每则仅 22 字，推出"1 角钱广告"的口号，照顾了那些情节简单或履行法定手续的人的需求。

（5）"新市场"广告版。小广告利润巨大，然而它的客户遍及社会各界人士，内容偏重于日常人事，刊登的日期较短，多是三五天，此类广告量多，占用的版面也多，常常出现与一些需要长期刊登广告的客户争夺版面的情形。为解决此问题，自 1935 年 7 月 29 日起，《世界日报》在其北平增刊版内增设"新市场"广告版，宣称"本栏广告，专为介绍平市素著信誉之自由职业者，及各种商店"，从中可知，针对的是律师、医生等自由职业者及各类小商号这些需要长期投放广告的客户。"新市场"广告版性质也属于分类广告，分为文化、银号、医药、绸缎、理发等日用消费类；不同于小广告之处在于，它不是按 3 日起码，而是按 1 月起码，每 15 日 6 元，每月收取 12 元，相比于小广告，它的收入更持续长久。

除了上述两种策略外，《世界日报》还通过其他渠道开掘广告市场。自 1934 年后，值得一提的有以下两种手段：一是充分发挥总管理处扩充组的功能。在广告业务上，扩充组的一个重要日常任务是，对北平各报上刊载的广告进行比较，如果发现别家报纸上刊登而《世界日报》没有的广告，则将情况提供给广告部，或者派广告发行员主动联系商户，或者通过私营的广告机构，设法将广告兜售过来。② 二是开展为客户代绘图设计的业务，拉拢客户。针对当时国内广告制作粗糙，缺乏美感的缺陷，《世界日报》自 1934 年 4 月起推出为客户代绘图设计广告的业务，宣称"延聘广告画专家，逐日在社专为各公司，商店，绘图设计"，"成件极速，取费从廉"，"其经过此项设计者，广告效力，预计必较未经设计者，增大百倍"③。此项业务对于不少广告客户无疑有极大的吸引力，在扩大广

---

① 贺逸文等：《北平〈世界日报〉史稿》，载张友鸾等《世界日报兴衰史》，重庆出版社 1982 年版，第 138 页。

② 吴范寰：《成舍我与北平〈世界日报〉》，载张友鸾等《世界日报兴衰史》，重庆出版社 1982 年版，第 38—39 页。

③ 《欲使广告效力增大者注意：本报可代为绘图设计》，《世界日报》1934 年 4 月 18 日第 2 版。

告市场的同时,又为报社额外增加了一笔收入。上述两种手段力避守株待兔的静态作业方式,采取主动积极的进攻策略,时至今日,对当代的广告界仍有借鉴意义。

经过上述的不断努力,《世界日报》广告业务日益兴盛,可体现在两方面:一是广告价目不断增长,二是广告篇幅不断扩充。关于前者,可参看前表(《世界日报》广告版位开发一览表),在此不再赘述。关于后者,笔者选取了几个关键日期,简单统计了每日的广告量,经过粗略计算,可见一斑(见表2-3)。

表2-3   《世界日报》广告量的演变

日期	广告量刊载详情	备注
1925年3月21日	仅见于两个中缝	共出1张,4版
1926年5月1日	封面、二版(论前,约一方寸)、四版、中缝	共出2张,8版;广告占2版多(约28%)
1927年1月1日	封面、二版(论前,约三方寸)、四版、五版(约占全版3/5)、六版(半版)、中缝	共出2张,8版;广告占3版多(约40%)
1931年1月7日	封面、二版(论前,约1方寸)、三版(1/5)、四版、五版(4/5)、六版(1/3)、七版(1/3)、八版(2/3)、九版(半版)、十版(2/5)、中缝	共出2张半,10版;广告占5版有余(约53%)
1932年6月18日	封面、二版(3/4)、三版(二方寸)、五版(2/3)、六版(3/5)、七版(1/4)、八版(1/3)、十版、十一版(半版)、十二版、中缝	共出3张,12版;广告占6版有余(约54%)
1934年10月16日	封面、二版(3/4)、三版(约两方寸)、五版(半版)、六版(2/3)、九版(1/3)、十版(3/5)、十一版、十二版、十四版、十五版(1/3)、十六版、中缝	共出4张,16版;广告约占8.7版(约54%)
1935年9月7日	封面、二版、五版(3/4)、六版(半版)、八版(3/4)、九版(3/4)、十版(半版)、十一版(半版)、十二版、十三版(半版)、十四版	共出3张半,14版;广告约占7.75版(约55%)
1936年4月18日	封面、二版、三版(约一方寸)、五版(3/4)、六版(半版)、八版(2/3)、九版(2/3)、十版、十一版(2/5)、十二版、十三版、十四版(3/5)、十五版(半版)、十六版	共出4张,16版;广告约占10.08版(约62%)

资料来源:据笔者整理。

从表2-3可知,尽管报纸一再扩张,由原先的4版,扩至8版、10版、12版、16版,可是广告版面的占有率不但未下降,反而上升,说明在这十余年中,《世界日报》的广告扩张速度大大领先于内容(广告以外的内容)的扩张速度,甚至有段时间出现了广告版面抢占新闻版面的现象；事实上，自 1934 年后，《世界日报》的内容已是基本固定了，每次扩张的结果仅是广告版位的增加。

3. 设立副业部，多元化经营

对于报社来说，它的主要业务是采编、发行和广告三大块，然而为扩展财源，仍需充分利用报社的资源，开展各种副业，壮大经济实力，来反哺报纸的发展，中国历史上的一些大报如《申报》《新闻报》等都走过类似的道路。《世界日报》也如此，在它的不同历史阶段，开展了不同的副业活动，为《世界日报》迈向华北大报的过程中立下了汗马功劳。

在《世界日报》头一年多的时期内，因人员较少，且忙于主要业务，副业基本没开展。直至 1926 年 9 月才设立出版股，1927 年 5 月扩大为出版部，业务除代售少量国内各出版社的书籍外，主要是出售本社自行刊印的印刷品，例如各种周刊的合订本、日报副刊的合订本、《世界画报》的合订本等，销量不多，利润有限。值得一提的是张恨水的小说《春明外史》，自 1927 年 11 月至 1932 年 2 月，在两年多的时间内，此书自第一集到第三集的出版，自初版到第四版的出版，《世界日报》每次都刊有它的广告（见图 2 - 11），从中可知此书的销售情况良好，为《世界日报》牟利甚多。

1929 年下半年《世界日报》大肆扩充印刷设备，副业开始由单一的出售出版品转向多元化。一是自印日历。自印日历的目的并不是出售，而是作为赠品来吸引直接订阅用户，这一做法，所费不多，但效果良佳，成为 1929 年后每当岁末年初吸引直接订户的主要营销手段。二是承印外来印刷品。为充分利用印刷设备，自 1930 年 3 月起，《世界日报》宣布面向社会承印讲义、图书、名片等一切印刷品①，此业务虽然每单生意谋利较小，但因为面广，社会各界都可成为潜在的客户，尤受教育界人士的欢迎，故成为报社利润的持续来源之一。三是向其他报社和印刷机构出售印刷材料。当时北平各报馆及印刷局大都印刷设备简陋，缺乏一些基本的印刷材料，为此，《世界日报》自 1930 年 3 月起专门向它们出售铅字、花边、花图、花线、铅条、刻坯等各种印刷材料②。此项业务开展时间较久，成为报社传统的副业之一。

---

① 《本报承印各种图书零件》，《世界日报》1930 年 3 月 15 日第 2 版。

② 《各报馆及印刷同业注意》，《世界日报》1930 年 3 月 17 日第 2 版。

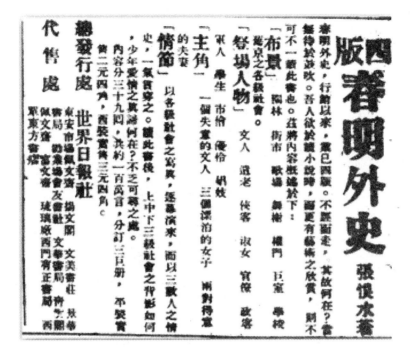

图 2-11　《世界日报》刊登的《春明外史》再版广告

资料来源：据1930年2月25日《世界日报》二版拍摄。

与此同时，报社的另一主要副业是出售纸张。在1931年之前，北平报界的用纸基本都是来自日本，"九·一八"事变后，全国兴起拒用日货狂潮，北平报界也未能免于此，被迫宣告拒用日本纸，由此导致各报社用纸来源极度紧张。成舍我利用他早先欧美远游获得的机缘，趁机由英国、加拿大等地大批进口纸张出售给北平各报馆。当时北平报界习惯于用平板纸，按令计价；而欧美纸厂生产的多是卷筒纸，按吨计价，较平板纸按令计价更低，运费也低；为获取更高利润，成舍我通过关系，得到《新闻报》的卷筒裁纸机图样，仿制成功后，雇人将卷筒纸裁成平板纸出售。[①]此项业务自1932年1月23日正式推出，打出"非用仇纸，可收抗敌救国之效"[②]的广告语，初期在北平报业市场上供不应求，以后虽有他人效仿，售价不断下降，由每令7元降至6元、5元、4元4角，但利润也算

---

①　贺逸文等：《北平〈世界日报〉史稿》，载张友鸾等《世界日报兴衰史》，重庆出版社1982年版，第141页。

②　《上等真正西洋报纸出售》，《世界日报》1932年8月15日第3版。

丰厚，成为随后的四年间《世界日报》的主打副业。

图 2 – 12　《世界日报》刊出的出售铅字广告

资料来源：据 1936 年 11 月 11 日《世界日报》二版拍摄。

　　1934 年 7 月报社新址迁移后，结构进一步完善，正式成立了所属营业处的副业部，整合资源，业务主要围绕两方面展开。一方面是继续出售纸张，但是此时出售的是追求更高利润的高级纸张。先是自 1934 年 7 月起，出售每令 60 磅的西洋道林纸。这种纸原为本社画报出版之用，后试着出售，果然有其他印刷机构需要，于是大量进货分售，相比于平板纸，该纸每令售价 10 元，利润更是丰厚。不久又出售来自加拿大的 45 磅纸和 85 磅的厚宣纸，尤其是宣纸，每令售价高达 14 元。① 另一方面是出售铅字。如前所述，《世界日报》原有出售铅字副业，但其时字模陈旧，品类少。1935 年购置电动万能铸字机，铸字能力提高多倍，同时又购买了黑体、楷体等字模，使得铅字品类增多。② 在满足自用之余，自 1936 年起开始向各报社及印刷局兜售，直至北平沦陷前夕，该项业务仍在进行（见图 2 – 12）。③

　　通过上述的营运方法，不但使得北平沦陷前的《世界日报》能够不

---

　　① 贺逸文等：《北平〈世界日报〉史稿》，载张友鸾等《世界日报兴衰史》，重庆出版社 1982 年版，第 141—142 页。

　　② 同上书，第 142 页。

　　③ 可参看《日夜出售"黑体""楷体"铅字》，《世界日报》1937 年 8 月 8 日第 3 版。

断发展，建立了牢固的经济基础，奠定了北平第一大报、华北大报的地位，而且也使得成舍我个人获得了巨额的收入，关于这一点，可用做了《世界日报》经理职务十余年之久的吴范寰的话作为例证：

> 到 1935 年改用新式管理办法，估定全社固定资产价值 10 万元，建立资产总册。会计处存款规定一定的限额，超过限额即划入"社长提存"帐，也就等于划入成舍我私人存款户内，成可自由运用，不再归还。综计从 1935 年到 1937 年三年时间内，每月划入社长提存帐内的款额，平均在 5000 元以上，总共约为 20 万元。……①

从中可约略窥见《世界日报》的经营成功之程度。

第三节　《民生报》发刊日考

在南京地区曾存在一家发刊时间较短却散发出彗星般光芒的报纸，这就是《民生报》。关于《民生报》的历史地位，可从两方面看。一方面，从报刊史的角度，《民生报》"不仅是当时（南京的）第一份小型报，也是国民政府统治下首都最早的一份民营报纸"。② 要研究中国民营报业的发展，尤其是国民政府定都南京以后该地区的报刊发展，当从研究《民生报》开始。另一方面，对于研究成舍我的意义来说，在此时期，成舍我的办报方式开始迈向"大报小型化""小报大办"，报纸的一些运作方式，如"精编精写""大众化"等得到了具体实践，为后来上海《立报》的崛起提供了实践空间。因此，南京《民生报》时期是研究成舍我报刊思想的重要阶段。同时，在这一时期，为了《民生报》的顺利创办和发展，成舍我周旋于南京国民政府高层之中，同李石曾、程沧波等 CC 派人物来往频繁，是他步步陷入 CC 派的开始，因而此时期也是研究成舍我政治思

---

① 吴范寰：《成舍我与北平〈世界日报〉》，载张友鸾等《世界日报兴衰史》，重庆出版社 1982 年版，第 28 页。

② 成舍我：《由小型报谈到〈立报〉的创刊》，载成舍我《报学杂著》，（台北）"中央"文物供应社 1956 年版，第 129 页。类似的论述见于多种论著，如：马之骕《新闻界三老兵》，经世书局 1986 年版，第 203 页；方汉奇主编《中国新闻事业通史》（第 2 卷），中国人民大学出版社 1996 年版，第 502 页；曾虚白主编《中国新闻史》（上），台北商务印书馆 1966 年版，第 358 页。

想转变的关键阶段。

但时至今日，学界对《民生报》的关注并不能与其重要地位相等。①
笔者在翻阅《民生报》相关的文献后，发现有一个最基本的问题应作进
一步的阐述。那就是《民生报》是何时发刊的？目前关于此问题的说法
众多，莫衷一是。因此，对《民生报》的创刊日有厘清的必要，因为它
可说是对《民生报》及此时期成舍我展开研究的基点。

一　关于发刊日的几种说法

关于《民生报》的发刊日，现存的文献有以下几种代表性说法。

（一）最广为人知的说法是，《民生报》发刊于南京"民国政府"正
式成立的当天，即 1927 年 4 月 18 日。这种说法之所以广为人知，是因为
它出自成露茜为其父成舍我编撰的《年谱》，并发布在"舍我纪念馆"网
页上，继而推而广之。②成女为何采用此种说法呢？据笔者查阅，此种说
法最早见于成舍我所著的《我所接触的季鸾先生》，其中说："16 年国府
定都南京，我于民国政府成立之日，在首都创刊《民生报》。"③ 其后在最
早系统介绍成舍我生平活动的《新闻界三老兵》里也有类似的记载："民
国十六年四月十八日，国民政府定都南京，成舍我先生遂在南京创办《民
生报》，最可贵的是，国府定都之日，就是《民生报》创刊之日。"④著者
马之骕在该书"自序"中说："假如说本书有些特点的话，最重要的，就
是它的资料，具有'真实性'，因为第一、每一章节，都是根据作者编排
的架构，分请'老兵'们作一次口述录音，再参考有关资料写成初稿。
最后，仍请'老兵'们亲自过目，并加补充，始能完稿"⑤。照这样说，

---

① 例如，笔者曾对成舍我创办的三种重要的报纸，北平《世界日报》、上海《立报》和南
京《民生报》，分别在"中国知网"全文论文库中检索，剔除不相关的文章，检索到《世界日
报》有 20 篇，《立报》有 11 篇，而《民生报》仅有 5 篇，从中可见学术界对《民生报》关注远
远不及前两报。

② 原文为"（1927）4 月 18 日南京'国民政府'正式成立，成舍我在南京创刊了《民生
报》，该报由成自任社长，……为国民政府统治下首都南京最早的一份民营报纸"。见：成露茜、
唐志宏《成舍我年谱》，舍我纪念馆，http：//csw.shu.edu.tw/timeline/view.php3，2010 - 11 -
20。此类说法广泛见于各类著作。

③ 成舍我：《我所接触的季鸾先生》，《传记文学》总第 181 号。

④ 马之骕：《新闻界三老兵》，经世书局 1986 年版，第 203 页。

⑤ 同上书，第 2 页。

这本书具有成舍我等三人的"自传"性质。据于以上两篇文献，成女采用这种说法也就不足为奇了。

　　成舍我逝世以后，在传记文学领域较有权威的台湾《传记》文学杂志在当年的第五期出了"成舍我先生逝世纪念特辑"，其中载有关国煊的《锲而不舍的新闻界老兵成舍我》一文，此文对成舍我的一生进行了较全面的回顾，可说是关于成舍我的一篇简传。关国煊先生是位严谨且年高德劭的传记作家，他在此文中仍采用此类说法，更加扩大了此类说法的影响力。①

　　（二）另一种经常见诸各类文献的说法是，在 1928 年年初，成舍我创办了《民生报》。此种说法没有指出创办的准定日子，看似较模糊，但是它是有一定道理和根据的。因为这种说法最早来自吴范寰，吴曾是成舍我的小学、大学的同学，并在《世界日报》担任经理达 15 年之久，每当成舍我离开北平，则将在平所有的事业托付于吴范寰照看，以他们之间如此亲密的关系，吴范寰对成舍我当然是知根知底，因而具有一定的可信度。吴范寰在《成舍我与北平〈世界日报〉》一文中说，"1927 年国民革命军向北方进展，成舍我于是年 8 月离北京南下。在国民党南京政府成立后，和李石曾、吴稚晖发生关系。1928 年年初在南京创办了《民生报》……"②此文还透露了一个不可忽视的信息，即"1927 年 8 月成舍我才离京南下的"，照如此说法，《民生报》当然就不可能会在国民政府成立的当天，即 1927 年 4 月 18 日创刊了。当然"1927 年 8 月成舍我才离京南下"这种说法只是吴范寰的片面之词，不能排除他记忆有误的可能，有待进一步证实（笔者后文会作进一步的解释），但是仍不能忽视其参考价值，故而成舍我研究专家唐志宏先生在其博士论文内仍沿用了此类说法。③

　　（三）下面两种说法没有前两种广为人知，但是它们都见于由知名学者编撰的教学用书，具有极高的参考性，因而一并交代。一种见于聚集于

　　①　关国煊：《锲而不舍的新闻界老兵成舍我》，《传记文学》（台北）1991 年 5 月总第 348 号。

　　②　吴范寰：《成舍我与北平〈世界日报〉》，载张友鸾等《世界日报兴衰史》，重庆出版社 1982 年版，第 12—39 页。

　　③　原文为"（1927 年）8 月，成舍我因邵飘萍案避难南京……1928 年年初，创刊了《民生报》。该报由成自任社长"，参见：唐志宏《尝试与突围：成舍我与近代中国报业 1919—1949》，博士学位论文，台北政治大学，2010 年，第 193 页。

大陆新闻史研究专家、填补"新闻史研究空白"的《中国新闻事业通史》，认为"《民生报》于1928年3月在南京问世"。[①] 此种说法可说是"创刊1928年年初"说法的进一步补充，指出了具体月份。但是此种说法据于何种事实论定是3月，书内并没有交代。另一种见于聚集于台湾地区新闻史研究精粹、号称"国内第一部完整的中国新闻史"的《中国新闻史》，认为"成舍我办的《民生报》创刊于民国十六年十月"[②]。据此书的主编曾虚白在该书"序"中说，在此书完稿后，曾延请当时包括成舍我在内的留台的"新闻业与新闻教育之先进"分章指正再予发刊。因而我们有理由相信，成舍我对这一部分的内容应该是检视过的。且该著作曾是台湾地区新闻传播学专业学生的必读书目之一，是中国新闻史的经典教材，多次再版翻印，其权威性是毋庸置疑的。

（四）还有一种说法较少人注意，《江苏省志·报业志》载："《民生报》是国民党统治时期南京有影响的民营报纸，民国十六年（1927年）10月21日创刊"。[③] 此后除了在《中国新闻事业编年史》及《南京报业志》两书及一篇文章中沿用此种说法外，就笔者所及，还没发现别的文章和著作采用此说。在这四种文献中，也没有对为何认定10月21日为《民生报》的发刊日进行具体说明。[④]

二　对发刊日的辩证

以上五种说法实可划为三类：1927年4月18日创刊说；1928年年初创刊说；1927年10月创刊说。但此三类说法差距较大，可信度有别。据笔者论断，第三类说法最为可靠，确切地说，《民生报》正是发刊于1927年10月21日。理由如下。

---

① 方汉奇主编：《中国新闻事业通史》（第2卷），中国人民大学出版社1996年版，第502页。

② 曾虚白主编：《中国新闻史》（上），政治大学新闻研究所印行，1966年，第358页。

③ 江苏省地方志编纂委员会编：《江苏省志·报业志》，江苏古籍出版社1999年版，第65页。

④ 另三种文献为：方汉奇主编《中国新闻事业编年史》（中），福建人民出版社2000年版，第1086—1087页；南京市地方志编纂委员会：《南京报业志》，学林出版社2001年版，第197页；陈昌凤《从〈民生报〉停刊看国民党南京政府控制下的民营报业》，《新闻与传播研究》1993年第1期。

（一）据当时成舍我"不容于鲁系军阀"的心理及国内北伐政治军事形势，可推断出，成舍我不太可能在 1927 年 8 月之前离京南下，到南京创刊《民生报》。

李石曾在 1929 年元旦为《世界日报》所写的新年祝词说："《世界日报》记者前以不容于鲁系军阀，避地于南京，与吾人共创《民生报》。"[①] 1926 年 4 月直鲁联军入驻北京，实行恐怖统治，著名报人邵飘萍、林白水先后被害。在林白水被杀的第二天，即 1926 年 8 月 7 日，成舍我也被张宗昌逮捕，幸赖北洋政客孙宝琦奔走，10 日始得释放。在成舍我一生数次牢狱之灾中，此次可称最为凶险。在如此肃杀的氛围中，成舍我遂有"不容于鲁系军阀"的担忧，恐北京的事业完全断送，想仿"狡兔三窟"，另辟他地发展。用他自己的话来说："经过这一次惊险怪剧以后，我将报馆托付同人，自己则一度离开北京，等到革命军北伐成功，军阀崩溃，'北京'改成'北平'，才飘然归来"[②]。成舍我的这一句话容易使人产生误会，认为他是在该案了结不久后，于 1926 年年底或 1927 年年初即离京南下，如此则理解其在 1927 年 4 月 18 日创建《民生报》就顺理成章了。

但是实际上，成舍我的这句话有值得商榷之处。成舍我离京南下，并不是在"经过这一次惊险怪剧以后"马上南下的，而可能是在此案将近一年后，如吴范寰所说的 1927 年 8 月才动身南下的。因为该案结束时北伐革命军已开始北上，且呈现节节胜利之势，但是至 1927 年年初，局势仍不明朗，北洋军阀政府仍手握几十万的军队，占有包括上海、南京在内的大部分地区。因此，成舍我如想避开直鲁军阀的势力另寻他地办报的话，不大可能在局势未明、南京仍为北洋政府管理的情况下就离京南下。直至该年 3 月下旬，形势急转，22 日，上海工人阶级在中国共产党领导下，举行第三次武装起义，北伐军不费一枪一弹占领了上海；23 日，国民革命军江左军攻破南京；4 月 18 日南京国民政府宣告成立，国民政府内包括李石曾在内的众多高官才纷纷云集南京。此时成舍我的眼光才会可能投向南京。但是此时仍不能促使成舍我南下的决心，因为此后几个月内，因革命军内部的矛盾使北伐军在鲁南的攻势顿挫，北洋军孙传芳、张

① 《李煜瀛题词》，《世界日报》1929 年 1 月 1 日第 3 版。

② 成舍我：《我有过三次值得追忆的"笑"》，载成舍我《报学杂著》，（台北）"中央"文物供应社 1956 年版，第 153 页。

宗昌等部乘势反攻，有随时反扑南京的危险。直到 8 月，国民革命军取得龙潭大捷①后，才真正解除了南京的危险，奠定了国民政府的基业。此时，局势已明，精明的成舍我才会可能离京南下。因而，吴范寰所说的"成舍我 8 月离北京南下"是可信的。照此说，成舍我更不可能会在南京国民政府成立的当日，即 1927 年 4 月 18 日创立《民生报》。

（二）据《民生报》现存最早的一份报纸（1928 年 2 月 1 日）所标明的发刊号数，及当时报刊的休刊规律可初步推算出《民生报》的创刊应是在 1927 年 10 月 21 日。

今北京国家图书馆和南京图书馆都藏有南京《民生报》，并已摄成缩微胶片，但是它们实际上是同一套，是两地互相补充而成。至今见到的最早一期是 1928 年 2 月 1 日出版的，由此易产生误解，有人轻易认定该日为《民生报》的发刊日；或许有人考虑到收藏不全的原因，然而又受到吴范寰的影响，只得接受他的说法，用"1928 年年初"这个带有含糊时间性的词语应付了之。笔者猜想，这是前面所说的第二类说法为何大行其道的原因。如果研究者仔细阅读该期报纸的话，会发现在刊名下方有一行小字"第九十五号"。②据此我们可知《民生报》创刊于"南京民国政府成立的当天 1927 年 4 月 18 日"或"1928 年年初"这两种说法都是站不住脚的。用万年历可推算出，如果在这之前没有停刊过的话，《民生报》的发刊日应为1927 年10 月30 日。此时《民生报》创刊时日既短，其休刊的日数必不可能很多，由此我们可以断定《民生报》创刊于 1927 年 10 月是毫无疑问的。

进而，如果我们能确定《民生报》从 1927 年 10 月 30 日至 1928 年 2 月 1 日期间的休刊日数，则能确定它的发刊日期。民国前期，大部分报纸能遵循政府发布的法定假日休假办法，每逢节假日则一律休刊，成舍我所办的《世界日报》和《民生报》在其早期也遵照此例。查阅两报，发现

---

①　1927 年 8 月，安国军副司令孙传芳率领 11 个师和 6 个旅反扑南京，龙潭战役爆发。经血战六昼夜，至月底，才以孙传芳部彻底失败告终。这场战役被称为北伐战争中最激烈、最具决定性的一场战役。参见：南京市志方志编撰委员会编撰《南京简志》，江苏古籍出版社 1986 年版，第 209—210 页。

②　据笔者查阅，在 1934 年 1 月 1 日之前，《民生报》每天都会书明总号数；从此日开始，抛弃了用总号计数的方法，代之以创刊后的第几年第几号的方法，如此日为"第八年第一号"。

两报休刊的日期和日数差距都较大，但是还是可以归纳出一些规律。① 笔者发现，在 1930 年之前，两报从先年的 10 月 30 日至后一年的 2 月 1 日前后，有两个节假日是必定要休刊的，即元旦和春节。② 《民生报》因地处南地，还有一个节假日"总理诞辰纪念"日（纪念孙中山诞辰日，每年的 11 月 12 日）要休刊。按照惯例，当时"总理诞辰纪念日"休刊一日、元旦休刊三日、春节休刊五日，在此期间《民生报》总共休刊的日数为 9 日。照前所述，因 1928 年 2 月 1 日标明的号数为"第 95 号"，可推出如果之前没有休刊的话，则发刊日应为 1927 年 10 月 30 日；现推导出在这期间累计休刊 9 日，发刊日则应在 1927 年 10 月 30 日的基础上再往前早 9 日，即 10 月 21 日。这是间接推断的方法。

（三）断定《民生报》的发刊日为 1927 年 10 月 21 日最为可靠也最直接的资料是，从1934 年1 月17 日开始至被迫停刊，在其每期的刊名下方都有一行极不为人注意的小字，"创立于中华民国十六年十月二十一日"。那么这行字可信吗？笔者认为要解答这个问题，必先解答另一个问题，即《民生报》为何在此前没有标明，而现在又标明呢？据笔者猜想，这与此时南京报业市场竞争日趋激烈有关。南京国民政府成立后，新闻机构纷纷移植南京出版，"从民国十七年（1928 年）到二十四年（1935 年），报社由三十一家增至一二二家"，③ 特别是同为小型报的《朝报》创刊后，以开放的时事言论和丰富的副刊栏目，深受南京市民阶层的欢迎，给《民生报》极大的竞争压力。④ 《民生报》此时在其刊名下标明"创立于民国十六年十月二十一日"字样，其用意除了自勉外，更重要的是向读者自夸其是南京民国政府成立后历史最悠久的报纸。实际上，自该年

---

① 在 1929 年之前，南北处于分治状态，因而两地政府颁布的节假日绝不相同，决定了《世界日报》和《民生报》的休刊日期、日数差距较大；1929 年之后，随着南北形式上的统一，两地的休假办法也趋统一，则两报的休刊日期和日数也渐有统一的趋势；进入 1932 年以后，随着成舍我"报纸全年不应休假"意识的逐渐加强，两报休刊的日数渐少，至后来除了因触怒当局而被迫暂停出版及元旦休刊三日外，其余几不休刊。

② 并不是每年的春节都在 2 月 1 日之前，如 1929 年的春节就在 2 月 1 日之后，但因 1928 年的春节在 2 月 1 日之前，为便于比较，故从简也算是。

③ 曾虚白：《中国新闻史》（上），台湾商务印书馆，第 358 页。

④ 《朝报》，王公弢创于 1933 年，日刊四开三张，是特具风格的小型报。以批评时事露骨、副刊版面众多著称，销量曾为南京各报之冠。

（1934 年）起，其抛弃总号计数的方法，而采用"第几年第几号"计数的做法用意也是如此。如此"布闻天下"的做法，使得"创立于民国十六年十月二十一日"更为可信。因为毕竟从 1927 年算起至 1934 年，《民生报》存在也不过八个年头，相信仍有个别读者或机构保存当年该报发刊日的报纸，如《民生报》说法不实，毫无疑问会遭到检发，而该报从此日起至终刊一直在其刊名下标明此行字，则可证实其说法得到了认可。

（四）笔者在台北国民党"党史馆"查阅到，民生报社曾向国民党中央农人部、商人部、青年部及妇女部等四部各发了一封内容相似的信函。兹以其致中央农人部为例，摘抄内容如下：

> 敝报筹备就绪，准十月二十一日出版。已派定记者多人四处采集新闻。贵处如有公开发表之消息，尚希随时派员送下，以利宣传。无任盼祷此上。
>
> 南京民生报社　谨启　十月十七日①

由信函内容可知，该函书写的目的，是民生报社为唯恐创刊初期广告缺乏，故在发刊前（10 月 17 日）向四部通告其准拟（1927 年）10 月 21 日出版，希望它们能提供广告、启事或新闻等"公开发表之消息"以填充版面。由此更能以实物佐证该报的发刊日就是 1927 年 10 月 21 日。

第四节　"五洲未定一年游"：对成舍我
20 世纪 30 年代初欧美远游的考察

20 世纪 30 年代初成舍我的欧美之行，是成舍我一生中的重要一页。这次旅行，开阔了成舍我的眼界，通过中外比较，促使他对中国的前景进行了深入思考，是成舍我个人政治思想发展的重要阶段；同时对欧美报业的考察，也使他探寻到中国报业的发展道路，促使其报刊思想的最终形成。

---

① 《南京民生报社致中央农人部函》，台北中国国民党党史馆，馆藏号：部 14558。另三份相同内容的信函为：《上中央商人部函》，馆藏号：部 15621；《上中央青年部函》，馆藏号：15883；《南京民生报上中央妇女部函》，馆藏号：部 16209。

关于成舍我欧美之行的影响（收获），已有多位学者进行了阐述。①
然而，于此次欧美之行的缘起、行程，学界还是语焉不详，即使对其影响
的阐述，也因文献的不足，而存在以偏概全的现象。笔者不揣浅陋，穷集
相关文献，试图对成舍我人生中之重要一页有较精确的论述。

一 欧美远游的缘起

此次欧美之行，成舍我是肩负两项名义出使的。一项是"受北平研究
院委托，接洽学术文化事宜"②。北平研究院是于1929年成立的研究机
构，其主持人是与成舍我关系密切的李煜瀛③。1930年年初，当他和李商
量找出国机会时，李即允由北平研究院委成以赴欧美接洽学术文化的名
义，并由李出面，成旅欧的费用由李主导的中法教育事业费津贴一部分，
其余部分以成任司法行政部简任秘书的职务，由司法部预付一年的薪金。
另一项名义是"便道考察各国新闻教育及新闻事业，借为北平大学法学院
新闻系之参考"④。1929年1月，北平大学拟在法学院添设专修科，聘成
舍我为专修科主任；后又在第二年年初，在新闻专修科基础上增设新闻学
系，继续聘请成为主任，当时成以出国在即，提出辞呈，在一再挽留下，
始答应留任，并答应在考察各国新闻教育之余，筹划课程体系，"借为该
系将来扩充准备"。北平大学也为方便成的欧美之行，特致函我国驻英、
美、日、法等国使馆，请求为他提供便利。

上述两项名义，不仅使成舍我的旅费有了保障，更为重要的是，保证
了他在旅途中能以官方渠道的名义获得帮助。然而，关于成此次远游的真
正目的，多数学者认为是"考察欧美报业"，此话无误，而用成自己的
话——"民国十九年，平出国，诣欧美，将研考报业，备异日革进所营各
报"⑤——更为确切些。为理解成这一目的，我们应该从他所办事业的发

---

① 最有代表性的成果有：吴范寰《成舍我与北平〈世界日报〉》，载张友鸾等《世界日报兴
衰史》，重庆出版社1982年版，第19页；周靖波《成舍我的业绩》，载中国人民大学港澳台新闻
研究所编《报海生涯——成舍我百年诞辰纪念文集》，新华出版社1998年版，第12—13页；孙
景瑞《报业巨子成舍我》，《文史春秋》1997年第4期。

② 《成平启程赴欧美考察学术文化》，《世界日报》1930年4月18日第5版。

③ 关于两人的关系，可查看本章第一节。

④ 《成平启程赴欧美考察学术文化》，《世界日报》1930年4月18日第5版。

⑤ 舍我：《先考行状》，《世界日报》1931年9月4日、5日第10版。

展情形说起。

成舍我此时的事业，一为北平的《世界日报》系，二为南京的《民生报》。

《世界日报》系自1924年创刊后，到20世纪20年代末已渡过了艰难险恶的开创时期，走上了平稳的发展道路。此时，北平一些历史悠久的报纸如《晨报》《顺天时报》因政治靠山垮台纷纷停刊，曾享有盛名的北平《益世报》《京报》在政治动乱中几经浮沉，大伤元气，虽仍在经营，但也是苟延残喘而已，而新创办的报纸如《新晨报》《华北日报》等也因创刊时日较短，还不成气候。独有《世界日报》系虽亦几经动乱，但在成舍我的精心经营下，业务日渐发达，尤其是《世界日报》，"报纸的发行数，始终凌驾于《大公报》在北京的销数"①，成为北平的第一大报。

南京《民生报》创刊于1927年10月21日，是国民党统治时期南京地区最早、最有影响的民营报纸，在业务上，首创小型报样式，探索"精选精编""小报大办"的办报模式，因编排新颖，敢于讲话，深受读者欢迎，至20世纪20年代末，其销量甚至一度超过《中央日报》。

由上述可知，此时成舍我的事业日渐兴旺，正是需要他弹精竭虑将事业做大做强之时，为何在此紧要时期反而一走了之，作欧美远游呢？以笔者看来，他是基于以下三方面的考虑。

其一，基于现实政治的考量，及对中国未来报业发展的自信。自东北易帜后，国民党从形式上统一了全国，结束了长久以来南北分治、军阀割据的局面。成舍我尤因局势的转变而欢欣鼓舞，在一篇社论中，他以《世界日报》在北方备受军阀摧残而独能幸存为例，来说明他的心情，"《世界日报》，迭经大小军阀之摧残蹂躏，值此革故鼎新之始，犹能岿然与国民共见于青天白日之下，其踊跃欢忻，所以较常人为更亲切者，理有固然"②。在他看来，中国既然已从军事上打倒了军阀，从政治上结束了内乱，那么，"……民国国民，他们所享受的自由，将为完全的自由"③，长久以来由各地军阀制定的羁缚新闻事业发展的各种法规也将荡然无存，报

---

① 贺逸文等：《北平〈世界日报〉史稿》，载张友鸾等《世界日报兴衰史》，重庆出版社1982年版，第71页。

② 舍我：《中华民国？如何能名实相符 全赖全国民众努力奋斗》，《世界日报》1929年1月1日第2版。

③ 百忧：《国庆纪念与言论自由》，《世界日报》1929年10月10日第2版。

人将获得空前的办报自由。据于这种心理，成舍我对中国报业的前景充满
了期望，他认为，中国也将很快同西方一样，产生发行突破区域限制、销
量广大的报纸，他说，"……平津报纸尽有销售于黄河以北十数省区之可
能，销数增至一二十万，绝非难事。……大规模新闻事业，不难实现"①。
为了迎接即将到来的报业发展良机，成舍我觉得自己有必要提前做好准
备，这种准备就是自己要超越同时代的中国报人，具有前瞻的报刊业务、
经营管理思想。

其二，成舍我意识到，自身事业虽日渐巩固，但其发展正处于一个瓶
颈时期。在报刊经营管理方面，沿袭中国"文人办报"的旧式做法，组
织简陋，人员配备不齐，没能实行成本会计制度；在印刷方面，报社初期
并无印刷设备，后来逐渐添置，但也是因陋就简；当到了 1928 年下半年，
北平报界发生变动，《世界日报》应时而起，发行量大增时，也仅依靠两
架平版印刷机，昼夜不停地运行，仍不能满足发行额日益增多的需要，因
而此时成舍我最为关心的是如何革新印刷技术，这导致有人甚至认为他
"赴欧美考察，主要就为的学印刷技术"②。

其三，基于印证他提出的小型报思想。为了实现他的大众化报纸理
想，成舍我效仿欧美，首创小型报办报模式，已在《民生报》实践了近
两年，虽然已取得相当成功，但是他有一个心结，这套办报模式能否在新
闻事业发达的欧美得到印证？这是一种患得患失的心理，既想让他的这套
办报方略得到肯定，同时又希望能从欧美报业中学习到更多的东西以革新
所营的报纸。

由此可知，无论是为了应对中国报业即将到来的良机，以期成为"中
国新闻界的巨头"，或是为打开事业发展的瓶颈，或是为印证和检验他提
出的小型报办报模式，成舍我都需要到欧美走一趟，以"研考报业，备异
日革进所营各报"。其实早在 1929 年，成舍我就有远赴欧美的计划，在该
年 5 月 30 日致李书华（北平大学区代理校长）的函电中，他以此为辞去
北平大学秘书长的借口之一，"平原以暑假出国，势难再展。无论如何，

---

① 《成平定明日离平赴欧美考察新闻事业》，《世界日报》1930 年 4 月 15 日第 5 版。

② 张友鸾：《报人成舍我》，载张友鸾等《世界日报兴衰史》，重庆出版社 1982 年版，第
9 页。

仍乞另选贤能，俾平得早日成行"①；但因当时北平大学因经费积欠，代理校长李书华赴京活动，要他代行校长职务，后北平大学区停办，李煜瀛又荐他就任司法部行政部简任秘书，事务缠身，使得成舍我"去远游，欲行数辄"②。直至1930年春，成舍我把一切行政职务辞去，将自身事业吩咐妥当后，欧美远游才正式提上议事日程。

二　欧美远游的行程

关于成舍我欧美远游的行程，仅有少数文献提及，过于简略，且常有不确之处，兹就《世界日报》《民生报》等报刊的相关报道及成舍我的文章勾勒其行程。

1930年4月14日下午三时，北平新闻界在中山公园"来今雨轩"为成舍我的欧美远游举行茶话会。成舍我发表讲话，针对首都南迁后，北平新闻业日益凋敝的景象，安抚新闻界同人；并以未来新闻界巨头自居，展望中国未来新闻事业的发展，"至言论自由，则民主政治之原则，不能推翻，终有实现之一日。且今后经营新闻事业者，无论其主张与立场如何，必将由各个奋斗而趋于共同合作，大规模新闻事业，不难实现"③。4月16日离平转沪。

抵沪后，忙于整理行具，盘桓一月有余，至6月14日乘法国邮轮"安得来朋"号（ANDRE LEBON）首赴马赛，旅途正式开始，同船有谢寿康（曾任中央大学文学院教授，任中国比利时使馆代办）、刘克隽（立法委员，赴捷克出席刑法会议）。当日，到船埠送行的人群中除了成舍我的家人和北平各报驻沪记者外，还有上海新闻界的代表张竹平、戈公振等。离行前，成舍我再次向北平新闻界致电告别："旧都在望，驹隙如流，易水燕云，弥增迥溯。前以负笈蹴志慕远征，猥荷眷顾，宠勉有加，旗亭骊唱，感幸交并。自抵沪滨，经营行具，顷摒挡粗毕，已定月之十四日，乘法轮安得来朋西渡。知己长存，而落月屋梁，不无期邑。尚望时赐嘉言，俾资事佩！海天延企，不尽万一"④。

---

① 《李书华函成平　成亦有函至李》，《世界日报》1929年5月31日第6版。
② 舍我：《欧游通信》（第一次），《世界日报》1930年7月13日第3版。
③ 《成平定明日离平赴欧美考察新闻事业》，《世界日报》1930年4月15日第5版。
④ 《成平告别新闻界由上海发来电报》，《世界日报》1930年6月16日第7版。

6月17日，船抵香港，稍作休憩，当日即起航。

6月20日，船抵西贡，游沙龙（CHOLON）；21日，游西贡植物园，考察西贡中华总商会；22日，考察西贡报业；23日，船启程，赴新加坡。①

6月25日，船抵新加坡，下船游来佛博物院、植物园、某阿拉伯人私园、华侨中学（陈嘉庚设）、考察华侨新闻事业，下午四时开船。②

6月30日，到达斯里兰卡首都科伦坡，与友人游堪替（Kandy），翌日下午二时船起碇。

7月8日，船入亚丁湾；9日，抵吉布提（当时为法属索马里的首府）；13日，入苏伊士运河；14日早八时到波赛（Port Said），下午二时入地中海；19日上午八时到马赛（此船终点），游半日，即赴里昂。③

7月下旬，在巴黎结识程沧波④（时就学于伦敦大学政治与历史专业），后两人结伴同游欧美。

8月，认识正在巴黎大学留学的丁作韶⑤，成、程两人在其陪同下考察巴黎报业，先后参观了《无敌报》《日报》《小巴黎报》《巴黎晚报》《论坛报》等报馆。⑥

9月10日，与褚民谊等赴日内瓦出席国际联盟大会，⑦ 会后，与褚民

---

① 舍我：《欧游通信》（第二次），《世界日报》1930年7月22日第3版。

② 舍我：《欧游通信》（第三函），《世界日报》1930年8月21日第3版。

③ 舍我：《欧游通信》（第四函），《世界日报》1930年8月22日第3版。

④ 有些文献中说，成舍我和程沧波同时乘安得来朋号邮轮到法国，笔者认为不确：（一）据成舍我《欧游通信》和相关文章并未提及程沧波；（二）又据程沧波后来发给《世界日报》的特稿说，"我在七月初到巴黎，恰巧一星期，便是法国第一次大革命纪念日（7月14日）"（沧波：《巴黎两个革命纪念日》，《世界日报》1930年8月29日第3版），而根据成舍我的《欧游通信》（第四函），安得来朋号邮轮此时才刚驶入地中海。

⑤ 丁作韶（1902—1978），河南夏邑人，法学家。早年毕业于河南留学欧美预备学校和上海震旦大学，1928年，考取巴黎大学研究生院法律专业，并于1931年获得法学博士学位。后在厦门大学、四川大学、广西大学、台湾成功大学等多所大学任教。

⑥ 丁作韶：《兹收到成舍我一名》，香港《新闻天地》杂志1957年总第500号。

⑦ 《成平在法考察新闻事业》，《世界日报》1930年8月22日第6版。贺逸文等人在《北平〈世界日报〉史稿》中说，"成舍我……于9月10日到瑞士日内瓦参加万国报界公会"，应为误说。见：贺逸文、夏芳雅、左笑鸿《北平〈世界日报〉史稿》，载张友鸾等《世界日报兴衰史》，重庆出版社1982年版，第75页。

谊等同游德国、意大利。

9 月底，到英国伦敦①，居住一月有余，考察伦敦报业，10 月 27 日，给国内发回通信《在伦敦所见英国报界之新活动》。"爱其读书环境良好，欲变计久居。且就读英京伦敦大学"，与程沧波在伦敦大学政治经济学院听课。至 12 月下旬，某夜，风雨交加，与程拥炉而坐，忽起"游子万里之感"，"乃决治装以今年（1931 年）春归"②。

在万国公会秘书长华洛（Stephen Valot）的周旋下，1930 年 12 月 25 日到达比利时布鲁塞尔访问。26（27?）日，应中国驻比使馆代办谢寿康之邀，到使馆作题为"国际宣传与中国"的演说，对欧美报纸关于中国的报道深为不满，主张我国"最有效力的国际宣传，就是自己努力，第一，在消弭内战，完成统一"③。28 日，比利时报界公会会长董思日（Herman）设宴欢迎成舍我，成舍我作演讲，宣扬国家间互助合作，谓"世界和平之保障，不在少数政治家间之谅解，而在全体国民间之谅解。最足以造成或促进此种谅解者，即在全世界新闻家之推诚合作"。④

1930 年年底，重游巴黎，给《世界日报》《民生报》发回通信《英法报纸之比较 我所见之巴黎各报》。⑤

1931 年元旦，赴德国，2 日到达柏林，而后至汉堡，自汉堡横渡大西洋，赴美国。

1931 年 1 月中旬，到达美国纽约，后由华盛顿坐火车横亘美洲大陆，途经芝加哥，至旧金山。途中，应美国密苏里大学新闻学院院长威廉博士之邀，考察新闻教育。⑥ 旅美途中，"美国东西南部，寒暑迥殊。自罗桑

---

① 《在伦敦所见英国报界之新活动》写于 1930 年 10 月 27 日，且文内有这样一段话，"兹仅就最近一月间，英国报界之各种新活动，择其关系较重要者，为述数事如次"，可知成舍我在 9 月底就到伦敦。

② 舍我：《先考行状》，《世界日报》1931 年 9 月 5 日第 10 版。

③ 舍我：《就算是我的感想》，《世界日报》1931 年 3 月 16 日第 3 版。

④ 《成舍我在比国报界公会之演说》，《世界日报》1931 年 1 月 28 日第 3 版。

⑤ 在《英法报纸之比较 我所见之巴黎各报》文后，成舍我标明"十九年除夕自巴黎寄"，"除夕"一般意指中国旧历最后一天的晚上，查万年历，1930 年的除夕为 1931 年 2 月 16 日，但是此日期和成后来的旅程相左太大，又此文在《世界日报》发表是 1931 年 1 月 25 日、26 日，以上说明，成标明的"除夕"指的是西历的最后一天，即 1930 年 12 月 31 日。可知成舍我是由布鲁塞尔而至巴黎的，成是在巴黎迎接新年的到来的。

⑥ 舍我：《就算是我的感想》（续），《世界日报》1931 年 4 月 1 日第 3 版。

及尔以西，风物清丽，气候温煦，芳草绿杨，绝非严冬气象。车中口占，写寄国内诸友"：

> 几日驱驰入幽胜，天教丰啬别西东。昨今沙砾不毛地，今在河山如画中。芳草乍疑湖上梦，绿杨自舞道旁风。却怜故因寒犹劲，有客披裘拨火红。[1]

1931 年 2 月初，自旧金山，乘轮横跨太平洋，到日本东京，舟中结识日本九州大学教授宫崎彪。在太平洋中，作诗述怀：

> 崎岖历尽归平淡，地北天南自去留。且喜半生逃百死，勉持残醉洗千愁。夜寒侵枕听风吼，浪急敲窗见海流。不信乾坤真浩荡，五洲未定一年游。[2]

在日本略作停留，即转行回国。1931 年 2 月 19 日，船轮抵上海，欧美之行结束。

三　欧美远游的影响

此次出游，是成舍我一生中仅有的三次远游之一[3]，对其人生造成了长久持续的影响。其影响体现在成舍我写成的逾三万字的长文《就算是我的感想》[4] 中。此文是成欧美归来后的总结性文章，目的是"诚实介绍现在世界的真相，且处处都反映中国的现状，和未来的建设"，原拟分作政治、经济、教育、新闻事业和杂事五部分，最终仅完成政治、经济两部

---

① 贺逸文等：《北平〈世界日报〉史稿》，载张友鸾等《世界日报兴衰史》，重庆出版社 1982 年版，第 75—76 页。

② 同上。

③ 成舍我的另两次远游分别是：1959 年 7 月，应美国国务院之邀，以"立法委员身份"赴美考察，见：《成舍我月中赴美》，香港《新闻天地》杂志 1959 年 7 月 4 日总第 594 期；1977 年 8 月，成舍我 80 大寿，为避寿远赴美国，考察新闻事业和新闻教育，见：《成舍我访美》，《中央日报》1977 年 8 月 20 日第 6 版。

④ 《就算是我的感想》，连载于《世界日报》1931 年 3 月 16 日、18—30 日及 4 月 1 日、3—8 日、12 日、13 日、18 日、20 日。为方便起见，下述引文，如没有特别说明都来自该文。

分；下面联系此文和其他文献及成舍我归来后的作为，详述其影响。

（一）反思资本主义国家的发展现状，思考中国的发展前景

北伐胜利后，国民党虽然从形式上统一了中国，但是随着阎锡山、冯玉祥、李宗仁等新军阀的崛起，他们同蒋氏集团为争夺地盘钩心斗角，甚至大打出手，中国实际上又陷入了内战和分裂的泥潭；尤其是成舍我临行前，1930 年 4 月爆发的中原大战，战争规模之大，更是中国历史上前所未有，这使成舍我忧心忡忡地出使欧美，决意从西方的发展模式中找到一剂治疗中国的灵丹妙药。然而资本主义历史上最大的一场经济危机正在席卷着整个西方国家，考察的结果令他无比沮丧。因而，他的结论是，"最近的将来，只有中国，是世界的天国，世界上不能解决的问题，在中国尚未发生，只要中国能和平建设，却不走西方已失败的途径，中国前途的希望，真是不可思议"。尽管不能从西方世界找到灵丹妙药，成舍我还是根据欧美国家的成败得失及中国的固有国情，来思考中国的未来。

成舍我认为，中国要增进民族生存自卫的能力，首先是"恢复国内的和平，确立国家的统一"，其次是找到途径，保障国内永久的和平和国家永久的统一。在成看来，中国已经暂时恢复了国内的和平，确立了国家的统一，现在需要解决的是，"和平恢复了，应怎样保障国内永久的和平；统一造成了，应怎样保障国家永久的统一"，他从政治、经济两方面给出了解决之道。

政治方面的解决方法，是"如何使各级社会富有政治思想的领袖人物——所谓知识阶级——在政治上能找着一条正当的和平的'斗争'途径"。成舍我狭隘地认为，"中国政治的重心，实集中在这班有政治兴味的各级社会的领袖人物——所谓知识阶级"，而自民国建立以后，中国 20 多年动乱的主要原因是政治制度不完备，不能保证他们有参政议政的机会。一方面社会精英人物（所谓的知识阶级）没有正当的途径去实现他们的政治抱负；另一方面地方政府权力过小，使得有聪明才力的知识分子全集中于中央，造成了人才的浪费和地方发展的落后。因而，他主张政治体制方面的改革，一是学习西方的代议制度，成立国民代议机关，能容纳这些精英人物，保证他们"去作正当的和平的政治斗争"；二是扩大地方的自治权限，使中央与地方的人才，都能有适当的分配，这样才能使全国各地有平均发展的机会。

经济方面的解决方法，是"如何使地狱生活的最大多数国民，都能跳

出地狱，过近代人们的生活，换一句话说，就是如何使人民有饭吃，并相当享受近代文明的恩惠。"成舍我剖析了英、法、德、美等国在经济大萧条中不同的状况，注意到资本主义世界的一个悖论，对科技运用得更广泛、更彻底的国家，受创伤的程度更严重，由此他得出一个论断，"机械发达为世界经济恐慌之最大原因"。他可贵地认识到，这是由于资本主义制度不节制资本，无限制地扩大再生产导致的必然结果。因而，他认为人类面临的一个挑战是，"我们究应如何，去改革现在政治、社会，和一切生产的制度，来适应这种潮流，使我们人类最大多数，的确只享受科学的恩惠，不会再发现他丝毫的罪恶"。于此反思中国的经济建设，成舍我主张从经济制度和建设程序两层面作出应对。在经济制度层面，可以借鉴社会主义制度下的宏观调控机制，解决"资本"与"机器大生产"带来的危机；在建设程序层面，理清先后缓急，制定出一个经济建设的程序，以有限的资源去建设最重要、最迫切的事。

欧美归来后，成舍我对中国前景的上述思考，对其事业和个人造成了一定的影响。对其事业而言，成舍我的上述政见左右了他的舆论导向，抗日战争前的《世界日报》《民生报》以及1945年复刊后的《世界日报》有相当一部分社论（社评）集中反映了这些主张。对其个人而言，成舍我后来之所以积极地参与政治活动①，除了为其事业的发展提供方便等考虑外，更多的是深受——"中国政治的重心，实集中在这班有政治兴味的各级社会的领袖人物"——这种社会精英观的影响。正如他在1965年为其学生所题的词："'入太庙每问事'，采访记者应有此精神"，成舍我认为，社会精英有能力也有义务为国家和社会的发展做出贡献，这是理解他为何积极"问政"及与国民党当局关系越来越密切的一把钥匙。

（二）考稽欧美新闻业的发展模式，深入思考中国新闻事业的发展前景

远游期间，成舍我仔细观察各国新闻业的动态，深羡各国新闻业对社会的巨大影响和所享有的自由，对于政府与新闻业建立起的良好互动关系

---

① 成舍我后来参与的政治活动有：1932年10月，被聘为"国难会议"会员；1938年6月，以社会贤达的身份任"国民参政会"参政员；1939年先后任军委会第六部设计委员、军委会政治部设计委员会委员；1946年11月，当选"国民大会"代表，参与制宪；1947年，当选第一届立法委员。

赞叹不已。然而，他并不是全盘地接受西方新闻业的发展模式，而是对欧美报业的一些不好的发展势头进行了批判，进而较深入地思考了中国报业的发展道路。

首先，成舍我注意到"资本"与"商业"对新闻业的侵害，主张从制度层面加强建设以抵制这种侵害。他虽然羡慕英国的报业大王对政坛的巨大影响，但又说，"在民治潮流，日见发皇之今日，新闻事业，本代表多数国民，如彼等特殊阶级人物，绝不足当领导平民的无产阶级的新闻事业之任"①。这是因为他注意到报业的"资本化""商业化"带来严重的后果，"在现今资本制度，和'报纸商业化'的口号下，'报'只是资本家的专利品"，"他们只知道自己如何投机发财，对于社会公众的福利，几乎是毫未想到"②，使得刊发的内容一味迎合一般社会的心理，报纸最后只能沦落成资本家赚钱的机器，不能承担社会公器之职。为克服此弊端，他先是主张改革报社的组织结构，新闻和言论分离，经营和编辑脱离，"在营业方面还可以商业化，但编辑方面却应该绝对独立，不受'商业化'任何丝毫的影响"③，在此基础上，他后来延伸出著名的"资本家出钱，专家办报，老百姓说话"的办报思想。

其次，洞察世界报业发展潮流，甄别欧美各国报业得失，探寻中国报业的发展方向。

旅英期间，恰逢英国报业大王北岩爵士（Lord Northcliffe，1865—1922）逝世八周年，伦敦新闻界为追念其对英国报业的贡献而在舰队街（Fleet Street）铸建铜像。成舍我高度评价北岩其人及其开创的现代资产阶级报业，认为这种以趣味为中心、价格低廉、语言浅易、面向普通民众的新型报纸代表了世界报业的发展方向，"二十世纪之报纸，其目的绝非仅止于供给一部分知识阶级，欲求报纸销行于一般平民，自非浅显生动之文字，及最低之售价，不能奏效"④。成舍我的大众化报纸思想实源于此。

同时，成舍我还以英法两国报业为代表，研究了两种报业模式的得失。他分析，英国商业发达，故广告多，报纸篇幅也多；而法国为农业

---

① 舍我：《在伦敦所见英国报界之新活动》（续），《世界日报》1930 年 11 月 18 日第 3 版。

② 成舍我讲，荣涛、于振纲记：《中国报纸之将来》（续），《世界日报》1932 年 5 月 7 日第 7 版。

③ 同上。

④ 舍我：《在伦敦所见英国报界之新活动》（续），《世界日报》1931 年 1 月 14 日第 3 版。

国，工商业不发达，故广告较少，决定了报纸篇幅也少。在这两种模式中，中国该向谁学习呢？成认为，"吾国今日之工商业，不但不如英，且并法亦望尘莫及"，故"深觉吾国今日应取法者，大部分实在法而不在英"。[①] 在成看来，只有向法国学习，极力缩减报纸的篇幅，提高广告刊登的价值，实行"精编""改写"的编辑策略，以极力删削一切无意义的新闻，才能降低报价，使大多数国民有机会接触报纸，实现大众化报纸的办报理想。正是在此思想影响下，成舍我在中国开创了一种新的办报模式——小型报，他认为小型报是基于中国的国情，代表中国报纸的发展方向。

（三）学习西方报业的先进经验，改进报纸业务

成舍我此次出游的主要目的是"研考报业，备异日革进所营各报"，因此，每到一地，他首先考察的就是当地的报业，研究其业务对他革新报纸有无借鉴意义，考察之仔细，据陪同考察的张作韶说，"舍我之看，并不是走马看花之看，而是细细的看，从排字开始，而编辑而发行，无一不看；不但看，且研究，而且比较，他们彼此间之比较，他们同中国报纸之比较。有点不明了的，他必问，反复的问，不厌求详的问"[②]。回国后，成舍我就将这些经验贯彻于《世界日报》《民生报》的实践中。具体表现在：

报纸经营上，完善报社组织，建立健全科学的管理机制。最高管理机构为总管理处，下辖总务、监核、扩充、仓库四个组，尤以监核组权力最大，负责核查报社的财务、发行量，接受读者来信和投诉，有对报社全体人员奖惩之权，可谓是科学管理的核心；在具体业务上，分设编辑处、营业处、印刷处和会计处，会计处采用新式簿记制度，实行成本会计，印刷处则添置了轮转机和万能铸字机等新式机器，扩大了印刷能力；建立经常性的奖惩机制，要求全体员工做工作日记，根据记者、编辑的发稿量考核，给予适当的奖励和处罚。

新闻采编上，多渠道、多手段扩大消息源，提高新闻采集的时效性和质量。成舍我一向注重新闻的采集，早先除了通过电报、电话等正常手段传递外，还利用私人关系等非正常方法采集新闻；在南京《民生报》、上

---

① 舍我：《英法报纸之比较　我所见之巴黎各报》，《世界日报》1931 年 1 月 19 日第 3 版。

② 张作韶：《兹收到成舍我一名》，香港《新闻天地》杂志 1957 年 9 月 21 日总第 500 期。

海《立报》创刊后，它们与北平《世界日报》作为对方的派驻记者站，达到三地互通有无、共用稿源的目的，在扩大消息源、提升报道时效性的同时，又大大降低了费用；欧美归来后，苦于中国电讯事业不发达，成舍我设立"收音室"，独创性地运用收音机来收听新闻，经过改写，作为自己采写的新闻刊在报纸上。另外，成舍我一直提倡的"精编""改写"编辑策略也在伦敦《每日邮报》等欧美报纸上得到了印证，鼓舞他在这方面不断探索，小型报编辑思想由此逐渐成熟。

报业的上述革新，为成舍我的事业发展提供了持续的动力，使得北平沦陷前的《世界日报》步入了黄金发展时期；被国民党当局查封前的《民生报》也为南京地区首屈一指的报纸；至后来的《立报》，则以其空前的发行记录成为中国新闻事业史上的一座里程碑，也使此时期成为成舍我个人事业最辉煌的时刻。

第五节　《民生报》停刊事件：中国言论斗争史上的典型案例

《民生报》由最初日出仅四开一张，发展为日出四张，发行量曾超过国民党的机关报《中央日报》，深受读者欢迎。1934 年 5 月，它雄心勃勃地宣布又将进行一场新的改版扩张，但是两月后就因"言论致祸"被国民党当局"永久停刊"，把它葬送在历史的进程中。

1934 年《民生报》停刊事件经常被学者当作中国历史上言论自由受摧残的典型事例论及。① 在研究这一时期的成舍我及《民生报》的文献中，大多也是围绕此事件展开。从中可知该事件在中国言论自由斗争史上的地位。

在现有探讨《民生报》查封事件的文献中，存在以下问题：在描述事件的进程中因资料不足等原因而不能使事件的全貌较清晰地展现于世人面前；在探寻事件背后的原因时，虽然有学者认识到原因的复杂，但还是

---

① 例如李文绚在《风吹柳锁——中国新闻史著名报案》一书中将此事件作为 11 个报案之一；又如林语堂在《中国新闻舆论史》中，更是将此事作为典型案例，来详解新闻检查制度的运作机制。分别参见：李文绚《风吹柳锁——中国新闻史著名报案》，福建人民出版社 1999 年版，第 99—109 页；林语堂《中国新闻舆论史》，王海、何洪亮译，中国人民大学出版社 2008 年版，第 139—140 页。

存在以偏概全、沿袭前人旧说的问题；对《民生报》停刊后的影响没有文章论及。笔者试就以上问题做一探讨。

一 事件全扫描

事件的直接起因是《民生报》在 1934 年 7 月 20 日的一篇报道——《弹顾案听惩戒会办理 蒋电汪、于勿走极端》（后文简称为《蒋电汪、于勿走极端》），但是事件的全过程要追溯到近两个月前的另一篇报道。

（一）《某院处长彭某辞职真相》的发表与"彭成讼案"

1934 年 5 月 24 日，《民生报》在其三版上刊载了《某院处长彭某辞职真相——有依法嫌疑 某当局大不满》（后文简称《某院长彭某辞职真相》）一消息，位于该版下方，但用了加框处理，故仍能引起相当人的注意。该文揭示了行政院政务处长彭学沛辞职的原因是，彭在经手行政院新建大楼时，受建筑商的贿赂，致使工程用了超过预算一倍多的资金才完工，且自建新式洋房一幢，有贪污受贿嫌疑，招致时任行政院院长汪精卫的不满。

25 日晚七时半，《民生报》社就有首都警察厅上门，并出示"行政院密令"，以"民生报于本月二十四日登载关于本院之恶意新闻，毫无事实根据肆意造谣，不服检查"为理由，着令"自本月二十六日起，停版三日示儆"。①

在 29 日《民生报》复刊的第一天，成舍我发表了占两个版面近万言的社论《停刊经过如此!!! 敬请全国国民公关——"言论自由"固可为"国家自由"而牺牲 但非法摧残决不能不依法抗争》（后文简称为《停刊经过如此!!!》）。这篇文章可说是言论自由斗争史上的一篇经典文献。

在这篇长文中，成先就案件本身，用嘲讽调侃的口味一一驳斥了行政院安给《民生报》的三个罪名："恶意新闻""肆意造谣""不服检查"。然后围绕国民党的新闻检查制度，"郑重的再向政府和全国国民，提出下面两个最严重的问题"：一是新闻检查的范围，《新闻检查办法》声明检查的范围仅限于军事、外交、地方治安及有关项消息，而"现在各地的新闻检查，往往多已超过应该检扣的标准"。大声疾呼，"一个强有力而极得国民信任的廉洁政府，要建立这样的说法政府，就非政府当局和全国舆

---

① 参见：成舍我《停刊经过如此!!!》，《民生报》1934 年 5 月 29 日第 2 版。

论，共同合作不可"，对于像揭示贪官污吏这类对于建立"廉洁政府"有莫大功效的新闻，都应尽量开放。二是对于违背新闻检查而对报刊处罚的原则，"总应于可能范围，尽量求其轻减"，指出"政府今日，乃在以诚意求取舆论之合作，而不在于威权，钳制人民之喉舌"。最后就此次停刊事件，成表明了他的态度：（一）"我们认为这次行政院的处分，全然为一种非法行为，我们为使此种非法行为，不再发生起见，决向法定机关，提起抗告"；（二）"我们认为现在新闻检查的标准，日益浮滥，制裁新闻的机关，太不统一，我们不仅为保障自身及全国新闻界权利，应联合全国同业，向中央宣传委员，提请纠正"。从文中可知，成将矛头直指国民党当局的新闻检查制度，说出了当时新闻界不敢说出的话，为"首都报纸向未曾有之痛快文字"，并意图借此事件联合全国的新闻界掀起一场争取新闻自由的运动。①

在刊此文前，成及《民生报》社同仁预计到刊登此文后《民生报》销路定会大增，因此"是日临时加印一万份"，确因"各界购读奇增，当日下午，即已全数售罄"，31 日又将该文印出单页，免费赠送读者。同时，在成舍我所属的《民生报》、北平《世界日报》上，接连刊出《滥用威权和反抗威权》《好官我自为之 彭学沛今日复职》《国府令军委会行政院 保障新闻记者安全》《国府命令不可视为具文！》《惩治贪污为今日急务》《关于南京两报之各停刊》《怎样取缔新闻》等言论和新闻，围绕"新闻界揭示贪官污吏不应有罪，反而应加以奖劝"，新闻检查的不良影响及政府的相关法规等方面展开，大造舆论，真可谓"南北辉映"了。②

这些言论和报道将此事件的另一主角彭学沛推到了一个两难处境。监察院面对汹涌的民意，不得不做出要弹劾彭学沛的姿态，而彭要洗刷自己的嫌疑，除了与成舍我打一场官司，控诉《某院处长彭某辞职真相》和《停刊经过如此！！！》两文妨害他名誉一做法外，别无他法。于是，彭向

---

① 成舍我：《停刊经过如此！！！》，《民生报》1934 年 5 月 29 日第 2 版。

② 上面提及的文章分别出自：《滥用威权和反抗威权》载《民生报》1934 年 5 月 29 日第 5 版；《好官我自为之 彭学沛今日复职》载《民生报》1934 年 5 月 31 日第 3 版；《国府令军委会行政院 保障新闻记者安全》和《国府命令不可视为具文！》分别载《民生报》1934 年 6 月 5 日第 3、4 版；《惩治贪污为今日急务》载《民生报》1934 年 6 月 7 日第 4 版；《关于南京两报之各停刊》载《世界日报》1934 年 5 月 31 日第 13 版；《怎样取缔新闻》连载于《世界日报》1934 年 5 月 31 日、6 月 7 日第 13 版。

江宁地方法院提出诉讼，控告成舍我妨害其名誉，这样名动一时的"彭成讼案"就这样开锣了。

6月4日，江宁地方法院开"彭成讼案"侦查庭讯问，成舍我在法庭上，根据法律事实，及廉洁政府有促成必要等理由，慷慨陈词，达两小时。

为进一步博取民众的支持，从6月15日至19日，成舍我分别在《民生报》《世界日报》两报的"社论栏"位置连登《成舍我特别启事一》《成舍我特别启事二》，大造舆论。在启事中他解释了为什么要全力以赴打这场官司，"吾人以一介平民，毫无政治后援，所敢不愿一切，毅然抗争者，实因深切认定，一则欲期廉洁政治之完成，必赖全国舆论，对贪污嫌疑，能发尽量揭发；一则欲纳国家于塗轨，必使全国上下，尤其高级当局，能养成忠诚守法之习惯"，向民众制造了一种以民抗官、不畏强权的悲情角色，借以争取民意和新闻界的支持。①

果然，此案一时成为南京舆论界的焦点。至6月18日第一次法庭辩论，"旁听席上未至开庭即告人满，……在庭外竚立者有百余人，水泄不通。要人名流，来者不少，新闻界尤多，为法庭未有之盛况"②。在庭上，成舍我对起诉书，逐字逐句反驳，并将新撰过万言的辩诉书交上。

与此同时，此案件也得到了新闻界的声援。首先是北平市新闻记者公会于6月12日向全国新闻界发表通电，内有"行政院以全国最高行政机关竟代施行制裁，我新闻界同人若不联合力争，危害所及，实难设想"等语，要求新闻界联合起来抗争。6月23日，青岛新闻记者公会、济南市报业同业公会及济南市新闻记者公会也纷纷跟进，一面向江宁地方法院发电施加压力，"冀贵院对此案彻底勘查，依法处断，务使强梁失藉，弱小得平，以昭公道，而彰法信"；另一面对成舍我个人发电表示支援，"讼庭所抒高论，闻者如去喉鲠，是不啻代民众向此辈一算清账，不仅争一己人权也。尚望力战权氛，以争正义。苟是非不明，同人愿濡笔以殿君后"③。

---

① 《成舍我特别启事一》，《民生报》1934年6月15、16、17日和《世界日报》6月18、19日。

② 《彭成讼案昨晨开庭》，《世界日报》1934年6月19日第2版。

③ 此两电为《北平市新闻记者公会通电》和《青岛市新闻记者公会、济南市报业同业公会、济南市新闻记者公会启事》，《民生报》1934年6月27日第2版。

面对舆论一边倒的情形，行政院决定打压，先是命令首都新闻检查所删扣南京各报关于彭成讼案的报道，再密电各地的新闻检查所及公安局，要求召集各地报纸负责人，明令各报"毋徇情附和"。①

6月29日第二次法庭辩论，针对彭学沛宣称其所自建新屋的资金来自银行贷款之事，成舍我抓住不放，指出彭所借之款是在新屋建成之后，恰巧是在彭起诉成以后，这于情于理不合，更加证明了彭有贪污的嫌疑。

彭见舆论于己愈加不利，为了转移视听，于29日在一家晚报上撰文反击成舍我在法庭上的言论，言愿介绍建筑商为成舍我或其他人，用同样的资金建同样的屋。没料到，此文竟引起另一波澜。7月1日两个号称"陶学濂、黄自清"的市民在南京各大报登出启事，言愿请彭代介绍建筑商造屋。彭见情形不对，不好亲自出面，只得指使建筑商"华基建筑公司"出面应战。于是双方你来我往，在南京各报上大打广告战。最终，迫使华基公司不敢应战了事。②

这场纠纷，使此案影响愈大，民众也更相信彭在此案件中有贪污的嫌疑，而舆论也更加于彭不利。彭自知如果再以"妨害名誉"起诉不但无法取胜，且更使舆论至无法收拾的地步，于是在第三次开庭前夕匆忙撤回起诉状，单以"妨害公务"起诉成舍我，以图面子上好下台。此时，于成舍我来说，其"以言论抗争自由"的目的已初步达到，且事件有脱离自己掌控的趋势，故也有意罢手。

此时，双方都有休战之意。最后，在程沧波、秦墨哂、俞树立、陈铭德、余维一、王公弢、萧同兹、鲁成、石信嘉等新闻界同人的奔走调停下，以时逢"国难严重"的名义，双方达成了谅解，并由程沧波在《中央日报》登启事公布于众：

> 此次彭学沛先生，因维护本身名誉而涉讼，成舍我先生因抗争言论独立而应诉，同人等对于彭成两先生人格学问，素极敬仰，彭先生之清白，既绝无问题，成先生更无挟私诽谤任何个人之故意。当此国难严重之时，同人等深盼两先生能集中精力，为国宣劳。细故争持，

---

① 关于行政院打压该事件的事实可参看：《彭成讼案与统制新闻》和《关于不许同情民生报》两文，分别载《世界日报》1934年6月21日第2版、7月12日第13版。

② 参见：《彭学沛案之另一波澜》，《世界日报》1934年7月8日第3版。

殊非爱护国家如两先生者所应出。用是，奔走调停，获得两先生同意，自即日起，双方误会，完全消释。此项纠纷，即行结束。①

7月20日，此案中剩余的"妨害公务"部分也只得敷衍了事，判成舍我罚金十元，并处短期判刑，但予缓期执行。至此，轰动一时的"彭成讼案"就这样虎头蛇尾地了结了。但是没料到仅隔三天，就因这天的另外一篇报道，导致了《民生报》的永久停刊。

（二）《蒋电汪于勿走极端》的发表及《民生报》的无限期停刊

20日，《民生报》在其要闻版头条报道了一条综合消息《弹顾案听惩戒会办理 蒋电汪、于勿走极端》（下文以《蒋电汪、于勿走极端》简称），22日下午即有南京警备司令部派人上门将成舍我带走。那么这篇报道究竟是何内容，又为何导致成入狱40天及《民生报》被查封的命运呢？这要从当时的"顾孟余弹劾案"谈起。

1934年4月17日，监察委员刘侯武指控时任铁道部长的顾孟余在办理大潼铁路材料借款事件中"丧权违法、害国营私"，特向监察院提出弹劾。6月2日，经监察院审查后呈文国民政府，正式提出弹劾顾孟余。然而顾曾是"改组派"的重要成员，是行政院长汪精卫的亲信，故汪在国民党中央政治会议（"中政会"）通过《弹劾案件补充办法》来加以阻挠。这于监察院来说是对其监察权的限制，于是五院中的行政院、监察院矛盾激化，整日围绕此事争吵不休。时任军事委员会委员长的蒋介石正在江西推行"攘外必先安内"的政策，忙于"剿共"，怕此纠纷会引起"中枢解体"，于"剿共"大计不利，于是7月15日分别向监察院院长于右任和行政院长汪精卫发电，要求"适可而止，不可再起波澜，激成意气……以期免于栋折榱崩之局"。②

时任民族通讯社记者的陈云阁从监院参事商文立处获悉该电文的内容，认为有新闻价值，写出一篇消息交给编辑部发表。关于此消息，南京有多加报纸采用，但大都领会到蒋介石的意图，因而都予淡化处理，唯有《民生报》在民族通讯社此稿件的基础上多方采用消息源，写成一综合消

---

① 《彭成案完全和解》，《世界晚报》1934年7月18日第2版。

② 《致于院长右任请劝监委对弹劾顾孟余案适可而止电》，载中国国民党中央委员会党史委员会编《"总统"蒋公思想言论总集（三十七卷）·别录》，1984年，第101页。

息，并作为其要闻版头条，以醒目的多行标题的方式报道。据当时事件的当事人陈云阁回忆，从"彭成讼案"中怨气未消的彭学沛"一见《民生报》登出这条消息就认为整成舍我的机会到了；于是向汪汇报说，南京报界有人想借此兴风作浪、扩大事态，激起汪的恼怒，并促劝汪电蒋采取制服措施，以防暗潮。"22 日蒋从南昌回电，以"捏造文电，鼓动政潮"的罪名，电令南京警备司令部司令谷正伦"立即查封《民生报》，拘办负责人，并严究消息来源"。① 下午成舍我即被抓，至晚间民族通讯社社长赵雪岩（赵冰谷）、总编辑钟贡勋和采写此稿件的陈云阁也先后投入大狱。

因"该项消息，系京民族社稿，经过检查，登载者，除民生报外，尚有六家"，且此事牵涉中宣新直属的新闻检查所和民族社的后台中央组织部，故在成等人被抓最初的两天，《民生报》社及《世界日报》系同仁认为"此事并不重大"，于此事件都抱有乐观的态度。② 经过中宣部和中央组织部的幕后活动，24 日，谷正伦以报告案情为由，向蒋发电，内有"消息确经新闻检查所检查后发表"等语，试图为成等人推脱责任；但是蒋的回文是："是日检查所承值检查之人，应一并拘办，民族通讯社及民生报概行封禁"。③ 此时，成舍我等人及其家属才知事态严重，前景不妙，多方的营救活动才展开。

从 25 日开始，时任中央宣传部部长的叶楚伧、宣传委员会主任的邵元冲及曾任组织部长时任江苏省政府主席的陈果夫等党政要人为此事展开了积极的营救活动。例如，28 日陈果夫发给了蒋介石一封逾 500 字的电文，文中列举了"经检查所许可""非有意造谣""不致有意挑拨"等理由，极力为成等人开脱关系；文中并且点出了此案是由于汪精卫及彭学沛的有意推动，"惟闻民生报成舍我与政院彭学沛之讼案，尚未全了，彭氏难免作侧面攻击，加成氏之罪，此次报告，未知是否政院，如为政院，还请注意及之"。④ 而同时汪精卫一方也是极力打压此案，就在 28 日稍晚，

---

① 陈云阁：《重庆〈世界日报〉纪实》，载张友鸾等《世界日报兴衰史》，重庆出版社 1982年版，第 230 页。

② 参看：《京民生报暂休刊》，载《世界晚报》1934 年 7 月 25 日第 2 版。

③ 《蒋中正"总统"文物 一般资料——呈表汇集（九）》，台北"国史馆"，典藏号：002 -080200 - 00436 - 213，1934 年 7 月 24 日。

④ 《蒋中正"总统"文物 一般资料——呈表汇集（九）》，台北"国史馆"，典藏号：002 -080200 - 00436 - 222，1934 年 7 月 28 日。

他也向蒋发出了一封性质截然相反的电文，"成舍我狡展无伦，既诿责于民族通讯社，因以诿责于新闻检查所，又因以诿责于中宣会"，在此电文中他不但要求严惩成舍我，而且以《世界日报》22 日的社论《黄郛于学忠进退问题》"依旧造谣"为借口，要求"停版三日示儆"。① 或如某些学者所说蒋不好驳汪的面子之故，或其他原因（笔者下文另有交代），蒋给叶、陈、邵回了封措辞严厉、颇令人玩味的电文，照抄如下：

> 电叶楚伧转陈果夫、邵元冲曰：近日南京无意识与奇怪之消息层出不穷，不仅无政府，而且外人见之，几无国家人格矣。诸位先生不能负责亦应自知地位所在，不可专作好人，而使党国人格堕落。若此做人，直不如不要党国为便也。近日中央通讯与南京消息几成为日本与西南之反宣传。而兄等竟作痴作聋，是诚可佩之至矣。②

由回电可知，蒋对南京的舆论环境极端不满，斥责叶楚伧等三人（尤其是负责管理宣传的叶、邵二人）对"近日南京无意识与奇怪之消息""竟作痴作聋"，"而使国家人格堕落"；电文对此案避而不谈，但其态度是显而易见的。这可从当日蒋给汪的回电可知："成舍我狡猾无伦，专以构煽为事，绝不得逍遥无事。所有民生报及民族通讯社，已再电谷司令查照前电一体封禁矣"。③

至 8 月 1 日，南京警备司令谷正伦为报告此案的进展及请示处理意见，向蒋发了封电文，文末又为成舍我求情，"惟该成舍我等发表此项新闻，或系根据来稿，或奉新检所放行，论事固属失当，论情不无可原，既奉拘押深自悔罪，并据京沪各报及日报公会暨被告人等先后呈请恢复自由，可否予以保释之处，并案电请示遵"，但是蒋的批复是："所请保释，碍难照准"。④ 面对此等情形，营救成舍我等人一方知道如再直言向蒋求

---

① 《蒋中正"总统"文物 一般资料——呈表汇集（九）》，台北"国史馆"，典藏号：002 - 080200 - 00436 - 223，1934 年 7 月 28 日。

② 《蒋中正"总统"文物·事略稿本——民国二十三年七月（二）》，台北"国史馆"，典藏号：002 - 060100 - 00084 - 011，1934 年 7 月 28 日。

③ 同上。

④ 《蒋中正"总统"文物 一般史料——呈表汇集（十二）》，台北"国史馆"，典藏号：002 - 080200 - 00439 - 019，1934 年 8 月 1 日。

情，效果不大，或将使蒋更勃然大怒而雪上加霜，只有另寻他途营救。

　　案件的转机是一星期后。当时的外交部次长唐有壬与彭学沛同为汪精卫的重要亲信，但他们之间有私人隔阂，据陈云阁所说，"成舍我通过家属暗中托人取得唐的同情"，时值蒋介石在庐山召集各路党政大员讨论"党国"要事，"在唐随汪上庐山开会途中把汪说通了"。① 这可从 8 日汪给蒋的电文中得到印证："成舍我事，拟由有壬兄作保，令向宪兵司令部具结释放，民生报则决封禁，民族通讯社拘留诸人，亦照此办理，尊意如以为可，乞电谷司令遵照"。② 收到汪的此电文后，蒋也借坡下驴，电谷正伦照办。

　　然而，成舍我等人并不是马上被释放。在又被关了二十余天后，直至 9 月 1 日，要求成舍我答应那有名的"五项条件"后才被正式释放。③ 具有讽刺意味的是，当天恰是国民党政权下的第一个记者节。

二　事件原因分析

　　上文详述了该案的经过，呈现的是事实，但这些事实是表象。诚如梁任公曰："事实之偶发的、孤立的、断灭的，皆非史的范围"，"善治史者，不徒致力于各个事实，而最要著眼于事实与事实之间"。④ 例如在探寻该案的发生原因时，学界认识到《蒋电汪、于勿走极端》一文的发表仅仅起到导火线的作用，但是大多停留在该案所呈现的表象：因揭发彭学沛贪污及随后的"彭成讼案"中而开罪于汪精卫、彭学沛，二人借《蒋电汪、于勿走极端》一文生事，向蒋介石告密，从而引发。案件的当事人成舍我、陈云阁在他们的文章中也信誓旦旦坚持此种看法，更加坚定了它

　　① 陈云阁：《重庆〈世界日报〉纪实》，载张友鸾等《世界日报兴衰史》，重庆出版社 1982 年版，第 231 页。

　　② 《蒋中正总统文物 一般史料——呈表汇集（十二）》，台北"国史馆"，典藏号：002 - 080200 - 00439 - 080，1934 年 8 月 8 日。

　　③ "五项条件"即："一、民生报永远停刊；二、不许再在南京用其他名义办报；三、不得以本名其他笔名发表批评政府的文字；四、不得在任何公共集会，作批评政府的演说；五、以后如离开南京，无论到达任何城市，应向当地最高军警机关，报告行止。"参看：《由小型报谈到立报的创刊》，载成舍我《报学杂著》，（台北）"中央"文物供应社 1956 年版，第 131 页。

　　④ 梁启超：《中国历史研究法》，载梁启超《梁启超史学论著四种》，岳麓书社 1985 年版，第 210 页。

的影响。然而透过事实的表象下仍有不少的疑点,如汪精卫为何要置《民生报》于死地?仅仅因为《某院处长彭某辞职真相》《停刊经过如此!!!敬请全国国民公判》等文对他权威的冒犯?蒋介石为何答应汪的请求?仅仅因为他与汪同为中枢大员,不好驳汪的面子?笔者认为要真正探寻此案发生的原因,须至少从以下几方面作分析。

（一）汪精卫在此案中的角色

从上面事件的回顾中,我们可知,汪精卫在此事件中不仅扮演着告密者的角色,而且是此事件的幕后推手之一,是《民生报》停刊和成舍我蒙受牢狱之灾的最大凶手之一;然而,成舍我最终能出狱摆脱被杀的命运,也是打通他的关系之故,从中可知,在此事件中汪扮演着"成也萧何,败也萧何"的角色。

我们现在要讨论的是,如前所问,汪精卫为何对成舍我及《民生报》积怨如此之深?笔者认为,《民生报》不独在此案件中惹恼了汪精卫,而且在此之前,它的众多言论和报道早已使汪怀恨在心,这是汪为何向蒋告密并务必置之死地的真正原因。

在此案件中,成舍我的一些做法,特别是6月29日的社论《停刊经过如此!!!》控诉汪压制新闻、摧残言论自由,的确使汪处于不利的舆论环境中,这可从当时一篇哀悼《民生报》及《朝报》被罚停刊的"时论"中得到反映:"呜呼!自由之神,独不庇吾中国之舆论!《民生报》被封,而《朝报》被停,民主政治领袖汪兆铭先生,继卢骚而代舆,何以独任此人权自由梏之以殆尽,哀哉,民主政治神,'民生'与'朝报'之灵,与今行政院长汪兆铭而名垂宇宙"[1]。正如陈果夫7月28日发给蒋的电文中所说:"各报对政院感情均极坏。"这当然是对汪权威的冒犯,是促使汪向蒋求助的直接动因。但这并不能解释之前（5月25日）他为何密令《民生报》停刊三日的处分,可以说5月24日《某院处长彭某辞职真相》一文并没有对它造成实质性的侵害。一个解释的理由是,该文的发表仅是汪的一个借口,实际上早在此之前《民生报》的系列报道和言论早已使他怀恨在心、暗起杀机了。

有学者统计,从1931年蒋汪合作到1934年停刊,《民生报》发表的

---

① 《哀朝报》,载《民生报》1934年7月14日第4版。

对汪精卫表示不满的新闻和言论有 13 篇之多。① 下面略举一二。1932 年 5 月 5 日汪精卫主导的政府与日签订丧权辱国的《淞沪停战协定》，受到全国舆论的指责，汪为了不担"卖国"之名，于 8 月上旬突然要求辞去行政院长一职，并离京出洋，致使"中枢"无人主持。针对此事，9 月 15 日，《民生报》发表时论，指出面对日寇步步进逼，"吾政府，吾国民，正且淬励志气，共同努力，以预备'战神'之来临"时，而"我革命先进之汪先生，……翱翔海上……徘徊未归，推挽无由。徒使群情震疑，国论淆惑，而日人之谋我也，乃益急"②。22 日又发表社论继续谴责汪，"当此外则东北沦陷，义军浴血苦战……，于国家万分危急存亡之时，而当党国重任如汪氏者，竟能得此十有四日之休息，恐世界任何'以身许国'之政治家，皆难望能若汪氏之最有幸运也"③。1933 年 3 月中旬，汪在"去国养病"五个月后终于回国，但又作扭捏之态，以"病体未痊，不堪繁剧"为由"坚辞"行政院长一职。《民生报》先是 21 日发表社论《为汪兆铭氏进一言》，以反驳汪对日"一面抵抗，一面交涉"的妥协投降政策，指出"时至今日，外患急于一切"，"今日之事机，已危迫万分，早不容吾人有审慎抵抗能力之余暇"，"处此存亡危急关头，当具破釜沉舟之志，与敌周旋"④。后又在 23 日、27 日分别发表社评《应速解决行政院长问题》《强敌压境非雍容揖让之时》，谴责汪的惺惺作态，"当此敌军深入堂奥之时，前线血战方殷，而中枢飘摇不定，负责无人，其结果必将影响于抗日军事"。

《民生报》的这些报道和言论，当然使汪的权威大受打击，也使其对成舍我和《民生报》怀恨在心，这才使他先是借《某处长彭某辞职真相》一文，密令《民生报》停刊三日以处分；随后又借《蒋电汪、天勿走极端》一文向蒋告密，致使《民生报》被查封和成舍我被监禁 40 余天的命运。

（二）蒋介石在此案中的关键角色

学者在论及此案的时候，往往将发生的罪责完全归及汪，而忽略了蒋

---

① 王丽娜：《南京〈民生报〉及其政治主张研究》，硕士学位论文，南京师范大学，2008 年，第 45 页。

② 天遊：《汪兆铭可以归矣》，《民生报》1932 年 9 月 15 日第 3 版。

③ 《汪兆铭先生独有之幸运》，《民生报》1932 年 9 月 22 日第 3 版。

④ 《为汪兆铭氏进一言》，《民生报》1933 年 3 月 21 日第 3 版。

介石在此案中的关键作用。在此案中有两个关键问题,一是汪为何要向蒋求援,二是蒋为何又会答应汪的请求呢?关于前一个问题,刘继忠在《南京〈民生报〉停刊事件再审视》一文中已做了很好的回答。① 关于后一个问题,据笔者猜想,除了蒋与汪同为"党国领袖",不好驳汪的面子的原因外,实还有更深层次的原因,这就是蒋对成的印象也不佳。汪在1934年6月28日发给蒋介石的电文中对成舍我的评价是:"狡展无伦",而汪的这四字评价也深合蒋对成的评价,"狡猾无伦,专以构煽为事"。这样的不佳印象使蒋在此案中起到推波助澜的作用。

在蒋看来,成给予他"狡猾无伦"的印象,是因成"专以构煽为事"。那么成"专以构煽情为事"体现在哪些方面呢?

其一,成舍我"专以构煽为事"首先体现在成在其办报生涯中素有通过打笔墨官司来拓展报纸销路的习惯。考察成舍我的办报策略,无论是早年的《世界日报》系,还是此时的《民生报》,甚至此后的《立报》,有一条是他一直采用的,就是通过打笔墨官司来吸引读者、提高报纸的知名度。例如在北平《世界日报》系,他先是同《北京晚报》《大同晚报》等报纸互相指责,揭发内幕,后又攻击段宏业、章士钊、贺得霖等权贵。② 在此案中成同彭学沛、汪精卫的纠葛又何尝不是其故伎重演呢?这种故意制造"看点""买点"的做法是成舍我的一种独特的自我宣传、报业营销手法,体现了其勇于突破"文人办报"的束缚,具有非同寻常的报刊商业理念,用现在传媒策划与营销的观点来看是无可厚非的。确实,这种报刊营销策略在当时不但大大提高了报纸的销量和知名度,而且在一般读者的眼中也给成舍我烙上了坚持"言论独立"勇于"以言论抗争强暴"的良好印象。但是在一些权贵看来,成的这套做法,是报人惯于寻事生非、无风起浪的伎俩,因此蒋介石对成有"专以构煽为事""狡猾无伦"的评价也就不足为奇了。

---

① 刘继忠在文中认为两种因素导致汪向蒋求援:"一、直接惩罚'不听话'的媒体已没有恐吓效果,反引起集体性的舆论抗议;二、《蒋电汪、于勿走极端》的电文泄密于监察院,并由国民党中组部控制的民族社发出,又通过了新闻检查,深恐这是中组部、中宣部和监察院联合起来对抗他的一个阴谋。"见:刘继忠《南京〈民生报〉停刊事件再审视》,《国际新闻界》2010年第1期。

② 吴范寰:《成舍我与北平〈世界日报〉》,载张友鸾等《世界日报兴衰史》,重庆出版社1982年版,第16—17页。

其二，"专以构煽为事"还体现在成所办报纸的言论主张违背了蒋的既定政策。实际上，成舍我所办报纸的言论倾向与蒋的政治主张不合是蒋为何给成此评价的最大原因，也是蒋为何答应汪的请求及在此案中起到推波助澜的最大原因。

随着"九·一八"事变后日帝国主义对我侵略步伐的加快，全国救亡图存的运动也随之日益高涨，但是以蒋介石为首的南京国民政府仍然坚持"攘外必先安内"的方针，对日本的步步紧逼奉行"暂时隐忍，徐图良策"的妥协退让主张。面对国内形势的急剧变化，一部分私营报业顺应进步的潮流，开始在报上反映民众的要求，批评国民党的各项政策，有的甚至明显表示与蒋集团不合作的态度。① 在这其中尤以成舍我所办的报纸表现突出。就在"九·一八"事变发生后的一星期内，北平的《世界日报》《世界晚报》及南京的《民生报》各要闻版除以整版长篇累牍揭发日本侵略者的暴行外，还以言论揭露日军的阴谋，谴责国民政府的不抵抗政策，鼓舞民众的斗志。尤以事变后第二天，《世界日报》的社论《国人抗日应有的认识》一文影响巨大。该文指出"'不抵抗'方略下，应有一最后之防线"，反对投降妥协，"宁可使东北亡于强盗之袭击，不可使东北亡于条约之讓与"，主张"立止内争、协力御侮"。1933 年元月至 3 月间，日军先后侵占榆关与热河，华北危机日益加重，这些报纸综合运用各种新闻手段，有声有色地进行宣传，鼓动全民抗战。据笔者统计，在这三个月间，仅《民生报》就为此发表了言论近 50 篇，从政治、经济、外交、军事等方面全面论述了抗战的必要及怎样与敌作战，尤其在鼓舞民众士气方面，宣传了"抗日救国，为今日之要图；对外作战，为不朽之大业"②，应杜绝妥协投降念头，"非全国上下抱定破釜沉舟之决心，绝不足以救危亡"③。

成舍我所办报纸的上述言论及主张，与蒋介石的"攘外必先安内"的方针，及"暂时隐忍，徐图良策""四不"（"不绝交、不宣战、不讲和、不订约"）对日政策当然是背道而驰的。在蒋看来，这些言论大大破坏了其

---

① 方汉奇主编：《中国新闻事业通史》（第 2 卷），中国人民大学出版社 1996 年版，第 429—430 页。

② 《盼蒋从速北上督师抗日》，《民生报》1933 年 3 月 1 日第 3 版。

③ 《国人目前应具之决心》，《民生报》1933 年 3 月 3 日第 3 版。

既定方略，与成舍我喜欢通过打笔墨官司来刺激报纸的销数的做法一样，同属于"构煽"之列，是成舍我"狡猾无伦"的一种表现。现有汪精卫向其求援，要求严惩成舍我及其《民生报》，蒋当然会"密切合作"，尽管有叶楚伧、陈果夫、李石曾等亲信为成求情，但仍借"南京无意识与奇怪之消息层出不穷"之口实，下令查封《民生报》，并把成监禁40天。

（三）《民生报》"永久停刊"的命运是国民党渐趋加强新闻统制的必然结果

从当时的报业环境来说，正处于国民党当局加强控制报业、建立新闻统制的关键时期，成舍我在此案中的过激反应，触及了此底线，这是《民生报》被封及成舍我入狱的另一原因。

1927年4月国民政府定都南京，在最初的较短时间内，因蒋政权统治未稳，北伐未成功，没有余力顾及报业，且还有利用其的价值，故在此期间内较少出台限制报业发展的法规条例，南方的报业获得较平稳的发展机会。但是好景不长，至1928年6月，国民军占领北京，北洋军阀政府破产，国民党宣布中国革命进入第二阶段，即所谓的"训政"时期，提出"以党治国""一党专政"的方针，体现在新闻宣传领域，即"以党治报"的方针，从此，也宣告了国民党开始实行新闻统制政策，中国的新闻舆论又进入了一个被压制的时期。

至抗日战争爆发前，国民党新闻统制政策的建立经过了两个阶段。在"九·一八"事变前，主要通过出版登记制和审查追惩制来施行。先是1928年制定了《指导普通刊物条例》《审查刊物条例》，对非国民党系统的报刊的出版与宣传作了明确的规定，为"国民党对新闻界实行审查追惩制度之始"；1929年又先后通过了《宣传品审查条例》《出版条例原则》，规定所有的新闻宣传口都要接受国民党各级党部的审查，所有的出版口均应登记审查，对新闻界的统治日趋强化；尤以1930年12月16日正式颁布的《出版法》为要，规定了下列情形不予登记："意图破坏中国国民党或三民主义者、意图颠覆国民政府，或损害中华民国利益者；意图破坏公共秩序者；妨害善良风俗者"，其语词含糊，给当局肆意曲解法律条文、打压报刊留下了空间。[1] 正如台湾一部经典的新闻史著作所的评价，这些

---

[1]　方汉奇主编：《中国新闻事业通史》（第2卷），中国人民大学出版社1996年版，第410—411页。

法规条例"仍旧承借过去中国新闻法令的旧贯，主要的目的，在消极的防范，未作扶植新闻事业的考虑"。①

"九·一八"事变后，随着日帝国主义的步步侵入，国内外形势发生了急剧的变化，国民党当局又面临着新的危机。此时，国民党的新闻统制又发生了新的变化，开始借鉴德、意、日等法西斯主义国家的做法，实行旨在事前预防的新闻检查制度，将其作为主要的统制手段。此期间，国民党先后制定了三种检查新闻的条例：1932 年制定了《宣传品审查标准》，1933 年修正了"新闻检查标准"，同年修正了《重要都市新闻检查办法》。这些条例规定：上至中央成立"首都新闻检查所"，由中央宣传部会同军事委员会及行政院协同派员组成；下至重要都市如上海、北平、天津、汉口等地也成立地方新闻检查所，其人员也由当地的党、政、军构成；在检查范围上，虽然声称仅限于军事、外交、地方治安及有关之各项消息，但是各地的新闻检查所却要求各报应将所有的新闻稿件一次或分次送交检查，致使实际操作中禁载内容大大超过其所称的检查范围。

在如此严密的新闻统制政策下，报业不敢越雷池一步，不时传出报纸被取缔或勒令休刊的消息。据笔者查阅，单以南京、北平两地在 1934 年上半年被勒令停刊的报纸有：3 月 19 日，南京《华报》因发表社论"诋诽"中央宣传会议，罚令停刊两星期；5 月 21 日，南京《大京报》因未将稿件先期送交新闻检查，停刊三日处分；5 月 24 日，《民生报》因《某院处长彭某辞职真相》一文罚以停刊三日处分；5 月 26 日，南京《新中华报》因登载《中土条约》全文，停刊三日处分；在华北唯一的国民党党报《华北日报》，也因 5 月 31 日刊载华北与日通车一事，免不了被勒令停刊的命运；6 月 11 日北平《小公报》因"刊载海淫文字"而勒令停刊。由这一系列的事件，容易使人得出简单的结论，即《民生报》最终被查封的命运，仅是其中的个案罢了，反映了在国民党当局实行的新闻统制政策下，报业环境的险恶及生存的艰难。

但是我们仍可以作进一步的分析，由成舍我作为当时民营报业的代表，面对国民党的新闻统制政策的不断加强，其态度和心理的变化，特别是他在此案中的过激反应——奋起抗争，致使他触及国民党企图建立新闻

---

① 曾虚白主编：《中国新闻史》（下），台湾政治大学新闻研究所印行 1966 年版，第852 页。

统制的底线，这是《民生报》被查封的深层次原因之一。

在国民党实行新闻统制政策之初，成舍我是持宽容态度的，对在国民党统治下实现言论自由满怀憧憬。在 1929 年的一篇社论中，他说："'言论自由'，这四个字，在现代任何政治组织之下，无论为君主，为共和，大抵有名无实，……这种言论自由，是假的言论自由，……只有国民党则不然"，并对国民党的新闻统制政策作了辩护，"我们相信，国民政府现在对于'言论自由'的态度，十九是出于不得已。一经达到相当时机，……我们的完全的言论自由权，一定可以得到。这是毫无疑问的"。① 这种对在国民党统治下对实现新闻自由盲目乐观的心理，是据于他刚逃离北洋军阀屠刀不久及对新政权的一种期许。"九·一八"事变后，面对国民党以"国难"为借口，实行日益严密的新闻检查制度，成舍我在相当长的时间内仍然容忍，他在 1933 年的一次公开演讲中为新闻检查制度作了辩解："新闻记者的唯一使命，在拥护整个国家和民族的利益，我们在平时，要集中全力，来要求我们的言论自由，……但在战时，则新闻记者个人的言论自由，当不能不为争整个民族对外的自由，而相当牺牲。……所以新闻记者，在平时应当争取自己的自由，但在对外作战时，则应当争取整个国家和整个民族的自由"。② 在这里成舍我区分了平时与战时两种状态下的新闻自由，反映了当民族危机来临时，成舍我作为新闻工作者所拥有的以民族大义为先的可贵的情怀。但是时隔不久，成舍我开始逐渐认识到国民党实行新闻检查的真面目，当 1933年 6 月，传出国民党欲成立一个"指导舆论"的五人小组时，他首先发难，"政府此次指导舆论之方针，所以指导国民者，为抗日御侮欤？"他一针见血地指出，"惟最近旬日来，中央对于全国舆论，似已有采取整个镇压方针之倾向。则今之所谓指导，或即此种方针之先驱"。③ 而 1934 年 5 月 25 日下午停刊三日的罚令使成舍我犹如冷水浇背，猛然醒悟到"'言论自由'固可为'国家自由'而牺牲，但非法摧残决不能不依法抗争"，对国民党的新闻统制绝然绝望，乃奋笔疾书，写下《停刊经过如此！！！》一文。这篇文章之可贵，不在于它以铮铮铁笔反驳了汪精卫安给《民生报》的罪名，也不在于它揭穿了国民党新闻检查制度的虚伪面目，而在于它向全国新闻界发出

---

① 百忧：《国庆纪念与言论自由》，《民生报》1929 年 10 月 10 日第 2 版。

② 成舍我：《停刊经过如此！！！》，《民生报》1934 年 5 月 29 日，第 2 版。

③ 《政府将如何指导舆论》，《民生报》1933 年 6 月 9 日第 4 版。

了呐喊，呼吁全国的新闻界联合起来，为争取自己的权利，群起而抗争，打破国民党的新闻统制政策。然而成舍我的这种呐喊，只是他自己的利益在受到侵害时一种自卫的反应，其他的报人面对国民党当局铁血统治，响应者寥寥无几。于国民党当局来说，其要建立"以党治报"的新闻统制格局，也绝不容许这种异调存在，因此对成舍我的打压是必然的，从这方面理解，《民生报》被查封的命运及成舍我被拘禁40天的结果也就不足为怪了。

三　事件的影响

《民生报》是国民党统治时期南京最早、最有影响的民营报纸，自创办以来一直以批评时事精辟尖锐著称，且在报刊业务上，坚持不断进取的精神，探索"精选精编""小报大报"的办报方针，由最初仅日出一张，至案发前日出四张，可见其业务呈现出蒸蒸日上的趋势，现因此事件遽而停刊，殊为可惜。此事件发生后，对当时的新闻界、成舍我个人及其事业的发展都有较大的影响。

首先，对当时的新闻界来说，此案的发生有极大的震慑性。这是因为《民生报》虽号称为民营报纸，但是实际上与国民党多位高官具有极密切的关系。1926年4月直、鲁联军入驻北京，实行恐怖统治，著名报人邵飘萍、林白水先后被害。在林白水被杀的第二天，即1926年8月7日，成舍我也被张宗昌逮捕，幸赖北洋政客孙宝琦奔走，10日始得释放。在成舍我一生数次牢狱之灾中，此次可称最为凶险的一次。在如此肃杀的氛围中，成舍我遂有"不容于鲁系军阀"的担忧，恐北京的事业完全断送，想仿"狡兔三窟"，另辟他地发展。于是在蒋氏政权定都南京后，成舍我来到南京，借与李石曾等多位高官良好的私人关系，共同创办《民生报》。可见，《民生报》虽为成舍我主办，但其背后实有李石曾、蔡元培等国民党要人的支持。[①] 此案发生后，使新闻界认识到，中国的民营报纸，即使平时与国民党的关系良好或有国民党某派系的背景，但其言论和报道只要危及国民党当局的统治，其结局就必定是杀无赦了。此案发生后相当长的时间内，整个新闻舆论界一片沉寂，大大打击了报人的积极性，

---

① 据李石曾在1929年元旦为《世界日报》写的新年祝词说："《世界日报》记者前以不容于鲁系军阀，避地于南京，与吾人共创《民生报》"；又《民生报》的刊名最初为蔡元培所题，可知，《民生报》之所以能在南京创刊，与他们的幕后支持有莫大的关系。

正如当时有一篇讨论"中国为何没有'好'报"的文章所说的：

> 中国为何没有"好"报呢？……从事报纸的新闻记者，战战兢兢，朝不保夕，报社被查封，固然影响了自己的饭碗，更不幸而身入囹圄，不是性命也发生了问题吗？因此，谁还敢一心头地，埋首于报界呢？于是敷衍塞责的半怠工，遂影响到报纸的编制，日益恶劣了。①

其次，对于成舍我个人来说，此案后促使其思想开始转变，是其渐与国民党 CC 派产生亲密关系之始。此次是成舍我自 1926 年 8 月被捕险些被鲁系军阀杀害后人生的又一次历险，且凶险程度尤有过之，尽管最后能得救的直接起因是唐有壬说服汪精卫，进而汪与蒋介石互相妥协，但在这期间如没有李石曾、陈果夫、叶楚伧等人的多方走动，在一定程度上影响蒋介石，其结局也很可能是另一番光景了。成舍我出狱后，虽说不上对以上国民党要员感恩戴德，但这番经历促使他们之间的关系更亲密则是无疑的了。因此，当 1934 年国民党在文化界的外围组织"中国文化建设协会"成立后，拉拢各地的文化教育界人士为成员，成舍我作为报界的代表人物，也被网罗入"中国文化建设协会北平分会"，这可说为成舍我后来入CC 派之觳拉开了帷幕。

最后，此案使成舍我进一步认识到个人办事业的危险性，强化了他在以后的事业中走上"同人办报""同人办学校"道路的决心。从《世界日报》系到《民生报》，虽不能说尽力摆脱了同人办报的色彩，但是一直都是以成舍我为主，根本上说，成舍我的命运决定了这些报刊的命运。此次《民生报》被查封及个人的牢狱之灾，使成舍我认识到，在中国的当前情形下，创办事业除了要有政治作为保护色外（这是他后来为何从政及与CC 派关系越来越密切的重要原因之一），为了进一步分担风险，还须联合一批朋友来加入。因此，后来的上海《立报》是"同人办报"，台湾新闻专科学校是"同人办校"。这种同人创办事业的道路至少在两个方面产生了影响。其一，在成舍我所搜罗的"同人"中，在成看来，大多都应是对他所从事的事业有帮助的，或借助其社会地位，或借助其政治背景，而这些人都同国民党当局有千丝万缕的关系，同这些"同人"的合作无形

---

① 高钦：《中国为什么没有"好"报？》，《世界日报》1934 年 11 月 13 日第 13 版。

中强化了成舍我的政治倾向，这是成舍我为何与中国共产党渐行渐远，而与国民党当局关系愈发密切的另一原因。其二，在成舍我看来，这种同人创办事业的道路，不应像以往一样简单停留在仅仅由志趣相投的朋友所构成的组织阶段，而应按照现代西方企业制度建立，以保证组织决策和意志的执行。按照这样的构想，后来的上海《立报》组织为股份有限公司，并成立了董事会，在企业化经营方面进行了积极的探索。

从北平的《世界日报》系到南京的《民生报》，这一时期是成舍我一生中精力最为充沛、最具开拓性的时期。

从政治思想看，虽然此时期他的主导思想还是世界主义，然而由于日本帝国主义在华北制造一系列事端，他的民族危机意识日益觉醒，民族主义思想日益抬头，并开始认识到报刊在宣传救亡图存方面的功能，提出了"报纸救国"的方案。同时受北岩爵士、普利策等欧美资产阶级报人影响，成舍我认为要实现"报纸救国"的方案，中国也必须产生"日销百万份"的大众化报纸。从此，以此为奋斗目标，以北岩、普利策为心中偶像，他心中萌生了要做中国的报业大王的梦想，掀开了其漫长而又坎坷的"追梦"历程。

在报纸业务上，成舍我借鉴西方报业的操作经验，灵活地运用于所办的报纸，不少做法在当时的中国报业具有开拓性，甚至对当前的传媒业仍有借鉴意义。业务上最重要的转变是，他为贯彻大众化办报方针，提出了"小型报"的办报策略，并在《民生报》得到了初步试验，为上海《立报》的崛起拉开了帷幕。

第三章

"大众化报纸新革命"：
小型报上海《立报》

对于成舍我来说，《世界日报》是其最为看重的报纸；而对于中国近现代新闻史学者来说，上海《立报》是他们最为看重的。在成舍我所创办的报纸中，中国近现代新闻史提及最多的是《立报》，它之所以屡次被提及，不仅在于它曾刷新了中国报纸的发行纪录，也不仅在于它在抗日救亡宣传中产生过巨大影响，还在于它代表了一种成熟的新型的报纸形态——"小型报"。小型报虽非成氏所独创，但它的发扬光大却要归功于成舍我。直到现在，小型报的编辑思想依然对现今报纸发挥重大影响。

成舍我的小型报思想源于他的大众化报纸思想，实际上他的这两种思想是互为表里的，小型报思想是他的大众化报纸思想的体现、手段；而办成一份大众化报纸是他创办《民生报》《立报》等小型报的追求目标，他在这些小型报上的实践既继承了中西方报纸在大众化过程中形成的经验，又是对这些经验的开拓。

本章先探讨成舍我的大众化报纸思想的形成、内涵，再以《立报》为例，探究小型报的办报策略，最后叙述在抗日救亡运动中《立报》的表现。

第一节　成舍我的大众化报纸思想

多数学者认同，大众化报纸是西方主要发达资本主义国家在基本完成工业革命后出现的，区别于政党/政论报纸，是以社会大众为读者对象、以刊载大众普遍关心的内容为主的一种新型的报纸；它以 19 世纪 30 年代美国纽约出现的第一批廉价报纸（Cheap Newspaper）为兴起的标志，至 19 世纪末，以普利策的纽约《世界报》为代表的"新新闻主义时代"的来临，启示着西方报纸大众化①最终的完成，并由此奠定了当代报纸的外观、内容以及组织结构。②

学者往往从政治、经济、教育、科技及社会形态等方面分析西方国家大众化报纸出现的历史土壤③，以此观照，近现代中国在社会形态上属于半殖民地半封建社会，上述提及的大众化报纸的孕育土壤在中国无一具备。

从大众化报纸的三项基本办报原则——"面向大众""商品纸""新闻纸"④上看，在中国，报纸大众化最主要的问题是怎样"面向大众"。19世纪末，以《申报》《新闻报》为代表的商业报纸的兴盛，就代表中国已出现了一批不靠津贴、自负盈亏的"商品纸"了；民初以后，随着一群学贯中西、才华横溢的新式人物进入报业，正式确立了新闻记者职业的地位，他们以其天才般的创造力使新闻报道方式呈现多元化趋势，此时，中国的报纸开始回归"新闻本位"，应该说已是"新闻纸"了；然而，对于大众化报纸最基本的一项办报原则——"面向大众"，中国在相当长的时期内，由于多方原因未能实现。报纸"面向大众"应包含以下三方面要求：首先，内容上应贴近大众，或符合大众普遍的需求；其次，形式上，从语言工具、报章文风到版面的呈现等三方面能适合大众阅读；最后，价格上能为普通大众接受并承受得起。自近现代报刊引进中国后，工具性的办报理念一直占据办报的主流，导致在内容上，我国多数报刊在大部分时期是曲高和寡，远离大众；中国数千年来沿用的佶屈聱牙的文字

---

① 根据杜成会的理解，"大众化报纸"意为某一类报纸，而"报纸大众化"意为一套办报理念，一些基本的办报原则。见：《如何理解报纸大众化》，《新闻大学》2003年第2期，第32—33、45页。

② 此类的说法见于多种文献，然而也有不同意见，如李彬认为，大众报刊是自19世纪中后期"大众社会"来临后，"以大批量发行和大规模读者为主要特征的报刊"，因而他将19世纪30年代在纽约出现的第一批廉价报纸归为商业报纸的范畴，而将19世纪末普利策的出现作为大众报刊兴起的标志性人物。参见李彬《全球新闻传播史》，清华大学出版社2005年版，第256—267页。

③ 关于大众化报纸在西方兴起的原因和条件可看［美］大卫·斯隆编著《美国传媒史》，刘琛等译，上海人民出版社2010年版，第182—185页；李彬《全球新闻传播史》，清华大学出版社2005年版，第256—266页；张昆《中外新闻传播史》，高等教育出版社2008年版，第67—70页。

④ 杜成会：《如何理解报纸大众化》，载《新闻大学》2003年第2期。

工具及落后的报刊编排方式更是令普通大众望而却步；另外，在饥饿线上徘徊的他们谁又愿意花一餐饱饭的代价去购一份报纸呢？这些困难使得近现代中国的报纸在大众化的道路上走得极其艰难而漫长。

一 大众化报纸思想的形成

进入 20 世纪后，经过多代报人的努力，特别是五四新文化运动的推动，中国报业在大众化道路上取得了重大的进展，主要体现在出现了一大批以社会中下层民众为主要读者对象的白话文报刊。然而，《世界日报》之初仍为文言大报，为何此时成舍我没考虑到创办一份类似《京话日报》，"通篇概用京话，以浅显之笔，述朴实之理，纪紧要之事"的报纸呢？原因较复杂。这既与他早年一向在文言报纸的工作经历有关，也与此时申、新等大报仍用文言文的影响有关，还与他从小只受过旧时教育，对文言写作情有独钟有关①，更与他认为北京是座文化城，读者群主要是文化知识界这种判断有关，但是最重要的原因，是他此时的大众化报纸思想还没形成。

成氏的大众化报纸思想是在 20 世纪 20 年代末以后逐渐形成的。其形成的渊源可追溯多方面，从世界报业发展的潮流看，他认为"'报纸大众化'，这是十九世纪以来，近百年间，世界新闻事业，最共同普通的一个原则"②；从中国报业的发展处境看，要突破自身窘境，缩小与世界的差距，他认为"中国报纸，目前最重要一点，就是要求平民化"③。然而对报刊功能的认识是形成大众化报纸思想的主要原因。

20 世纪 20 年代末以后，成舍我对报刊的功能、报纸与民众的关系有了深入的思考，曾在不同场合，多篇文章中有过不同的表述。1932 年 4 月 29 日在燕京大学的演讲中，他将报纸比作"最重要的社会公器"，"他实在兼有公园，图书馆两种不同的性质。一方面给人愉快，另一方面给人

---

① 关于成舍我在新文化运动早期对白话文运动持否定一事，可参看前文（第一章上海《民国日报》时期）；关于成早年喜爱用方言写作，可参看罗敦伟《五十年回忆录》，（台北）"中央"文化供应社 1952 年版，第 29—32 页。

② 《我们的宣言》，《立报》1935 年 9 月 20 日第 1 版。

③ 《昨晨中山公园新闻界开欢迎大会 欢迎成舍我等三同业 成报告世界新闻概况》，《世界日报》1931 年 6 月 25 日第 3 版。

知识"①；在上海《立报》的发刊词中，他认识到报纸乃民众日常生活的必需品，"报纸对于读众，乃一种无形的食粮，和无形的交通工具"②；20世纪40年代后，他进一步指出，"报纸传播文化，普及大众的使命"，"人类之需要报纸，正与需要阳光、空气、水相似"③。"公园""图书馆""无形的食粮""无形的交通工具""阳光""空气""水"对报纸功能的不同阐释，都是为表明报纸的普及对启迪民智的重要意义，都指向同一个目标，即要实现报纸的这些功能，必须走大众化道路。

对报刊功能的上述阐释并不独见于成舍我，在他同时代甚至之前已有相当多的报人作过类似的阐述。然而超越于同时代报人的是，成氏对报刊功能的认识由"启迪民智"上升到"国家兴亡、民族复兴"的高度，由此分析中国报纸走大众化道路的必要性。

近现代百余年间，对于中国而言，是一个不断沦陷为半殖民地半封建的、多灾多难的历程。在这过程中，无数的仁人志士为民族的复兴而奔走，并从各自的领域提出救国的道路，如"实业救国""航空救国""科学救国"等。同样，可贵的是，作为一名奉新闻为终身职业的报人，成舍我提出了"报纸救国"的口号。这一口号的提出，并不是盲目跟风，而是在那个特定的时代，成舍我在继承自维新派以来宣扬的"启迪民智"的报刊功能的基础上，对报纸在沟通国家、民族和个人之间的重要作用进行深邃的思考得出来的，是中国历史上为数不多的从国家存亡、民族复兴的高度来阐述报纸功能的报人。

对报刊功能的这种新认识是"九·一八"之后开始转变的。"九·一八"事变，使得东北三省一夕之间沦丧，而事变中表现出的日寇的残暴、国民党当局的懦弱无能及国联的偏袒日寇行径大大刺激了成舍我，早先寄希望于宣扬世界主义的"世界各国的合作互助"来抵抗侵略者的梦想被残酷的现实击得粉碎，包裹在民族主义表面的世界主义思想开始褪色。政府的无能，国际求助的失败，使得成舍我的眼光投向了广大的民众。在社论中，他多次呼吁民众要有"共赴国难"的心理，"一国家民族之生存，

---

① 成舍我讲，荣涛、于振纲记：《中国报纸之将来》（续），《世界日报》1932年5月10日第7版。

② 《我们的宣言》，《立报》1935年9月20日第1版。

③ 成舍我：《由小型报谈到〈立报〉的创刊》，成舍我《报学杂著》，（台北）"中央"文物供应社1956年版，第124页。

自应有其神圣必不可侵之人格，……神圣人格，若一旦遭遇迫害，则全国国民，惟有举所有之生命以庇护之，初不当计及其结果之为如何"。① 并且寄希望于广大民众能形成强大的合力，能迫使政府放弃不抵抗政策，能"督促政府对日作战"②。然而另一方面，"全国恒舞，猛袭若无事"，"嬉游如故"，"官民之恬适自如，及一切娱乐场所之拥挤如常"等"太无心肝之麻木"的状态又令他极为痛心和失望。③ 之所以出现如此状态，在成舍我看来，一方面是国民教育的失败；另一方面是新闻界的责任，"我们新闻界，实在应该负重大责任。因为我们的报纸，从来不注意向多数国民动员，使他们了解民族意义，个人和国家的关系，及中国现今的危迫。致使他们始终坐在漆黑的暗室，不知道屋外大势"④。正是由此认识，他提出了"报纸救国"的口号，在国家存亡的危急关头，报纸的功能，就在于能使"最大多数的国民，能认识国家和自己的关系，国家的荣辱存亡，就是自己的荣辱存亡"⑤。为落实这种口号，上海《立报》提炼出"立国立己"的办报宗旨：

> 我们认为不仅立己立人不能分开，即立国也实已包括在立己的范围以内。我们要想树立一个良好的国家，我们就必先使每一个国民，都知道本身对于国家的关系。怎样叫大家都能知道，这就是我们创办立报唯一的目标，也就是我们今后最主要的使命。⑥

报纸既然肩负如此的重任，那么它的出路只能走大众化道路了。"九·一八"事变不久，成舍我就意识到为实现报纸的这种功能，必须走大众化道路。他先是在 1933 年提出"报纸向民间去"的口号，从中隐约可见其大众化报纸思想，"自从九一八事件发生以来，我们更深切的感到，……（报纸）内容应由政治转到广义的社会，读者应由少数特殊阶级，到全国劳动大众。就是要将向来被视为特殊阶级的读物，变成大众的

---

① 舍我：《国人尚不积极备战矣》，《世界日报》1931 年 10 月 15 日第 3 版。

② 百忧：《政府拟将放弃"不抵抗"政策矣》，《世界日报》1931 年 10 月 13 日第 3 版。

③ 舍我：《国人尚不积极备战矣》，《世界日报》1931 年 10 月 15 日第 3 版。

④ 成舍我讲，原景信记：《如何使报纸向民间去》，《世界日报》1933 年 4 月 11 日第 7 版。

⑤ 成舍我：《报纸救国》，《世界日报》1935 年 11 月 14 日第 13 版。

⑥ 《我们的宣言》，《立报》1935 年 9 月 20 日第 1 版。

读物。"① 在《立报》发刊词中，他更是明白地指出：

> 我们特别感觉到中国报纸大众化的需要，那就因为中国近百年间，内忧外患，纷至沓来，甚至遇到了空前国难，而最大多数国民仍若漠然无动于心。根本毛病，即在大多数国民，不能了解本身与国家的关系。何者为应享的权利，何者为应尽的责任，都模糊影响，莫名其妙。一方面政治可以听其腐败，领土可任人蚕食，一方面自己也不肯为国家有分毫牺牲。人人只知有己，不知有国。其所以造成这样现象，我们敢确切断言，最多数国民，不能读报，实为最主要原因中之最主要者。②

可见，《立报》揭举大众化旗帜的终极目的，在于用报纸来唤醒全国民众，共赴国难，抵御外侮。

二　大众化报纸思想的内涵

成舍我的大众化报纸思想既是对自近代报纸引入中国以来无数报人在大众化道路上的探索成果的继承和开拓，又是对西方 19 世纪 30 年代以来大众化报纸思想的扬弃；同时又是在民族危机日益加深的背景下适应时代召唤而产生的，使其打上了鲜明的时代烙印和中国特色。这使得成氏的大众化报纸思想具有丰富的内涵，且对中国此后的报纸发展具有深远的影响。

概述起来，这种大众化思想主要包括以下几方面的内容。

首先，内容上，要以"拥护大众利益"为出发点。这方面又包含以下要求。

第一，在新闻报道上，要采集大众身边发生的新闻，或者要从大众的角度报道新闻，或者能够反映民生疾苦，是大众真正需要读的新闻。成舍我对中国报纸一向注重政治消息深为不满，他称呼这种报纸为"升官图""起居注"，对要人的来去，宦海的沉浮交代得特别仔细，占用了报纸上重要的版面，而忽略了与民众密切相关的社会事件。因而，他痛惜地说，

---

① 成舍我讲，原景信记：《如何使报纸向民间去》，《世界日报》1933 年 4 月 11 日第 7 版。

② 《我们的宣言》，《立报》1935 年 9 月 20 日第 1 版。

"现在国内的报纸，大半可以说，只是特殊阶级的读物，而不是社会大众的读物。"① 他用"新时代之报纸"来代指革新后的中国报业，认为"新时代之报纸"最基本的条件之一，即是"报纸为最大多数之读物，非仅为少数特殊阶级作起居注，及供其玩赏之用"②。

第二，报道的内容不仅是大众需要的，而且是有益的。成舍我一方面认可以英国报业大王北岩爵士为代表的西方大众化报纸的做法，认为它代表了20世纪报业发展的潮流；然而另一方面对此又有所警惕，"所惜者，即此种政策，有时行之过当，且其大部分动机，多半出于资本家获利之一念，而非欲供给一般平民以何种善良之知识，此则吾人所不能为北岩讳言也"③。在他看来，这种"善良知识"即是有益的知识，从中国的国情出发，他提出中国的报纸应从两方面加以改进。一是能培养民众的"国家意识"。通过报纸的灌输，动员国民，使他们了解个人和国家的关系及民族的危迫，即如前所说，要实现"报纸救国"的目的。二是要抵制西方大众化报纸以读者兴趣为转移的做法。他认为这种做法使得报纸一味迎合社会病态的心理，专载一些诲淫诲盗的"有损无益"消息。那么，什么是有益的内容呢？成舍我认为，今后大众的阅读兴趣将转往科学消息和艺术消息，"科学上，一个新的发明或发现，必能占将来报纸最要最多的篇幅"，艺术上，"人们要求精神上的慰藉，对于艺术一定会有特别的爱好"④，而那些关于政治斗争、强盗、恋爱等诲淫诲盗的"无益"的内容将无市场；中国的报纸应吸取西方报纸大众化的教训加以改进。

第三，在言论上，要站在大众的立场，真正为民众福祉服务。在1933年解释《世界日报》为何开办"新闻学周刊"的一篇文章中，成舍我庄严地宣告："新时代的报纸，它的基础，应完全真确，建筑于大众'公共福祉'的上面……所以报纸上的言论，记载，一字，一句，均应以增进'公共福祉'为出发点。……新时代报业的树立。以'拥护公众利益'为我们的职责，打倒那些漠视公众利益，轻率狂悖，对社会不负责的

---

① 成舍我讲，原景信记：《如何使报纸向民间去》，《世界日报》1933年4月11日第7版。

② 《燕大新闻讨论周第一日　请成舍我邵元冲等讲演》，《世界日报》1933年4月28日第7版。

③ 舍我：《在伦敦所见英国报界之活动》（续），《世界日报》1931年1月14日第3版。

④ 成舍我讲，荣涛、于振纲记：《中国报纸之将来》（续），《世界日报》1932年5月8日第7版。

传统谬见。"① 他的这番言论是针对西方报业中资本操纵言论、报纸成为资本家牟利的工具等不良现象而发的，他说，"最近的数十年中，报纸大众化，已被许多资本主义者，利用做了种种的罪恶。他们错将个人的利益，超过了大众的利益"②。为抵制报业受资本、商业的这种侵害，成舍我想出了多种方法。一是在报纸营运上要独立自主，"今后报纸，既将自机关报纸，及资本主义下的营业报纸，蜕变为新时代真正代表大众利益的报纸，则其经济生命，当然亦惟有赖于大众之购读，与各种公告费中之收入"③。二是在报社组织上要改革，让报社中的所有工作人员都以参股的方式成为报社的所有者，这样报社主权既属于全体人员，当然不会受到外来资本的控制，同时，"在营业方面虽然还可以商业化，但编辑方面，却应该绝对独立，不受'商业化'任何丝毫的影响"④。另外，为杜绝报社自身暗室欺心现象的发生，成舍我还主张在编辑方面建立监督机关，由普通民众或读者组织监督机关以监管言论是否为民众福祉服务。

　　成舍我关于大众化报纸内容上的要求，及为保证这种要求而对报社组织的设计虽然带有明显的乌托邦色彩，但是体现了他在大众化方面的可贵的探索精神，其中的一些做法在他后来的报业活动——尤其在上海《立报》中得到了实践。诚如该报发刊词所宣告的，"……而我们的大众化，却要准备为大众乐园，和大众学校。我们始终认定，大众利益，总应超过于任何个人利益之上"，"我们揭举的报纸大众化，不仅是对于中国报业的一种新运动，并且也是对于现在世界上所谓大众化报纸的一种新革命"。⑤《立报》正是朝这方面努力的。

　　其次，要缩减报纸篇幅，以降低报价，使之在大众可承受的范围内。

　　早在20世纪20年代末，成舍我就认识到中国之所以不能产生超过15万份的大众化报纸，其主要障碍是篇幅过长。他对申、新等大报在篇幅方面一争长短的做法深为不满，主张缩减报纸的篇幅。其理由如下：（1）他以英国的《每日邮报》《每日快报》等报纸获得的巨大成功为例，说明缩

---

① 舍我：《我们的两个目的》，《世界日报》1933年12月14日第13版。

② 《我们的宣言》，《立报》1935年9月20日第1版。

③ 舍我：《我们的两个目的》，《世界日报》1933年12月14日第13版。

④ 成舍我讲，荣涛、于振纲记：《中国报纸之将来》（续），《世界日报》1932年5月7日第7版。

⑤ 《我们的宣言》，《立报》1935年9月20日第1版。

减篇幅是世界报业发展的趋势。（2）篇幅少的报纸有其优越性，如用于阅读的宝贵时间可减少，便于携带。（3）中国国情的需要。他认为，一方面中国工业不发达，不能生产符合报馆需要的纸张，使得各报馆之用纸完全来自进口，缩减篇幅可缓解中国用纸紧张、贸易逆差的局面；另一方面中国商业不发达，刊登的广告不多，通过缩减篇幅，报馆可使用经济的编辑手段，提高广告的价目，达到减轻报馆成本的目的。①

除了上述理由外，成舍我认为缩减篇幅最大的益处是可降低报价。他曾多次将中国与英、法等国的报价、国民收入、生活水平作反复比较，得出中国报纸"是世界上最贵的报"②的结论。在他看来，篇幅多，纸价高昂，必然导致报价高，这是中国不能产生真正意义上的大众化报纸的主因。他理想中的报纸篇幅应为两大报（或四小张），他认为这样一份报纸，一方面可以通过编辑手段的强化（如缩小字体）来保证不因缩减版面而导致内容的缺失；另一方面可以通过营运方法的改进（如提高广告价目）来保证报社的利润，如此可以实现纸张成本的下降，最终达到报纸价格实质性下降的目的。

最后，成氏大众化报纸思想的一个重要内涵是继承了前人在内容呈现方式上的探索成果。如前所说，成舍我因受旧时教育影响，一向偏好于文言写作，后来虽受白话文影响，但也使其文有古朴雅致的意味，不免令人有晦涩之感，这种文风也体现于早期的《世界日报》。直至欧美远游，在对西方报业仔细考察和深入研究后，他才真正意识到"欲求报纸销行于一般平民，自非浅显生动之文字，……不能奏效"。③此后，《世界日报》的文风才开始转变，其读者群也由知识界慢慢转往市民阶层。不久，他进一步认识到，除了文字力求浅显通俗外，还应多用图画吸引读者的兴趣，对文内一些难懂的内容应多用注解。这种编辑上的要求，体现最明显于上海《立报》。《立报》宣称"只要略识几百字你准看得懂"，为此，该报编辑

① 关于缩减报纸篇幅的理由，是参考以下文献综合而成的：成舍我讲，荣涛、于振纲记：《中国报纸之将来》（续），《世界日报》1932年5月9日第7版；成舍我：《当前报业的几个实际问题》，《新闻学季刊》第3卷第2期；成舍我：《我们需要"平价报"》，《东方杂志》1943年第39卷第9号；成舍我：《由小型报谈到〈立报〉的创刊》，载《报学杂志》，第121—124页。

② 成舍我讲，荣涛、于振纲记：《中国报纸之将来》（续），《世界日报》1932年5月10日第7版。

③ 舍我：《在伦敦所见英国报界之活动》（续），《世界日报》1931年1月14日第3版。

要花极大的力量对每篇新闻进行改写，以使黄包车夫也能读懂。

由上述可知，成氏大众化报纸思想的重要贡献在于，一是从报纸所担负的"救国"功能出发，指出新时代的报纸不仅要刊载大众需要的，应站在大众立场说话，并且也应是对大众有益的，有益于增进他们对国家与个人之间关系的了解，有益于培养健全的国民素养，从而实现"报纸救国"的理想；二是为保证人人看得起报纸，成氏主张从缩减报纸篇幅出发，实现报价下降。他的这套对报纸发展前景的构想，是从日本帝国主义加紧侵华这个特定的时代背景下提出的，于成舍我来说，有迫切实现的必要，由此他提出，需要对中国的报纸进行一番大刀阔斧的改革，以建立"新时代之报纸"，诚如他所说："新时代之报纸为进步的，非为保守的，为平民的，非为贵族的。"①

三　大众化报纸的实践：小型报办报策略

为实现上述大众化报纸构想及"新时代之报纸"之要求，通过对中外报纸发展道路的分析和前景的展望，成舍我提出了一种新的类型的报纸模式——小型报。何为小型报？成氏认为这种报，"内容是大众化，形式是小型，评价是通俗的"，它要满足四个条件："人人买得起；人人看得懂；雅俗共赏；能代表多数的勤劳大众，替多数人说话。"②为进一步说明小型报与当时的大报、小报的区别，他又说了以下一番话：

> "小型报"和"小报"，意义绝不相同。小型报是 Tabloid，它主要原则是要将一切材料，去其糟粕，存其精华。换一句话说，即小型报乃"大报"的缩影，它每一篇文章每一条新闻，最好都不超过五百字。举凡一般大报所刊载冗长而又沉闷，特别像我们中国若干要人们又长又臭不知所云的演说，是绝对不容许在小型报内全文照登。小型报重视言论，竞争消息，广用图片。总之，除量的方面以外，质的方面，只有比大型报更优胜，更精美，亦即中国所谓"以少许胜多

---

① 《燕大新闻讨论周第一日 请成舍我邵元冲等讲演》，《世界日报》1933 年 4 月 28 日第7 版。

② 成舍我：《三种报纸的出路》，载《报展》，复旦大学 30 周年纪念世界报纸展览会纪念刊，1936 年 1 月，第 48 页。

许"。它的工作重心，在"改写"与"精编"。至于人才的储备，新闻网的布置，决没有任何一点，可以较最进步、最完善的"大报"减色。至于"小报"通常了解的意义，正即西方所指的"蚊子报"Mosquito Paper，不竞争新闻，不重视言论，它只以乱造无稽谣言，揭发个人阴私，为其首要任务，正如夏夜之蚊，到处嗡嗡，扰人清梦，惹人厌恶。这种报，当然不能与"小型报"相提并论。①

成舍我用上述一段长话不厌其烦地指明了小型报与大报、小报的区别。概言之，小型报主要具有以下两个特点：（一）在形式上采用小报的形式，然而从报社的组织框架到报纸的内容（新闻、言论、副刊、图片），大报具有的要素它都完备；（二）通过编辑方式的变革——"精编""改写"，达到文章以短取胜、以质取胜。

小型报的出现在中国报纸大众化的历程中写下了辉煌的一页。首先，价格低廉，小型报零售价大多仅几文钱，几乎等于西方"便士报"的价格，在普通民众的经济承受范围内，甚至工人、学徒等"引车贩浆之徒"都能挤出几文钱订阅；其次，内容上重新闻，敢花钱采用通讯社的稿件，"开始用比较客观、健康的笔调对社会名流、重大事件进行报道，而且采用了特稿、专访、报告文学等当时尚属新颖的新闻体裁"②；再次，内容上也贴近普通大众，不少小型报注重反映普通民众的疾苦、呼声，有的甚至以"站在民众的立场，探索民众的真意"③自居；最后，重视经营，报社大多设置经理部，下设发行、广告两部门，有些小型报的发行不再局限于本地，而拓展至全国的一些重要城市，与此同时其广告量也是水涨船高，有的几可比肩于一些历史悠久的大报。从上述分析可知，小型报突破了以往中国"文人办报、文人论政"的传统，坚持以报纸大众化的三项基本办报原则——"面向大众化""新闻纸""商品纸"来办报。

成舍我提出的小型报办报策略，是受中国进入 20 世纪以来某些白话报、小报的成功所启迪的。1904 年，彭翼仲创办《京话日报》，虽为铅

① 成舍我：《由小型报谈到〈立报〉的创刊》，载成舍我《报学杂著》，（台北）"中央"文物供应社 1956 年版，第 119—120 页。

② 方汉奇主编：《中国新闻事业通史》（第 2 卷），中国人民大学出版社 1996 年版，第 524 页。

③ 《与国人共信共守》，《实报》社论 1932 年 10 月 4 日。

印、小张，却因用通俗的北京话出版，其新闻和言论注重揭露社会阴暗及反映民众疾苦，而风行一时，这是成舍我对小报关注之始。1917 年年末，成舍我就读北京大学后，他发现当时北京的四大报（《顺天时报》《益世报》《晨报》《北京日报》）的总发行量竟不及一简陋的小报——《群强报》，经过他的研究，总结出《群强报》具有如下特色：

> 第一，它全部新闻，虽然剪自大报，但每条都已缩编为几十字，最多亦不过二三百字，识字不多的，比较容易看懂。第二，那时白话文运动，还刚在开始，而这张报，却从出版起，就早已采用了"三国演义"式的白话体。……此外，另有一最大原因，即报价便宜，大报每份要售银元二分或三分，这张报只需铜元一枚，劳动者易于负担。……①

因而他认为这种报纸为中国未来报纸的发展提供了一种新思路，"未来的真正民众化的报纸，是要将这种'小报''提倡''改良'而发达起来"②。在他看来，如果对小报加以改良，充实它的言论、新闻和报馆组织，改善它的印刷条件，则此种报可算作他理想中的报纸。

受此种思想主导，他于 1927 年在南京创办《民生报》，实行"大报小型"的实践，他当时创办的动机是：

> 我觉得革命后最重要最伟大的一件精神建设，是要尽量多办人人买得起看得懂的大众化报纸。……如果能做到人人读报，我们就不怕人民不来拥护民族的利益，制裁贪污的官吏，抵抗外来的侵略。达到人人读报的方法，第一，定价必便宜到最低限度；第二，文字浅显而意识正确；第三，少登阿猫阿狗所谓各级要人的起居注，多载有关大众生活的事实和动向。能如此，就可以人人买得起看得懂，也就是我所理想的大众化报纸。而因中国工商业不发达，广告价值太低，又本国尚无大规模纸厂，纸本昂贵，要想减经读者负担，即约不宜走英美

---

① 成舍我：《由小型报谈到〈立报〉的创刊》，载成舍我《报学杂著》，（台北）"中央"文物供应社 1956 年版，第 126—127 页。

② 成舍我讲，荣涛、于振纲记：《中国报纸之将来》（续），《世界日报》1932 年 5 月 10 日第 7 版。

报纸的途径。所以，这种报纸，篇幅是异常节省，最好小型。①

　　这份报纸是成舍我实践小型报的最早尝试，经过若干年的努力，大获成功，成为一家在南京地区有影响力的小型报，惜受"民生报案"之累，过早夭折。在欧美远游期间，成氏在国外仔细研究了一些近代报纸的趋向，尤其是在伦敦看到《每日邮报》《每日译报》日销二百万份，而号称"报中之王"的《泰晤士报》日销仅二十万份的事实，更使他清醒认识到，要在中国创办一张"日销百万份"的大众化报纸，必须走小型报的路子。此后又受北平《实报》②《时言报》③等小型报成功的鼓舞，他决意另创一小型报，从而促成了上海《立报》的诞生。

第二节　小型报的杰出代表：上海《立报》

一　《立报》的创刊

　　《立报》的创办要追溯于一次偶然的聚会。1934 年 9 月成舍我出狱后，到达上海，准备作短期休养。为欢迎成的到来，吴中一等一群上海同业特在 10 月的某日相聚于黄浦江边的水上饭店，为他压惊洗尘。在酒宴中，由"民生报案"谈到《民生报》的停刊，各同业诸君为之叹惜不已。当时吴中一就以开玩笑的口吻问成："那么，你为什么不来上海办？"接着又问，"上海能不能办小型报？"成的回答是："在上海只有创办小型报，或能打开一条成功的途径。"④ 然后，他从编辑、采访、发行、印刷、广告等各方面谈起了他的小型报办报理念。成的这番话原本只作为酒宴中

----

① 成舍我：《上海立报奋斗的经过贯彻我们"报纸大众化"的主张》，《香港立报》1938 年 11 月 24 日第 2 版。

② 《实报》由汉奸文人管翼贤于 1928 年创办，发行量最高达 10 万多份，居华北各报之首，被成舍我称为"是北平首先真正实行'大报小型化'的小型报"。（见：成舍我《报学杂著》，（台北）"中央"文物供应社 1956 年版，第 128 页）

③ 《时言报》创刊于 1930 年，创办者常振春原为成舍我的《世界日报》社的杂役，不识字，后与人合作创办《时言报》，文字以明白如话著称，内容符合劳动者口吻，日销两万份，成为北平地区一著名的小报，后因北平沦陷关门。

④ 成舍我：《由小型报谈到〈立报〉的创刊》，载成舍我《报学杂著》，（台北）"中央"文物供应社 1956 年版，第 131—132 页。

的谈资，不料却引起了座中同业的强烈兴趣，针对一些疑问，不断盘问成，竟使得这顿午宴吃了四小时之久。并且宴后余兴未消，大家又齐集到成的住处，当场商定在同业间，最好由在座诸人，集资 10 万元来创办一小型报，由此拉开了创办《立报》之帷幕。

最初，这家筹备中的报纸取名《力报》。此名是成舍我取的，他的灵感来自闸北火车站的报贩叫卖声，他认为"力"字较于《申报》的"申"更易发音，更方便报贩的叫声。[①] 直到 1935 年 6 月 3 日在筹备委员会的第一次会议上，有人质疑，国内已有报纸名之《力报》，经过协商，改为《立报》，并且此名也与报纸的"立国立己立人"的宗旨相符合。

《立报》是按照股份有限公司筹建的。原计划筹齐 10 万元资本，但事实上仅筹集 8 万元作为公司总资本。[②] 后将全社股份划为 32 股，每股2500 元，发起人名单及股份详情见表 3 - 1：

表 3 - 1　　　　　　　　《立报》发起人名单及认股详情

姓名	经历	所认股数	董事	监察人
严谔声	新声通讯社社长	四股	√	
田丹佛	南京复旦通讯社社长	四股	√	
成舍我	北平世界日报社社长	四股	√	
萧宗让	前北平女子学院教授	四股		
钱沧硕	中央通讯社上海分社主任	三股	√	
吴中一	新声通讯社副社长	两股	√	
萧同兹	中央通讯社社长	两股	√	
管际安	上海民报总编辑	两股	√	
吴范寰	北平世界日报社经理	两股		
萨空了	前北平晚报主笔	两股		
胡朴安	上海民报社长	一股		√
朱虚白	中央日报上海采访部主任	一股		
严服周	新声通讯社南京分社社长	一股		

资料来源：据上海档案馆，馆藏号：Q92 - 1 - 209。

---

① 见：张佛千《追思成舍我先生》，《传记文学》1998 年 8 月总 435 号。
② 用成舍我的话来说，是因为他请人仿制轮转印刷机成功，减少了报社支出之故。见：成舍我《报学杂著》，（台北）"中央"文物供应社 1956 年版，第 387 页。

由表 3 - 1 可知，该报集中了上海、南京、北平三地的一些报界名人①，可分为两大派，一是以成舍我为首的北平世界日报派，包括成氏夫妇及世界日报旧人吴范寰、萨空了、朱虚白；二是以严谔声为首的上海本土派，包括严服周、胡朴安、管际安、钱沧硕、吴中一等。在 8 万元总资本中，成氏独出资 3 万元，吴范寰、萨空了两人的股份也是由他出的。在1934 年 8 月 10 日的创立会中，成舍我被推选为社长，严谔声、田丹佛、钱沧硕被推选为常务董事；原本要成舍我任总经理一职，但成以其不是上海本地人，一些事务不好出面处理，并且在北平还有事业，不能常期滞留沪为由加以拒绝，后推选严谔声兼任总经理；但是严及其他发起人又以严的办报经验不如成为由，要求成代行总经理一职，负担全权经营的重任，约定以一年为期限，在这一年中要求他全心管理报社事务，"非到报馆经济基础确实巩固，销路已超过预定标准"②，不可北归。

报社采用这样的股份制形式，对于成舍我来说是出于两方面的考虑。一是吸取《民生报》独资经营的教训，让更多的同业诸君参与其中，能利用他们的政治、社会力量来分担风险；二是实践其"报馆主权属全体报馆工作者"思想的尝试，《立报》的大获成功，使得成舍我后来在此思想基础上进一步提出"专家办报"的主张。

为打开局面，成舍我为《立报》的创刊作了精心的宣传。1935 年 9 月12 日，《新闻报》刊出"《立报》定本月二十日出版"的广告，除了刊登该报的"发刊要旨"外，还宣扬该报有三大特色，宣称要"赠阅十日"，并提出"实行报纸大众化"和"日销百万为目的"两大口号（见图 3 - 1）。9 月20 日，即《立报》创刊日，又在《新闻报》上刊出"《立报》今日出版"的广告，宣称《立报》要做"消息总汇，时代先驱"，又打出"一元钱可看三个月"和"五分钟能知天下事"的口号，该广告占据两大整版，用套红

---

① 据《立报》在《新闻报》登的创刊广告可知，除了上述发起人外，《立报》创办人还有程沧波（国民党中央日报社长）、张友鸾（前南京新民报总编辑）、沈颂芳（《新闻报》记者）三人，此档案材料之所以遗漏三人，据笔者猜想，是因此三人不久即退出《立报》，如萨空了是在《立报》创办一月后才来上海的，他的两股即是顶张友鸾的。见：《〈立报〉以日销百万为目的》，《新闻报》1935 年 9 月 12 日第 2 版；贺逸文等《北平〈世界日报〉史稿》，载张友鸾等《世界日报兴衰史》，重庆出版社 1982 年版，第 149—150 页。

② 成舍我：《由小型报谈到〈立报〉的创刊》，载成舍我《报学杂著》，（台北）"中央"文物供应社 1956 年版，第 136 页。

印刷，这在中国新闻史上也是少有的事情（见图3-2）。

图3-1　1935年9月12日《新闻报》登的《立报》创刊预告

资料来源：据1935年9月12日《新闻报》十六版拍摄。

图3-2　1935年9月20日《新闻报》登的《立报》创刊广告

资料来源：据1935年9月20日《新闻报》一版拍摄。

二 精编主义编辑原则

小型报要实现内容精要和篇幅缩减两大条件，最终要归结于它的立脚点——精编主义编辑原则。《立报》作为小型报的佼佼者，在这方面尤其作了开创性的贡献，其影响至今还可见其余韵。

我国最早专文撰述精编主义编辑思想的学者之一是周孝庵[1]，他在20世纪20年代末曾撰文《新闻学上之精编主义》。文中对报纸为何实行精编主义进行了阐述，"盖'纸面地位'依然，而新闻则日见增多而不已，增多之结果，不得不限之以'精'"，"盖报纸之地位有限，而有限之地位，须登有价值之新闻"；提出了两种精编的方法，一为"应以新闻价值为标准"，二为"编辑者应注意新闻中之'毒素'，一面应收集适当之材料"；并且文中对于如何实行"精编"进行了较具体地阐述。[2]

成舍我的精编主义编辑思想的形成，可能最早受惠于与王新命的讨论。据王回忆，20年代初他在日本留学时，"……对日本新闻事业进步之速，颇为注意，而对于日本各报编辑的做法，……则尤为惊异"。在他看来，这种编辑做法主要体现在"刊载新闻除重点主义外，还采取精编主义"，"因采取重点主义，所以国内、外重要新闻都不至遗漏。因采取精编主义，所以任何国内、外名人的演讲词、任何一个国家发表的对外文书，都只摘录必不可省的要点，予以披露，绝不全予刊登"[3]。他认为这两种编辑思想都是国内报纸所缺乏的，因而他写了两封信给当时在上海《商报》任职的潘公展，提议中国的报纸应接受此两种编辑思想。以王新命与成舍我之间的密切关系，他们就这两种编辑思想作过深入的讨论应该是毫无疑问的。

1930年后，经过对欧美报业的考察和对中国报业发展道路的深入思考，成舍我开始形成小型报办报策略。在提出缩减报纸篇幅的同时，他首次提出了"精编主义"编辑思想，"……将来报纸的篇幅，必然要日趋缩

---

① 周孝庵，生卒年不详，民国时期著名报人和新闻学者，1921年11月9日，曾与曹谷冰、潘公展等发起成立上海新闻记者联欢会，后在复旦大学新闻系任教，著作有《最新实验新闻学》《新闻学述要》《如何编辑新闻》等。

② 周孝庵：《新闻学上之精编主义》，载黄天鹏编《新闻学刊全集》，光新书局1930年版，第25—49页。

③ 王新命：《新闻圈里四十年》，龙文出版社股份有限公司1993年版，第234页。

减。就数量言，由多而少，就体积言，由大而小，这是可以预断的。不过新闻的选择，也必要的趋谨严，一切力取'精编主义'，量减而质增"①。此后，他在所办的《世界日报》《民生报》开始进行这方面的实践，当然最成功的还是《立报》，下面就以《立报》为例，来分析精编主义的具体做法。

精编主义的做法在《立报》主要体现于两方面，一是改写，二是重点新闻的开掘。

（一）改写

相比于大报，小型报因版面少，版位尤显得宝贵，因而稿件应坚持简明的基本原则。编辑常常需要对一些有一定新闻价值而不符合此简明原则的稿件加以改写，以达到去芜存菁、去粗存精的目的。具体来说，改写的基本要求有：

一是短。《立报》提出的一个标语是"五分钟能知天下事"，要达到此标语的要求，稿件必须短小精悍，以能在有限的版面内刊登最多的信息。这对于编辑人员提出了极大的挑战，用成舍我的话来说，编辑应时时存"一字千金"的意念，对版位应"加倍珍惜，切戒浪费"②。编辑只有在对稿件内容充分把握，对事实的主、次及互相关系有相当了解的基础上才有可能摘其主要内容，编成简明扼要的消息。

翻开《立报》，会发现它确实能使人"五分钟能知天下事"。它每天仅拿出一栏的版面刊登一则至三则言论，这些小言论长不过五百余字，短则仅百余字，针针见血，毫无堆砌的辞藻，往往有醍醐灌顶之效。在新闻上，版面充满了来源丰富的各类电讯，然而这些电讯大都长不过两百字，短则仅一二十余字，使得版面的信息容量大幅提升，据笔者统计，在其要闻版上，每天的电讯都在二十条以上。诚如一位读者所说："立报的新闻简明而扼要，适合忙的人阅读，花几分钟的时间，国内外大事，短小精悍的文章，都可一目了然。"③

二是文字浅显。《立报》创办之时，恰逢上海一些文化界人士开展

---

① 成舍我讲，荣涛、于振纲记：《中国报纸之将来》（续），《世界日报》1932 年 5 月 9 日第 7 版。

② 一戈：《从"节省篇幅"谈起小型报一字千金》，台湾《联合报》1954 年 6 月 30 日第 6 版。

③ 夏仁麟：《看报的习惯》，《立报》1936 年 5 月 10 日第 2 版。

"大众语运动"①，或许正是受其影响，《立报》也喊出了"报纸大众化"的口号，宣称"只要略识几百字你准看得懂"。无论是言论，或是新闻，它的文字都非常通俗浅显，可以说，除了目不识丁的文盲外，大多数市民都能看得懂；甚至以知识分子为阅读对象的副刊"言林"，也因曹聚仁、陈子展等"大众语运动"干将的加入，使得文字明白如话。这种对文字上的追求，成为《立报》各编辑一致的追求，使得他们花费了极多的精力来改写稿件。时任总编辑的萨空了说，"我时时在想，我应当把一条消息编的更明显一点，把一件事用附注说得更明白一点，把一个不常见的生字注出音义，把一句文字较深的句子改得通俗浅近，但是有的时候为了怕耽误出版时间，竟不能如我理想去那样编制"②。有一次，他为了使大众了解发行统一公债的目的，竟花费了两个多小时查阅各种参考书籍，可惜直至发稿前，仍没有找到合适文字表达。又如时任国际新闻版编辑的恽逸群，在采用各外国通讯社的电讯之前，往往要花大量的时间查阅资料，对其进行附加解释，以让读者明了事实掩盖下的各帝国主义的立场。

　　三是将多条电讯改写为一条综合消息。对于一些重要事件，各通讯社都发出电讯，这些电讯尽管是对同一事件的报道，然而由于报道的立场和选取的角度不尽相同，使得呈现在读者面前的事实亦不尽相同，有的加以凸显，有的加以藏匿。对于大报来说，它可以将这些电讯都刊登出，让读者以其判断力来理解事件的真相；如此做法除了要占用较多的版面外，另一个不好之处在于，由于展现在读者面前的是纷繁的事实，要求读者有较高的知识水平才有可能把握事实的真相。而对于小型报来说，由于版面宝贵，不可能将电讯都刊登出来，那么，怎么能让读者一窥事实的全貌且较易掌握事实的真相呢？为解决此矛盾，成舍我在新闻实践中开创出将多条电讯改写为一条综合消息的路子。实际上，这种方法在他欧美归来后，最早实行于《世界日报》（见图3-3），此后在《民生报》得到了较多的实践，而得到广泛运用并且在编辑史上产生较大影响的还是在《立报》上，几乎每天的头条都是此类综合消息。

───────────────

①　大众语运动是1934年夏，由陈望道、曹聚仁、陈子展、徐懋庸等七人提出，针对当时汪懋祖的"读经运动"、许梦因的"提倡文言"，认为白话文运动还不够彻底而发起的。

②　萨空了：《只有向读者道歉》，《立报》1936年9月20日第6版。

此类综合消息由以下三部分组成。

1. 多行标题。由于事件重大且较复杂，如用单行标题不足以容纳信息量，因而此类消息多用三行至五行的标题，读者如来不及阅读，实际上只要扫视标题，就可大致了解它的主要事实了。

2. 题后有一段综述。对于一些枝节特别纷繁、信息源头众多的事件，《立报》多在题后辟一段综合记述，对事件的来龙去脉及要点，作扼要的介绍，使读者一目了然。在"淞沪会战"中，中日在多个战场鏖战，战情复杂，且瞬息万变，《立报》每天的头版头条都为一则综合消息，每则消息题后都有一段对前日的战情作总括介绍的文字，例如1937年9月2日的综述如下：

> 昨日淞沪战事重心仍在吴淞区，概况如下：（一）吴淞方面，敌军二千余昨晨登陆，以飞机大炮掩护，进犯宝山，剧战终日，卒被我击退。（二）炮台湾及宝山县城乃在我军手中。（三）张华浜敌昨二次进攻未逞。（四）罗店曹王庙一带残敌已被我逐至镇北长桥。（五）杨树浦闸北昨有零星之敌，犯我阵地，均经我击退。①

看了上面的综述，相信读者对各战场的战情发展应有较清晰的了解。

3. 多条改写后的电讯。正文部分是多条经过改写后的电讯。这些电讯尽管是对同一事件的报道，但是经过改写后，已将相同内容和无关紧要的文字删去，使得每条电讯仅几十余字，符合精编主义的"短"要求；同时，改写后的每条电讯又符合精编主义的"精"要求，保留了其从不同角度叙述的差异性，这些电讯刊登在同一版面，从多维度、不同立场立体地展现事件，能使读者较易地掌握事实真相。

（二）重点新闻的开掘

上述的改写方略能保证新闻的"短"和"全"，但是如果一味地采用这种改写方略，也有不妥之处。关于这点，茅盾曾专门撰文批评有些人的错误观点——所谓小型报，即在其上刊登的全是短文；所谓精编主义，即将长文改写为短文。他说："有些人以为小型报纸就是普通报纸（大报）的摘要……如果满足这类读者的希望，小型报纸的编辑部就得是一部压榨

---

① 《吴淞镇敌援军又登陆 昨进犯宝山被我击退》，《立报》1937年9月2日第1版。

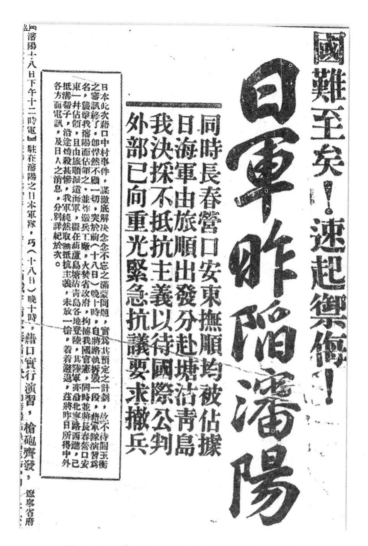

图 3 - 3　《世界日报》最早刊登的综合消息

资料来源：据 1931 年 9 月 20 日《世界日报》三版拍摄。

机，尽量把每天发生于世界的值得登载的新闻都紧缩成目录似的短条子。这也未始不好，但可惜太像'目录'了，就不大像'新闻'了。"[1] 该怎样避免这种报纸上刊登的全是"短条子""像目录""不大像新闻"的现象呢？茅盾认为小型报的编辑部不应是压缩机，而应是提炼机，它的工作

---

① 转引自萨空了《我与〈立报〉》，载上海图书馆中国文化名人手稿馆编《萨空了文集》，上海科学技术文献出版社 2002 年版，第 12 页。

不仅仅是将长文改写为短文，还应有所区别，对于当地发生的一些重要新闻该用长文的则用长文，"当地的重要新闻要有锐利的眼光去抉择，要批判地记载出来"①。

茅盾对小型报的这种警示，早在《立报》创办初始，就被成舍我、张友鸾、萨空了等主要编辑者所注意。他们意识到，所谓的精编主义，并不是简单地改写，以求得新闻的"短"和"全"，要想在新闻报道方面做到独擅胜场的话，还必须有自己的独家消息，注重重点新闻的开掘，这类新闻则不应受到篇幅的限制，有些甚至可以不惜篇幅作长年累月地连续报道。因而在他们看来，精编主义的另一方面是重点主义，即对重点新闻的开掘。

这种对重点新闻的开掘，体现于《立报》频频出现的两类报道："本报特讯"和"本报特写"。

上海作为我国的一座重要都市，成为各要人来来往往的逗留地，一些重要的宣言和时政事件经常发生，其中一些如被《立报》首先探听到，则冠以"本报特讯"刊登出来；通过外地的友朋等关系网络，《立报》偶尔也能获知外地的消息，而此类消息是上海其他报纸暂时不能获知的，此时它也以"本报特讯"刊登出来，只不过这类稿子极少，大部分"本报特讯"还是对本地发生的时政要闻的记载。

"本报特写"则经常用于报道本地发生的社会新闻。上海此时已尽显东方明珠的风采，各色人群汇集于此，各种奇闻逸事每天层出不穷，它们成为各家报纸争相报道的材料。《立报》也不例外，花了极大力量去挖掘此类新闻，并且以"本报特写"来标识其挖掘到的社会新闻。"特写"这种文体是以趣味为中心，在新闻叙事的基础上，而加以详细的解说或渲染；它给予读者的感觉是轻松的，有时还充满幽默的气息。这种文体虽早已有之，但在《立报》之前，在报纸上应用得并不广泛。《立报》自创刊始即大量地采用这种文体反映上海这个大都市千奇百怪的社会动态，成为它运用最广泛的一种报道方式。1935年11月1日，汪精卫遇刺，当消息传到上海望平街时，《立报》特以"本报特讯"的形式再现了望平街一片沸腾的情形：

---

① 转引自萨空了《我与立报》，载上海图书馆中国文化名人手稿馆编《萨空了文集》，上海科学技术文献出版社2002年版，第12页。

望平街上的骚动！
"号外"声浪震全市

像一颗重的轰炸弹，投进了这一条"报纸之市"的望平街，虽然时间在上午十点十五分，但是望平街每一个角上都显露了五种特殊紧张的神气。

消息是用了最高的速度在传递，报馆的工作人员，都突然开始集中，然后用了散兵战斗方法，向各方面去刺探消息。

几十分钟以后，排字房里紧张起来，再一会儿，报馆的门前，贴出了一张很鲜明触目的"号外"预告，那是：《号外·汪精卫今晨被刺》。这一颗重磅的炸弹，使全街都震动起来。报馆门口的闲人，一时愈来愈多，都在伸头颈在注意这惊人的消息。

同时所有望平街上的报贩，都全体出动，轰上报馆里来了，他们都挤塞在报馆门口，站在沿街的马路上，等着号外报纸的出动。

下午三点时分，号外报纸的机器动了，三点十五分，像海水的怒潮，报贩们把号外抢到手，他们几乎用了疯狂的一样行动，用了飞奔急速的步调，把号外的报纸举得高高地，由望平街上，朝北，由抛球场起，横扫过了一条南京路，麦家圈，直通爱多亚路。

他们都用了同一样嘶哑的沙喉咙，高声地嚷着，每一句都是那么激动地刺着你的耳朵："要看汪精卫被刺啰！"

街上，人更骚动，更兴奋了谁都抢过一张报纸，非常激动紧张地看下去。

直到深夜，在静僻的街头，还可以听见"号外、号外"的声浪！[①]（见图 3-4）

尤其在"八·一三"会战期间，《立报》充分运用"本报特写"这种报道方式，据笔者统计，自 1937 年 8 月 20 日起至 11 月 21 日止，共发表了 97 篇"本报特写"，自战场至工厂车间，上自高级指挥，下至普通士兵、各行业的群众，全方位地展现了日寇的残暴与我军民上下一心、同仇敌忾的心理。这种报道方式，在读者中受到了热烈的欢迎，使得其他报纸也纷纷效尤，难怪有读者写信给《立报》，"在国内报纸的新闻记事中一

① 《望平街上的骚动！》，《立报》1935 年 11 月 2 日第 3 版。

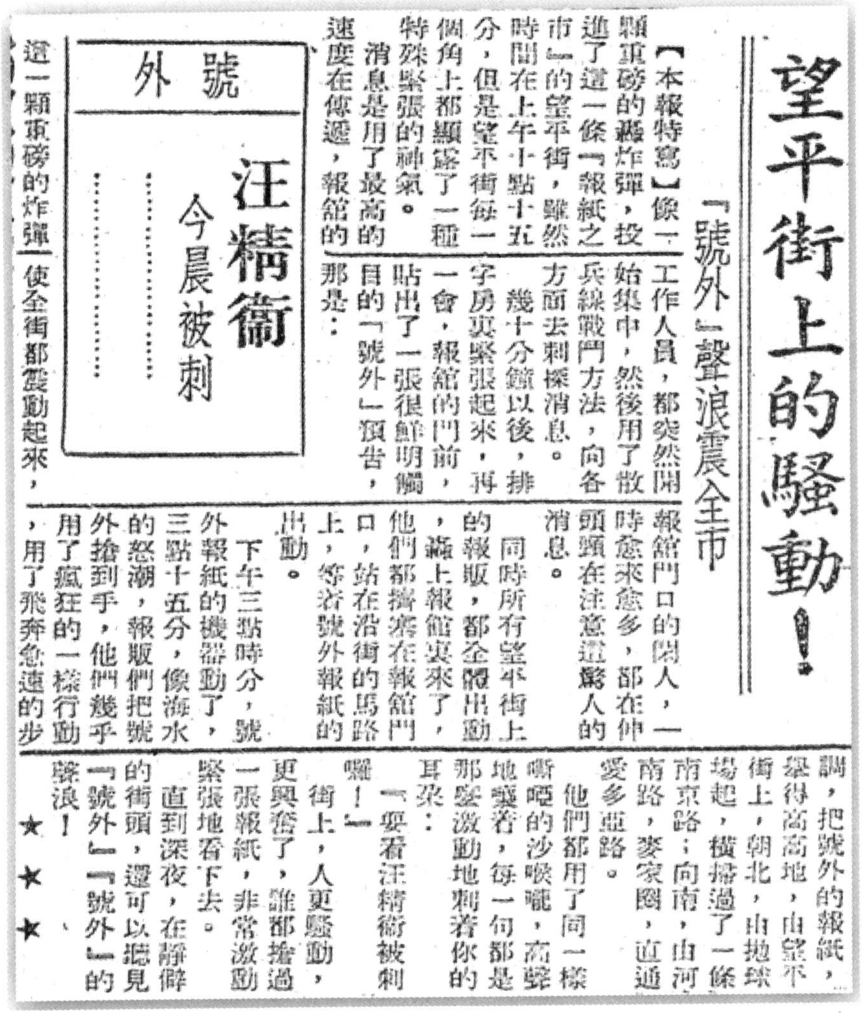

望平街上的騷動！

「號外」聲浪震全市

【本報特寫】像一顆重磅的轟炸彈，投進了這一條「報紙之市」的望平街，雖然時間在上午十點十五分，但是望平街每一個角上都顯露了一種特殊緊張的神氣。

消息是用了最高的速度在傳遞，報館的工作人員，都突然開始集中，然後用了散兵線戰鬥方法，向各方面去刺探消息。

幾十分鐘以後，排字房更緊張起來，再一會，報館的門前，貼出了一張很鮮明觸目的「號外」預告，那是：

號外

汪精衛

今晨被刺

……

……

這一顆重磅的炸彈使全街都震動起來，報館門口的閑人，一時愈來愈多，都在伸頭頸在注意這驚人的消息。

同時所有望平街上的報販，都全體出動，蟻上報館裏來了，他們都擠湧在報館門口，站在沿街的馬路上，等着號外報紙的出動。

下午三點時分，號外報紙的機器動了，三點十五分，像海水的怒潮，報販們把號外搶到手，他們幾乎用了瘋狂的一樣行動，用了飛奔急速的步調，把號外的報紙，舉得高高地，由望平街上，朝北，由拋球場起，橫掃過了一條南京路；向南，由河南路，麥家圈，直通愛多亞路。

他們都用了同一樣嘶啞的沙喉嚨，高聲地嚷着，每一句都是那麼激動地刺着你的耳朵：

「要看汪精衛被刺囉！」

街上，人更騷動，更興奮了，誰都搶過一張報紙，非常激動緊張地看下去。

直到深夜，在靜僻的街頭，還可以聽見「號外」「號外」的聲浪！

★ ★ ★

图 3－4

向被人忽略了的特写，自从以新的姿态出现于《立报》后，‘本报特写’的字样就常在报纸上看到，而且仿佛成为一种趋势了。”①

《立报》经过上述两类报道方式，不断地开掘重点新闻，形成独家报道，使得读者予以消息灵通的印象。事实也是如此，在《立报》创刊一年后的纪念日中，采访部主任褚保衡粗略地回顾了过去一年中他们取得的

① 仁麟：《新闻记者的新感官》，《立报》1936 年 8 月 9 日第 2 版。

独家消息有：

一、杜重远案，最高法院准许上诉。

二、顾竹轩案判决书全文的发表。

三、汪兆铭被刺案凶犯在沪捕获。

四、戈公振遗骸解剖报告全文。

五、飞行家李霞卿（即李旦旦）女士的离婚消息。

六、何世桢子祚新被匪绑架及脱险消息。

七、"新女性"徐慕出走事。

八、预告工部局与我方所订工厂检查协定内容。

九、照空和尚控告俄文报事。

十、复旦学生张宗毅发明秘密无线电控制术。

十一、吴凯声夫妇的"别居官司"。

十二、唐瑛女士离婚消息。

十三、南京路上爱国妇女大游行事。

十四、沪学生请愿列车消息。

十五、丁文江中毒原因及遗嘱内容。

十六、十四岁爱国童子鞠浩英自杀事。

十七、宁夏主席马鸿逵与邹德一女士订婚事。

十八、京市长马超俊沪寓被窃事。

十九、泥水匠马队桃被日人殴毙真相。

二十、交通银行副经理卫听涛失踪事。

廿一、昆山车站，职员走私，全体撤职。

廿二、上海地院推事谭焯宏被扣押。

廿三、上海地院？物库失枪案。

廿四、邰爽秋夫妇离而复合案。

廿五、胡蝶进医院割颈。

廿六、黎锦晖徐来离婚事件。

廿七、杀张宗昌的郑继成来沪休养。①

---

① 保衡：《登真凭实据报道新闻———一年来的采访工作》，《立报》1936 年 9 月 20 日第 6 版。

上述的不少报道，《立报》作了长期追踪报道，在读者中造成了较大的影响。例如关于顾竹轩案一案的报道，自创刊日（1935 年 9 月 20 日）刊有《暗杀案所牵涉 顾竹轩案》起，一直到 1936 年 12 月 18 日报道《顾竹轩昨日恢复自由 在狱中十五个月零八天》止，《立报》进行了连续一年多的追踪报道，发表了 70 多篇的报道。

《立报》的这种精编主义编辑方针，通过"改写"和"重点新闻"的相配合，不但使得版面中的新闻有长有短，形成一种错落有致、紧凑的版面美；而且在新闻报道上，符合了"短""全""精"的要求，起到了"人有我有，人有我优，我有人无"的效果。

三 "在本报销达十万份之前，不载广告"

《立报》发刊前，在上海各报登的创刊预告中，还向广大读者作出了"在本报销达十万份之前，不载广告"的承诺。这样的承诺，不但在中国新闻史上前所未有，而且在世界新闻史上也是前所未有的。当时上海发行过十万的报纸仅申、新两报，广告市场也大都由这两家所垄断，那么，《立报》有何底气作出如此的承诺呢？

这种底气来自成舍我对办报流程的清楚认识，"一个报纸办好的程序，是由编辑到发行，由发行到广告，不搞好内容，即妄想销路大、广告多，那就完全因果颠倒，必将劳而无功"①。他认为，要将一张报纸办好，因素固然极多，但其中最重要的因素是看报纸内容是否满足读者的需求，版面是否充实，言论是否站在民众的立场，这是报社最先要全力以赴做好的工作。而在这过程中，编辑人②起着成败兴亡的关键作用，他们是否意识到这一点，并且有能力实践，决定了报社的大部分命运。只有一群有能力又极合理想的编辑人协同工作，才有可能办出满足民众需要、符合民众利益的报纸。内容好了，发行工作也就水到渠成；同时，随着发行的扩大，广告主也就不请自来，报纸也就有了长期发展的基础。否则，只花大力气去搞发行、去拉广告，而不愿搞好报纸内容，那就是一种只看眼前利益而不注重长期发展的愚蠢行为，其发展也就如无源之水、无本之木了。正是

---

① 成舍我：《如何办好一张报》，载成舍我《报学杂著》，（台北）"中央"文物供应社 1956 年版，第 113 页。

② 成舍我所指的编辑人，外延广泛，既包括报社的领导阶层，又包括普通的编辑和记者。

从这个意义上，成舍我提出了"内容第一，编辑至上"的编辑思想。

创刊后的《立报》即是照着这种思路发展的。先是全力提升报纸内容：在新闻上，"凭良心说话"，忠实地报告给读者；在言论上，始终向民众宣传"对内和平，对外抗战"的主张；又通过精编主义的编辑方针，使得"人人能看得懂，人人能看得起"，读者给予热烈的反响。著名作家巴金曾以如下饱含感情的笔调赞誉《立报》：

> 我把它当作一个亲密的朋友。因为它的确告诉我一些真实的话，一些别处不敢说或不愿说的话。我觉得它说一句话，报告一件消息，都是经过一番考虑的。在一张小小的报纸里面我们已经得到了这一天里我们所应该知道的一切。没有多余的巨大篇幅来耗费我们的时间和精力。①

《立报》发行科曾对读者停止订阅该报的原因作了一个调查，发现位于前三的原因是：住址变迁、经济关系和邮局寄递不规则，而一般报纸停止被订阅最大原因——内容不满意——并不在此列，这从另一个侧面可知它受读者的欢迎程度。②

《立报》内容上的成功，使得它的发行工作事半功倍。在不到半年的时间内，不但在本埠的街头巷尾能看到它，而且在外埠，它沿着京沪杭两路向内陆扩展，使得华中、华北也能时时看见它的身影，难怪曹聚仁曾发出这样的感慨："单单西安一市，就销了三千份，那就不是申新两报所能争胜了。……望平街，狄平子办了《时报》是一纪程碑；成舍我办《立报》，也是一纪程碑，新闻史上的新页。"③

《立报》在创刊后的近半年里，一直信守着销量不达十万份不登广告的承诺。在这期间，随着发行量的节节攀升，那些广告主们坐不住了。当销量到四五万份的时候，他们就登门拜访要求《立报》增加篇幅，开放广告，成舍我等人一再拒绝。越拒绝，广告主们就越想登，并且愿意以上海最高价位付广告费。直到1936年3月17日，《立报》才正式开放广告

---

① 巴金：《我祝福立报》，《立报》1937年9月20日第2版。
② 见阎奉璋《作发行工作者的话》，《立报》1936年9月20日第7版。
③ 曹聚仁：《立报》，载曹聚仁《我与我的世界》，人民文学出版社1983年版，第478页。

版面（见图 3 –5）。在前一日的启事中，它向读者解释了开放广告的两个理由：(1) 销量已超过十万份，发行的初步目的业已达到[①]；(2) 因增出晚刊，篇幅问题当不成问题。[②] 针对读者的质疑，萨空了在 3 月 20 日又给出了一条理由：正当的广告，如学校招生广告，是和新闻差不多一样为读者所需要的。

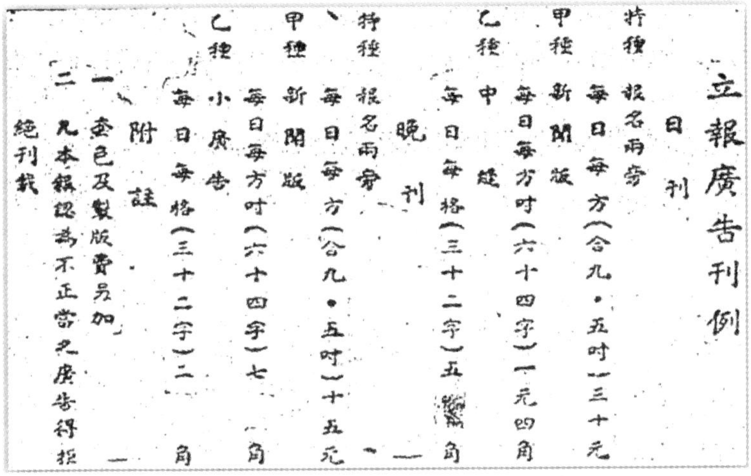
立報廣告刊例

日刊

特種 報名兩旁 每日每方（合九·五吋）三十元

甲種 新聞版 每日每方吋（六十四字）一元四角

乙種 中縫 每日每格（三十二字）五角

晚刊

特種 報名兩旁 每日每方（合九·五吋）十五元

甲種 新聞版 每日每方吋（六十四字）七角

乙種 小廣告 每日每格（三十二字）二角

附註

一、套色及製版費另加

二、凡本報認為不正當之廣告得拒絕刊載

图 3 –5 《立报》广告刊例

资料来源：根据 3 月 16 日《立报》二版拍摄。

但是还是有相当多的读者对《立报》刊登广告不满，纷纷写信表示质疑。为此，萨空了等人先后为《立报》刊登广告立下三项原则：(1) 不登非正当的广告。所谓正当的广告，在他们看来，仅限于文化、百货这类广告及启事等。(2) 不能出现广告版面争夺新闻版面的现象。最初规定，广告仅限登在第四版，且不得超过六栏（10 公分高）。(3) 不能让广告

① 当时《立报》的发行量是否已达到十万份，这是一个值得争议的问题。据 1936 年 9 月 16 日的启事及成舍我的说法，是已达到；然而查阅《立报》其他职员（如萨空了、左笑鸿）的文章，并无明确地说发行已达到十万份。另，据萨空了说，“我们内部有人看到有钱可赚，有些不高兴了。内部斗争的结果，钱占了上风。广告这个‘门’没守住”。据此种说法，开放广告是由于股东内部的分裂造成的。见萨空了《我与立报》，载上海图书馆中国文化名人手稿馆编《萨空了文集》，上海科学技术文献出版社 2002 年版，第 18 页。

② 《立报晚刊今日出版 明日开放一小部分地位容纳正当广告》，《立报》1936 年 3 月 16 日第 1 版。

影响报纸的言论。①

然而，在随后的岁月中，《立报》事实上是突破了第一、第二项原则。先是借晚刊停刊之机，在 1936 年 6 月 1 日扩为一张半，增出《立报增刊》，广告也由早先仅登第四版，扩及在第六版开辟小广告。1937 年后，随着纸价的大涨，为抵消成本上涨，广告版面呈现愈来愈多之势。兹以 1937 年 4 月 25 日刊登的广告为例，可见一斑。

由表 3 - 2 可知，该日有九则医药广告，突破了仅限登文化、百货领域和启事的原则；在量上，也远远突破了仅限登六栏的限制。

表 3 - 2 1937 年 4 月 25 日《立报》刊载的广告条目表

版面	刊登的广告
第一版	英汉模范字典（报眼右）、明明眼药水（报眼左，医药广告）
第三版	上海市博物馆海南岛黎苗民物展览会、立报合订本、法商宝多洋行香槟酒、郭学序启事、中国国货公司
第四版	海力命辅助儿童发育（医药广告）、力弗肝（医药广告）
第一、第四版中缝	艾罗补脑汁（医药广告）、逸园香槟酒、中央运动场、虎标头痛粉（医药广告）
第二、第三版中缝	华达丸（医药广告）
第五版	小广告、各地影院影讯（共占五栏）
第六版	中国卫生教育社上海分社举办全市儿童健康比赛（启事）、召开春季社员大会通知（启事）、妙特灵（医药广告）、三钙剂（医药广告）、明星香水（医药广告）、上海市商会童子军团招募第七届团员

资料来源：据笔者对 1937 年 4 月 25 日《立报》刊登的广告翻阅统计

有一个问题需要澄清的是，不少人怀疑，《立报》决定在 1936 年 3 月 17 日开放广告，是不是因为它单靠发行累赔过巨？甚至还有人质疑，即使在开放广告后，至《立报》撤退上海止，也因时间过短，它最终还是亏本的。

关于前一个问题，成舍我是这样回答的：当到了 1936 年 3 月，报社收支已告平衡，尽管此时还没开放广告，但依靠庞大的发行数字，积少成多，利润已是极为可观。故原本投入十万元的资本，到此时只需投入八万

① 可分别参见：《立报晚刊今日出版 明日开放一小部分地位容纳正当广告》，《立报》1936年 3 月 16 日第 1 版；了了《关于添刊广告》，《立报》1936 年 3 月 20 日第 3 版；了了《再谈广告》，《立报》1937 年 4 月 25 日第 6 版。

元，其余两万元不必投入。① 据这样的解释，《立报》开放广告并不是累赔的原因。

关于后一个质疑，成舍我回答道："立报在经济上，不但没有亏赔，而且赚得不算少。"② 在创刊一年后，投资者开始分到股息红利。到抗日战争胜利，收回报社全部资产后，出售给《商报》所获取的币值，连同过去所获利润，大约收回了等于战前币值的三倍。由此我们可知，《立报》在经营上也是成功的，如果不是抗战爆发的话，它的前景是不可限量的。

第三节　抗日救亡运动中的上海《立报》

《立报》是成舍我贯彻其"报纸救国"理想的实践，由此他提出了"立国立己"的办刊宗旨。这一办刊宗旨，决定了其在中华民族危机日益危迫的时代，将唤醒国民的民族主义意识放在工作的首位。而从此角度来说，《立报》恰生逢其中。

从 1935 年年初，日帝国主义制造了一系列事件，蚕食华北，至下半年又导演了"华北五省自治"运动，企图将整个华北纳入其统治区域；面对日寇的频频紧逼，国民政府一味实行妥协退让政策，拟准许 12 月在北平成立半独立性质的"冀察政委委员会"。消息传来，舆论为之哗然，首先由热血的青年学生奋起，发出了"华北之大，已经安放不得一张平静的书桌了"③ 的警语，12 月 9 日，在中国共产党的领导下，北平数千名大中学生举行了抗日救国游行示威，喊出了"立即停止内战""反对华北自治"等口号，随即此场运动蔓延到全国的各主要城市，掀起了全国范围内的抗日救亡运动的新高潮。不久，"七·七事变"爆发，中国进入全面抗战时期，而中日战争的第一场重要战役"淞沪会战"恰在上海爆发。

在此情形下，"停止内战、一致抗日"成为全国民众一致的呼声。

---

① 成舍我：《由小型报谈到〈立报〉的创刊》，载成舍我《报学杂著》，（台北）"中央"文物供应社 1956 年版，第 137—138 页。

② 同上书，第 130 页。

③ 此语是"一二·九"运动期间著名的口号，关于其来源可看马嘶《是谁最先喊出"华北之大，已经安放不得一张平静的书桌了！"》，http：//www. gmw. cn/content/2004 - 08-29/content_ 88842. htm。

《立报》紧紧把握时代命脉，在唤起民众民族意识，宣传抗日救亡方面做出了不朽贡献，也因此获得了广大读者的喜爱。曹聚仁认为，"《立报》所以成功的主要点，乃是站在舆论的立场而不是站在政府的立场的缘故"①。成舍我后来也将《立报》的最大成功要素总结为"适应人民需要"②。

一　"一二·九"运动中的宣传

"一二·九"运动爆发的第二天，《立报》就刊发评论，将这场运动的意义与"五四"运动作比，向读者灌输"国家的命运如何，是只要看我们民众是否醒觉为断的"，呼吁"全国的民众也都起来作他们的后盾"。③在随后的20余日（运动的第一波高潮）里，《立报》通过评论、新闻、副刊，全面、立体地宣传抗日救亡运动。

在评论方面，《立报》几乎每日都要刊发与此相关的言论，或揭露日帝国主义的野心和阴谋，或谴责国民政府的软弱无能，或为学生运动摇旗呐喊。这些评论短小精悍，不过二三百余字，但都是一语中的，击中事件的要害。例如有一篇讽刺当局的懦弱无能：

忍辱负重

　　察东问题昨天又转紧张了。北平当局，一面在平向土肥原交涉，一面又派刘玉书去向酒井接头。酒井说："这是属于关东军的范围，他不能问。"

　　有人来侵犯我们的土地，来侵犯的话，且是中央早经判定了的叛逆军队，这依理说是除了用武力之外，不应再有其他办法的。我们现在却改采交涉办法，而对方又认定是日方。日方呢，又是向不承认伪组织是受他们指挥的，这交涉怎么办？真是一个有趣味的问题了。大约像刘玉书碰的钉子已经碰的很多了吧？我们在这一点上，是不能不佩服北平当局的能忍辱负重了。④

---

① 曹聚仁：《采访外记·采访二记》，生活·读书·新知三联书店2007年版，第24页。
② 成舍我：《由小型报谈到〈立报〉的创刊》，载成舍我《报学杂著》，（台北）"中央"文物供应社1956年版，第131页。
③ 《大家起来》，《立报》1935年12月10日第1版。
④ 《立报》1935年12月15日第1版。

12 月 18 日，冀察政委会成立，有许多民众被政府及日帝国主义的说辞所迷惑，认为该组织的成立有利于解决华北危机，《立报》在当天的评论中一针见血地指出：

> 冀察政委会今天是成立了，这个组织准能挽救华北的命运吗？我们老实说不能不怀疑！某方一再地努力用他们御用的新闻机关，宣传它是变象的伪自治组织，我们当然不肯相信。可是他也必须做点什么给我们看才行啊！①

22 日更是将笔锋直指统治阶级：

> 武昌学生能露宿，上海学生亦能通夜不眠以表示他们的爱国热诚，足证中国人是有勇气，有决心。我们相信，只要国民有这样的决心，中国一定有希望，因为有这样好的国民而亡国的前例，在历史上是没有的。所以中国现在的问题，是看上面如何了。上面可也有这样的勇气和决心么？这是眼前全国要问的话呀。②

这些评论痛快淋漓地揭露了帝国主义的阴谋，揭穿了国民党当局的虚伪面目，同时极大地鼓舞了国民的士气。

在新闻方面，《立报》不惜版面，在 10 日至 29 日期间，单就学生运动的报道而言，除每日在一版载有外，还不时散见于第二、第三版，兹将此期间的报道列于表 3 – 3。

表 3 – 3　《立报》在 1935 年 12 月 10 日至 29 日关于学生运动的报道

日期	新闻报道条目	备注
10 日	《平学生反对"自治"》	头版头条
11 日	《高桥前夜访秦德纯 抗议平学生游行》	头版头条，综合消息
12 日	《营救被捕同学 平学生拟再示威》	头版，"北平专电"，综合消息
	《平学生游行示威记》	头版，"北平特约航讯"
	《时局变幻莫测 华北如患瘰》	二版，"北平特约航讯"
13 日	《复旦大夏等通电响应平学生》	二版，综合消息

---

① 《能挽救吗》，《立报》1935 年 12 月 18 日第 1 版。

② 《上面如何》，《立报》1935 年 12 月 22 日第 1 版。

续表

日期	新闻报道条目	备注
14 日	《平学生再接再厉 与军警斗法如表演侦探小说》	头版，"北平特约航讯"
	《平六大学校长对学生发表宣言》	头版
15 日	《五四怒潮回袭北平 劝复课宣言不大灵》	头版，"北平特约航讯"
	《平各大学均未复课》	头版，"北平专电"
16 日	《平各大学校长拟提前放寒假》	头版，综合多地来电
	《沪各大学学生组救国联合会》	二版
17 日	《反对冀察脱离中央 平学生昨再示威》	头版头条，综合消息
18 日	《宋哲元发告学生书》	头版，综合消息
19 日	《同情学生运动 京津学生昨请愿》	头版头条，综合消息
	《平学生运动杂拾》	头版，"北平特约通讯"
20 日	《京沪学生昨皆请愿》	头版，综合消息
	《拥护国权热血沸腾 沪学生昨请愿游行》	二版转三版
21 日	《鄂湘学生昨亦请愿》	头版，综合消息
	《京学生二次请愿记》	二版，"南京专电""南京特约通信"
	《沪市学生万余人昨晓冒雨大请愿》	三版
22 日	《赤诚爱国不屈不挠 渡江请愿不成 武昌学生露宿》	头版头条，综合消息
23 日	《南开南下学生昨仍留沧未返津》	头版头条，综合消息
	《北平各校学生准备为受伤者复仇》	二版，"天津特约通讯"
24 日	《沪学生拟入京请愿 今晨仍滞留北站》	头版头条，综合消息
	《最后消息：铁路局今晨三时半下令开车载学生离沪》	头版，报眼左
	《蒋院长定一月十五日召各地校长学生晋京》	头版
	《百折不挠的学生运动 平学生努力唤醒民众》	二版，"北平特约航讯""杭州特约通讯"
25 日	《蒋电到平后平学生运动缓和》	头版，综合消息
	《相持二十八小时后 请愿学生被载离沪》	二版
	《南京路上全市学生大示威 大队学生游行》	三版
26 日	《请愿学生第二列车今晨三时过周泾巷》	头版，"常州专电"
	《大家一跪一哭 第一列车学生至昆山后即返沪》	二版，"本报特写"
	《昨晚的北车站请愿团列车回来》	三版，"本报特写"
	《爱国运动仍热烈 大学生冒雨游行》	三版
27 日	《请愿学生第二列车今晨仍停无锡高桥》	头版，"无锡专电"

续表

日期	新闻报道条目	备注
28 日	《相持五昼夜后 凄风苦雨中滞锡学生昨回沪》	头版，"本报特讯"
	《粤中大学生拟绝食三日示决心》	二版，综合消息
	《悲壮热烈欢迎声中 复旦请愿学生归校》	三版，"本报特写"
29 日	《南通大学生请愿未遂全体绝食》	二版，综合消息

资料来源：据笔者对此时期的《立报》翻阅统计。

由表 3-3 可知，《立报》关于学生运动的报道不仅数量多，而且方式也较丰富。为反映全国各地波澜壮阔的学生运动，每天在头版（经常是头条），有一条为综合消息，综合报道各地的学生运动，便于读者从整体上掌握运动的进展。对于北平、南京、天津等重要都市，则以"专电""特约通信"的方式作重点报道。对上海本地的学生运动，则派记者作全程跟踪报道，其中，对于复旦等上海高校学生乘列车离沪入京请愿一事尤作了详尽的报道。24 日 3 时半，铁路局奉令开车拟载学生离沪，而学生怀疑另有阴谋不肯上车，针对此最新动态，《立报》特在其报眼左栏以"最后消息"的形式报道，打乱了正常的版面安排，体现编辑部对此事的关注度及编辑策略的灵活性。对于一些尤为感人的场景，则以"特写""特讯"的报道形式将场景呈现在读者的眼前，具有较强的感染力。例如，因国民党当局一再设置障碍，在 27 日下午，离沪赴京请愿的学生无功返回上海，《立报》以"本报特讯"渲染出学生的悲壮、愤懑和无奈，题中用"凄风苦雨"一词贴切地表述出了这种复杂的情感，感人至深。

在副刊方面，也逐渐以宣扬抗日救亡为中心，与新闻板块起到了很好的配合效果。《立报》的三个副刊各有特点，有不同的读者对象诉求。"言林"是文艺副刊，以知识文化界人士为读者对象；"花果山"侧重于讲故事，面向市民阶层；"小茶馆"以下层劳苦大众为对象，灌输有益的知识，同时也作为与读者沟通的园地。自"一二·九"运动爆发后，这三个副刊上关于救亡运动的言论、作品逐渐地多起来，自觉地扛起抗日救亡运动的大旗。

以"言林"为例，它作为知识文化界的文艺副刊，原侧重于刊载小品文、文学作品的批评性文章和作家的书斋访问记，与社会实际有较大地脱离；但是随着救亡运动的高涨，众多作家以该栏为阵地，撰文揭露日寇的阴谋，抨击当局的不抵抗政策，唤起民众的觉醒意识（见图 3-6，

图3－7）。据笔者不完全统计，在此期间为“言林”撰稿的作家有：唐弢、赵景深、曹聚仁、王余杞、朱自清、周劭、陈子展、林语堂、王任叔、陈伯吹、黑婴、沙梅、周作人、周楞伽、吴文祺、郭沫若、徐懋庸、

堂堂三章

老牛

(一)
堂堂黃帝的子孫，
「民族掃墓」到橋陵。
黃帝問「講啥親善？
我殺蚩尤纔罷兵！」

(二)
跑到曲阜祭孔丘，
聖人問「你有何求？
咱們並不講革命，
祭孔讀經啥理由？」

(三)
忽然想到祭青海，
青海尊神大奇怪：
「如今只有東海尊，
何不焚香向他拜！」

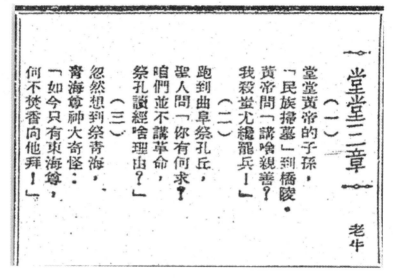

图3－6 1935年12月12日“言林”栏载的爱国诗

资料来源：1935年12月12日《立报》二报拍摄。

北平消息

朱自清

記者先生：

(前略)近來的北平，先生是知道的，北平秋天本來最有意思，今年却烏烟瘴氣。烏烟瘴氣還不如風聲鶴唳的好；今年和前年五月那一回簡直不同，固然可以說一般人「見慣不驚」，但怕的還是「心死」吧。這回知識分子最爲苦悶。他們眼看着這座中國文化的重鎮，就要沉淪下去，却沒有充足的力量挽救它。他們更氣憤的，滿城都讓些魑魅魍魎白晝搗鬼，幾乎不存一分人氣。他們願意玉碎，不願意瓦全。但書獃子的話，怕只有書獃子來理會吧。

嚕嚕囌囌，不覺寫了許多。

（十二月六日，寄自北平）

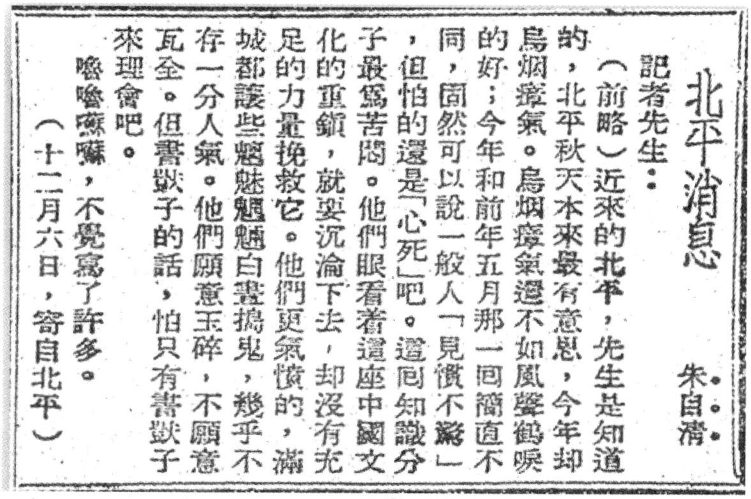

图3－7 1935年12月14日“言林”栏载的朱自清“北平来信”

资料来源：1935年12月14日《立报》二版拍摄。

李辉英、郭沫若、秦汉、许钦文、林憾庐、欧阳凡海、秦汉、欧阳山、柳湜、张天翼、胡景瑊、王统照、胡绳、郑振铎、夏衍，可说在中国现当代文学史中占有一席之地的名家大都在该栏发表过宣扬救亡运动的文章。例如曹聚仁，这位号称"革命的旁观者"的学者，此时面对滚滚的抗日洪流，他的心境也渐渐发生了变化，提出了"脱下长衫，莫作奴才"的口号。他以"言林"为主要阵地，发表了大量具有强烈的现实性、以国家和民族命运为中心的文章。正是由于有这一大批具有先进思想的作家为撰稿群，"言林"才在知识文化界具有重要的影响，被誉为"站在文化革命的最前线"。关于"言林"副刊的这种变化，其主持者谢六逸体会得尤为深刻，他说：

> 当初我们的计划，只想多登几篇"平淡"的文章，给大家看看。后来时代的波涛，越来越汹涌；不提笔则已，一提笔就不免要触及"现实"，虽欲保持"平淡"，已不可能，终于走向"辛辣"方面，这真是始料未及的。①

而读者对"言林"的这种转变是欣喜的，在《立报》创刊两周年时，一位读者的来稿很具有代表性："……时代陶冶着它，使它苦壮，使它面对着现实，以笔墨的力量，来努力于民族解放的任务。我深爱着后期的'言林'。"②

二　曹聚仁在"八·一三"淞沪会战中的报道

1937 年 7 月 7 日夜，日军炮击宛平县卢沟桥，我驻军英勇反击，掀开了中国全面抗日战争的序幕；8 月 13 日，进驻虹桥机场的中国军队击毙了一名前来侦察军情的日军大尉，是为"八·一三"事变，由此爆发了中国抗日战争中的第一场重要战役，也是抗日战争中规模最大、战斗最惨烈的战役。在这场历时三个月的战役中，《立报》与中国守军、上海民众一起同呼吸、共命运，以文字为战场，向上海民众及时报道战情，多次瓦解敌军的反宣传，在宣传和组织战时动员及鼓舞我方士气方面做出了杰出

---

① 六逸：《社中偶记》，《立报》1935 年 12 月 31 日第 2 版。
② 公衣：《"言林"的两个时期》，《立报》1937 年 9 月 21 日第 2 版。

贡献，并由此受到民众的真心拥戴，正是在此时期，其发行量一举超过申、新两报，突破 20 万份，是当时中国发行量最大的一份报纸，成为中国报刊史上的一个奇迹。

《立报》之所以在战时宣传鼓动方面具有如此杰出的表现，与多方面的因素有关，如在言论上，以"代论"[①] 代替"评论"，注重用学者及各行业专家的声音来解答战时各行业的动员工作，使得其言论更具权威性和针对性；在新闻报道上，大量地运用"本报战地记者特写"的报道形式，以极富感染力的笔调，形象而又广阔地再现了当时各行各业万众一心抗日的画卷；然而最重要的因素还是曹聚仁在此期间发表的大量"战地特讯"。

在淞沪会战初期的舆论宣传战中，因国民党呆板的军事新闻发布系统，使我国处于不利地位。当时统帅部明令各军师部无权发布新闻，新闻的发布流程是：先须经总司令拟定新闻，再由长官部转告上海市政府，最后才由新闻处召开新闻发布会转告中外记者。经过这样复杂的流程，我方发布的新闻往往是明日黄花，而日方在战事紧张时每天发布五六次，几乎垄断了新闻源。于上海的各家中文爱国报纸来说，不能正大光明地派记者进驻前线，无法获得新闻源，就只有采用日方的新闻源了。

恰在此时，已在上海各高校作了 16 年名教授的曹聚仁，决心走出书斋，走向抗战的洪流。他先是在 1937 年夏就任《星粤日报》驻沪特派记者，淞沪会战爆发不久，时任《大晚报》总主笔的曾虚白看中了他，要他就任该报的战地记者；同时，因曹聚仁长期作为"言林"的基本撰稿人的关系，而和谢六逸、严谔声等《立报》的主要编辑者熟知，在他们的一再要求下，也答应为《立报》提供战地新闻。

曹聚仁因早先结识 88 师师长孙元良，此时得以以其秘书身份进驻军部；当时他们的协议是，新闻的发布责任，完全由曹聚仁负责，与师部无关，因此实际上，曹聚仁是以独立记者的角色去采写新闻的。在军部，曹

---

① 在战争爆发后，《立报》上的评论减少，代之以"代论"，专载在各领域有杰出贡献的专家针对本行业在战时的动员工作，如 9 月 14 日载《地方救护事业之统制与合作》（黄贻清）、9 月 19 日载《弄堂学校运动》（胡子婴）、9 月 25 日《反求诸己》载（章乃器）、9 月 29 日载《动员民众的先决问题》（吴涵真）。

聚仁与高级将领们吃住一起，时时能向他们请教军事知识，并有机会聆听他们分析敌情、讨论作战计划，他后来也说，"我一做战地记者，就找到这么有利的环境，那是同业朋友中所从来没有碰到过的"①。占有如此有利的条件，曹聚仁以《立报》《大晚报》为阵地发表了大量的战地新闻，向上海乃至全国民众及时地报告了战情，粉碎了敌方制造的多起谣言，鼓舞了我方的士气和斗志。从 9 月 13 日起至 11 月 12 日上海全部沦陷止，曹聚仁就单独为《立报》"写了约五十余篇战地特讯、特写"，"《立报》的头版头条也几乎全包给了他"（见表 3－4）。②成舍我后来说，《立报》此时销数达到二十万份的空前纪录，与曹聚仁的第一线采访，不无相当关系。③他后来在回忆录中也不无骄傲地说："说实话，淞沪战线新闻，也是我进了军部，才转入正常化。"④此话实不为过。

表 3－4   淞沪会战期间曹聚仁在《立报》发表的战地特讯、特写

日期	战地特讯（写）条目⑤
9 月 13 日	《沪战一匝月敌实力消耗过巨 主力战将延至秋节后》
9 月 15 日	《刘行庙行线昨有激战 敌两度被我包围痛击》
9 月 26 日	《刘行方面敌两路进犯击溃 顾家宅我军获全胜》
9 月 28 日	《我克复永安桥后继续推进 敌昨两路反攻均经击溃》
9 月 30 日	《闸北前线剧战将爆发 淞沪战局重心移右翼方面 我生力军昨晚向杨行猛攻》
10 月 1 日	《敌昨几我右翼猛攻 闸北竟日激烈炮战》
10 月 2 日	《淞沪战局新开展 顾家宅我军大捷毙敌千余 江湾闸北敌分路撤退》
10 月 3 日	《江湾敌撤退用意在巩固后防 对闸北将有新企图》
10 月 4 日	《淞沪全线血战展开 刘行一度吃紧但无危险 我昨晚开始冲锋前进》

① 曹聚仁：《我与我的世界：曹聚仁回忆录（修订版）·浮过了生命海》（下），生活·读书·新知三联书店 2011 年版，第 600 页。

② 萨空了：《我与立报》，载上海图书馆中国文化名人手稿馆编，《萨空了文集》，上海科学技术文献出版社 2002 年版，第 55 页。

③ 笔者查阅成舍我的文章并没发现这样的表述，该说法来自曹聚仁的自传《我与我的世界》，见《我与我的世界：曹聚仁回忆录（修订版）·浮过了生命海》（下），生活·读书·新知三联书店 2011 年版，第 446 页。

④ 曹聚仁：《我与我的世界：曹聚仁回忆录（修订版）·浮过了生命海》（下），生活·读书·新知三联书店 2011 年版，第 598 页。

⑤ 题后如没注明，均为战地特讯。

续表

日期	战地特讯（写）条目
10 月 5 日	《左翼我生力军反攻 东进突破沪太公路敌阵》
10 月 6 日	《战事重心移蕴藻浜两岸 敌图偷渡被我军击退》
10 月 7 日	《闸北我军昨晚一度冲至北四川路》
10 月 8 日	《昨大雨中全线激战 蕴藻浜渡河之敌受重创将全部解决》
10 月 9 日	《蕴藻浜血战四昼夜 渡河之敌伤亡千五百人》
10 月 10 日	《蕴藻浜渡河之敌消灭在即 我名将劲旅同心歼敌》
10 月 11 日	《生力军源源开抵淞沪 我军昨晚起全线反攻》
10 月 12 日	《淞沪全线昨均有激战》
10 月 13 日	《蕴藻浜南我空前大捷 敌主力部队全被我击溃 一周间歼敌六千余人》
10 月 14 日	《蕴藻浜南残敌图鼠陈行 闸北我军昨全线反攻》
10 月 15 日	《闸北我军昨总攻大捷 北四川路中部归我控制》
10 月 16 日	《蕴藻浜南岸敌昨图突围未逞》
10 月 17 日	《左翼主力战将爆发 蕴藻浜南残敌昨两处进犯均击退》
10 月 18 日	《沪太公路上激战 敌昨猛扑墙石桥进窥大场 我浴血抗战毙敌千余》
10 月 19 日	《蕴藻浜南岸昨展开主力战 葛家牌楼敌被我击溃》
	《我们在前线》（此篇为"战地特写"，刊于二版）
10 月 20 日	《淞沪左翼空前血战开始 蒭村塘畔敌死伤千余》
10 月 21 日	《敌窥大场终未得逞 左翼我军全线反攻得手》
	《前线访某师长》（此篇为"战地特写"，刊于二版）
10 月 22 日	《决定沪战命运的左翼剧战发动 我军昨起五路进攻》
	《炮火下的北站 两路局巍然独存 外报记者闸北参观记》（此篇为特写）
10 月 23 日	《淞沪左翼我仍占优势 昨晚起激战又作》
10 月 24 日	《蕴藻两岸继续激战 我反攻过陈家巷》
10 月 25 日	《沪太公路东昨竟日剧战 敌四次冲锋击退》
10 月 26 日	《敌猛攻大场广福 均被我痛击溃败》
10 月 28 日	《江湾闸北我军整师撤退 誓死固守新防线 决不放弃上海》
10 月 29 日	《彭浦真如我军安全撤退 我新阵线益稳定》
10 月 30 日	《沪本昨竟日剧战 隔河炮战我阵地工事巩固 苏州河北岸我军奋勇杀敌》
10 月 31 日	《敌窥南翔嘉定益亟 昨展开空前血战》
11 月 1 日	《沪西昨炮战激烈 敌五次偷渡失败》
11 月 2 日	《沪西敌偷渡部队昨全部被我歼灭》
11 月 3 日	《大雨中我工事加强 沪西渡河残敌昨晚完全肃清》

续表

日期	战地特讯（写）条目
11月4日	《淞沪左翼昨有激战 真南路上敌已击溃》
11月5日	《淞沪右翼全线激战 左翼新木桥全日枪炮声不绝》
11月6日	《真南路上昨战事仍剧 大线延长达两三里》
11月7日	《沪西刘家宅一带昨全日有激烈战事》
11月8日	《金山卫一带登陆敌北窜 两路进窥松江城》
11月9日	《苏州河南昨有激战 敌积极活动有东西扩展企图》
11月10日	《沪西我军后撤 昨晚到达新阵地》
11月11日	《我右翼新阵地巩固 松江方面敌受重创 石湖荡大会战》

资料来源：据笔者对此时期的《立报》翻阅整理。

曹聚仁认为，采写军事新闻应把握宣传性、真实性和趣味性之间的平衡，他说：

> 军事新闻，当然不能太真实，太真实，那就等于替敌人做情报；……却也不能太不真实，上海的外国记者，他们有种种新闻来源；日本军方，每天招待六次记者。豁了边的新闻，他们理不也理，……因此我们写新闻，得投其所好，差不多等于卖广告，太一本正经索然无味的战讯，一定会投到纸篓中去的。①

新闻的本质是真实，可是在战时这个特殊的环境下，为了不泄露军事机密或出于鼓舞我方士气的需要，不能太真实，这就是军事新闻的宣传性；同时，又不能完全出于宣传的需要而使新闻"太不真实"，因为在战时记者们会根据敌我双方提供的情况互相对照，如果我方提供的新闻太不真实则其宣传价值完全失去；另外，怎样使外国记者乐于采用我们提供的新闻呢？那就是军事新闻要有一定的趣味性了，在这里曹聚仁用"卖广告"一词来形容，形象而又有趣的广告总是比较容易卖得出去的！

我们现在阅读这些军事新闻，仍不免为其流露的激昂的爱国主义情怀所感染，然而在阅读过程中我们会发现，这些新闻往往并不是对正面战场

---

① 曹聚仁：《我与我的世界：曹聚仁回忆录（修订版）·浮过了生命海》（下），生活·读书·新知三联书店2011年版，第601页。

的反映，而只是对次要战场或局部战役的反映，为何采用这样采写方式呢？这是因为在曹聚仁看来，在战时这个特殊的背景下，应把鼓舞我方的士气放在第一位，也即在军事新闻的宣传性、真实性和趣味性之间遇到冲突时，宣传性是第一位的；而当时正面战场对我方来说愈来愈不利，如果真实地报道出来，对我方的士气无疑有极大的打击，为此，只能选择在侧面战场我方获取的一些无关大局的胜利消息以激励我方士气。

为了既要保持新闻的真实性、趣味性，又要注意它的宣传性，曹聚仁探索了一条采写军事新闻的模式，即他所谓的"侧面新闻"模式。侧面新闻即从侧面迂回地选取多个维度来反映战争动态，达到以小见大、见微知著的宣传效用。此类新闻在粉碎敌方谣言和反宣传时，往往有意想不到的效果。曹聚仁1937年10月4日采写的一条电讯就是一个经典案例。

10月3日，29架敌机整天轰炸我闸北阵地，当天下午，敌方发言人就对各国记者宣告："闸北中国军队阵地经轰炸后完全动摇，即将总溃退！"上海各外报及通讯社都以极力渲染的字句报道出来，致使上海民众人心惶惶。实际上，我军阵地并未动摇，更没有向后撤退之意。很明显，这是敌方的一次宣传，该怎样粉碎它呢？翌日清晨，接到报社的电话后，曹聚仁离开师部到各旅、团部及前线阵地转了一圈，回到师部便发出了一份六百余字的电讯。这则电讯，先从指挥部指挥官的生活情况写起，再记在旅、团部和军官们的谈话，最后说到在壕沟里的士兵情况。全文中没有一个带刺激性的宣传字眼，也不驳斥敌方发言人的谈话；而是把我军自指挥官至普通士兵的生活状态及平静心理表现出来，有力地粉碎了敌方的谣言。这一电讯一发出去，各通讯社和上海各外文报纸都在显著版位登出，并更正了前一天我军将撤退的消息。①

从侧面写起，不仅在反宣传方面有意想不到的作用，而且也不至于触及军事的禁忌。特别是到了淞沪会战的后期，形势于我方愈加不利，如果如实地从正面报道战事消息，军事当局一定是不准予的；从维持我方士气和民众心理来说，记者也应意识到不应如实报道战况。因此，曹聚仁选取的都是次要防线上我方局部胜利的战事，以鼓舞民众的士气，而这些局部胜利是无补于大局的，他曾悲哀地说过，"可以写的，都不是真的重要性

① 曹聚仁：《我与我的世界：曹聚仁回忆录（修订版）·浮过了生命海》（下），生活·读书·新知三联书店2011年版，第602页。

新闻，真实的新闻几乎一字不可吐露出来"。这就是在战时这个特殊的情形下，新闻的宣传性重于真实性的缘故了。

11月12日，大上海全部沦陷。在苦苦支持了十余天后，24日，《立报》被迫宣告停刊（见图3-8），然而在《本报告别上海读者》一文中，《立报》进行了最后的宣传动员，它要求民众对民族抗战的前景满怀信心，"我们只要坚决抗战下去，战区愈大，战线愈长，敌人的力量愈分散，所遭遇的困难也愈多，我们必然能获得最后的胜利"，要求留沪的民众以极大的耐心期待胜利并且承担更多的责任：

> 留在沦陷区域以内的同胞，他们所可以贡献于国家民族的力量，实际比未沦陷的时候还要大，机会也更多，他们对于民族所负的责任也更重大，当然工作是格外艰苦。在以前我们可以照我们所要讲的话直率讲出，所要做的事直率做出，但今后就不得不沉住气，一点一点地一滴一滴地干去；以前我们最多只要注意避免内部的摩擦，今后则须时时提防敌人及奸徒的监视。①

这样的言语一如两年多来它对民众的循循善诱，可以说，它实践了其"立国立己"的办报承诺，以自己最大的努力完成"沟通个人和国家的关系"的神圣任务，正如一位编者在纪念其创刊两周年的一篇短文中所说的：

> 两年来，我们的笔如刀，对我们的民族敌人，丝毫不恕饶。
> 两年来，我们的毛如刺，对主张对敌人妥协的人，恐日病者，刺进他们的心。
> 两年来，我们的笔如火炬，在风雨中的原野里，照着不愿做奴隶的同胞们向前进。
> 两年来，我们的笔如哨号，不愿意随在后面做应声虫，甘愿冒着苦难作前锋。
> 短促的两年，伟大的转变，小小的一张纸，我们却勉力肩负着重大的责任，愿大家督策我们，恒久不变，日新又新，两年十年，亿万

---

① 《本报告别上海读者》，《立报》1937年11月24日第1、2版。

斯年！①

图 3 – 8　1937 年 11 月 24 日《立报》宣布停刊启事

资料来源：据 1937 年 11 月 24 日《立报》一版拍摄。

　　在中国报纸大众化的历程中，《立报》具有特别的意义：首先，它是中国历史上第一份喊出"报纸大众化"口号，并以大众化报纸自居的报纸。在其发刊词里，《立报》提出了两个口号："报纸大众化"和"以日销百万份为目的"，这在中国的报刊史中是一件破天荒的事，是以往的报刊不敢想象的。其次，在实践上，它完全以西方的大众化报纸为学习楷模。体现在：语言上，完全继承了结束没多久的"大众语"运动的成果，以"大众说得出，听得懂，看得明白的文字"写作，宣称"只要略识几百字，你准看得懂"；报价上，零售每份铜圆四枚，宣称"一元钱看三个月""只要少吸一枝烟，你准看得起""永远不增价"；内容上，采取"精

---

①　小记者：《两年来》，《立报》1937 年 9 月 20 日第 4 版。

编""精写"的方略，宣称"凭良心说话，拿真凭实据报告新闻"；营运上，报社组织完备，采用公司结构，企业经营。最后，它的影响深远。其不仅创下中国报纸发行最高之纪录，而且覆盖面广，"沿着京（南京）沪杭两路的地方，能看见当日的报纸"，甚至远销至西安等内陆城市；更为重要的是，其所开拓出的"小报大办"办报模式及其奠定的"精编""改写"编辑策略，建立了一种新闻典范，深远地影响了中国报纸的新闻编写制度，这种影响直至在现代的报纸上仍可见踪影。而其在抗日救亡运动及淞沪会战中的宣传鼓动工作，更是在中国报刊史留下了不可磨灭的光辉。

第四章

"纵横万里半坵墟"：战争与和平

1937年8月8日，北平沦陷，成舍我抵制住汉奸的引诱，拒绝就任伪北平地方维持会委员；第二日，自动将《世界日报》系停刊，并成功逃离北平。从此，在八年的抗战岁月中，自南京至上海、汉口、香港、桂林、重庆，开始了他辗转万里的流浪生涯。

在纵横万里的流浪生涯中，成舍我与国民党的关系愈发密切，思想发生了极大的转变，至而被贴上"CC"派的标签。那么，这种转变是怎样发生的？对他的办报有何影响？本章先探寻其思想变化的缘由，再以复刊后的北平《世界日报》为例，分析对其办报活动的影响。

战争不仅影响了成舍我的政治思想，而且深刻地影响了其办报思想。面对全国军民万众一心抗日的气氛，他自觉地为战时宣传出谋划策，提出了"'纸弹'亦可歼敌"的口号；在抗战后期，为迎接即将到来的胜利，他站在民营报业的立场，规划出"资本家出钱，专家办报，政府认真扶助、依法管制"的新闻制度。这些办报思想既是对他早先办报思想（如小型报、言论与资本分开）的继承与发展，也是他对新时代形势的一种判断和取舍，体现了其政治思想的变化，同时更体现了其经过战争的磨难，对和平的渴望。

第一节　辗转万里中的思想剧变

剖析成舍我的这种思想转变，可从两个层面展开。一是基于中国知识分子自古以来所具有的"学而优则仕""家事、国家、天下事，事事关心"等特点分析；二是采用传记的方式来探讨人物的心路历程。前者的最大缺陷是过于普遍化，不能深刻地揭示人物及社会时代的特殊性，且呈现过滥的趋势。后者侧重于在社会时代背景下观照人物成长，由此更能体现人物的特殊性和思想的转变。本文主要拟从后一层面展开。

一 "好言功利"的性格

分析成舍我思想转变的第一条途径，应从他最大的性格特征——"好言功利"说起。关于成舍我的"好言功利"的性格特征之养成，已在第二章有较清晰的解释。此种性格特征不仅使他一开始就与社会主义思潮有罅隙，而且也是解释他为何对"问政"一直热心，及与国民党当局关系越来越密切的一个缘由。

据吴范寰说，早在1923年秋，成舍我在"北京联合通信社"工作期间，就因采访的关系，结识了当时北洋政府的不少政客。其中，通过吴景濂①，得以进入众议院任秘书；通过彭允彝②，当上了教育部的秘书，并因而结识宋发祥③，由宋介绍给时任财政总长的王正廷，当上了华威银行的监理官。④ 这些仕途经历尽管大都是挂名差事，且为时短暂，但都是其"好言功利"的明证。

在自创报刊，决意全身心投身于新闻事业后，成舍我的这种功利之心主要体现在，借助于政治力量为其事业铺路搭桥。1924年创刊《世界晚报》之时，成舍我就意识到在北洋军阀统治下，办报实有莫大的风险，于是请众议院议员陈策当名义上的经理兼发行人，以作政治上的"挡箭牌"。⑤ 从此，一直到上海《立报》创刊之前，他走上了一条借助政治人物的力量来发展报业的道路。

《世界晚报》创刊后的一段时期内，成舍我继续在几处政府机关做挂名差事以维持其正常运转；1925年又得贺得霖之助，办起《世界日报》，

---

① 吴景濂（1873—1944年），辽宁省兴城市人，曾在北洋政府四次出任国会议长。

② 彭允彝（1878—1943年），湖南省湘潭县人，早年就读长沙明德学堂师范科。毕业后赴日本求学，受西方资产阶级民主思潮影响，积极投身反清革命斗争。民国建立后，任众议院议员，曾任北洋政府众议院委员长、教育总长。

③ 宋发祥，福建莆田人，早年赴美国留学，先后入威尔斯莱大学及芝加哥大学。1907年毕业，归国执教。1913年后在北洋政府财政部门任职，1921年创华威银行，1929年后在多国任驻外总领事。

④ 见吴范寰《成舍我与北平〈世界日报〉》，载张友鸾等《世界日报兴衰兴》，重庆出版社1982年版，第16页。

⑤ 龚德柏：《龚德柏回忆录》，龙文出版社1989年版，第113页。

同时两报像北京其他报纸一样，也接受北洋六机关的"宣传费"。① 成舍我也因两报的创办，得到了一些别有用心的政客的注意。例如孙宝琦②任北洋政府总理期间，需要报纸为他吹捧，看中成舍我，因而不时透露一些所谓的"政府机密"给他，让他以独家新闻的形式报道出来；在孙属意下，其子与成结拜成盟兄弟，而成舍我也报之以李，利用两报为孙吹捧。正是有这一段因缘，在1926年继邵飘萍、林白水遇害后，成舍我也被张宗昌抓捕，命悬一线之时，才有孙宝琦竭力营救的一幕；而当孙病逝后，《世界日报》也专门为之发一社评，高度评价孙的一生，并有"征孙氏之力，成君之为成君，本报之为本报，皆在不可知之数"③ 等充满感激之情的语句。

在经历1926年险遭被杀的惊险后，成舍我将目光转往南方，拟在南方开拓新的事业起点。有一种说法，此时他已和国民革命军搭上关系，参加了地下革命的组织活动。④ 1927年3月北伐初步成功，上海、南京先后纳入国民革命军的势力范围，蒋氏政权甫定，成也自上海至南京，游走于高官之间，拟觅得一新政治人物为靠山。早已对成青睐有加，认定其是自己事业传承人的李石曾，正因拥蒋有功而在蒋氏政权中炙手可热，于是两人一拍即合，在蔡元培等要人的支持下，携手创办了宣传世界主义的《民生报》。

1927年7月，南京政府宣告试行大学区计划，在李石曾的活动下，成舍我被任命为北平大学区秘书长一职。此次任职不同于早前在北洋政府的挂名差事，赋予成舍我主持北平大学区日常事务的权利，这是他一生中以较多精力投入政府差事的唯一一次经历。此后又因李石曾的推介，任司法行政部秘书。这些任职经历尽管任时较短，但加深了成舍我与李石曾、蒋梦麟等国民党高官的关系，引起了另一些要人的注意。1934年3月，

---

① 关于上述事可参：贺逸文等《北平〈世界日报〉史稿》，载张友鸾等《世界日报兴衰史》，重庆出版社1982年版，第48—49页。

② 孙宝琦（1867—1931），浙江杭州人。清末曾任山东巡抚，曹锟任"贿选总统"期间，曾任国务总理。

③ 《悼孙宝琦先生——追还孙氏与本报之因缘》，《世界日报》1931年2月6日第2版。

④ 此种说法据程沧波，他曾说："国民革命军北伐，舍我先生因为参加地下革命的组织活动，曾经短时期担任顺直特别委员会秘书长。"见：程沧波《中国自由史上一位独立的记者——成舍我先生》，台北《报学杂志》1957年6月总第2卷第1期。

国民党在文化教育界的重要组织"中国文化建设协会"成立，蒋介石任名誉理事长，陈立夫任理事长，几乎囊括了"CC"派在文化教育界的所有干将，因北平"特别党部"主任陈石泉的关系，成舍我、管翼贤等北平新闻界名人也被网罗入北平分会。① "中国文化建设协会"虽仅为"CC"派的外围组织之一，但是成舍我不可避免地被打上"CC"派的烙印，由此可解释在"民生报案"中陈果夫为何为他说话的原因。

这样一条道路虽说是成舍我为了其事业而在当时险恶的环境下迫不得已的选择，其性质还说不上依附政治力量，但由此导致他在漫长的办报生涯中长期处于两难的境地：一方面他力持报纸应以民间报纸的姿态报道新闻、评论时事，另一方面为了事业的发展，又不得不周旋于政治势力之中，甚至有段时间充当了报人和政客的双重角色。该怎样把握两者之间的度呢？其中的纠结和痛苦，相信只有成舍我自身才能体会出来，我们现在只可从一位《世界日报》的老员工的一段回忆中才可有所体会：

> 我记得是 1948 年旧历除夕，街上鞭炮声声，而我们却坐在编辑部编报，意外的是，成舍我也到编辑部来了，显然，他要和我们共度除夕。到了 12 点多钟，工作空闲下来，大家便围着火炉聊天，东拉西扯，话题很多。当总编辑张慎之为了祝贺春节，说了句："成老板，你这几十年事业有成啊！"成舍我却好半天没答话，凝神望着熊熊燃烧的炉火，而眼睛里却含着晶莹的泪水，气氛一下子沉重起来。过了好一会儿，成舍我才感慨万端地说："你们怎会懂得办民营报纸的艰难啊！"②

二　民族危机中的选择

分析成舍我与国民党关系愈发密切的另一条途径，是将其放在自 20 世纪 30 年代后中华民族危机日益加深这个大的历史背景下分析。

---

① 关于"中国文化建设协会"及与成舍我的关系，可参看：胡梦华《国民党 CC 派系的形成经过》，载全国政协文史委员会编《国民党政权的崩溃》，安徽人民出版社 2000 年版，第 387—388 页。

② 孙景瑞：《报业巨子成舍我》，《文史春秋》1997 年第 4 期。

1931 年 9 月 18 日，日帝国主义悍然发动侵占我国东北的战争，并因当局的"不抵抗政策"，使得短时间内丧失了东北大片国土；此后一直到"七七"事变为止，日寇加紧了侵华的步伐，不断制造摩擦和事端，为其侵略制造借口，民族危机日益危迫，此时日帝国主义与中华民族之间的矛盾上升为中国社会中最主要的矛盾。在此背景下，成舍我及其所创办的报纸顺应时代的要求，积极主张抗日，热情支持全国各地的抗日救亡运动。在"九·一八"事变的第三天，成舍我就以"百忧"为笔名旗帜鲜明地表明了他的态度："立止内争，协力御侮，实为今日最迫切之唯一要务。"①"立止内急，协力御侮"，于成舍我而言，实包含两方面的含义：一是督促国民党当局放弃"攘外必先安内"及对日"不抵抗主义"的政策，联合和领导各党派一致对外；二是督促各党派及国民党内部的不同派别能以民族大义为先，放弃各自私利，配合国民党的统治，得以形成一个精诚团结的政府，使之能够毫无顾虑地一致对外。学者一般仅从第一方面来解读而忽略了第二方面的含义。实际上，成舍我强调的是第二种含义。在他看来，在民族危迫的关键时期，强而有力的政府是抵抗外来侵略的前提条件，个人的得失、党派之争都应抛开不计，应主动配合当局，减少对他们工作的纷扰。成舍我为了说明他这种观念，曾以在"战时"这个特殊的形势下新闻记者在新闻自由与新闻检查之间的取舍为例，作了很好的表述：

> 新闻记者的唯一使命，在拥护整个国家和民族的利益，我们在平时，要集中全力，来要求我们的言论自由，因为在现代的政治组织下，尤其现今中国政治的情况，最大多数的老百姓，都不说话，不敢说话，不会说话，若果新闻记者，也是一样，那么，中国政治，将永无清明可望。……但在战时，则新闻记者个人的言论自由，当不能不为争整个国家民族对外的自由，而相当牺牲。……所以新闻记者，在平时应当争取自己的自由，但在对外作战时，则应当争取整个国家和整个民族的自由。②

①　百忧：《国人抗日应有的认识》，《世界日报》1931 年 9 月 20 日第 3 版。

②　舍我：《停刊经过如此！！！敬请全国国民公判》，《民生报》1934 年 5 月 29 日第 2 版。

此观念与被蒋介石视为"国士"之张季鸾的主张何其相像，张在1941 年为新成立的"中国新闻学会"起草的宣言中写道：

> 今日抗建之大义，即在牺牲个人一切之自由甚至生命以争取国家民族之自由平等。吾侪报人，以社会之木铎，更应绝对对以国家民族之利益为利益，生命且不应自顾，何况其他！<u>是以严格之战时中国报人，皆为国家之战时宣传工作人员，已非复承平时期自由职业者之时矣。</u>①

这种观念，使得成舍我将对当局的不满置于一旁，不自禁地加入了当局组织的一些抗日救亡活动。1932 年 4 月，成出席了洛阳国难会议，发表宣言，标举对外必须有独立自主之外交，对内必须充实国防之准备；② 10 月，国民主席林森、行政院长汪精卫联合具名聘他为国难会议会员。这些活动无疑进一步拉近了他与当局的关系。

抗日战争全面爆发后，成舍我强化了此种观念，自觉地为国民党的战时统制宣传出谋划策。

1937 年年底，伴随着国民政府的一些重要机关内迁至武汉，大批政界文化界人士聚集于此；11 月中旬，成舍我抢先来到此地，在寻找办报机会之余，撰文宣传抗日。介于当局抗战宣传不力，成舍我发表长文《"纸弹"亦可歼敌》③，提出抗战宣传应与军事并重的观点，并提出了一套深入乡村办报的方案，影响巨大（关于此文第三节有较详尽的介绍）。此文受到时任湖北省主席、武汉卫戍司令和第六战区司令长官陈诚的欣赏，随即拟聘请成负责军中报纸《阵中日报》的编撰工作，但是成以正

---

① 见《季鸾文存》，转引自：曾虚白主编《中国新闻史》（上），政治大学新闻研究所 1966 年版，第 412 页。

② 关国煊：《锲而不舍的新闻界老兵成舍我》，台北《传记文学》1991 年 5 月总第 348 号。

③ 此文全称为《"纸弹"亦可歼敌——抗战宣传应与军事并重 动员民众应先使报纸到乡村去》，为简略起见下文以主标题《"纸弹"亦可歼敌》指代。另据张佛千说，此文首刊于军中宣传报纸《阵中日报》（刊发日期不详），见张佛千《追思成舍我先生》，台北《传记文学》1998 年 8 月总第 435 号；次刊于 1938 年 5 月 13—15、18 日的《大公报》，还刊于 1938 年 6 月 3—8 日的《香港日报》。

忙于报纸转移后方，不能分身为由，另荐他人担任；[①] 不久，陈诚在其主导的军事委员会政治部成立"设计委员会"，此机构号称他的"智囊团"，网罗了众多党派首脑、社会贤达、专家学者，从现今台北"国史馆"留存的材料可知，成也在其中，并曾就军中普及宣传一事专门递交了报告（见图4-1）。

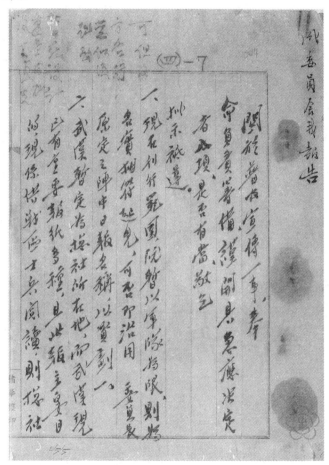

图4-1　成舍我任政治部设计委员时上呈的报告

资料来源：台北"国史官"，典藏号：008-010705-00002-004。

在武汉时期，成舍我除了受到陈诚的青睐，受其重用外，1938年1

月 29 日，他更是受到蒋介石的单独召见。① 关于此次召见的内容，我们现在无从可考，但是召见几个月后，成即以"社会贤达"的资格当选为第一届国民参政员②，出席了第一届国民参政会。

由上述可知，武汉时期是成舍我与国民党产生密切关系的重要时期。于成个人而言，他的初衷是为抗日救国贡献自己的力量，但是无可讳言的是，这些活动使他陷入政治势力太深而难以自拔，尽管后来他也想力持民间报人的姿态，可是他已是处于尾大不掉的处境，不是他个人所能左右的。而确实，这些活动对于他个人的立场又有一定的影响，特别是来到香港后，他又被陈诚任命为政治部驻港代表，与国民党中宣部系统内的陶百川、陈训畬来往密切。由此导致成舍我到港后，《香港立报》的立场有了细微的变化，尽管它的基本立场仍是"打倒汉奸、抗战到底"，可是在报纸上宣扬国民党的报道多了，可说已不如他来之前，或者上海《立报》时期那样密切联系人民群众了，正如曹聚仁所说的，《香港立报》之所以不成功，原因是"内容趋于分裂，主要还是政治观点的距离太远③。最典型的例子体现于萨空了出走事件。1938 年 8 月，抗战形势日益严峻，日寇为了分化抗战力量，委托德国驻中国大使陶德曼诱降汪精卫等亲日分子，在汉奸别有用心的蛊惑下，一时投降主义妖风大盛。为此，萨空了写了一篇评论，批评这股妖风，但是没想到第二天打开报纸，发现在评论后加上了由成舍我写的反对共产党、八路军的一段话，经过一场争执，萨空了终于明白，"办一张报纸，决不可能容纳两种不同的立场和观点，我和成舍我已不能再合作下去了"，④于是他自动退出一手创办起来的《香港立报》，远赴新疆。

实际上，香港期间，成舍我与国民党之间关系之密切，竟导致其成为

---

① 见《蒋中正"总统"文物·事略稿本——民 27 年 2 月》，台湾"国史馆"，典藏号：002－060100－00125－019）。另据吴范寰说，"成曾向陈布雷表示愿对蒋尽忠图报，并由蒋召见谈话"。见：吴范寰《成舍我与北平〈世界日报〉》，载张友鸾等《世界日报兴衰史》，重庆出版社 1982 年版，第 22 页。

② 据吴范寰说，成舍我是被蒋介石指派为国民参政员的。见张友鸾等《世界日报兴衰史》，重庆出版社 1982 年版，第 22 页。

③ 曹聚仁：《我与我的世界：曹聚仁回忆录（修订版）》（下），生活·读书·新知三联书店 2011 年版，第 446 页。

④ 萨空了：《我与〈立报〉》，载祝均宙、萧斌如编《萨空了文集》，上海科学技术文献出版社 2002 年版，第 72 页。

汪伪政权刺杀的对象。1940 年 4 月国民党驻港情报机构破获一情报，兹录取如下：

> 港府近破获汪派机关三处，中有暗杀名单，计共二十多人，其中新闻记者四名，一张季鸾，二成舍我，三罗吟圃，四黎蒙，其余为中央服务人员吴铁城、杜月笙等。①

从该名单已泄露的几个人名看，汪伪政权刺杀的人员多是积极抗日分子，或与蒋氏政权有密切关系之人员。成舍我也在其列，原因有三：一是他早先得罪汪精卫（可参看第二章"民生报案"事件）；二是因为在新闻工作者中他是主张坚决抗日的代表人物，以及其所办的报纸——从北平《世界日报》、南京《民生报》、上海《立报》到《香港立报》——一直在抗日救亡宣传中有令人印象深刻的表现，使得汪伪组织怀恨在心，必杀之而后快；三是因为此时成舍我在港的另一身份——国民党军事委员会政治部驻港代表——已引起汪伪组织的注意，杀之可削弱国民党在港力量。无论是何种原因，在外人看来，成舍我此时已成为国民党内部一员了。

三 组建中国报业托拉斯的追求

自 20 世纪 30 年代初欧美之行后，成舍我一直在成为中国的北岩勋爵、普利策的道路上奋斗不止。抗战爆发后，他毅然放弃了经营多年的《世界日报》，在辗转万里的流浪生涯中，此梦想也从未停止过，每到一地必先考察当地的报业环境，考虑创办报纸之可能性。如在武汉期间，他就同管翼贤协商成立《世界日报》《实报》办事处，合力复刊两报，后因管溜回北平，独力难支，且武汉会战在即而作罢。②

1941 年年末，珍珠港事件爆发，日本偷袭香港，《香港立报》被迫停刊，成舍我再次失去办报机会。此后一直到 1945 年 5 月创办重庆《世界日报》，他将大部分的精力放在创办"桂林世新"上。此时期，他不是不

---

① 《蒋中正"总统"文物 一般史料——呈表汇集（100）》，台湾"国史馆"，典藏号：002 –080200 –00527 –052。

② 吴范寰：《成舍我与〈世界日报〉》，载张友鸾等《世界日报兴衰史》，重庆出版社 1982 年版，第 22 页。

想办报，而是他面临着两大办报困难。

一是资金的困难。北平《世界日报》和《香港立报》都因两地的突然沦陷而来不及变卖资产就被日寇侵占，上海《立报》虽转让出去，但所得甚少，加之流浪生活中不宜携带过多现金，故可猜想出成舍我身边资金必不多；1942 年年初，成来到桂林，桂林当时虽号称"抗战文化城"，云集了全国众多文化名人，多家闻名全国的报纸迁居此地，但在他看来，桂林城市过小，报业已趋于饱和，并不适宜创办新的报纸，因而为将来培养报业人才计，他将所剩不多的资金用于筹办"桂林世新"；1944 年夏，日军发动所谓的打通大陆交通线的"湘桂战役"，对桂林狂轰滥炸，"桂林世新"校舍被毁，他仓皇撤退到重庆，资金已是所剩无几，对办报已是心有余而力不足。

二是国民党当局实行的新闻统制政策。抗战爆发后，国民党的新闻统制政策日趋强化，1939 年 3 月，国民党制定并颁发了《国民精神总动员纲领》《国民精神总动员实施办法》，提出"民族至上，国家至上""军事第一，胜利第一"等口号，大力开展一个党、一个主义、一个领袖等法西斯主义的宣传。在此情形下国民党当局进一步加强了对报刊的管制，尤其是重庆，作为"陪都"，此时汇集了各利益集团的报刊，监管难度加大，当局早已明文规定不许新的报刊在重庆创刊。成舍我虽然与国民党关系日益密切，但是在一些上层人士看来，他早先创办的报纸对国民政府及一些高官的攻讦是不遗余力，可谓是"劣迹斑斑"，可想象出，如果单靠成个人去申请创办报纸是难以成功的。

尽管有这两个困难，并不代表成舍我此时没有办报机会。据吴范寰介绍，1943 年年初，军队系统的报纸《扫荡报》因经营不善而加以改组，时任政治部第三厅厅长的黄少谷因早年成舍我对其有知遇之恩，遂推荐成为《扫荡报》社长，并得到了政治部部长张治中的首肯。[①] 实际上，除了《扫荡报》外，《中央日报》也曾向他伸出橄榄枝。关于这些经历，成的另一位老相识陈云阁表述得更清楚：

> 那时在 C.C. 控制下的《中央日报》和在军方控制下的《扫荡报》都办得很不好，赔钱不少。两报后台确曾先后拉他去接办，希望

---

① 吴范寰：《成舍我与〈世界日报〉》，载张友鸾等《世界日报兴衰史》，重庆出版社 1982 年版，第 23 页。

搞出一点名堂来为官报增光，减轻赔累。这固然是看中了他的办报才干，更重要的是拖他亮相入伙。[1]

国民党此时为何竞相拉拢成舍我办报的另一种说法是，被蒋介石许为"国士"的张季鸾自1941年9月逝世后，蒋介石顿失宣传支柱，拟找出一位可代替张季鸾角色与地位的报人，遂有蒋介石亲信推荐成舍我。而值得玩味的是，确实在1943年9月26日，成舍我再次受到蒋介石的召见。[2]

经过较长时期的审慎考虑，成舍我最终还是放弃了这次机会，其原因除了不愿放弃一直坚持的"民营报业"的旗号外，还因为他心中已有一个庞大的创建中国报业托拉斯的计划，这就是组建中国新闻公司的构想。

关于组建中国新闻公司，成舍我早在20世纪30年代初欧美归来后就有了初步想法。1932年4月29日在给燕京大学新闻周作演讲时，他提出了一个要创建行销全国的"国家报"的概念。"国家报"是这样构想的，先选定一中心城市作为总馆所在地，再在全国范围内选定一批城市作为分馆；总馆与分馆每日通过无线电互通信息，关于全国范围内的新闻，由总馆传给分馆；分馆除了要将本地发生的重大新闻传回总馆外，还要每日自行采集本地新闻，形成地方版，连同总馆传来的全国范围的新闻一起出版。[3] 这样既能大大节约新闻采集的费用，也为报纸发行提供了极大便利。后来他同多位报界友人谈及这一构想，并得到了当时在上海报界如日中天的张竹平的赞许，在两人的协商下，定下了创办"中国新闻股份有限公司"的计划。[4] 由于抗战的爆发，这一计划被迫搁置。

成舍我来到重庆时，已近1944年年末，第二次世界大战发生了极大的转变，德、日法西斯主义进入垂死挣扎阶段，世界反法西斯联盟胜利在望；而成舍我个人也已结束了颠沛流离的生活，有较多的时间来完善和推动中国新闻公司计划。在和程沧波等好友充分讨论的基础上，中国新闻公司打出

---

① 陈云阁：《重庆〈世界日报〉纪实》，载张友鸾等《世界日报兴衰史》，重庆出版社1982年版，第220页。

② 《"总统府"人事资料袋·军事委员会委员长侍从室（成舍我）人事登记片稿》，台北"国史馆"，典藏号：12800/940000/A。

③ 详见：成舍我讲，荣涛、于振纲记《中国报纸之将来》（续），《世界日报》1932年5月11日第7版。

④ 参见：田景《办报办报办报办报》，香港《新闻天地》杂志1945年2月总第2期。

"提倡民主建设，独立经营新闻事业"的旗号，其发展步骤拟定如下：第一步，是先在重庆创办起一家《世界日报》；第二步，是待到抗战胜利后，以首都南京为中心，在全国东、西、南、北、中五大区，分期陆续办起十家报纸，全部命名《世界日报》；第三步，是成立通讯社、新闻研究中心、新闻研究刊物等附属性事业。① 该计划之庞大、缜密，是中国新闻事业史上前所未有的，倘若实现，将是中国新闻事业史上破天荒的事。

借国民党此时要他入主《扫荡报》《中央日报》之机，成舍我乘机向当局抛出他的办报构想。先由程沧波找上陈布雷，由陈去试探蒋介石的意见，获得蒋的首肯，并同时取得陈果夫、陈立夫、潘公展、肖同兹、于右任、邵力子等国民党高官的积极支持。② 于是中国新闻公司在1945年年初开始筹办。

表4-1   中国新闻股份有限公司第一届董事、监察人当选名单

姓名	身份	董事	监察人
范争波	南昌行营秘书、新生活运动干事	√	
陈训念	曾供职上海特别市政府、国民政府海外部驻港办事处、香港《国民日报》社社长、重庆《中央日报》总编辑	√	
杜月笙	参与组织"中华共进会""恒社""人民行动委员会""中华贸易信托公司""通济公司"；曾任法租界商会总联合会主席、上海地方协会会长	√	
徐恩曾	中央执委委员会调查统计局（即"中统局"）局长	√	
成舍我	原世界日报社社长、国民参政员	√	
王延松	不详	√	
康心如	参与筹设"中华民国联合会"四川分会；曾任上海民生图书公司、进步书局经理；四川美丰银行协理、总经理；重庆银行业公会主席；重庆临时参议会议长	√	
张静愚	广州国民党中央党部秘书；国民政府军事委员会训练总监总政治训练处长；河南省建设厅长；财政部全国税务署署长	√	
吴晋航	和成银行总经理；四川生丝公司、华通公司总经理；四川畜产公司、桐油贸易公司、民生轮船公司董事长；重庆银行同业公会理事长；四川省贸易局副局长	√	
黄钟岳	广西财政厅厅长	√	
陆子安	云南省财政厅厅长	√	

① 可详参：《中国新闻公司计划书》，重庆档案馆，卷宗号：0296-14306；另可参：陈云阁《重庆〈世界日报〉纪实》，载张友鸾等《世界日报兴衰史》，重庆出版社1982年版，第221页。

② 陈云阁：《重庆〈世界日报〉纪实》，载张友鸾等《世界日报兴衰史》，重庆出版社1982年版，第220页。

续表

姓名	身份	董事	监察人
王廼宝	不详	√	
张雪宝	不详	√	
钱新之	曾任上海银行公会会长；盐业、金城、中南、大陆四行储蓄会副主任及四行联合准备库主任；交通银行董事长兼总经理；中华实业信托公司常务董事；参政员	√	
张国瑞	不详	√	
潘公展	历任国民党上海特别市党部常务委员、上海市农工商局长、社会局长；国民党中央宣传部副部长、新闻检查延长；国民党中央党委	√	
程沧波	《中央日报》社长；国民政府监察院秘书长；中央宣传部副部长；重庆《世界日报》总主笔	√	
刘百闵	"国难会议"会员；中国文化服务社社长；中央宣传部宣传指导处长；国民参政会参政员；"复兴书院"总干事	√	
萧青萍	不详	√	
陈敦甫	中国工矿银行董事	√	
翟温桥	中国工矿银行董事；中国海京合记造纸股份有限公司董事长	√	
萧同兹	中央通讯社社长；国民党中央委员；全国新闻联合会主席		√
王晓籁	曾任上海市临时参议会参议长；中国航空协会总会理事长；中央赈济委员会常委；中南贸易协会理事长；开业兴业公司、中国人寿保险公司总经理		√
梁寒操	桂林行营政治部主任；中央宣传部部长		√
徐国懋	重庆金城银行经理；大成酒精厂常务董事；民生实业公司、渝鑫钢铁厂董事		√
王逊志	曾任广西省财政厅厅长		√
胡健中	重庆《中央日报》总社社长；《东南日报》社长		√
赵棣华	交通银行总经理		√
程俊观	不详		√
李汉珍	德丰农记仓库面粉公司总经理；河南省政府秘书长；河南农工银行总经理；国民参政员		√

资料来源：据《中国新闻股份有限公司第一届董事、监察人当选名单》，重庆档案馆，档案号：0300 - 1 - 409。

中国新闻公司，既号称"公司"，当然是按照公司组织来运营的。从中国新闻股份有限公司临时股东大会参与名单及第一届董事、监察人当选名单（可详表4 - 1）看，该公司集纳了国民党各派人物，势力纵横交错，如果没有当局的推动，是难以集合于一体的。关于它产生的深层次背景，台湾地区新闻史研究者朱传誉曾一语中的指出：

张季鸾去世以后，大公报的笔政落在王芸生手里，王的态度逐渐转变，而党和军方的《中央日报》《扫荡报》营业情况日下，由于程沧波的介绍，经陈布雷、陈果夫、陈立夫、潘公展、于右任、萧同兹等人的同意，筹组中国新闻公司，请成氏担任社长兼总经理，程沧波出任总主笔，纯以民营的姿态出现，准备抗战胜利后，在南京和中国东、西、南、北、中五大地区主要城市，分期陆续创办十家大报，都以世界日报命名，这一方面可以实现成氏报业大王的梦想，一方面也可以在必要时，为政府做有效的宣传。在当时，至少大家都认知，只有一个真正民营，真正为民喉舌的报纸，才能得到民众的支持，受到民众的信赖，也才能真正发挥宣传的效果。大公报既不可靠，能代替张季鸾和大公报的，只有成舍我和他的世界日报。支持这一方案的党国要人，有的和成氏有公私情谊，有的对他有所了解，否则也不会对他如此信任，寄予厚望。①

由此可知中国新闻公司的成立与国民党当局的支持是密不可分的。

由上述三个方面分析我们可知，成舍我与国民党的关系渐趋密切决不是偶然。"好言功利"的性格，既是他个人奋发自强的动机，也是他与一些权贵结交的动因，这些权贵为他与当局的关系起到了牵线搭桥的作用；而抗日战争全面爆发，民族危机的加深又为他与当局产生关系制造了一个时代背景；同时对新闻事业的追求，欲组建中国的报业托拉斯，成为中国报业大王的梦想，又驱使他不得不借助当局的力量。而当他猛然醒悟，欲重塑以民间报人姿态出现时，时代已不给予他机会了。

八年抗战就像一个大熔炉，把个人的所有杂质都炼化的同时，也把个人的政治思想铸造成型，或是向"左走"，或是向"右走"。于成舍我而言，其早先的政治倾向是模糊不定的，从北平的《世界日报》到南京的《民生报》及上海的《立报》都曾对国民党当局进行过猛烈的抨击，这些报纸也曾起用过地下党党员和相当多的进步人士，《世界日报》甚而被称为"粉红色的报纸"②；然而在抗战中，成舍我的政治倾向在多重因素作用下与中国共产党渐行渐远，与当局产生了一种说不清道不明的关系。

---

① 朱传誉：《成舍我与〈世界日报〉》，《传记文学》2000 年 6 月第 457 号。
② 张友渔：《报人生涯三十年》，重庆出版社 1982 年版，第 20 页。

事实上，抗战结束后，成舍我已被国民党当局认定是其宣传系统中的一员，其所创办的报纸已被认定为"（国民党）外围党报"。这可从抗战胜利初期"中央宣传部"发给"中秘处"的一则密电得到印证。这则密电内容大略是，为"振本党宣传阵容"，拟"在收复区布置若干外围党报"；而成舍我及其创办的报纸被认为符合下列标准："（一）抗战期中致力宣传，办理有特殊成绩者；（二）在战乱中遭受牺牲者；（三）平日销数在一万份以上者"，故准许成舍我在南京恢复出版《民生报》。[①]

第二节 国共和谈期间《世界日报》的政治倾向分析

如前所述，在抗日期间，成舍我与国民党当局的关系渐趋密切，如果说这是他在民族危机中的一种选择的话，那么，当抗日胜利外侮危机已解除，他与国民党的关系有无变化？对此时国共两党的争端有何倾向？这种倾向在复刊后的《世界日报》有何体现？为对这些问题有较明确的了解，笔者选取《世界日报》在国共和谈期间的言论作分析。

关于《世界日报》复刊后的政治倾向，北平市军管会在1949年2月没收该报的文告中早已作出如下"定评"："该报虽然戴着无党派的假面具，……，但在事实上该报自从在北平复刊以来，对于中国人民解放事业始终抱着极端仇视的态度，该报一贯地拥护蒋介石匪帮所发动的反革命内战，对于人民解放军，人民解放区和国民党统治区人民的正义运动，极尽诬蔑之能事。"[②] 在这样的政治高压下，前世界日报工作人员也作出如下的表述："……《世界日报》这个阶段的新闻宣传和政治主张，带有反对人民民主事业的色彩"[③]。然而考虑到时代的因素，如此评述是有失偏颇的，也是难以令人信服的。因而对《世界日报》的政治倾向有进一步研究的必要。

本文选取《世界日报》于内战全面发动之前国共两党和谈期间的言论作为分析对象，准确地说，涵盖了《世界日报》自1945年11月20日

---

① 《中央宣传部至中秘处代电》，台北"中国国民党党史馆"，典藏号：6.3/26.15。

② 成舍我：《驳斥"共匪"所谓查封北平世界日报的文告》，载成舍我《报学杂著》，（台北）"中央"文物供应社1956年版，第176页。

③ 贺逸文等：《北平〈世界日报〉史稿》，载张友鸾等《世界日报兴衰史》，重庆出版社1982年版，第157页。

复刊后，至 1947 年 2 月 28 日国民党单方面通知中国共产党驻国统区各联络办事处限 3 月 5 日前撤退期间的所有言论。之所以选择此时期，是因为国共两党围绕"停止内战、和平统一"展开了一系列的谈判，在多个问题上有激烈的争执，这些争执成为当时报纸（包括《世界日报》在内）报道和评述的热点。对《世界日报》此时期的言论展开分析，可较明晰地看出成舍我及《世界日报》的政治倾向。

《世界日报》此时的言论可分四类：署名"成舍我"的文章、社评、专论和"人民公论"。署名"成舍我"的文章仅两篇，一篇是复刊词《我们这一时代的报人》，另一篇是 1946 年元旦贺词《人人守法整整尽责——迎接民主自由第一个胜利新年的降临》，这两篇言论毫无疑问是成舍我所作，能清楚地体现其政治思想。《世界日报》的社评在不同时段还被称为"评论""社论"，无署名，几乎每日都有，除部分由成舍我亲自撰写外，大部分都由"社论委员会"撰写。专论则是各科学者对专门问题的探讨，具有较强的学术性，并不是每日都有，如出现则代替当日社评的版面和地位。"人民公论"栏是成舍我为贯彻其"读者有其报"而开设的，每日摘登一封至两封读者来信，是抗战爆发前《世界日报》曾开设的栏目"读者论坛"的延续，期间曾因版面过于拥挤而有过短暂的停止；该栏一般位于二版①，但也在少数情况下因来稿选题重大而登于一版，实际上代替了社评的地位。上述四类言论，无论来源如何（或由报社内部人员撰写，或是选登外稿），一经刊登，则是报社意志的体现，故要对此时期的《世界日报》作言论分析，这四类当然都要包含在内。

通过通读此期间的所有言论，发现《世界日报》主要围绕以下议题展开。

一　反对内战、呼唤和平统一

《剑桥中华国民史》的编者认为，20 世纪 40 年代中国知识分子"在政治上的当务之急就是反对内战"。②而对成舍我来说，反对内战，渴望和平统一，除了希望中国摆脱饱受多年的战争之苦，走上和平建国道路

---

①　复刊后的《世界日报》大部分时间仅出一小张，此时"人民公论"登于二版；但也偶尔出一大张，此时"人民公论"则登于第 4 版。

②　［美］费正清、费维恺编：《剑桥中华民国史》（下卷），中国社会科学出版社 1993 年版。

外，还有另一番的意味，这就是希望为中国报业提供一个良好的外部环境，为中国报人提供一个相对稳定的发展机遇。他在《世界日报》复刊词《我们这一时代的报人》中，开篇就控诉道："我们真不幸，做了这一时代的报人！"他以《世界日报》过去30余年"艰辛险恶的遭遇"为例，说明中国报业环境的险恶使得这一代报人无所作为，他说，"做一个报人，不能依循轨范，求本身事业正当的发展。人与报，均朝不保夕，未知生命在何时。我们真不幸做了这一时代的报人！"① 这样的控诉道出了那一时代所有报人的心声。因此，在成舍我看来，应加倍珍惜经过八年艰苦卓绝的抗战而获得的和平建国的机会，给报业和报人提供更大的发展空间；对于他个人来说，也是自身实现报业追求，一展抱负的良机，正如另一篇社论中所说："要珍视由艰苦抗战而得来的建国机会，……那就是只能变，不能乱；只能改造，不能破坏；只能重和平，不能恃武力。和平与建国，相依为命，失却了和平，建国的任务就不能完成。这就是我们建国的指导原则。"② 基于这样的心理，《世界日报》复刊后的言论，贯彻的一条主线就是反对内战、呼唤和平统一。在此时段总共五百余条言论中，超过一百条都是关于此项议题。

《世界日报》宣扬解决国内纷争的首要策略，是实行英美为代表的西方资产阶级民主制度。在复刊第二日的评论中，它就宣扬政党都应共同服膺最高的立国原则，国家的利益高于政党的私利之上；由此，政党的活动只能以和平的方式争取政权，通过所谓的"公意政治"实现民主，它说："彼此都放下屠刀，把军队交给国家，然后大家把各人的主张，各人的政策，以及各人在政治上的成绩都公诸社会，听候人民拿选举票来决定取舍，以人民为主人，这才叫作民主，这样才能符合民主政治的常轨，这才是我们所希望的民主政治。"③ 因此，它主张国共两党首先应"变两党之特殊地位"，成为如英美的普通政党，才有可能放弃私见坐下谈判；在谈判过程中，应及时向民众公布谈判详情，让民众和舆论来监督谈判进程，加快谈判步伐。④

---

① 成舍我：《我们这一时代的报人》，《世界日报》1945年11月20日第1版。

② 《为建国需要和平》，《世界日报》1945年12月1日第1版。

③ 《如何才算民主政治》，《世界日报》1946年11月21日第1版。类似的言论还有：《我们尝到的胜利滋味》，《世界日报》1945年12月14日第1版。

④ 可参见《反对国共两党秘密谈判》。

《世界日报》宣扬解决国共争端的另一策略是建立联合政府。1936 年国民政府草草通过"五五宪草"①，虽然打着实施宪政的旗号，事实上却以法定的形式将其他政党排斥在政权以外，为国民党一党专政铺平了道路。由此引起众多学者及有识之士的不满，认为这是中国迈向民主道路上的主要障碍，是导致政党之争的主要因素。在 1946 年 1 月即将召开的政治协商会议上，各方争执的一个主要议题就是对宪法草案的修改。《世界日报》在 1945 年 12 月 10 日起接连三日连载由何永佶撰写的长文《从五五宪草谈到国共合作》，对"五五宪草"进行了全盘的批判，认为此次国共谈判失败，主因是该宪法规定的一党专政，要进行大幅度的修改，"欲化此恶劣局面，为举手的和平局面，则非马上创造一个真正的多人合体的主权机关不可"，"真正有思想自由的国家，必是多党"，②，主张让共产党等党派加入政权，建立多党联合民主政府，这一论点与当时中国共产党的政见基本相符。

基于上述主张，《世界日报》提出了解决国共纠纷的方案，即国民党"还政于民"和共产党"还军于国"。

然而，无论这些言论是多么苦口婆心，国共两党仍是边谈边打，局势愈来愈险恶，与全国民众所期待的和平建国道路渐行渐远。事实证明，《世界日报》长久以来宣扬的这两个策略不可能在中国实践，"还政于民""还军于国"的方案也因国共之间的私见不可能实现。为此，《世界日报》同人痛心疾首，大量刊发言论，指责"党争误国"。在内战全面爆发前夕，它已认识到国共之争无法消除，和谈只是两党为民众作交代的推诿之计罢了，为此《世界日报》不惜得罪国共双方，指出国共和谈的实质："我们可以看出过去几个月来国共双方的一切谈判，一切协议，仿佛都是为了做给别人看的，实际上却彼此另有一套，到了利害关头，一切诺言，一切协议，都不惜推翻撕毁，双方政治道德之可疑，一至如此，真是可叹！"③ 内战全面爆发后，尽管局势愈发险恶，《世界日报》除了仍自撰社论外，还大量刊登读者来信，控诉内战下民众水深火热的悲惨生活，期望

---

① 全名为《中华民国宪法草案》，因通过日期为 1936 年 5 月 5 日，故一般称为"五五宪草"。

② 何永佶：《从五五宪草谈到国共合作》，《世界日报》1945 年 12 月 10—13 日第 1 版。

③ 《利人利己的美国对华政策——马歇尔特使为此既定政策而努力》，《世界日报》1946 年 4 月 19 日第 1 版。

给国共双方予以压力，停止战争，重新和谈，不放过一丝和平的希望。①

二　对国共两党的评判及立场

复刊后的《世界日报》仍以民营报纸的姿态出现，宣称要做无党无派的"超然"报纸。在成舍我看来，这种"超然"报纸是充分发挥舆论权威，解决国内危机，走上和平建国道路的关键力量。那么何谓"超然"报纸呢？他说：

> ……所谓"超然"也者，既不是一般人所□想的，像两个车夫打架，警察出来，一人一巴掌。也不是做不分皂白的和事佬：东边作一揖，西边作一揖。这两种办法，都不能息争排难，解决问题。我们认为"超然"的可贵，就因他能正视事实，自由思想，自由判断，而无任何党派私念，加以障害，以目前震动中外的国共纠纷来说，决非空洞敷衍写几篇呼吁和平的文章，所能□效。我们必须发动全国舆论，造成一种最大的力量。②

从上述可知，成舍我认为"超然"报纸之所以能发挥出如此巨大的舆论威力，就在于它能成为舆论的引导者，能发动全国范围内的舆论，解决国内党派纠纷，这既是他基于外患解除后，对报纸在新时期的社会功能的一种乐观主义期待，更是他为复刊后的《世界日报》指定的努力方向。对报纸功能的这种期待心理，使得他不仅赋予报纸民意代表的角色，同时也赋予报纸另一种角色，即报纸也应是党派之争的裁判者角色。报纸要担任这种裁判者角色，必须"正视事实，自由思想，自由判断"，勇于指陈和评判各党派的私见、错误。

复刊后的《世界日报》既然要朝此方向努力，那么，它又是怎样评判此时期的国共两党呢？早在内战全面爆发之前，它就对国共两党作了这

---

① 这样的来信都刊在"人民公论"栏，如《谁有武力消灭对方的把握——还是顾全大局开诚商谈为是》（1946 年 10 月 5 日）、《对国共两党当局的忠告——望双方确实让步勿失此最后和平的机会》（1946 年 10 月 29、30 日）、《为人民权利自由而呼吁》（1947 年 12 月 2—7 日）、《内战绝对打不得》（1947 年 2 月 6 日）、《起来！中华儿女们！》（1947 年 2 月 7 日）、《内战与外侮》（1947 年 2 月 9 日）、《向内战控诉》（1947 年 2 月 20—21 日）。

② 成舍我：《我们这一时代的报人》，《世界日报》1945 年 11 月 20 日第 1 版。

样的评判："从真正的民意说，国共两党在老百姓的心中，今日都已经失去了程度不同的好感。"①

这些对国共双方的指责，在表面上确实予人感觉《世界日报》为"超然"报纸之印象，且该报几乎在每一篇涉及两党关系的言论中，在骂共产党之余，也不忘骂国民党，更使人感觉它持的是不偏不倚的立场。

然而如果我们对这些指责的词句作进一步的分析，会发现词句下隐藏着鲜明的立场和党派偏好。对国民党的指责，如政治不民主、贪官污吏横行、官僚资本垄断国家命脉，是既有的事实，是人们在现实生活中切实感受到的，也是众所周知的；而对共产党的指责，如妄想用武力夺取政权、实行恐怖政策、破坏社会秩序等，大多是没有事实根据的，不少是带有恶意揣测乃至诬陷的。可以说，在涉及两党关系的多数言论中，《世界日报》是站在现存的政治体制的立场上评述的。它的价值观仍是资本主义，主张走渐进的改良道路，而不认同共产党消除私有制、武装暴动等主张。由此决定了它的基本政治倾向还是主张维护国民党的统治地位，例如"国民党一失败，则国家的重心全失，其影响于国家民族的前途实至深且巨"② 这样的言语不时见于言论中；而对国民党的这些指责，既是顺应民意的需要，更带有"恨铁不成钢"的意味，希望国民党当局作彻底的改革，挽回颓势。

为了更明晰地展现《世界日报》的立场，我们可以选择它关于东北接收问题（此问题对于国共两党来说有极大的争议）所发的言论作进一步的分析。

1945 年 8 月 15 日日本宣布投降，国共两党从此展开了接收沦陷区的激烈竞争，而鉴于东北地区资源丰富、工业设施较完备，因而成为双方抢夺的焦点。使问题变得更趋复杂的是，苏联军队根据雅尔塔协定，先行一步在 9 日已进入东北。蒋介石为了政权巩固，与苏联签订"中苏友好同盟条约"，不惜以承认外蒙古独立及牺牲东北的一些主权为代价，求得苏联答应在三个月内完成撤军的承诺。然而，至 11 月初，国民党意识到，因

---

① 《有受人民最后裁判了：国共两党谁先能忏悔反省？》，《世界日报》1946 年 1 月 18 日第 1 版。

② 《盼国共两党勿为民族罪人——应注意贝尔纳斯友谊的警告》，《世界日报》1946 年 1 月 2 日第 1 版。

政府军进入东北步伐大大迟缓于共产党的军队，如果苏军按照协议撤军，则意味着东北大片地区将被共产党迅速占领，于是再与苏联展开谈判，要求苏军延缓从东北撤军；而苏联也因自身在东北有利益企图且正忙于抢夺战利品，乐得答应，并且以后又以各种理由多次延缓撤军时间。① 而国民党又唯恐苏联将战略要地私相授予共产党，苏军的多次延缓撤军，这成为悬在国民党头上的一把达摩克利斯之剑，于是通过外交、舆论等攻势一再要求苏军尽早撤军。

《世界日报》的言论充分反映了国民党对苏的矛盾心理。一方面它极力讨好苏联，宣扬苏联为"友好盟邦"，和在抗日战争中结下的战斗情谊，承认国民党在"中苏友好同盟条约"的卖国做法。例如在一篇社论中说：

> 我们当然知道盟邦苏联在远东有其特殊的利益，我们尤其明了两大国疆土毗连，非彻底的互助合作，不足以共存共荣，……我们为了珍爱伟大盟邦的传统友谊，为了确保远东的永久和平，更不惜牺牲一部分领土主权，毅然缔结中苏友好同盟条约……我们愿代表全体人民一方面向盟邦呼吁，一方面正告世界：中苏两国的友谊由长时期的患难中得来，实不容有任何的阻挠或不愉快的事件存在……②

即使当 1946 年 2 月 11 日，美、苏、英披露了一年前秘密签订的损害中国利益的"雅尔塔协定"，全国多地举行反苏示威游行，要求"赤色帝国主义"如约撤军时，《世界日报》也是尽力配合当局的政策，深恐惹怒苏联，只不咸不淡地发表了一篇言论，表示"我们却并没有对任何一个友邦，包括苏联在内，而含有任何怨恨"，仅用"伤感"一词将心中的怨恨深埋下去。③

另一方面，它又不时敲打苏联，尤其警惕苏联暗中协助共产党接收东北。例如，在 1945 年 11 月 23 日的社论中攻击道："目前公开的事实，是

---

① 关于这段史实可看：《剑桥中华民国史（1912—1949）》（下），第 828—831 页。

② 《接收东北与世界和平》，《世界日报》1945 年 11 月 28 日第 1 版。

③ 参见《每一个中国人应有的伤感——读了雅尔达秘密协定以后》，《世界日报》1946 年 2 月 12 日第 1 版。

东北方面，有其他反国民政府的野心分子，正以种种方法阻挠中央国军前进。"① 28 日又警告苏联："东北的主权绝不容其割裂或移转，也绝不容其变质或变色。②"1946 年 2 月底，又利用张莘夫之死事件③，接连发布多条言论，大造舆论，要求苏军尽早撤军，并且少见的用如下煽动性的话语来鼓动青年们开展一场反苏运动：

> 我们血战八年，是为了东北被侵略，我们牺牲了千万的头颅，遭受了无量数的损失，是为了要收复东北，因为东北是中国民族的生命线，没有东北，便没有华北，没有华北，便没有中国。④

在东北接收问题上，最能体现《世界日报》对国共两党鲜明态度的是在"长春之战"中的表现。1946 年 4 月 14 日，苏军终于从长春撤退，国共两军随之为争夺长春展开激战，15 日，共军占领长春。长春是国军驻东北的总司令所在地，也是当局接收东北的东北行营所在地，一经失守，全国舆论为之哗然。《世界日报》为此发表《失望与丢脸》，对国军的无能表示失望，"接防的准备在哪里？保卫的决心在哪里？这样不值一击的政府军"；同时指责共军受到苏联的支持和指使，为之感到丢脸。这样的话语可说早已脱离了成舍我所谓的"超然"报纸的标准。

通过上述对《世界日报》关于东北问题的言论分析，我们可知它在处理国共两党关系上是有偏向的，这种偏向虽然带有某种"客观中立"的外衣，使人短时间内不易觉察，但通过长久阅读还是能感觉到。这种偏向与成舍我的政治立场是一致的，是他长久以来与国民党之间存在的说不清道不明的关系使然。然而当到 1946 年初夏，国民党不顾全国人民的意愿，撕下虚伪的面纱，发动全面内战时，成舍我已对这个政党失望至极，同当时中国众多的知识分子一样，走上了另外一条道路，这就是被时人称

---

① 《接收东北之"谜"》，《世界日报》1945 年 11 月 23 日第 1 版。

② 《接收东北与世界和平》，《世界日报》1945 年 11 月 28 日第 1 版。

③ 张莘夫（1898—1946），中国地质学家、矿业工程师。日本投降后，被国民政府任命为经济部东北行营工矿处副处长，1946 年 1 月 16 日，在接收抚顺煤矿途中被苏联红军枪杀，此事件是引发全国范围内的反苏运动的导火线。

④ 《青年们开口了——向全国如火如荼的爱国运动致敬》，《世界日报》1946 年 2 月 26 日第 1 版。

为"灰色地带"的"第三条道路"。

三 鼓吹"第三条道路"

"第三条道路"也称"中间道路"或"中间路线"，是第三次国内革命战争前期代表民族资产阶级、上层小资产阶级利益的少数民主党派人士提出的政治主张。这种主张既反对国民党一党独裁，又反对共产党的新民主主义制度，企图寻找"第三条道路"，即英美式的资产阶级专政道路，主张实行议会制、内阁制和地方自治制以及组织两院制国会，作为最高立法机关，代表公民行使主权等。① 这些人因主张走"第三条道路"而被称为"中间势力"，他们为宣扬"第三条道路"而创办了众多报刊。在中国新闻史著作中经常作为宣扬"第三条道路"的代表性报刊有《观察》《新路》《文汇报》《时与文》《世纪评论》等，而对于《世界日报》则往往较少提及。实际上，此时段《世界日报》刊发了20余篇鼓吹"第三条道路"的评论（见表4-2），成为鼓吹"第三条道路"的重要报刊之一。

表4-2　　　　　　　　1947年2月前鼓吹"第三条道路"的言论

刊发日期	篇目	备注
1946年5月4日	《谁说"青年不应过问政治"？——但必须超越党派成为真正人民的主力》	社评
1946年6月1日	《老百姓不能站在和平门外——只有发挥人民的力量才可制止国共的斗争》	社评
1946年6月16日	《玩弄阿斗与教育阿斗——不要成为民主政治的大男人》（上）	专论署名"楼邦彦"
1946年6月17日	《玩弄阿斗与教育阿斗——不要成为民主政治的大男人》（下）	同上
1946年6月27日	《奴才·独夫·自由人》	社评
1946年8月12日	《举行"国民总投票"——四万万五千万老百姓不能再听人宰割 再徘徊歧路 "革命乎""剿匪乎"让老百姓来作自由公开的选择》	社评
1946年9月27日	《知识阶级的责任——在混乱与彷徨的歧途中应指示人们一条思想的道路》	专论署名"张桂尘"

---

① 何平主编：《毛泽东大辞典》，中国国际广播出版社1992年版，第429页。

续表

刊发日期	篇目	备注
1946 年 10 月 2 日	《如何打破知识青年的苦闷——失望消沉都是死路 只有集中力量走上一条不左不右的下途》	社评
1946 年 10 月 9 日	《我们不能"中立"——我们要行使主人的职权》	社评
1946 年 10 月 20 日	《现阶段国共的分析——双方均有不能再打之苦 但我们所需要的是真正永久的和平》	社评
1946 年 10 月 27 日	《不应仅以苦闷牢骚感慨批评了事——我们应集中真正有热情有正义感的知识青年夫中国开辟第三条国共以外的新生大道》	社评
1946 年 11 月 4 日	《如何打开眼前一团漆黑的局面——从北平说到全国 大家都应该努力自拔》	社评
1946 年 11 月 10 日	《"双十一"的选择——将是和平停战纪念日？还是内战扩大纪念日？》	社评
1946 年 11 月 28 日	《评修正后的宪法草案——中国苟不实行宪政，所能有的宪法，充其量不能超越南美洲拉丁国家的纸宪法》	社评
1947 年 1 月 1 日	《推行民主宪政 挽救经济危机——民国三十六年元旦的两大希望 国民党当局幸勿放弃此最后自赎的机会》	社评
1947 年 1 月 9 日	《读马歇尔离化声明——内战如不终止民何由实现》	社评
1947 年 1 月 13 日	《调处失败后将如何——"自由主义分子"与"第三道路"的救国之道》	社评
1947 年 1 月 22 日	《老百姓应该怎样打算——以新的理想新的勇气开始一新的改革》	社评
1947 年 1 月 22—27 日	《为人民权利而呼吁》	"人民公论"栏连载多日
1947 年 2 月 27 日—3 月 2 日	《新革命运动哪儿去了？》	"人民公论"栏署名"李紫尼"

资料来源：据笔者对此时期《世界日报》言论的阅读。

　　从《世界日报》此时期鼓吹"第三条道路"的言论看，它是为解决国共争端、呼吁停止内战这个目的而提出的。到了 1946 年全面内战前夕，它已认识到"两党之间没有一个共同的立国原则"，它们间的基本矛盾无法解决，谈判破裂将无法避免。① 在对两党完全绝望之余，它把"第三条

---

　　① 可参见《老百姓不能站在和平门外——只有发挥人民的力量才强制止国共的斗争》《不应仅以苦闷牢骚感慨批评了事——我们应集中真正有热情有正义感的知识青年替中国开辟第三条国共以外的新生大道》，分别载于 1946 年 6 月 1 日、1946 年 10 月 27 日。

道路"看作中国走上和平建国的必经之路，把"中间势力"看作解决国共争端的决定力量，不断发出"中间势力"崛起的呼声，如在 1946 年 6 月 1 日中的社论写道："我们切望中国能有真正第三者出现，这第三者，能负有力量，有正气。对国共两党，具正确的认识，为严正的制裁"①，在 10 月 2 日又写道："这种和平的产生，必须从国共矛盾的夹缝中，先产生一种广大的第三种力量，以为国家社会的一个稳定力，替国家民族冲出一条中间路。"② 正是在内战全面爆发后，在隆隆的炮火声中，《世界日报》积极参与鼓吹"第三条道路"的运动，并将这场运动称为"新革命运动"：

> 这第三条路实际上即是中国的新革命运动，而这个革命运动，因见于当前国内人民的水深火热实在不堪再经暴乱，又见于温和的同意的社会政治改革之在世界各地抬头，所以我们深愿它能运用政治竞争的方式，以大多数善良人民及有正义感的知识分子在意志及舆论上的团结表现，以使中国真正走上民主统一的坦途。我们觉得这是中国唯一可以"得救"的途径……③

上面这段话既说明了它参与鼓吹这场运动的目的，又说明了它所宣扬的内容同其他鼓吹"第三条道路"的报刊一样，都是主张走以英美为代表的资产阶级道路，通过所谓的"国民总投票"、议会制等"政治竞争"的方式实现民主自由。

然而，关于这场运动的主角应该由谁来担任，《世界日报》是模糊、困惑的，正如它在 1946 年 10 月 27 日的言论中所表述的：

> 不过现在成问题的乃是这种广大的力量尚未集中……正如散钱委地，缺乏一条钱串贯穿之而已。谁来作这个钱串？如何穿法？现在是

---

① 《老百姓不能站在和平门外——只有发挥人民的力量才强制止国共的斗争》，《世界日报》1946 年 6 月 1 日第 1 版。

② 《现阶段国共的分析——双方均有不能再打之苦但我们所需要的是真正永久的和平》，《世界日报》1946 年 10 月 2 日。

③ 《调处失败后将如何——"自由主义分子"与"第三条路"的救国之道》，《世界日报》1947 年 1 月 13 日第 2 版。

没有人能作具体答复的，而且也不是任何人所能勉强求得的，只有从运动的进展中慢慢的自然产生。①

一说为"爱护国家民族的老百姓"，认为只有他们才是"民意和正义的代表"。② 一说为青年，"我们切望中国能有一真正的超党派的人民力量出现。环顾中国，这种力量，无疑的，只有首先寄托在全国青年身上"③ 一说为抽象的"自由人"，在 1946 年 6 月 27 日的言论中写道："我们想只要人民受到良好教育，得到身体和精神的解放，自然一个个变成'自由的公民'。我们以为一个民主社会必须建筑在这些'自由人'的身上，而不能建筑在可能变成独夫的一群奴才身上"④，又在 1947 年 11 月 3 日中写道："中国的唯一希望，即在自由分子的集合与团结……有代表真正自由份子的第三种力量产生，这即是中国的生，反之，即是中国的死。"⑤ 一说为整个知识阶级，"有教养，有思想的知识阶级，现在是你们负起责任来的时候了！疯狂的拜金主义，独断的共产主义，无限制的自由主义，醉生梦死的享乐主义，唯我独尊的英雄主义，以及形形色色的主义，都不是我们的希望；我们只希望今日知识阶级，急切的发行自己的历史任务，给新时代以新的社会思想"⑥。另一说还将各党派的"前进分子"包含在内，"我们希望一切反现状的人都能在这新的运动之下，逐渐团结起来，以求一新的民族生命的实现，在这里，我们希望国民党的前进分子能反现状，因为他们反现状无异于国民党的新生，也希望共产党的前进分子能反现状，因为他们反现状，就是承认共产党主观的需要修正，当然除此之外，还有广大的善良百姓和公正无私的知识分子，这更是一个未来的尊重力量

---

① 《不应仅以苦闷牢骚感慨批评了事——我们应集中真正有热情有正义感的知识青年替中国开辟第三条国共以外的新生大道》，《世界日报》1946 年 10 月 27 日第 1 版。

② 《老百姓不能站在和平门外——只有发挥人民的力量才强制止国共的斗争》，《世界日报》1946 年 6 月 1 日第 1 版。

③ 《谁说"青年不应过问政治"？——但必须超越党派成为真正人民的主力》，《世界日报》1946 年 5 月 4 日第 1 版。

④ 《奴才·独夫·自由人》，《世界日报》1946 年 6 月 27 日第 1 版。

⑤ 《调处失败后将如何——"自由主义份子"与"第三条路"的救国之道》，《世界日报》1947 年 1 月 13 日第 2 版。

⑥ 张桂尘：《知识阶级的责任——在混乱与彷徨的歧途中应指示人们一条思想的道路》，《世界日报》1946 年 9 月 27 日第 1 版。

的中坚"①。

上述言论关于"第三条道路"的主体的混乱论述，反映了当时"中间势力"普遍存在的缺陷，即"第三条道路"仅是一部分知识分子和自由主义者的想象，脱离了中国的实际，不少是空发议论，注定了它无疾而终的命运。随着 1948 年后内战形势的日益明朗，"第三条道路"受到了国共两党的反对和封杀。首先是共产党，新华社在 1948 年 5 月 22 日的社论中严正地指明："在中国人民和人民敌人的生死斗争中间，没有任何'第三条道路'存在。中国现在只存在着两条道路，或者是继续保存人民敌人的武装和政权，这就是大地主大资产阶级领导的半封建半殖民地的卖国独裁路线；或者是消灭人民敌人的武装和特权，这就是工人、农民、独立劳动者、知识分子、自由资产阶级和其他爱国分子的反对帝国主义、封建主义、官僚资本主义的人民民主路线。"② 而国民党当局则是大举屠刀，先后将《新民报》《观察》周刊查封，喧嚣一时的"第三条道路"运动立即停顿。在此情形下，《世界日报》也偃旗息鼓，静静地等候命运的裁决。

第三节 战时新闻思想

在此时期，成舍我的新闻思想得到了新的发展。自抗日战争全面爆发后，因一手创办的《世界日报》系、上海《立报》《香港立报》先后被毁于战争，不再受报业活动的羁绊，成舍我得有较多的时间和精力思考中国新闻业的一些现实问题，此时，他写下了《"纸弹"亦可歼敌》《〈新闻记者法〉的缺点及补救办法》《我们需要"平价报"》《报纸必如何始"真"能代表"民意"》等文，使得这一时期成为他一生中新闻思想最为活跃的时期。这些文章基本上都是以战争这大的历史背景来论述当时中国新闻业的发展与使命的，在当时产生了一定的影响。

概述起来，这些文章主要围绕三个命题展开：战时宣传思想、战后新

---

① 《老百姓应该怎样打算——以新的理想新的勇气开始一新的改革运动》，《世界日报》1947 年 1 月 22 日第 2 版。

② 转引自：方汉奇主编《中国新闻事业通史》（第 2 卷），中国人民大学出版社 1996 年版，第 1039 页。

闻制度的规划和反抗当局的新闻统制、为新闻自由而抗争，因第二、第三个命题有重复之处，下文重点介绍前两个命题。

一　战时宣传思想

抗战爆发后，新闻界面临的重要使命是鼓舞全民众的士气，与敌作殊死斗争。然而在抗战初期，随着政府当局的节节败退，新闻机构不断内迁，导致宣传不力，主要表现在：一是放弃了对沦陷区的宣传，使沦陷区民众对收复领土信心不足；二是军队系统缺乏机动性强、高效的宣传机构，使普通士兵不明为何而战；三是各大报社多集中于重要都市，使报纸销行仅限于都市交通线一带，而广大的县乡则罕见报纸踪影。有识之士鉴于此，纷纷给当局提供改进宣传之建议，尤有众多业界人士认为，发展地方报，让报纸销量扩及僻远的乡村，是克服宣传不力之良药，在此情形下推动了一场发展地方报业的讨论。在这场讨论中，以成舍我的《"纸弹"亦可歼敌》最为注目，该文对战时宣传的重要性、宣传的原则和怎样将报纸扩及僻远的乡村及普通士兵中作了系统的介绍，成为抗战宣传中的一篇经典文献，诚如曾虚白等人编的《中国新闻史》所说："在新闻界，研究发展地方报业问题的人很多，尤其是成舍我所发表的《"纸弹"亦可歼敌》一文，各方面的反响很大。"① 下文试图通过剖析该文，来分析成舍我的战时宣传思想。

(一)"宣传与军事并重　报纸应到乡村去"

宣传在战争状态中应占有何等地位？成舍我在开篇中就写道：

> 汉奸多，征兵困难，一到距离战区稍远的县、市、城镇，大多数老百姓即浑浑噩噩，不但看不见抗战的准备，连抗战气氛，都无处寻觅。一切的一切，这是什么原故？我们可以追根溯源，得一个结论，就是我们由过去以致现在，忽略了孙先生一个很宝贵的遗训，把宣传太看轻了，宣传没有和军事配合，军事进展，而宣传落后，所以造成眼前种种不良的现象。②

---

① 曾虚白主编：《中国新闻史》（上），政治大学新闻研究所 1966 年 4 月，第 411 页。
② 成舍我：《"纸弹"亦可歼敌》（一），《香港立报》1938 年 6 月 3 日第 2 版。

文中开篇即指责因当局不重视宣传，导致出现汉奸多、征兵困难、民气消沉等诸多不良现象。随之引用孙中山在《建国大纲》之语："在军训时期，……政府一面用兵力以扫除国内之障碍，一面宣传主义以开化全国之人心，而促进国家之统一"①，得出在抗战这个民族生死存亡的关键时刻，应"活用孙先生这个宣传与军事并重的原则，来达到动员全民的目的"，从而提出"宣传与军事并重"的观点，喊出了"'纸弹'亦可歼敌"的口号，将战时宣传的重要性提升到与军事同等地位来看待。

成舍我认为，宣传对象应包括敌国、友邦和本国民众；而三者之中，首要的是动员本国民众，使每一个国民都能了解本身和国家的关系，国家的荣辱存亡，就是自己的荣辱存亡，应是宣传的重点。尤其对于中国来说，基本国情是拥有众多的人口，这是中华民族可资的最大本钱，因而更应加大对本国民众的宣传力度，让他们了解为何抗战、怎样抗战。

报纸作为宣传的主要工具，扩展其销量，使其深入民间，对于改善当前宣传不力，克服抗战诸多不良现象，无疑意义重大。从这个层面上，成舍我主张大力发展地方报，提出了"报纸下乡"的口号，他说：

> 我们要想纠正抗战时期民众方面的畸形现象，我们就必须从宣传方面，积极努力，而第一步工作，就应设法，如何使宣传的主要工具——报纸——像水银泻地似地，钻入每一个乡村，每一个识字民众的神经中枢。换一句话说，就是"如何使抗战宣传到民间去！"②

（二）宣传的三个原则

在讨论如何使报纸普及之前，成舍我先概述了其战时宣传的方法论，即宣传的三个原则：指挥要统一、目标要集中、对象要普及。所谓指挥要统一，即是指尽管宣传机构可以多元化，但是宣传的最高决策和宣传的主要资料，必须绝对统一。所谓目标要集中，即指宣传目标应集中在最重要、最简单、最明白、人人应知、人人必做的几件大事上，最好能形成简单易记的口号，以利于"宣传终极，在造成举国一致的信仰"；所谓对象要普及，即指宣传目标，要普及到全国大众，使全国的每一角落，每一国

---

① 孙中山：《建国方略》，中国长安出版社 2011 年版，第 321 页。
② 成舍我：《"纸弹"亦可歼敌》（一），《香港立报》1938 年 6 月 3 日第 2 版。

民，不论他识字与否，都受到宣传的影响。①

（三）"创办一个足供五千万人阅读的报纸"

按照上述三原则，下文成舍我从技术层面提出了一个"创办足供五千万人阅读的报纸"的详细方案。

按照他的设想，要创办一张流通至全国每一个乡镇、以团为单位的全军每一支部队的报纸，其读者群约有五千万人，以每份可供五人阅读计算，其发行量至少要达到一千万份。创办销量如此庞大的报纸在和平时期尚且不易，何况战时物资紧张，因此技术层面的首要要求是工具器材应力求简便。工具器材简便，一方面使得此日销千万份之报，在印刷、纸张、发行等方面对物资的要求尽量符合节俭的原则；另一方面使得它较易迁移，一遇形势恶化，甚至一地陷落，立时可在另一地点恢复出版。

该设计怎样的办报方略才能解决销量庞大且工具器材简便的难题呢？在一般人看来，这样的报纸是难以实现的。而成舍我根据早在 20 世纪 30 年代初，为实现其对新闻托拉斯的追求而提出的"国家报"的办报理念（见本章第一节），他设计出如下一套"创办一个足供五千万人阅读的报纸"的方案（见图 4 - 2）。

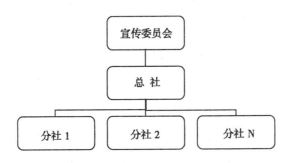

图 4 - 2　成舍我设计的"足供五千万人阅读的报纸"方案

1. 由各负责宣传机关，选拔代表，组成最高宣传委员会。宣传委员会根据抗战纲领，制定宣传原则，统一宣传意志，对此报负全面指导之责。

2. 选定一中心城市（此中心城市应为抗战时期政治、军事枢纽）作为总社所在地。总社的工作职责主要有两项：一是根据宣传原则，编辑一小型报，文字要浅显，内容应简要，以"发扬民族精神"为宗旨，报告

① 成舍我：《"纸弹"亦可歼敌》（二），《香港立报》1938 年 6 月 4 日第 4 版。

抗战消息，及国际情势；二是精选本报所出的评论、要闻、文艺，在固定时间以短波无线电传送给各分社，作为各分社的母版。

3. 各地以县为单位、全军以团为单位各设一分社。各分社的职责有：一是每日用短波收报机接收来自总社发出的信息（母版），为保证宣传的集中统一，各分社在接收后，不得擅自修改内容，即使标题、次序也得完全一致；二是各分社每日还应出分版一张，作为地方版，以县为单位的称为"民众版"，以团为单位的称为"阵中版"，以登载本地的抗战情形为主，与母版一起出版。按照计算，全国总共可设两千五百个分社，以"民众版"每日发行五千份，"阵中版"每日发行三千份计算，则每日共可发行九百九十万份，连同总社，即可达每日销量一千万之数。

如若按照上述设想创办起这样一份报纸，不仅能够符合宣传的统一、集中、普及等原则，又能适应战时流动性极强的特点，不会产生因一城一地的失陷而被迫停刊之虞。

上述方案的一个不足是经费过于庞大。按照成舍我最经济的计算，单独开办费需三百五十万元之巨，而每月的经费更是高达一百五十万元，这对于正陷于捉襟见肘的财政困境的国民政府来说，无疑是难以实现的。成舍我也意识到了这一点，为此他提出了一个"分期举筹力求撙节"的救济方案，包含充分利用党报等现有政府机关的设备，"民众版"可先集中于湘、鄂、赣等省，"阵中版"可先以师为单位筹办等力求节省的策略。依照这样的方案，费用大大减少，开办费仅需十七万元，经费仅需两万元，提供了实践的可能性。正是因为此，陈诚看到此文后，大为赞赏，将成舍我拉入其主导的政治部"设计委员会"，要求其为战时宣传出谋划策，并且该方案在一定范围内进行了实践。可惜的是，由于当局没有充分重视等众多原因，该方案没能完全实施，对于抗日宣传来说，这不得不说是一大遗憾。①

二 战后新闻制度的规划

1943 年是世界反法西斯战争取得胜利的关键一年，美、苏、英在各自的战场纷纷进入反攻阶段，7 月美英盟军在西西里岛登陆，9 月，意大

---

① 关于此方案的实践及不能完全实施的原因，可参考：张佛千《追思成舍我先生》，台湾《传记文学》，1998 年第 8 期总第 435 号。

利投降，法西斯轴心国开始瓦解；为尽快结束战争和决定战后世界的政治安排，1943 年年末美联合中、苏、英先后召开开罗会议、德黑兰会议，声明盟国将坚持对日作战，并明确规定日本侵占的全部中国领土，包括东三省、台湾在内必须归还中国。在此情形下，全国人民欢欣鼓舞，对未来充满了美好的憧憬，如蒋介石 1944 年元旦向全国军民广播的那样："最后胜利在望，国誉日隆"①。反映在新闻界，愈多的业界人士对当局的新闻统制日益不满，发出了"言论出版自由"和"改善检查制度"的呼声。正是在此背景下，成舍我开始了对战后新闻制度的思考，其思想主要体现在《报纸必如何始"真"能代表"民意"》② 一文，概述起来，该文主要讨论两个问题：战后为何要建立新的新闻制度及战后该建立怎样的新闻制度。

（一）战后为何要建立新的新闻制度？

关于战后为何要建立新的新闻制度这个问题，成舍我从他对战后新闻事业的一个忧虑谈起。不同于同业诸君，成舍我忧虑的不是当局能否改善新闻检查制度和能否获得言论出版自由。在他看来，战事结束后，新闻检查制度理所当然地会被废除，言论出版自由一定会实现。他所忧虑的是，中国新闻事业在挣脱压制的樊笼、获得所有的自由后，"是否继此以往，就真能善用其代表舆论的机构，使老百姓的意见，经此机构，充分发布"？他认为，中国新闻事业在获得充分自由之前，必须建立一新的新闻制度，保证它能成为代表民意的舆论机构。

成舍我的这个忧虑是有充分依据的。他认为英美式的"言论出版自由"虽在表面上赋予了每一国民最大限度的言论出版自由权，然而在事实上并不是人人有钱办报，也不是人人有机会将有关公益事件的意见在报纸上发表出来；这种自由仅是政党和资本家的，政党往往将新闻业作为"党争"的工具，而罔顾民众的利益；资本家则往往将新闻业作为"招财进宝"的工具，而致败坏风气，唯利是图。因此，他主张战后不能沿袭英美式的"言论出版自由"，而必须重新设计一新的新闻制度，使新闻业真正

---

① 郭廷以编：《中华民国史事日志》（第四册），（台北）"中央"研究院近代史研究所 1985 年版，第 268 页。

② 此文原是成舍我于 1944 年 2 月 24 日在"中国新闻学会"的演讲《自由报纸之新体制》，后改为此名发表于《中国新闻学会年刊》1944 年 11 月 20 日第 2 期，第 20—30 页。为简略起见，下文如没有特别注明，引文全来自该文。

能代表"民意"，为民众服务。

为进一步说明建立新的新闻制度的必要性，成舍我用了较长的篇幅从以下两方面来解释。

一是他认为中国新闻事业在战后的国家建设中必将处于重要地位，发挥出无可替代的功能。关于战后新闻事业在社会发展中的地位，成舍我提出了一个"建国必先建报"的口号来形容。他在追溯中国近代多次变法图强运动失败的原因时，得出一个结论，即国民心理和政治社会的风气败坏，是以往运动失败的首因。故他说：

> 所以，我们不需要"建国"则已，如真要"建国"，则"精神建设"，确比"物质建设"重要百倍。而精神建设最主要最有利的工具，是报纸。因此，我敢大胆而肯定的作一论断：即"建国"之必成与否，要看我们"建报"的成就如何。换一句话说，就是"建国首须建报"。

正是因为新闻事业对于"改造国民心理，转移社会风气"具有决定性的作用，故它在抗战胜利后的建设时期，地位最为重要。成舍我的这种对报纸功能的高度认识，是他 20 世纪 30 年代提出的"报纸救国"[①] 思想的延续。如果说当时提出"报纸救国"的目的是唤醒国民外御强敌的民族意识的话，而现在提出"建国首须建报"的目的则要求国民与旧时代决裂，抛弃旧的陋习，以新的风气迎接新的时代。从中可知，成舍我对报纸功能的认识是随着时代的发展而发展的，在不同的时代赋予报纸不同的社会功能；然而不变的是，他总是从民族的命运、国家复兴的高度来阐述报纸的功能，这对于当代的新闻从业人员无疑仍有借鉴意义。

基于新闻事业在战后"建国"中的重要地位和功能，成舍我认为必须从制度层面上能保证战后新闻事业能获得快速、健康的发展，这是他提出建立新的新闻制度的第一个理由。

二是成舍我预见中国的新闻事业必将在战后获得迅猛的发展。关于战后中国新闻事业的前景，成舍我极具信心。他认为中国过去新闻事业不能充分发展的原因，是政治不安定，社会动荡不休，导致教育、交通、工商

---

① 可参看第三章第一节。

业等停滞不前；而在抗战胜利后，随着局势的安定，民主制度的实施，各行各业必将获得极大的发展，同时，中国人口繁庶，土地辽阔，这些都为新闻事业的发展提供了肥沃的土壤，从而也使得新闻事业成为最有前景的行业之一。在这种情形下，必将有众多资本家涌入新闻业，为杜绝出现前述的不良现象，也须从制度层面予以规范，这是成舍我提出建立新的新闻制度的另一个理由。

（二）战后该建立怎样的新闻制度？

那么，该建立一个怎样的新闻制度来实践"建国必先建报"的工作？在提出自己的方案之前，成舍我一一点评了现存的三种新闻制度：英美式高度的"言论出版自由"制、苏联式的"报纸国有"制和法西斯式的"报纸统制"制，得出"全世界报纸的现行制度，实在不足以代表真正的言论出版自由"的结论。现在的制度既然不可照搬，那么只有按照中国的国情开创一新的制度。

首先，成舍我认为中国最基本的国情，是仍属于资本主义体制，这种体制下还无法消除私有制，反映在新闻业，"我们所能采取的，当然是准许人民自由私营"，因此他所提出的新闻制度是以英美式的新闻制度为蓝本加以改造而来的。在他看来，英美式的制度，只要克服了其由资本劫持操纵"言论自由"之流弊，就是一个完美的制度，为此他设计的这套新闻制度是："资本家出钱；专家办报；老百姓说话；政府认真扶助，依法管制"。

"资本家出钱"。这套方案中第一部分内容是"资本家出钱"。既然允许私营，那么从法理上当然无法禁止资本进入新闻业，且成舍我预见到，随着战后新闻业成为最有前景的行业之一，大规模的资本进入将是无法阻挡的趋势，此情形下，他为何不主张限制资本进入，反而提出"资本家出钱"的口号呢？这是因为他认识到现代报业的发展离不开大规模资本的进入。一方面，现代报纸是建立在高度复杂的技术基础之上的，编辑、印刷、发行等各个环节都离不开先进的技术支持，由此决定了其设备价格高昂，这绝非小资本所能置办的。另一方面，在运营上，现代报业同其他产业一样，规模化经营能带来集合化效应，能充分利用设备资源，达到降低成本的目的，成舍我早先提出的"国家报"的概念以及不久后提出的"中国新闻公司"的构想正是出于这方面的考虑，而这也绝非小资本所能办到的。因此他说道：

我们既认定未来的中国报纸，将走向大规模资本化，则新闻事业，自然不能不欢迎"有钱出钱"，换一句话说，为求未来中国新闻事业有快速伟大的发达，我们第一个原则，应该不拒绝资本家向新闻事业投资。

"专家办报"。这是该方案中的第二部分内容。资本固为报纸成功的重要因素，同时成舍我认识到，报纸成功与否还与另一因素密切相关，即报社是否有专门的人才在打理，即他所说的"专家办报"。成舍我坚信"新闻事业，需要专门人才主持，其重要性质更过于需要资本"。他的这种观点基于"未来新闻事业愈趋专门化"的认识：在采编层面，只有专业的记者编辑才能深谙读者的心理，才能及时地采写出符合读者需要的新闻、言论；在经营层面，中国报业已告别"文人办报"的年代，只有对报馆的管理有深刻了解的人员参与其中，报纸才有可能不断壮大；在技术层面，随着印刷、运输及传递信息等工具日新月异，飞速发展，只有专门的技术人才才能掌握。总之，他说："只有研习新闻，或新闻事业中之某一技术部门，并以报纸工作为终身职业的人，才能参加新闻工作。"他的这种别具一格的新闻人才观在当今仍有借鉴意义。

"老百姓说话"。这套方案中最核心的部分是"老百姓说话"。为何说此部分是方案中的核心部分？新闻制度建立的目的，一是为战后新闻事业的快速发展作合理规划，二是能保障新闻事业能为民众服务，做到让"老百姓说话"，成为真能代表民意的机构。而如前所说，在大规模资本引入新闻业后，由于资本家对利润的无限追求，致新闻业成为个人、社会利益集团谋利的工具，致一系列不良现象产生，更不可能成为代表民意的机构。为了化解两者之间的矛盾，成舍我主张应该将新闻业看作公共福利事业的一种，资本家在获取合理利润之外，须受国家或社会的公共团体的节制，底线是"资本家不应以投资关系而即攫整个报纸并其言论权为个人私有"。他给出的一个具体方案是，各报馆应成立一个编辑委员会：委员人选三分之一由出资方自由延聘，三分之二由学术机关、公共团体、读者代表选派；此委员会是报馆的最高权力机关，除决定主笔、总编辑的任免外，还能决定报馆的言论政策和关系国计民生重大事务的态度。在成舍我看来，此委员会既有三分之二之多数是由民众选派的，当然能杜绝英美式的新闻制度下由资本导致的种种流弊，能保证报馆的言论立场与民众的意旨相符合。这就是他早在 20 世纪 30 年代初即提倡的"言论权"与"资本权"分离的主张①，他认为此种方案是一石二鸟的好办法，既能保障报馆成为代表民意的机构，又能保证资本家获得合理的利润，不至于因编辑权被限制而减少投资新闻业的兴趣，起到了"不必国营，可收到与国营同等效用"。

"政府认真扶助，依法管制"。那么政府在这个方案中，又该扮演怎样的角色？承担着怎样的责任和义务？成舍我给出的回答是"政府认真扶助，依法管制"。该部分的内容主要体现于他的另一篇文章《〈新闻记者法〉的缺点及补救办法》②。

1943 年 2 月，当局颁布《新闻记者法》，这是中国近代史上第一部完整意义的记者法，对新闻记者的身份进行了法律界定，对记者的准入资格作了限定，但是该法实际上是国民党当局加强新闻统制的产物，企图将新闻从业人员置于当局的间接控制之下，因此一出台就受到全国新闻从业者的强烈反对，纷纷撰文批评。③ 其中的经典之作就是成舍我的这篇《〈新闻记者法〉的缺点及补救办法》，该文系统阐述了他对新闻统制的态度、政府在促进新闻事业发展中承担的责任和义务。

成舍我首先承认在战时这个特殊的社会背景下，政府当局在"争取整个国家民族福利"的号召下，对新闻事业的干预是有一定的正当理由的，中国的新闻记者对于言论自由不应"作过分的期望"。这反映了他对当局的新闻统制行为的谅解，在他看来，这是在民族危机时刻新闻界不得不作出的牺牲。但是，即使在民族危机时刻，政府的这种干预仍是有限度、有原则的。他认为政府在出台法令进行干预时，至少必须考虑以下三个要素："第一，确为国家民族福利所必需。第二，培养中国新闻事业，争取国家民族福利之战斗力，积极的扶助，应重于消极的约束。第三，同性质之法令，宜有其统一性，不可疏漏、重复、互相矛盾。"④ 然而当民族危

---

① 见《中国报纸之将来》。

② 该文首先以"新闻记者法应速谋法补救"为题发表 1943 年 3 月 21 日的《大公报》，后加以扩充改为此名连载于《新闻战线》第 3 卷第 5 期及第 7、8 期合刊。

③ 关于《新闻记者法》的内容及命运可详参：余雪《国民政府〈新闻记者法〉施行风波》，《新闻传播》2011 年第 12 期。

④ 成舍我：《〈新闻记者法〉的缺点及补救办法》（上），《新闻战线》1943 年 9 月 16 日第 3 卷，第 12—14 页。

机解除后，政府如果仍坚持这种干预，则是不合时宜的。如果政府非要干预，则应坚持"保护多于限制，建设多于破坏，积极多于消极"① 的原则，由此他提出了战后政府在新闻制度中的角色是"认真扶助，依法管理"。

所谓"认真扶助"，是指政府应从积极方面鼓励报业发展，成舍我认为"政府为鼓励新闻记者，尽职奉公起见"，最低限度应从以下两方面加以扶助。一是凡新闻记者具有下列事项之一者，国家都应特予褒奖或抚恤：

（一）由于职务上之非常成就，对国家有重大勋劳者；
（二）忠于职务，致被杀或残废者；
（三）对新闻事业之发展，新闻学术之研讨，在技术上或学理上有重大贡献者；
（四）继续服务新闻事业十五年以上，著有成绩者。

二是对于下列危害新闻记者之利益、健康者，政府应予以适当的限制：

（一）新闻记者之待遇，应视当地生活程度，由主管机关会同该地记者公会规定一最低标准，遇重要物价剧烈变动时，得随时予以调整；
（二）新闻记者之工作时间，通常应以每晚十二时为止，其担任十二时以后之深夜工作者，每人所担任工作时间之总数，应不得超过四小时；
（三）新闻记者每星期应休息一日。②

所谓"依法管制"，在成舍我看来，只需要依据现存的一般法律中的

---

① 《出版法与出版自由》（本刊第一次座谈会记录），《报学杂志》（半月刊），试刊号，1948 年 8 月 16 日。
② 成舍我：《报纸必如何始"真"能代表"民意"》，《中国新闻学会年刊》1944 年 11 月 20 日第 2 期，第 20—30 页。亦可参见：成舍我《〈新闻记者法〉的缺点及补救办法》（上），《新闻战线》1943 年 9 月 16 日第 3 卷，第 12—14 页。

某些条款对新闻业管制即可，而没必要专门为新闻业制定法律。他认为现存的一般法律中关于新闻业的条款，如"鼓吹暴行、公开诽谤"等都已有明晰的规定和严厉的惩罚，本着"消极的管制愈少愈好"的原则，只要严格执行，这些条款足够用，而不必另外特别针对新闻业制定限制其发展的法规，因为中国近百年的报业历程证明，专门的法规往往在当局的意旨下无限扩大，成为压制报业发展的依据。针对当局公布《出版法修正草案》，1948 年他更是明确地表述了这种观点，"我的基本看法，最好不必有出版法"①。

成舍我对战后新闻制度的这套设计，是他长久以来对中国新闻事业发展的思考，其中不少内容爆发出思想的火花，如防止资本侵蚀新闻业的策略、主张国家褒奖新闻工作者等更是他在长期的新闻生涯中日夜思索的问题，是他的创见，具有一定的可行性。其中的某些内容，成舍我在稍后的重庆《世界日报》、复刊后的《世界日报》得到了实践。然而战后局势的剧烈发展，使得这套设计如水中花、井中月，可望而不可即，还没来得及完全实施就灰飞烟灭了。除此之外，他至少在以下两方面考虑不足。

一是过于夸大"编辑委员会"对于"资本"侵害报业的抵制力。事实上资本家受自己的立场或利益左右，不会也不可能将报道权、言论权完全授予"编辑委员会"，虽然在成舍我所办的重庆《世界日报》和复刊后的北平《世界日报》中设有"编辑委员会"一组织，但它形同虚设，两家报纸的言论立场仍是受成舍我个人的立场左右。

二是对国民党的法西斯统治手段认识不足。战后，国民党当局不但没有开放言论，奖掖新闻界，反而以种种手段压制新闻业的发展。在内战全面发动后，1947 年 2 月 4 日，国民党政府行政院绥靖政务委员会发出密电，指令有关宣传部门"以各种技术打击一切反对刊物之流行及散布"。这个密电下达后，不少报刊被查禁，据重庆《世界日报》4 月 22 日披露：近几个月来，各地国民党政府以"登记未准"或"尚未办竣登记手续"为理由，而被查禁或勒令停刊的报纸杂志，至少在百种以上。② 随着局势的恶化，国民党当局更是变本加厉，先后出台了《动员戡乱完成宪政实施

---

① 参见《出版法与出版自由》（本刊第一次座谈会记录），《报学杂志》（半月刊）1948 年 8 月 16 日试刊号。

② 据《中国新闻事业通史》（第 2 卷），第 1018—1019 页。

纲要》《戡乱时期危害国家紧急治罪条例》，其中不少条款与新闻有关，严重地阻碍了报业尤其是民营报业的发展；此后，还颁布了《白报纸配给标准》《特种营业管制方法》等法规，更是报业发展的紧箍咒；尤其是1947 年 10 月 31 日，当局公布《出版法修正草案》，实际上表明其对新闻出版业的控制已完全退回了抗战时期的力度。

　　以上两方面的考虑不足，使得这套方案缺乏实践的空间，仅成为乌托邦式的设想。

第五章

"隔洋此日梦垂念"：从"北平世新"到"台湾世新"

"兴学"是成舍我对中国新闻事业的另一贡献。在中国新闻教育史上，他是一位不可回避的重要人物。他三办新闻专科学校，创办了北平新闻专科学校（下文简称"北平世新"）、桂林世界新闻专科学校（简称"桂林世新"，包括短暂的重庆新闻学校）和台湾世界新闻专科学校（简称"台湾世新"，即现今的台湾世新大学的前身），尤其是"台湾世新"，创办至今已为台湾地区培养了数万名新闻传播人才，为我国的新闻传播教育留下了浓重的一笔。

从"北平世新"到"台湾世新"，成舍我一以贯之的办学宗旨是"德智兼修，手脑并用"。本章第一节从探寻此办学宗旨的形成方面入手，分析他最早开办"北平世新"的动机及动因，了解这一点，是对成舍我的新闻教育思想展开后续研究的基础，并且对于当前的新闻教育改革仍有积极的现实意义。第二节对成舍我的办学思想和新闻教育思想展开具体的讨论。

第一节 "北平世新"创办动因探析

对于成舍我兴办新闻学校的动机，多数学者认同贺逸文等人在《北平〈世界日报〉》一文的看法，是"成舍我为他的新闻事业需要而开办的"①。他们认为此时《世界日报》系进入鼎盛时期②，出现了新闻人才极

---

① 贺逸文、夏芳雅、左笑鸿：《成舍我与北平〈世界日报〉》，载张友鸾等著《世界日报兴衰史》，重庆出版社1982年版，第142页。

② 据贺逸文等人认为，1931年7月至1937年这段时期正是《世界日报》系进入鼎盛时期，日、晚、画3报已具有相当规模，营业兴旺发达，经济充裕。见张友鸾等《世界日报兴衰史》，重庆出版社1982年版，第94页。

度缺乏的情况，成舍我想举办新闻学校为自己培养人才。无可讳言，成舍我办学的部分目的是为蒸蒸日上的《世界日报》系训练必需的新闻工作人员，后来的事实发展也证实了这点①。但是于此就认定成舍我的办学目的是单纯为自己的事业培养新闻人才不免过于武断。

那么成舍我兴学的真正动机是什么呢？当然是"培育健全新闻人才"。用成舍我自己的话来解释：

> 但我的原意，要想替中国今后的新闻事业训练一些手脚并用的小朋友。假使这些小朋友，真能完成他们的学业，那么，他们将来的技能，是一方面穿上长衫，做经理，当编辑，一方面也可以换上短衣，到印刷工厂中，去排字，铸版，管机器。当然这种理想，难免不失败，然而这确是我现在对于新闻教育所怀抱的意见，也就是我们创办新闻专科学校的唯一动机。②

可见，成舍我创办新闻学校，是因为当时整个新闻界人才缺失，而怀有为中国今后培育"手脑并用"的新闻工作者这一崇高的理想的目的，并不仅是单纯为了自己的事业才举办新闻学校这一狭隘的目的。

实际上成舍我这一办学动机并不是一朝一夕形成的，也不是《世界日报》出现日益繁荣的局面时成舍我才想起的，而是由来已久的。早在1921年成舍我还没从北京大学毕业时，就曾计划在北平大学法学院开办新闻专修科。该年1月，成自任教授兼主任，领了一千元开办费，商定了几个教授、讲师人选，打算先办一班，如有成效再行扩充。他在计划书中写道：

> 我国新闻事业，现已日见发达，社会上对于此项人才，需要日见增加。查各国大学本多有新闻学系或新闻学院的设置，独我国除二三私立大学，偶有此项名义外，各国立大学沿付阙如，现为造就此项专

---

① 如1933年、1934年北平新闻专科学校先后为《世界日报》开办报业管理夜班、无线电特班；又1935年4月第一届初级职业班毕业后，6名女生分在《世界日报》总管理处工作，12名男生到上海《立报》工作，占毕业人数的将近一半。

② 成舍我：《普及新闻教育——我所理想的新闻教育》，《世界日报》1935年4月11日第十二版。

门人才，及使新闻学科得一高深研究之机关起见，拟就法学院中设新闻专修科，招收高中毕业生，讲授新闻学概论、各国新闻业组织法、营业法、编辑法、采访学、广告学、摄影学、速记学、小说作法、漫画及特别研究等学科①。

从这段话中，我们可知当时这个新闻专修科的计划是多么宏伟。可惜的是，因为当时教育经费长期拖欠，这个新闻专修科没能办成。其后在1930年3月，北平大学法学院又拟设立新闻学系，聘成舍我为教授，并请其主持该事，但因各种原因，终未能办起。②

以上事例充分证实兴办新闻学校这一想法在成舍我来说是由来已久，并不是《世界日报》兴盛后才想起的，因而断定其创办新闻学校的动机单纯就是"成舍我为他的新闻事业需要而开办的"这一说法是不成立的。那么，成舍我为"中国今后的新闻事业训练一些手脚并用的小朋友"这一想法到底是在什么背景下形成的呢？笔者认为，成舍我在北大的求学经历、早年的新闻实践及其形成的报刊思想是成创办新闻学校动机的重要背景。关于北大的求学经历对成的影响，可参看第一章，下面主要从后两方面详述其办学动机之形成。

一　成舍我早年的新闻实践活动是其兴办新闻学校的动因之一

从1912年，年仅14岁的成舍我开始向安庆《民嵓报》投稿算起，至1932年北平新闻专科学校筹办之前，他先后在安庆《民嵓报》、沈阳《健报》、上海《民国日报》、北京《益世报》担任过编辑或主编，从1924年起又先后在北平创办《世界晚报》《世界日报》《世界画报》及南京《民生报》，可以说，此时成舍我已积累了丰富的新闻实践经验和办报活动经验。在近20年的新闻活动中，尤其是北洋军阀当政期间他切实感受到新闻界的弊端，喊出了"中国现在若是严格的说起来，简直可以说是一个报

---

① 贺逸文、夏芳雅、左笑鸿：《成舍我与北平〈世界日报〉》，载张友鸾等《世界日报兴衰史》，重庆出版社1982年版，第74页。

② 据成1933年4月8日在北平世新开学典礼上说，当时他考虑到一个国立大学里，限制必多，不能按自己的想法去做，加之他出国在即，只好中途辞谢。见成舍我《如何使报纸向民间去》，《报学季刊》1935年3月29日第一卷第三期。

馆也没有"①的愤懑声音。

当时新闻界的现状是怎样的呢？老报人王新命曾用一句精彩的话概括了这时期新闻界的现状，"当时的北京，一方面是报业和报人的天堂，另一方面却是报业和报人的地狱"。②"报业和报人的天堂"是指当时办报的完全自由，办报无须政府的核准登记，历任军阀政府除了段祺瑞、张作霖及张宗昌外，极少干涉言论和新闻的自由。但是在这种放任的自由报业环境下，当时北京的报业并没有获取多大的发展，甚至没有一家报纸能够拥有一万以上的订户。这就与北京新闻界的另一面——"是报业和报人的地狱"有关了。自段祺瑞开始，历任北洋政府为控制舆论，用种种手段拉拢、收买报人，如贿赂、送干薪、发津贴、送"节敬"乃至用官位收买等。在这种情形下，北京新闻界弥漫着金钱至上的风气，"黑漆一团"，"可称一群流氓，借办报之名，以行劫掠而已"。报纸在业务上不思进取，政治立场"张来则拥张，李来则拥李"，"鬼报"流行，种种败坏报人形象的现象不断充盈于耳，而报人的地位也降格为"猪仔报人""拳匪"。③

对于这一切成舍我深感痛惜。当年吸引他走上新闻道路正是因少时突遭"舒城监狱巨变"一事，而"震惊于新闻记者旋乾转坤之力量"，认为报馆具有"知讼狱之曲直"的功能；随后报刊在新文化运动及五四爱国运动中的杰出表现，更使他深信报纸具有"改造国民心理，转移社会风气"之决定的力量、"报馆是文化运动的最大武器"。现今报人的品格竟堕落至此地步，他深感有责任和义务来挽救这种局面，最好的办法就只有办学校了。因而"德智兼修"成为他后来创办的三所新闻学校的校训之一，并将它排在首位。在他看来，人格教育，培养新闻记者的正义感，尤其重要，正如以后他在每位毕业生纪念册上所写的：

> 你们毕业以后如果进入报馆，你们手中的一支笔，正如战士肩上的一管枪相同。如果新闻记者的笔，不能用来维护正义，奖善惩恶，

① 成平：《文化运动的意义与今后大规模的文化运动》，《新人》杂志1920年8月第5号。

② 王新命：《新闻圈里四十年》（下），龙文出版社股份有限公司1993年3月初版，第316页。

③ 详细情形可参看，王新命著《新闻圈里四十年》（下），龙文出版社股份有限公司1993年版，第316—322页；龚德柏著《龚德柏回忆录》（上），龙文出版社股份有限公司1989年版，第105—107页。

相反的却要求贿赂，受人豢养，颠倒黑白，混淆是非，则一类的记者，其罪恶与战士不用枪保卫国家，消灭敌人，而只是威吓善良，抢劫强暴，或报仇泄愤，同该受全国唾弃、最高刑罚。①

所以成舍我认为"健全新闻人才"的首要条件是"德智兼修"。但是报人品格低劣只是当时报业弊端的一面，成舍我还发现当时报业弊端的另一面是新闻从业人员整体素质低下，不但缺乏懂得报刊发行、广告、会计等一般事务性的人才，即便印刷工人也奇缺。而在他看来，"一般新闻事业中的基本社员，就是一个报馆里最重要也最神圣的印刷工人"②。当时印刷工人（包括排字工人和校对员）都是由学徒出身，没有受过什么教育，识字不多，工作效率自然不好；并且因为当时学这门手艺的人不多，他们一直处于供不应求的状态，这些工人很可能就因工作报酬低，工作环境差，说不干就不干，毫无职业道德可讲，常导致报刊延期出版现象。自创办《世界晚报》后，随着报纸业务的好转，成舍我时时感觉到报纸发展的阻碍之一就是缺乏熟练的排字印刷工人。在这种情形下，成舍我提出，"健全的新闻人才"还应具备"手脑并用"的能力，"他们的技能，是一方面穿上长衫，做经理，当编辑，一方面也可以换上短衣，到印刷工厂中，去排字，铸版，管机器"，"他们的能力，一方面可以做社长，当主笔，一方面也可以排字，管账。这样，才可以算一个完全的新闻记者"③。尤其为当时的新闻业培养会检字、排版、版面编辑等技术的人才成为当务之急，这就是为什么后来的北平新闻专科学校首先开办的是初级班，其目标就是培养熟练的印刷工人，这固然是为了符合教学习俗从易到难、从低到高的因素，而更多的考虑是新闻教育应配合新闻事业，因为当时中国新闻事业发展最大的障碍之一就是缺乏熟练的印刷工人。

在成舍我看来，"中国现在若是严格的说起来，简直可以说是一个报馆也没有"之另一大原因是报业经营管理者缺乏新观念。成舍我认为，

① 成舍我：《"自信心"与"正义感"——对世新毕业同学的赠言，并致年轻的新闻工作者》，台湾《联合报》1979 年 9 月。
② 成舍我讲，原景信记：《如何使报纸向民间去》，《世界日报》1933 年 4 月 11 日第 4 版。
③ 同上。

"报纸只有一天的成功，没有成功的报纸"①，办报者只有不断地吸收新知识、新观念，时时改进经营管理方法，报纸才能不断取得进步。关于这一点，成舍我曾提及民初时，北京有一家叫《群强报》的小报，当时销路很好，"每月最少可盈余两千银圆"，但馆主陆哀不思进取，故步自封，终使报纸日益衰败。下面录一段成舍我与陆哀的交锋，其不仅可看作笑谈，更可看作新旧观念的交锋：

> 记得民国十一年，有一次和他遇见，我劝他对群强报内容，应不时有所改进。那时我还是一个二十四岁的青年，他笑着答复我："你是劝我革命吗？我告诉你，一个报馆，只要招牌做开了，一切最好不要动，一动，人家就疑心你换了老板，要变态度，不愿再看"。我不屈服于他的这一说法，我接着追问："照你意思，连现在用了好多年的铅字，印出来一片模糊，看都看不清楚，难道你也觉得换了会引起读者疑心，读者竟愿意永远看笔画不清楚的字吗？"他连连点头："我正是这个意思，字越看不清楚，读者就越相信我的牌子老，这是一定不移的道理。"②

因此，成舍我认为报业经营者缺乏新观念新知识亦是当时新闻界的一大弊端，新闻人才培养的最高层次应是"新闻事业的指导者"。既作为"新闻事业的指导者"，除了懂得印刷、排版、编辑等基本技能及发行、广告、会计等一般事务外，还应具有宽广的知识，开阔的视野，能时时保持学习的精神。这就是为什么他在初、高级职业班之后还计划开办本科班的原因，其目的就是为了造就既有充足常识，又对新闻事业学有专长，对新闻编辑采访等各环节和流程有深刻的了解，以能成为报业的指导者。

以上从成舍我兴办北平新闻专科学校之前的新闻实践入手，分析其兴学的动机。对当时新闻界的不满，尤其是对新闻从业人员的知识技能、职业素养的不满，是成创办"北平世新"的最大动因。

---

① 庐淦金：《成舍我九十出山办新报》，原文载于《美国新闻与世界报导》1987年2月23日。

② 成舍我：《由小型报谈到〈立报〉的创刊——解答若干人士对〈立报〉三项疑问》，载成舍我《报学杂著》，（台北）"中央"文物供应社出版1956年11月初版，第127—128页。

二　此时形成的报刊思想是成舍我兴办"北平世新"的另一动因

20 世纪 30 年代初欧美归来后，成舍我注意到中国的报业发展有两个动向值得关注。

一个动向是随着军阀混战趋于结束，中国城市资本主义和社会各项事业都有较明显的发展，私营报业也呈现出相对繁荣的景象，在沪津平等通商大埠甚至出现了资本化的倾向。成舍我一方面认为"现代的报纸，既然商业化，他需要最新式的生产工具，就不能不需要最多的资本"，承认"报纸不能不需要资本，……也不能不相当商业化"①；但是另一方面他也注意到报业的"资本化""商业化"带来的严重后果。一个后果是，"在现今资本制度和'报纸商业化'的口号下，'报'只是资本家的专利品"，"他们只知道自己如何投机发财，对于社会公众的福利，几乎是毫未想到"②，刊发的内容一味迎合一般社会的心理，最后报纸只能沦落成黄色报纸，不能承担社会公器的角色。另一个后果是，劳资对立日趋严重。报馆既作为资本的衍生物，出资者为追求利润，对报馆工作人员盘剥苛刻在所难免，而"办报的老板，可以与报纸工作不发生关系，只要拿出了资本，终年不入报馆大门，也可以坐分红利几十万元"③。这种劳资关系紧张的情形在当时的私营报业中普遍存在，对于一向有"吝啬""刻薄""小气"之名的成舍我来说，其创办的《世界日报》系更是不时发生劳资纠纷。④ 同时成舍我注意到，这种对立不仅限于劳资之间，即使在同一个报馆里，劳心者与劳力者、编辑部与印刷部之间，因工作性质不同，互相瞧不起，也容易发生冲突。在成舍我看来，这是"中国新闻事业的一大危机"。

既然在中国当前的环境下报业的"资本化""商业化"无可避免，那么该如何化解其带来的危机呢？能不能找到一个策略，既能消弭报业的商

---

① 成舍我：《中国报纸之将来》（续），《世界日报》1932 年 5 月 7 日第 7 版。

② 同上。

③ 成舍我讲，原景信记：《如何使报纸向民间去》，《世界日报》1933 年 4 月 11 日第 4 版。

④ 如 1927 年 1 月 6 日，印刷工人要求改善待遇，成将全体工人解雇，另换一批工人，导致当天出报仅一大张，出版时间延迟；又 1933 年 1 月，《世界日报》印刷工人联合北平《晨报》工人举行罢工，要求改善待遇，提高工资，导致日、晚报暂时休刊，至 7 日才复刊。可详参：《世界日报兴衰史》，第 61、118 页。

业化所导致的品质下降、言论方针与公众利益相违背等不利影响，又能消除劳资双方、脑力劳动与体力劳动之间的对立，使他们能同心同德为报馆服务？这真是一个两难的问题！旅美期间，他就"新闻商业化"所导致的报业社会公器角色的丧失这个问题请教了密苏里大学校长威廉博士，威廉博士也无可奈何，给他的答复是：唯一的希望是寄望读者提高自身的知识和道德，对于报纸的社会功能有较明确的认识，不去读那些只知牟利、品质低下的报纸，这样，这些报纸自然就无法生存了。成舍我对他的回答并不满意。经过缜密的思考，他认为只有从根本上变革报馆的组织才能解决这些问题。首先，为消除劳资的对立，应实现"工作者有其报"的构想。报馆的资本"以在报馆任有工作者为限，自社长以至工人，均有主权者，均有分担报馆责任分享报馆利益之权，非工作员工不得坐分红利"[1]。这样，就将不劳而获的大资本家摒除出去，而报馆的每个工作人员都是报馆的拥有者和生产者，自然就不存在劳资的对立了。[2] 其次，为保证言论的独立性，资本与言论须分开。报馆的出资者既为报馆的全体工作人员，那么，怎样保证他们的言论方针是站在民众的立场上，为民众说话，而不会像大资本家一样使报纸成为只为自己攫取利益的工具呢？成舍我构想在编辑部以外成立一个监督机关，"编辑方面监督机关的组织，是救济现在报纸'资本''商业'化唯一有效的方法，替未来的报纸，开阔了一条新的光明的路"[3]。这个机关由民众、读者构成，"完全属于民众方面，拥护民众的利益"，使得报馆的经营虽然还可走商业化道路，但在编辑方面能保持其独立，不受"商业化"的影响。

另一个动向是，"现在国内的报纸，大半可以说，只是特殊阶级的读物，而不是社会大众的读物"[4]。为什么中国的报纸只是特殊阶级的读物，而不是社会大众的读物呢？成舍我分析原因有二：一是内容上偏于政治，注意"要人的来去，宦海的升沉"，而忽略了许多严重的社会事件，使得"只有少数与政治有关的人，才去读报，大多数的农人、工人、高人，则以为这种报纸，不过是些升官图、起居注，和特殊阶级的消遣品，与大众

---

① 成舍我：《中国报纸之将来》（续），《世界日报》1932 年 5 月 7 日第 7 版。

② 这种构想可说是一种变相的股份制，只是其股份的拥有者仅限于报馆工作人员而已，后来的上海《立报》就是按照这种构想去筹办的，但是因各种原因最终也没能实现。

③ 成舍我：《中国报纸之将来》（续），《世界日报》1932 年 5 月 7 日第 7 版。

④ 成舍我讲，原景信记：《如何使报纸向民间去》，《世界日报》1933 年 4 月 11 日第 4 版。

不发生关系，没有读的必要"①。二是定价偏高。关于报纸的社会功能，成舍我作了如下的比喻，"报纸是一种最重要的社会公器，他实在兼有公园，图书馆两种不同的性质"②。报纸作为社会公器，既能如公园一样"给人愉快"，又能如图书馆一样"给人知识"，所以报纸纵不能像公园和图书馆一样完全向公众开放，做到完全免费，也应将报价尽可能地定低。在成舍我看来，报价偏高是制约报纸不能成为社会大众读物的主要因素，"中国的报，不能风行全国，日销几百万份，实在也是一个最主要的原因"③。通过与英法等欧美国家作对比，发现中国的报纸定价昂贵，一方面是因为广告不发达，另一方面是因为报纸本身篇幅太多，不知道减轻成本，低价推销。④

旅英期间，成舍我深入考察和研究了英国报业大王北岩勋爵的《每日镜报》，对北岩的大众化办报思想极为敬佩并深受影响，认为中国也应产生"日销几百万的报纸"。为克服在中国报纸成为"只是特殊阶级的读物"的倾向，如公园、图书馆一样实现其社会价值，成舍我提出"报纸向民间去"的口号。要实现"报纸向民间去"的目的，不仅要求在内容上由"政治转到广义的社会"，在形式上适于阅读，便于携带，而且更为重要的是缩减篇幅，降低报价，至每个老百姓都能承受的地步。据此，成舍我提出报纸"小型化"，即"小型报"思想：

> 我觉得北平所谓"小报"，我们真有提倡的必要。虽然大家在那里鄙视"小报"，但是若把他的短处，加以改革，在将来的中国新闻事业，"小报"一定要占很重要的地位。因为他篇幅小，所以定价比一般所谓"大报"也更便宜，因定价便宜，所以士大夫不齿的引车卖浆之徒，也还可以勉强买得起。未来的真正民族化的报纸，是要将这种"小报"提倡、改良而发达起来。……如果能够使他充实而具备，更依着环境的需要，他的篇幅，可以比现在所谓的"大报"少，"小报"多，那么，在形式上说，这简直可以算作我们理想中，中国

① 成舍我讲，原景信记：《如何使报纸向民间去》，《世界日报》1933年4月11日第41版。
② 同上。
③ 同上。
④ 参见：成舍我《中国报纸之将来》《如何使报纸向民间去》。

未来的标准报。[①]

实际上，早在 1927 年成舍我在南京成立的《民生报》和 1935 年在上海创办的《立报》都是为了实践"小型报"的思想，为了落实"报纸向民间去"的口号。

因此，针对当时报业两种不好的动向，成舍我是想在中国创办这样一份报纸：报业的发展不受资本、商业的侵蚀，能保持言论的独立，能消灭资本劳动两阶级的对立，实现"劳者有其馆"；"读者应由少数特殊阶级，到全国劳动大众。……要将向来被视为特殊阶级的读物，变成大众的读物。使全国士农工商，都能看报，用报纸来唤起全国民众，共赴国难，抵御外侮"[②]。在当时，南京《民生报》已发展到了它的鼎盛期，发行量达到了 3 万多份，但是对于雄心勃勃的成舍我来说仍不能实现他理想的报纸，这样一份报纸并不能改变在中国报纸仍"只是少数阶级的读物"的局面，资本对言论独立的侵害一如既往，劳资之间的对立愈演愈烈，即便对于《民生报》自身来说也没能实现"劳者有其馆"的设想。怎样从根本上实现他所理想的报纸是成舍我时时考虑的问题。欧美之行使他认识到，要创办这样一份理想的报纸，"非有根本彻底的办法不可，而人才的准备，尤为必要"[③]。"最好先办一个新闻学校，一方面训练人才，一方面在学校里可以创办一个民众化的学校。……由一个学校，来实现我们上述这两种改革的理想，这就是我们创办这个新闻专科学校的由来。"[④]

以上我们从成舍我的北大求学经历、新闻实践及办报活动和此时的报刊思想三方面分析了其兴办"北平世新"的动机。从中可见成兴办新闻学校，"培养健全新闻人才"之目的并不是一朝一夕形成的，北大的求学经历使他对"兴学"寄有一种乌托邦的设想；早年的新闻实践和办报活动使他深感有为中国新闻事业培养人才之责任和义务；而欧美归来后基于对中国报业现状的思考所形成的报刊思想，使他认识到要办成理想的报纸，必须要将"新闻教育纳入新闻事业体系"之中。理解了这些，我们

---

① 成舍我：《中国报纸之将来》（续），《世界日报》1932 年 5 月 10 日第 7 版。

② 成舍我讲，原景信记：《如何使报纸向民间去》，《世界日报》1933 年 4 月 11 日第 4 版。

③ 成舍我讲，原景信记：《如何使报纸向民间去》（续），《世界日报》1933 年 4 月 12 日第 4 版。

④ 同上。

才能理解他为什么将办学宗旨定为"德智兼修，手脑并用"，为什么要将新闻人才的培养分为初级、高级、本科三个层次等新闻教育思想。

第二节　"台湾世新"的创办及成舍我的教育思想

一　"台湾世新"的创办

台湾世界新闻专科学校的创办，需从成舍我 1953 年 4 月 18 日发表于《新生报》的一篇文章《需要一万名新闻干部回大陆》谈起。该文是成舍我鉴于当时台湾新闻教育落后①，以培养"反共复国"的新闻人才相号召，唤起当局及新闻界人士对新闻教育的重视。在当时来说，他的心思还是在台湾复刊《世界日报》，并没有创办新闻学校的想法。1955 年，第一次试图复刊《世界日报》失败后，他无比懊丧，在一次朋友聚会中，有人开玩笑说，"既然你相信办一个新闻学校，训练新闻人才，倡导新闻自由，比仅仅办一张报纸，功效更大，那么，你何不索性办一所新闻学校？"成舍我颇为踌躇，他考虑到自己年近六十岁，而学校要达到一定的规模至少需要二十年的努力。程沧波时以马相伯相劝，说"马相伯先生，在清朝末年，创办震旦大学及复旦大学，都是在他六十岁左右，他还能眼见他的学生于右任及其他高足，勋业彪炳，事业成功。那么，安知你不能有他那样的运命。即使万一中途不幸，只要这个学校，有了好的开始，许多朋友，也会帮你继续办下去"②。他的这一番话，打消了成舍我的顾虑，成舍我后半生最主要的事业也由此掀开。③

1955 年 5 月底开始，成舍我召集于右任、王云五、萧同兹、黄少谷

---

① 在 1953 年之前，台湾仅政工干部学校（后改为政治作战学校）设有新闻组，招收修业一年半的高中毕业生。

② 据：成舍我《我如何创办世新》，《世新二十年》，世界新闻专科学校编印 1976 年版，第 8—17 页。

③ 关于成舍我为何办校，另有一种说法，据成嘉玲说，在复刊《世界日报》失败后，有人向当局建议："成某人是个闲不住的人，不让他办报，也应该让他做些大一点的事，否则会闷出问题来（按：大概就是造反的意思）。"经过一番讨论，当局最后认为成办学校，是两全之策。于是有一天，时任教育部长的张其昀跑到成家，极力怂恿成办学校，成经过思考才作出决定。见：成嘉玲《"世新"永远的老校长——父亲在新闻教育上的理念与贡献》，《报海生涯——成舍我百年诞辰纪念文集》，第 165 页。此处按成舍我自己的说法。

等新朋旧友，就筹办学校事情多次开会协商。原拟开办新闻学院，但当局对专科学院、大学的设立有严格的限制，不得已，只得先筹办新闻职业学校。该年9月14日，"世界新闻职业学校"办学申请呈奉"教育部"核准，筹办工作正式启动。第二年3月学校第一期建筑动工，5月建成。5月12日，发起人会议成立第一届世界新闻学院和世界新闻职业学校两个董事会，推选于右任任院校名誉董事长，萧同兹为新闻学院董事长，成舍我为职校董事长兼校长，发起人名单具体见表5-1。

表5-1　　　台湾世界新闻学院/职业学校创校时董事及任职一览表

姓名	履历	在新闻学院/职校任职
于右任	《神话日报》《民呼日报》《民吁日报》《民立报》的创办人；复旦大学、上海大学、西北农林专科学校等学校的创办人；交通次长；"陕西靖国军"总司令；审计院长；监察院长	学院、职校名誉董事长
王云五	振群学社社长；留美预备学堂教务长；南京临时大总统秘书；北京大学、国民大学、中国公学教授；商务印书馆总经理；国民参政员；行政院政务委员；财政部部长；"考试院"副院长；"行政院"副院长；"总统府""国策"顾问；台湾商务印书馆董事长	职校常务董事
萧同兹	中央通讯社社长；中央委员；全国新闻联合会主席；中央通讯社总社管理委员会主任；"中央评议委员"；"总统府""国策"顾问	学院董事长
成舍我	北平大学区教授兼秘书长；燕京大学、师范大学、东海大学兼任教授；北平《世界日报》、南京《民生报》、重庆《世界日报》、上海《立报》《香港立报》创办人兼社长；北平新闻专科学校创办人兼校长；国民参政员；制宪"国大"代表；"立法委员"	职校董事长、兼校长
黄少谷	北平《世界日报》总编辑；《扫荡报》社长；监察委员；"立法委员"；"行政院"秘书长、政务委员、副院长；"外交部"部长；驻西班牙"大使"；"国家安全会议"秘书长	董事
程沧波	《中央日报》社长；上海《新闻报》社长；"立法委员"；江苏盐察使；复旦大学、政治大学教授	职校常务董事
阮毅成	中央大学、政治大学、英士大学教授；"中央"日报社社长；中山学术文化基金董事会总干事	学院常务董事
陈训念	香港国民日报社社长；重庆《中央日报》总编辑；中宣部南京特派员；《申报》总经理兼总编辑；"立法委员"；"中央通讯社"总编辑；"中央日报"社长；"中央通讯社"香港分社主任；《香港日报》社社长、管理委员会主任	学院常务董事、院校董事会秘书
张明炜	成都《"中央"日报》社社长；北平《华北日报》社社长；台中民天广播公司总经理兼董事长；中央宣传部平津区特派员；中央"党部"新闻政策讨论委员会委员；中国电视公司董事；正声广播公司董事	董事

续表

姓名	履历	在新闻学院/职校任职
叶明勋	中央通讯社总社编辑、特派员、台北分社主任；《中华日报》社社长；《自立晚报》社社长；"行政院设计委员会"；台湾省政府顾问；私立福建协和大学训导长；国华广告事业公司董事长；台湾电视事业公司顾问；台湾《新生报》《新闻报》《自立晚报》常务董事	董事
辜伟甫	荣星企事业股份有限公司董事长；隆昌企业股份有限公司董事长	职校常务董事
辜振甫	台湾工商协进会筹备处秘书、协理、理事长；台湾水泥公司总经理、董事长；台湾证券交易所董事长；台湾中华证券投资公司董事长；台湾工业部会理事长；台湾"产业咨询委员会"主任；海峡交流基金会董事长	学院常务董事
谢然之	《新生报》《台湾新闻报》创办人；复办政治大学新闻系；政治作战学校新闻系、文化大学新闻系创办人	职校常务董事
林柏寿	台湾银行监察人；第一银行常务董事；台湾电力公司董事；水泥公司董事长、最高顾问；台湾电视公司董事长、名誉董事长；中华贸易开发公司、中联信托投资公司常务董事	董事
郭骥	初任陈诚秘书；社会部人事室主任；军政部参事；"中央训练团教育委员会"秘书；台湾警备司令部办公室主任；"东南军政长官公署办公室"主任；"行政院参事"；"中央常务委员"；"光复大陆设计研究委员会"秘书长	董事
游弥坚	"台湾革命同盟会"党委；"中央"设计局台湾设计委员会会员；台湾财政金融特派员；台北市市长；台湾大学教授；谈江中学董事长兼校长；台湾教育会理事长；创设"台湾文化协进会"；"国大"代表；台湾纸业公司董事长；《国语日报》董事长；台湾红十字会会长；台湾观光协会会长	学院常务董事
李中襄	国民党党委设计委员、"国大"代表；《江西日报》社社长；南昌行营党务秘书、主任；"中央执行委员"；江西省民政厅厅长；"国民参政会"特种委员会委员；"立法院"秘书长；"制宪会议"代表	董事
端木恺	复旦大学、东吴大学、中央政治学校教授；东吴大学校长	董事
阎奉璋	沈阳《和平日报》社社长；《中央日报》总经理；台湾《经济日报》社社长；"国大代表"	董事

资料来源：《世新二十年》，世界新闻专科学校编印，1976年10月，第18—21页。

　　从发起人名单可知，他们都是台湾新闻界、教育界、文化界及企业界的一时之选，既有成舍我熟知多年的知交，又有虽认识多年却一直交往不多的泛泛之交，还有到台湾才认识的新客。将这些人聚集在一起，一方面体现了成舍我的社会活动之强，另一方面体现了他在台湾办学的煞费苦心和"毕其一功"的决心及毅力。成舍我为什么花如此的心力将这些人拉拢在一起呢？这是因为他认识到个人在台办学有较多难处；首先，资金的问题。大陆解放，成携家带口仓皇由沪至港，在港暂栖两年有余的时间内，一直无所收入，到台安顿家计后，身边资金所剩无几。将这些社会各界的精英，特别是将已在企业界、金融界中崭露头角的辜氏兄弟及林柏寿拉进来，是希望他们解囊相助能够给予资金支持。其次，成舍我考虑到自己在大陆虽说是一个风云人物，然而现在初来台湾，人生地不熟，名声不显，这对于办校实有不利的影响。因而，他才借用于右任、王云五等人的名声抬高学校的声誉，同时将辜氏兄弟等当地精英人物拉进来也实有"强龙不压地头蛇"之意。最后，成舍我考虑到，在大陆自己的办学活动和办报活动是相配合的，学生能在自己所创的报社里实习，能得到充分的锻炼，而现在台湾自己并没能办起报刊，那么，该怎样为学生提供实习场所呢？他将在台湾新闻界呼声很高的萧同兹、谢然之、张明炜等人拉进来，正是出于这方面考虑，希冀他们各自主导的媒体机构能够为"世新"的学生提供一片实习的天地。

世界新闻职业学校于1956年10月15日开学上课，时仅有初、高级各一班，学生63人；1960年学校改制为"私立世界新闻专科学校"，招收专科三年和五年两种，分设报业行政、编辑采访和广播电视三科；至1991年成舍我逝世前，学校已设有日间部、夜间部，拥有八科[①]，发展成为一个以培养新闻传播学专业人才为主的初具规模的大学。35年的岁月中，"世新"为台湾培育出逾三万五千名新闻人才，他们几乎分布于台湾的所有报社、广播电台、电视台、公关公司、电影公司等媒体机构，为推动台湾新闻事业的发展做出了杰出的贡献，正如其女成嘉玲所说的："在台湾的新闻传播界里，'世新'具有相当程度的重要性与影响力。"[②]

经过成舍我30余年筚路蓝缕的不懈努力，世界新闻专科学校取得了巨大的成就，为现今的"世新大学"奠定了良好的发展基础。[③]

[①] 即报业行政科、编辑采访科、广播电视科、公共关系科、图书资料科、电影制作科、印刷摄影科、观光宣导科。

[②] 成嘉玲：《"世新"永远的老校长——父亲在新闻教育上的理念与贡献》，载《报海生涯——成舍我百年诞辰纪念文集》，第169页。

[③] 1991年8月，"私立世界新闻专科学校"改制为"世界新闻传播学院"；1997年8月，升格为综合大学，正式改名为"世新大学"，下设新闻传播学院、管理学院、人文社会学院及法学院。

二　新闻教育思想

教育思想是人们对人类特有的教育活动现象的一种理解和认识。要系统地分析成舍我的教育思想，应从两种角度展开：一是从新闻传播学专业角度出发，分析成舍我对新闻传播教育的理解和认识，可名为"新闻教育思想"；二是从高等教育学角度出发，分析他作为一位学府的长期掌管者，对治校有何认识与经验，可暂名为"办学理念"。下面分述之。

关于成舍我的新闻教育思想，在上一节讨论其办"北平世新"的动因时，已经有所涉及，以下主要从两方面展开，以收补缺之效。

（一）新闻学应该成为专门学科，新闻教育应该进入大学殿堂

翻开新闻传播思想史，会发现早期业界一个争执的焦点问题是，新闻学能否成为一门专门学科，新闻教育要不要进入大学殿堂。著名报人张季鸾就持否定主张，"他以为一个人，只要在文字写作上有相当好的基础，又有些丰富的常识，自然会搞新闻工作。有时可能一个没有在新闻学校学习过的人，比从新闻学校毕业出来的人，搞得更好"①。这种观点代表了早期新闻界相当多人的观点，认为一个人是否适应从事新闻业，与他先天的禀赋有莫大的关系，而与后天的培养关系不大。与此相对应，另一种观点认为新闻学应是一门专门学科，戈公振就用事实说明，受过新闻教育的人"加入报界之后，成绩优良远过于未受专门训练者"，因而他说："世间有一颗扑不破之公例，即学问绝无害于经验，而有助于经验也"，主张加强新闻教育。② 那么，成舍我的观点又是怎样呢？

关于这个问题，成舍我早在 1935 年应《报学》季刊的约稿，就作了较清楚的阐述。成舍我先从新闻有无研究的必要性谈起。他认为新闻含有"高深常理的研究"，"如新闻道德对于社会之影响，公共舆论之如何形成，群众心理之如何善导，及各国报纸与其国内政治文化演变关系之如何之所在。何一不需要有系统的高深研究？"③ 从这方面说，新闻研究既有学术上独立的价值，当然应该进入大学殿堂。他认为，新闻教育既是职业

---

① 顾执中：《要不要新闻教育》，《新闻与出版》1957 年 3 月 10 日第 11 号。

② 戈公振：《中国报学史》，台湾学生书局 1982 年 3 月第 4 版，第 344—345 页。

③ 成舍我：《普及新闻教育问题：我所理想的新闻教育》，《世界日报》1935 年 4 月 11 日第 12 版。

教育的一种，也是文化教育的一种，它应该如同法学、医学等学科一样，既能培养专业技能的人才，又能培养学理研究的人才。因而他说，"技术的训练和学理的研究，都应该同样重视"，它们之间相辅相成，共同为新闻事业的发达服务。因而，加强新闻学教育，既能培养专业化的新闻人才，又能强化新闻的学理研究，是一箭双雕之举。

在当时，成舍我的上述观点可说是独树一帜的。首先，他明确地解答了学界时至今日仍不时争论的新闻"有学""无学"之争。对于成舍我个人而言，因一生忙碌于办报、办学活动，较少有余暇对新闻传播作学理上的考察，并没有系统地提出新闻传播理论，但他这种重视新闻学研究的精神是可贵的。在去中国台湾地区后的最初几年，他借在政治大学、文化大学等学校授课的机会，曾打算重新写一部中国新闻史，也积累了一些材料，可是随着"台湾世新"创办，他全身精力投身办学活动中，中断了研究计划。其次，他以医学、法学等学科来类比新闻学，有力地反驳了当时一种认为新闻教育单纯是职业教育、不能自成一门学科的观点，为新闻学进入大学殿堂找到了一种较新颖的解释。

（二）教育方式是"学徒制"，偏重于实用性？

成舍我既然信誓旦旦地说，"新闻教育，一方面是职业教育，另一方面也是文化教育的一种，技术的训练和学理的研究，都应该同样重视"，那么，在他的办学活动中有无体现呢？考察从"北平世新"到"台湾世新"的办学活动，他都是从职业学校办起的，重视技能的训练是他办学的鲜明特征之一。

确切地说，"北平世新"是所半工半读的学校，化学校与报社为一体，甚而有人批判这是一种"学徒教育"[1]。来中国台湾地区后，所创办的"台湾世新"也将培养学生的技能作为首要，除了体现于开办有多处如《小世界》、"世新电台"等校内实习场所外，更主要地体现于课程设置上，兹以1976年该校"广播电视科"开设的实习科目为例分析（见表5-2）：

---

① 见：宋小岚《世界民生立报成舍我》，香港《新闻天地》杂志1945年1月第1期。

表 5 – 2   "台湾世新" 1976 年 "广播电视科" 实习科目一览表：①

科目名称	学分数	备注
广播节目制作及播音实习	4	
电视节目制作及摄影录音实习	4	
广播工程实习	2	
电视工程实习	2	实习以教师讲授一小时，学生演习一小时为一学分。如有必要，每一学分，其演练时间，得酌予延长。
灯光布景及美工实习	2	
表演基本训练	2	
广告设计及制图实习	2	
化妆术及其实习	2	
小计	20	

资料来源：刘家骏：《本校广播电视科的使命》，载《世新二十年》，世界新闻专科学校编印，1976 年 10 月，第 161 页。

表 5 – 2 中实习科目计有八项之多，虽只有二十学分，但由于实习两小时只算一学分，故实际为加倍时间的实习，在总共课时中占有较大的比率。如此繁重的实习科目要花费学生较多的时间和精力，即连当时的广播电视科主任刘家骏也不得不承认："学生负荷甚重，一个用功的学生不可能有空余的时间去作外务。"②

难怪有学者质疑，"成舍我先生的新闻教育思想，自是偏重实用，……专科新闻教育在当前高度发达的现代社会中是否仍有存在的价值，自是疑问"③。那么，成舍我该怎样解释这种言行不一致呢？

实际上，那些指责成舍我的教育方式是"学徒教育"和偏重实用的人，是对他的误解。在实践中，成舍我的办学方式确实给人以"重视技能训练"和"偏重实用"的印象，确实他也曾不止一次地说过，新闻教育，"技术的训练和学理的研究，都应该"同样重视；然而，他也曾说过，

① 本表据：刘家骏《本校广播电视科的使命》，载世界新闻专科学校编印《世新二十年》1976 年 10 月，第 160—163 页。

② 同上书，第 160—163 页。

③ 王洪钧：《我笃信新闻教育：40 年新闻教育之回顾》，正中书局 1993 年版，第 417—418 页。

"技术的训练和学理的研究"，"不过就学习的便利，可以有先后时间的分划。"① 为什么两者"可以有先后时间的分划"？这是因为成舍我认识到，"新闻教育应充分配合大众传播事业的发展，两者相辅相成，如果两者背离，不但不能落实扎根，而且妨碍彼此的发展"②。成认为，新闻教育应与新闻事业发展相适应，针对不同时期新闻事业发展的情况，作适时的跟进。

在 20 世纪二三十年代，当时中国大学的新闻学专业还没有正式获得当局的认可。成舍我强烈批判此种情形，加以亲身办报经验，他强烈感觉到，中国新闻人才的缺乏。他认为，现今中国，不要说会采会写的外勤记者，就连会排字、铸字、制版的印刷工人也极度缺乏。因而对于像他这样一个视办报为生命的人来说，一个首先解决的问题应是培养印刷工人和外勤记者这样的实用人才。出于对此的考虑，他在"北平世新"设有初、高级职业班，以解决此问题，因为在他看来，当时中国新闻事业最缺乏的就是此类人才。即便如此，成舍我还可贵地认识到，中国还缺乏懂得经营、会写言论这样"手脑并用"的高级新闻人才，因而在高级班之上他还设有一个本科班，其目的"在造就主笔，总编辑，及事业方面的指导人才。它的课程，则专注意于法律、政治、经济，和若干主要的社会科学，其程度，将与一个完全法科大学相当"③。如此的目的，可说已走出了注重技能训练、偏重实用的轨道。在"北平世新"创办两年后，他在一篇文章中说得更明白，"当然我们的目的，是要他们将来能在新闻事业中，做一个真能手脑并用的工作员，但同时也盼望他们能对于新闻教育的学术方面，将来有相当的贡献"④。

如前所说，成舍我去台后，他的原意是创办一所新闻学院的，因当局的阻碍，才办起职业学校。然而培养视野宽广的高级新闻人才的想法一直

① 成舍我：《普及新闻教育问题：我所理想的新闻教育》，《世界日报》1935 年 4 月 11 日第 12 版。

② 《开放报禁与增强传播教育——成董事长应邀在大传教育协会演说对上述问题做精辟的见解》，《世新校友》1987 年 4 月 15 日。

③ 成舍我讲、原景信记：《如何使报纸向民间去》（续），《世界日报》1933 年 4 月 12 日第 7 版。

④ 成舍我：《普及新闻教育问题：我所理想的新闻教育》，《世界日报》1935 年 4 月 11 日第 12 版。

藏匿于心。在1956年10月15日"台湾世新"的开学典礼上，他向学子们就下了这样的承诺："我并有信心，靠着这些努力，会使学校升格，由职校，而专校、学院、以至研究所。"① 20世纪60年代后，随着学校步入快速发展轨道，他的这种培养"高级新闻人才"的心理更为迫切。1962年，他以"高级新闻人才之培养至少需延长至大学4年"和"世新"发展已具相当规模为依据，向"教育部"提出将"世界新闻专科学校"改制为"世界文商学院"的申请。依他的构想，学校改制后将设置：新闻系、中文系、外国语文系、工商管理系、会计统计系、银行系，并仍附设新闻专修科。② 没料到，这个心愿竟成为他整个晚年近30年岁月的奋斗目标。③ 直到1991年3月，当局才审议通过改制申请，但当公文副本送至成舍我时，此时他已是病痛缠身，躺在医院病床上了。

由上述可知，斥责成舍我的教育方式是"学徒制"或偏重于实用性是有失偏颇的。如说他的教育方式是"学徒制"或偏重于实用性，毋宁说他是适时地根据中国新闻事业发展的需要，在新闻事业发展的不同阶段提出不同的培养方案；而培养视野宽阔的高级新闻人才，是他长期孜孜以求的目标。早在1945年就有人对他的教育方式进行了如下的点评：即便是"学徒制"，"但如果仔细研究一下中国新闻事业发展过程的人，他就会明白从文人办报到报纸科学化、企业化当中，这一阶段所谓'学徒教育'的时代意义和价值了。激情一点说：学徒教育在最近十年内还有其需要价值，而学徒教育较诸一套空洞理论，连平版印机每小时能印几张报都不知道的，更为当前中国新闻事业所欢迎的吧"④。此语虽有过誉之处，但谁都不能否认，其中是确有几分道理的。

---

① 萧邦导：《纪念成故董事长舍我先生百岁冥诞——谈舍老创办"世新"的艰苦历程》，《成舍我先生纪念文丛》，第35—42页。

② 据：《从专科到综合大学一路走过的足迹》，载世新大学校史专书编辑委员会编《从蜕变到翩翩起舞——世新转型为综合大学的历程》，2006年，第7页。

③ 在30年岁月中，成舍我多次以义章与当局抗争，希望得到当局的允许，将"世新"改制为学院，例如他曾写有《从"调整学制"谈起：三专似已无存在必要》（1980）、《遵令筹办已二十一年 世界新闻学院何日诞生》（1986）。

④ 宋小岚：《世界民生立报成舍我》，香港《新闻天地》杂志1945年1月第1期。

三 办学理念

作为学校的管理者, 成舍我的办学理念主要表现在以下两方面。

（一）"勤俭治校"

"世新" 从 30 万台币起家, 最初仅 4 间校舍, 到成舍我逝世前, 学校总资产已达 30 亿台币, 单单现金即达 17 亿台币[①], 使得其在私立学校中富甲全台。尽管 "世新" 实行的是董事会制, 然而与其他私立学校不同的是, 它并不是由董事们集资创立的。成舍我是怎样使 "世新" 的资产汇成如此之大观呢? 除了购置少量土地以作校舍外, 他很少有以外的投机事业, 他靠的是 "勤俭治校" 的路子。

成舍我走上 "勤俭治校" 的道路, 在他而言, 最初是不得已而为之的。

他最先希望的是走 "捐助兴学" 的路子, 为何有这等想法呢? 这是因为他意识到办学不能以营利为目的, 他以办报与之对比:

> 办报纸与办学校, 虽然同是极为重要的文化事业, 其基本出发点, 却恰巧相反。近代报纸, 是自由经济下大规模营利事业之一, 赚钱越多, 越显得报纸办的成功。学校则不然, 不能以营利为目的。[②]

办学既然不能像办报一样走营利为目的路子, 那么, 它的资金来自何处? 如是公立, 则可由国家直接拨款; 如是私立, 只有走 "捐助兴学" 的道路, "世新" 是私立, 则只有走这条道路了。然而, "捐助兴学" 的道路并不平坦, 到开学前才好不容易共捐到近 30 万元, 下面我们可以从成舍我亲身的叙述中, 来体会他当时难以言表的心情:

---

① 此数字据:《成嘉玲、成露茜各显神通——成舍我十七亿现金何去何从?》, 台湾《财讯》杂志 1994 年 3 月第 144 期; 还可参见:《遵令筹办已二十一年 世界新闻学院何日诞生》,《世新三十年》, 第 8—9 页。又据该校前会计室主任钦春庆说: "除学校校舍、土地、设备等外, 并累积建校之现金存款达二十亿元。" 见: 钦春庆《舍公的理财与世新》,《成舍我先生纪念文丛》, 第 106 页。

② 成舍我:《我如何创办世新》, 载世界新闻专科学校编印《世新二十年》1976 年 10 月, 第 8—17 页。

在这艰难建校的募款期间，使我跑路最多的，有两件事，至今还记忆如新。第一件，是某位经营凤梨而发财的富翁，他答应我们发起人某君，捐一万元，某君叫我带收据到他的公司领取。跑了好几次，他不肯见我，最后派女秘书代见，说他顶多只能捐两千元，并拿出两叠十元一张的钞票，要我签收。我带来收据是一万元，我们又不是叫化子，如果我收下这两千元，不但对不住我自己，也损伤了要我来的朋友自尊心。于是毅然谢绝，空手而归。第二件，是我接到发起人中另一位朋友的电话，要我去拜访一位煤矿老板，说他答应捐五千元。他的公司离我家很远，那时没有计程车，三轮车也多半破旧不堪，我先以电话约定，坐了三轮车去。不料快到他的公司附近，三轮车一个轮子飞了，把我摔在地上，还好没受重伤，我站起来拍拍腿，勉强走到这位老板的三楼，我发觉腿有点痛，而且约好的老板，居然说临时有要事，请我明天再来，我说：我明天不能来，可能要进医院了！幸好检查结果，只是扭伤了筋，不必住院。这位老板还是不错，没有多久，他竟派人把答应的五千元，不折不扣，送到我家里。①

这一年多的筹办经历，使成舍我认识到，要使"世新"办下去，并使它茁壮成长，必须放弃之前"捐助兴学"和"赔钱越多，学校越成功"的想法，"只有咬紧牙关，以工商界私人营利精打细算的精神来办此涓滴归公、非营利的私立学校"②，"勤俭治校"的方略即此确定。从此，他重新拾起了几十年前以两百大洋创办《世界晚报》再到《世界日报》的精神，为新征程做好了长期奋斗的准备。

然而最初的几年，办学的甘苦只有成舍我自己才深知。因学生少，单靠学费不足以支撑学校的开销，他只能靠自己的"勤"和"俭"了。一方面他以在其他学校兼课所赚得的钟点费、稿费及其他收入来贴补学校开支，另一方面他以绝不浪费一分一厘的要求，建立严格的财务制度，每天花大量的时间审核财务，以达到节流的目的（见图5-1）。"世新"就是如此得以生存，并且发展壮大的。

30余年的岁月中"世新"于"俭"字上休现尤为明显，于用人上可见

---

① 成舍我：《我如何创办世新》。

② 同上。

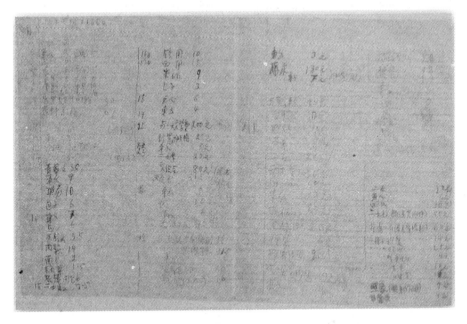

图5-1 成舍我的私人账本

资料来源: 据《洞见: 世新半世纪》(世新大学编印, 2006年) 第12页拍摄。

一斑。在师资队伍上,"世新"极少聘任专任教师,教师多为兼任。早期,成舍我利用自己的关系,新闻界、文化界的名人如程沧波、阮毅成、端木恺、蒋匀田、陶百川、蒋复聪、胡秋原、沈云龙、陈纪滢、于衡等人都曾来授课,即连王云五、胡适也不时来校作专题演讲,他们大多数是义务性质。在"世新"步入发展的正轨后,所聘老师仍多为兼任,但是他们多为名校教授,学术水平和教学能力均较高,而所需的薪资较少。通过这样的方式,不但从整体上保证了学校的师资水平,而且达到了节省人事开支的目的。

关于成舍我"勤俭治校",特别是在"俭"方面,有很多故事,可说与他打过交道的每一位"世新"教职员工都有各自的版本,至今仍是"世新"师生们的谈资。由此也引发了很多非议,有人斥他"小气""吝啬"。特别是在"世新"步入良性发展轨道后,资金越来越雄厚,许多人对他仍坚持"勤俭治校"的方略不以为然,甚而有人认为,如果他肯投入巨额资金扩建学校,"世新"早已改制成功了。

确实,大多数人看来,成舍我对钱财物的看管之严是难以理解的,即连他的子女对此也颇有微词。然而,我们要看到他的这种节俭成性并不是给个人积累财富,更不是为了个人享受奢华的生活。他的这种节俭成性是先从自己做起，而后推及他人的，其目的还是涓滴归公，为"世新"的壮大打下经济基础。在创校第一年的开学典礼中，成舍我就对学子们作出"学校虽然是私立，但不是任何私人所有，所有学校的一文钱，不能浪费，不许贪污"① 的承诺。1968 年，他在台北地方法院，将"世新"登记为"财团法人私立世界新闻专科学校"，学校的全部资产归该财团法人拥有，其薪俸也像其他教职员工一样从该财团法人支取。因而尽管他的这种节俭成性受人非议，同时他的这种公私分明、涓滴归公的情怀又不得不使人对其敬佩。正如他的学生、同事李蜚鸿所下的论断：

> 成舍我的节俭成性，涓滴归公，早年缔造了开创时代的报社和学校，其后虽然无法配合时代需求快速成长，却为往后留下了再缔高潮的基础，如今世新的学生、校友和老师都相当感谢老校长的节俭美德，为学校留下大笔基金，如今才能顺利购置深坑校地，增聘高学历师资，以及增盖图书馆，兴建校舍，为未来的发展画下美丽的蓝图。②

当 1988 年其子成思危与他见面时，曾劝导他要多注意身体，不要效仿诸葛亮，"夙兴夜寐，罚五十以上皆亲览焉"，他的回答是："你应当知道创业维艰，守成不易。特别是我们这种私立学校，在理财或用人方面稍有不慎，就可能会造成惨重的损失。不像你们在公营机构中做事的人，只要会等因奉此，就出不了大问题。"③ 从他的这一番话中，我们更可体会出他办学时如履薄冰、战战兢兢的苦处及这种"勤俭治校"的用意。

（二）"学校为学生而办，学生为读书而来"

为了实践其办学目的，成舍我曾提出一个办学口号："学校为学生而办，学生为读书而来。"这个口号对学校管理层和学生两方面提出了要求。对于学校管理层而言，除了要求严格管理，账务公开外，还要求其一切工作以学生为中心，为此，该校设置了众多为学生服务的机构，在此不

---

① 萧邦导：《纪念成故董事长舍我先生百岁冥诞——谈舍老创办"世新"的艰苦历程》，载《成舍我先生纪念文丛》，第 35—42 页。

② 李蜚鸿：《报人风骨传佳话》，台湾《时代周刊》1991 年 4 月第 320 期。

③ 成思危：《成舍我的四种精神》，《报海生涯——成舍我百年诞辰纪念文集》，第 161 页。

一一细表（见图 5 - 2）。对于学生而言，为了督促他们"为读书而来"，学校管理之严格，在其他私立学校是很少见的，以下略述一二。

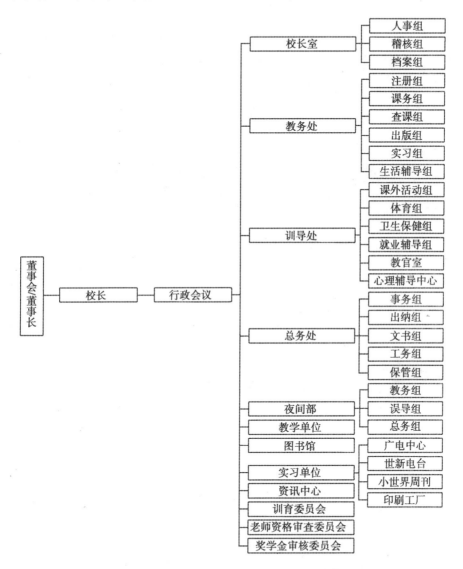

图 5 - 2 世界新闻专科学校行政组织系统

资料来源：据《世新三十年》，第 54 页。

在一些私立学校中，往往存在一种不好的情形，即学校为了讨好学生，在收取费用后，对他们不管不问，致使生活混乱，学风败坏。成舍我则认为一个在生活中严格要求的人才可能将书读好，在 1956 年对学生的

第一次训话中，就申明了他将以严格的校纪管理他们："尽管今天在座同学不到一百人，但我一定要向你们着重声明，决不因学生少而放松纪律，让你们上课逃学，考试舞弊……"① 其后，他更是亲自制定了六项生活规约："到校必穿校服，上课绝不逃课，听讲切勿谈笑，考试严禁舞弊，搭车务须排队，吸烟等于吸毒"，从课内到课外六方面要求，以培养学生成为生活习性良好的人（见图5－3）。

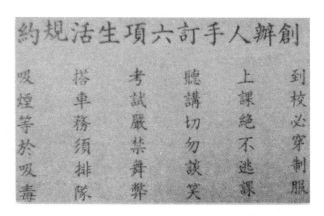

图5－3 成舍我为"世新"制定的六项生活规约

资料来源：据《世新二十年》第5页拍摄。

在台湾各高校，对学生工作的管理主要通过"训导处"。"世新"为加强学生的管理工作，设置了一个较庞大的训导处，该处下设生活辅导组、课外活动组、体育卫生组等多个部门，以培养学生知礼守法、勤学务实、刻苦俭朴、手脑并用等良好习性为己任。兹录取该处在生活教育方面的规范如下：

生活教育之实施

1. 日常生活教育之实施

（1）首先要求一律穿着制服，整肃仪容。不合规定者劝导纠正，不依规定改进者按校规惩罚，长期合乎规定要求者，依校规奖励。

（2）除注册时严格要求不合规定者不准注册外，平时教官与导师随时启发规劝学生自动自发，使生活合情合理、作息有度、整齐清

---

① 萧邦导：《纪念成故董事长舍我先生百岁冥诞——谈舍老创办"世新"的艰苦历程》，《成舍我先生纪念文丛》，第35—42页。

洁、尊敬师长。

（3）配合有关单位实施校外生活辅导，并对学行及身心有缺失之学生加强其家庭联系。

2. 道德生活教育之实施

（1）利用升旗、周会等机会讲述仪礼规范，使学生了解待人处事之适当态度与方法。

（2）由导师与教官利用讲课与处理学生申请案件时指导学生注意礼节。

（3）利用学生各种活动启发培养互助、合作、守秩序、重纪律之美德。

3. 康乐生活教育之实施

（1）辅导学生妥善处理其休闲生活，鼓励并指导其成立学艺、娱乐、服务、体育等社团，使从事正当的课外活动。

（2）辅导学生参加有关机关学校举办之康乐活动与竞赛。

（3）协调有关机关给予学生学习性之参观、表演等活动。

4. 学习生活教育之实施

（1）实施严格的课堂查课点名，避免学生随意旷课或迟到、早退。

（2）商请担任一般课程之教师利用机会阐扬国父、故总统、蒋公之伟大人格，以加强民族精神教育，培养爱国精神。

（3）邀请专家学者举行专题演讲，激发学生研究、创造的兴趣，并辅导学生举办各种学生活动，培养明辨、笃行的学习态度。

在倡导多元化生活方式的今天，这种刻板的校园生活直可使人窒息，但在那些年毕业的"世新人"，都以刻苦、耐劳、敬业、尽职的精神，赢得社会的嘉许与鼓励，这既提高了"世新"的声誉，又为个人在社会上的打拼立下了基础，因而使得30余年来"世新"出来的校友在业界多有良好的表现，多年以后，他们大多数都以感激的心情来看待成舍我的严厉与刻板。

时逢中国大陆民办教育方兴未艾，成舍我的"勤俭治校"及"学校为学生而办，学生为读书而来"的方略无疑还是有一定的借鉴意义的。

第六章

"壮志未遂双鬓白"：
在台湾的报业活动

1952 年冬，成舍我举家迁往台北，本拟在台复刊《世界日报》，但因种种原因不能如愿，迫不得已，转而办学。本章第一节主要以我国台湾地区"戒严"为背景，以成舍我亲身参与的一些事件为线索，探寻他"办报不成"的深层次原因，以见当局对民主人士及新闻业的控制手段，也可见成氏对当局实施报禁的态度；第二节主要阐释报禁解禁前夕成氏对报禁开放后报业发展的展望，从中可见对报禁开放后报业市场竞争的估计不足，是《台湾立报》难"立"的一大原因；第三节通过纵横比较，深入探讨《台湾立报》不能成功的多方原因。

第一节 "戒严"期间争夺"办报"权利的争斗

1952 年冬，台海局势甫定，在香港过了几年"自由人"[①] 的生活后，成舍我举家迁至台北。他怀着重新开创其新闻事业的期待心理来到我国台湾地区。然而，此时我国台湾地区当局在"反共复国"的号召下，即将

---

① 1951 年 3 月 7 日，成舍我与王云五、左舜生、程沧波、许孝炎等人在香港创办《自由人》三日刊，成任社长和总编辑。该刊虽自命为"中间势力者"所创，但以"反共"为宗旨，实际上受台湾当局的支助，与其关系密切；不久，因与台湾当局观点相左，与其冲突日渐扩大，且随着王云五、程沧波等成员纷纷返台，该刊日益难以支持，最终于 1959 年 9 月 13 日停刊，由雷啸岑等人接办，于 1960 年 2 月 17 日改名为《自由报》继续出版。关于《自由人》三日刊，可参看：阮毅成《〈自由人〉参加记》，台湾《传记文学》1983 年 12 月第 259 号；雷啸岑：《我的生活史》，龙文出版社股份有限公司 1994 年版，第 191—224 页；《啸岑文存》，自由太平洋文化事业公司 1965 年版，第 33—38、78—80 页；郭太风：《王云五评传》，上海书店出版社 1999 年版，第 369—371 页。

实行长达 30 余年之久的"报禁"制度也已拉开了帷幕。1951 年 6 月 10 日，"行政院"发布训令："台湾省全省报纸、杂志已达饱和点，为节约用纸起见，今后新申请的报纸杂志通讯社，应从严限制登记。"这是最早见之于法令的"限证政策"。第二年 4 月，当局公布出版法修正案，第九条规定，发行报刊需要填申请书，报经地方政府再转请"行政院新闻局"发给登记证等，这就是所谓的"限登"。同年 11 月 29 日，"内政部"公布"出版法施行细则"，第二十七条规定："为计划出版品所需之纸张及其他印刷原料，应基于节约原则及中央政府之命令，调整辖区内新闻纸、杂志之数量。"此项规定在其后 30 多年，成为"报禁"与"限张"最常引用的法律依据（见表 6－1）。①

表 6－1　　　　　20 世纪 50 年代初台湾"报禁"政策施行一览

日期	法令事件	内容
1950 年 11 月 30 日	《各报联合启事》	自 12 月 1 日起一律缩减篇幅，至多不得超过一大张半
1951 年	《台湾省政府施政准则》	对新申请登记之报刊严格限制（限证）
1951 年 6 月 10 日	《行政院令》	从严限制登记（限证）
1952 年 4 月 9 日	《出版法》（第四章第二十八条）	纸张供应问题
1952 年 11 月 29 日	《出版法旅行细则》（第六条、第二十七条）	限印；限制报纸、杂志家数
1952 年 12 月 9 日	《新闻用纸供应办法》	核实各报发行数，成立用纸调配会
1954 年 11 月 5 日	《战时出版物品禁止或限制登载事项》	内容限载
1955 年 4 月 21 日	《战时新闻用纸节约办法》	限一张半，成为限张政策最重要的法令依据

资料来源：据杨秀菁《台湾戒严时期的新闻管制政策》，"国立"编译社 2005 年版，第 10、109—113、297—298 页。

在这风声鹤唳中，最初几年成舍我暂时打消了在台湾创办报纸的想法，用他自己的话说，"四十一年到四十二年，这几年中，我就断绝了办报念头，一面教书，一面写点评论或专栏之类的文章"。②而从 1955 年起，他为争夺办报的权利而与当局开始了长期的抗争。

---

①　参：陈扬明等《台湾新闻事业史》，中国财政经济出版社 2002 年版，第 38—39 页。
②　成舍我：《我如何创办世新》，载成舍我《世新二十年》，世界新闻专科学校编印，1976 年 10 月，第 8—17 页。

一 "戒严"期间"办报"活动的尝试

我国台湾地区"报禁"期间，不时传出成舍我将要创办（或接办）报纸的风闻，虽多是空穴来风，但其中有两次确有其事，可见成舍我确实不甘于寂寞，一直在为创办报纸而努力。

1955 年年初，成舍我试图冲破"报禁"重围，开始在我国台湾地区创办报纸的尝试。据阮毅成回忆，该年元月 7 日，他和郭骥、谢然之、陈训念、阎奉璋等人应成舍我之约，到成家商谈创办新报的计划。在成说明了他的办报构想后，得到了五人的一致赞同，即席商定，六人全为新报的发起人，并推成负责新报的筹办工作。然而此后几个月内并无音讯，可以想见，在这几月中成舍我为筹办新报一定曾是四处活动过，然而事实是，他不仅没能冲破"报禁"重围，反而使得其灰心丧气转而办学。5 月 25 日，阮毅成等人再次应约到成家时，商谈的已是筹办新闻职业学校的事。①

1955 年后，在"当地确有需要"②和"均衡文化发展"③的原则下，当局先后准许了《中国晚报》《成功晚报》《马祖日报》的登记出版④，这使得成舍我重新燃起了办报的一线希望。特别是 1960 年《英文中国日报》⑤的"特准"登记，更是引起我国台湾地区新闻界对当局开放"报禁"的无限猜想，认为在"从严审核"的原则下，报业将作有限度的逐步开放。于是有多家通讯社申请援例改为报纸发行，一时我国台湾地区报界出现了申请登记的浪潮。在此情形下，成舍我也认为，"最近由于中国日报之获得登记，最少应已说明政府有放宽禁令的倾向"⑥，压抑已久的

① 阮毅成：《世新十五年》，《小世界》周报 1971 年 10 月 15 日"世界新闻专科学校创校第十五周年特刊"第 1 版。

② 新闻处：《台湾省政府施政报告》，1951 年 12 月，第 205 页，转引自杨秀菁《台湾戒严时期的新闻管制政策》，"国立"编译社 2005 年版，第 91 页。

③ 新闻处：《台湾省政府施政报告》，1952 年 12 月，第 221 页，转引自杨秀菁《台湾戒严时期的新闻管制政策》，"国立"编译社 2005 年版，第 10 页。

④ 《中国晚报》，1955 年 12 月 25 日发刊于高雄，民营。《成功晚报》，1956 年 10 月 25 日创刊于台南市，初名《鲲声报》，民营。《马祖日报》，1957 年 9 月 3 日创刊，军中报纸。

⑤ 《英文中国日报》（China News），初发刊于 1949 年 6 月 6 日，一直没有得到合法登记，以油印方式发行，至 1960 年 7 月 1 日始获准登记，由通讯稿改为正式报纸出版。

⑥ 成舍我：《世界日报何以要申请在台出版》，《文星》杂志 1960 年 8 月 1 日。

办报热情重新迸发了出来，该年 7 月 18 日，他毅然向台北市政府提出了出版《台湾世界日报》的申请。在申请书上，他列举出两个理由：

> 第一，我是一个享有新闻自由的"中华民国"国民，第二，我是一个终身从事新闻的职业报人。……我认为"自由中国"不应该一再被人指责为无新闻自由的地区。……更为确证我一向强调台湾拥有相当程度的新闻自由的说法，所以遇到政府有开放报禁的征兆，我不能放弃机会。①

当时报界纷纷看好成舍我，认为当局对于其他十来家新闻通讯社声援《英文中国日报》申请登记发行可以置之不理，但对于成氏正式申请《世界日报》登记发行一事，却不能等闲视之。正如《民族晚报》当时所评析的，"这（注：指当局对成舍我申请登记《世界日报》一事不能置之不理）倒并不完全是因为成氏现任立法委员，而是因为成氏为全国知名的'反共'老报人，……成氏来台，竟因'报禁'而未仍使其《世界日报》复刊。以往，'报禁'严格执行，成氏自不便要求'特准'，现在《英文中国日报》特准于前，成氏之提出申请，自亦在情在理"②。果然，在申请书递交不久，即有时任"中常委""中央党部外交宣传五人小组"召集人的陶希圣登门拜访，密告成舍我，当局鉴于《世界日报》及《益世报》历史悠久，"反共"立场坚定，乐见它们在我国台湾地区复刊，并敦促立即着手筹办工作。③ 喜获当局的非正式通知，《世界日报》的复刊工作马上进入了紧锣密鼓的筹备阶段：关于社址，初步选定在罗斯福路三段一空地兴建报社，如洽谈不成，则拟将编辑部与印刷部设于新闻学校内，仅在市内设立业务部门；关于印刷机器，也已与宜昌机械公司洽订轮转印刷机一架；关于人才，成舍我嘱托自己的得意弟子常胜君，要求他尽快找一些新闻熟手，组成班底，准备开展工作。④ 然而一等多年，"内政部"正

① 成舍我：《世界日报何以要申请在台出版》，《文星》杂志，1960 年 8 月 1 日。

② 《"报禁"开放之趋势》，《民族晚报》1960 年 8 月 7 日。

③ 常胜君：《〈立报〉"迟到"卅年——追记成舍我先生创报受阻不平事》，《台湾立报》1991 年 4 月 29 日第 23 版。

④ 见：常胜君《〈立报〉"迟到"卅年——追记成舍我先生创报受阻不平事》，《台湾立报》1991 年 4 月 29 日第 23 版；《"报禁"开放之趋势》，《民族晚报》1960 年 8 月 7 日。

式核准公文杳无音讯，成舍我在台创办报纸的努力再次功败垂成。

在以后，又多次传出成舍我接办报纸的传闻，但直到"报禁"开放之前，他终究没能在中国台湾地区复刊《世界日报》，这成为他一生中最为遗憾的事情之一。

二　"戒严"期间"办报"不成之原因分析

成舍我的上述两次办报活动为何不能成功？此后，多家报纸拟转让予他①，为何他不能将《世界日报》复刊？完全是当局实行"报禁"的原因吗？怎样理解他所说的"报禁不开，绝不办报"这句话的意思？

"报禁"政策的实行当然是成舍我不能在我国台湾地区复刊《世界日报》的主要原因之一，也是当局阻止时人办报的主要口实，然而将成不能复刊《世界日报》的全部原因归结于这一点，是不能令人信服的。考察成舍我来到我国台湾地区后十余年的活动，会发现他主要参与了两项社会活动：一是积极抨击"报禁"政策，为言论出版自由奋斗；二是在我国台湾地区"白色恐怖"年代的民主运动中时有他的影子。笔者大胆猜想，是否由此忤逆了当局的意旨，成为阻碍《世界日报》不能在我国台湾地区复刊的另一大原因呢？

（一）积极抨击"报禁"政策，为言论出版自由奋斗

关于对于当局实行"报禁"的态度，成舍我是鲜明的，"禁止人民出版新报，即等于剥夺了人民的新闻自由，亦即'宪法'上的言论自由、出版自由。"② 在1953年、1954年两年中，他先是撰文投寄给香港等地的华文报纸，较温和地抨击"报禁"政策，期以言论的力量使当局有所收敛。1955年后，他更是制造了几起在新闻出版界轰动一时的事件，而成为当时我国台湾地区抗争言论出版自由的主将。

1. 为龚德柏案、马乘风案在"立法会"大声疾呼人权保障与言论自由

1949年12月28日，著名的"反共"报人龚德柏应邀到陆军大学演

---

① 据任成舍我的秘书长达30多年的萧宗谋说，在六七十年代，先后曾有《大众日报》《华报》等报打算"脱手"，找成舍我洽谈，但成都予以拒绝。见：《报禁不开绝不办报！——办民营报纸舍我其谁 本校成董事长执着的办报原则》，载《新闻人》杂志，世界新闻专科学校承印，1980年4月16日。

② 成舍我：《检讨台湾的新闻自由》，原载《香港时报》1954年8月4日，后被收录《报学杂著》，第1—13页。

讲《新国难之由来》，批评蒋介石因战术错误，导致大陆"沦陷"。第二年3月8日，龚即被当局以"保护"名义投入大狱，至1955年音讯全无。在这几年中，包括胡适、许世英、成舍我等多人在内四处打听未果。此为"龚德柏失踪案"。

马乘风（1906—?），原名鸿昌，字乘风。出身农家，1923年考入开封河南省立第一师范学校，开始投身革命。北伐后入北京图书馆，苦读中国经济史，写成巨著《中国经济史》。后弃学入仕途，先后任参政员、河南省烟酒专场局局长、立法委员，1949年弃妻携妾逃往我国台湾地区。1951年因曾策动刘汝明部起义事泄，被当局监禁，家人也不知其音讯。[①]此为"马乘风失踪案"。

在新闻媒体对两案一片沉寂之时，成舍我毅然在1955年3月4日的"立法会"上，针对两案对"行政院长"俞鸿钧提出了质询，并由此提出台湾"白色恐怖"统治下的两大问题——人权无法得到保障和"报禁"政策的实施。[②]

在人权保障部分，他从军法局长枉法弄权事败而被明正典刑之事谈起，认为军法部门所经案件确有冤案错案之可能，对这些案件实有平反昭雪的必要。在具体案件方面，他首以龚德案为例，质询当局为何在龚关押五年后还是"不审、不判、不杀、不放"？次以马乘风案为例，质询当局，根据相关法律马应早已享受"撤销羁押"的待遇，为何仍被关押在套牢？紧接着这两个违背人权的案例，成舍我继续指出当局违背人权的另两个表现，一是军法人犯不予保释的权利，二是出入境的核发不公正严明，致使若干"立委"不能来台。

更为精彩的是在言论自由部分。成舍我直斥当局的"报禁"政策，他认为《出版法》的精神本应是保障多于管制，而"内政部"出台的《出版法施行细则》则与此精神相违背。他特别指出第二十七条："战时各省政府及直辖市政府为计划供应出版品所需之纸张及其他印刷原料应基于节约原则及'中央政府'之命令，调节辖区内新闻纸杂志之数量"，和

① 据：谢学东《马乘风所著〈中国经济史〉》，http：//www.kfzx.gov.cn/wenzhang_xx.asp?TypeNumber=00040008&ID=14481，2013年1月15日。

② 质询词原题：《"保障人权"与"言论自由"》，后以《不审？不判？不杀？不放？——为龚德柏案论人权保障与言论自由》发表在《自由中国》《自由人》三日刊等刊物上。

第十九条："出版法第四十一条第一项第三款第四款规定之情节重大者，得经核定后停止该出版品为期一年以下之发行，但其情形特殊者主管官署得报请内政部延长之"，前条在"节约纸张"的限制下，实际上杜绝了我国台湾地区新生报刊的可能，而后条授权政府有权停止"情节重大者"的发行达一年以上，实际上是一种变相的封闭报馆杂志行径。

在多年的"参政"生涯中，成舍我向以缄默闻名。早在做参政员时，他奉着"不提案、不发言、不投票"的原则，很少参与政事；据我国台湾地区学者李筱峰说，在来台后40余年间，成舍我在"立法会"上总共提出的质询也仅八次，其中有三次是联署别人的项目质询，真正是成个人提出的仅五次①。然而成舍我的这次质询，可说是掷地有声、语惊四座，据"立委"唐煌年对当时情形的描述：

> 那次四十五分钟的质询。会场肃静的空气，和一阵一阵的掌声，一段一段的叹息与喝彩声。尤其他提到龚德柏案所说："不审、不判、不杀、不放"，这几句话时，旁听席上有人流泪！提到马乘风案时，他刚说出马乘风三个字，全场接着雷动的掌声。四十五分钟的质询，个个字叫到人们的心坎深处，每一秒钟如在保卫自由大卫战中的节节前进。……"中华民国"四十四年三月四日的"立法"议场，正是人类自由史上一个大日子也是自由战斗史上一个永久的纪念，而"立法委员"成舍我氏，便是这场战斗中的英雄！②

唐的这段话虽有过誉之嫌，但成的这次质询所表述的问题，触及当时我国台湾地区民众的心弦则是毫无疑问的，正像左舜生所评述的，"以其

---

① 据李筱峰说，成舍我另四次的质询分别是：1974年4月13日，在教育、法制委员会提出有关私立学校法草案的质询；1975年11月15日，在教育委员会发言，从不良青少年问题谈起，主张加强"国父思想"课程及军训教育；1976年4月8日，在教育、法制委员会联席会上，就专科学校法修正草案发言，建议废除三专制；1984年10月12日的施政总质询时，再度为报禁问题提出质询。见李筱峰《成舍我与台湾民主运动——一九四九年后中国来台知识分子的一个个案》，来自"李筱峰个人网站"，http://www.jimlee.org.tw/article.jsp?b_id-24458&menu_id=4，2013年1月16日。

② 唐煌年：《为自由而斗争——听了成舍我先生的质询》，香港《自由人》三日刊1955年3月16日。

内容来说，总算是言人所不能言，也是言人所不敢言"①。同时成的这篇质询，长达万余言，逻辑严密，情真意切，更加强了其感染力，难怪有报道做出如下评价，"成氏当时之能控制全场情绪，为"立法院"有史以来所仅有"②。

因此次质询涉及全台民众最切身的问题，因而成为全台上下的谈资和各大媒体争相报道的议题③。面对民意压力，当局被迫做出"如有发现违法'违宪'，一定立采补救措施""政府无论任何案件，请求复审一定办理"等表示④，不久龚、马两人也被释放，这不得不说此次质询达到了一定的效果。

关于开放言论自由的呼吁，尽管当局仍以各种借口加以推托，终无多大进展，但这"为施行报禁以来，新闻界首次对报禁问题提出质疑"⑤，从这方面说，成舍我是第一位在"立法会"上抨击"报禁"政策的人士，这使得其无疑在台湾言论自由史上占有一席之位。

李筱峰认为，此次质询成舍我借着军法局长被明正典刑之际，提出这两大问题，避免直接触到蒋介石的逆鳞，使自己得到一层保护色，而又能对当时滥捕滥杀、侵犯人权的政治环境提出呼吁，可谓用心良苦。⑥ 但是在笔者看来，考虑到此时恰逢成第一次尝试在台复刊《世界日报》这一敏感时刻，此次质询对他个人的事业和《世界日报》的复刊当然是有负面影响的。笔者通读相关的文献，发现了众多的传闻与成舍我不利。其中，有一种传闻说，在成提出质询后，蒋介石相当不悦，曾对亲信说，"现在'立法院'内有一个人不爱国"。⑦ 如果此人指的是成舍我的话，当局又怎能许可他的办报申请，准许他在台复刊《世界日报》呢？

---

① 左舜生：《读立委成舍我先生的质问全文书后》，香港《自由人》三日刊1955年3月16日。

② 易春秋：《成舍我大声疾呼保障人权》，《新闻天地》杂志1955年3月19日第370期。

③ 据笔者查阅，当时台湾《中华日报》、《新生报》等各大报都作了报道，即连"中央通讯社"也为此发出了一个简讯。

④ 《人权保障与言论自由——立法委员成舍我昨提出质询 俞院长对各问题详作答复》，载《中华日报》1955年3月5日。

⑤ 杨秀菁：《台湾戒严时期的新闻管制政策》，"国立"编译社2005年版，第114页。

⑥ 李筱峰：《成舍我与台湾民主运动——九四九年后中国来台知识分子的一个个案》，http：//www. jimlee. org. tw/article. jsp？b_ id＝24458&menu_ id＝4，2013年1月16日。

⑦ 同上。

2. 成舍我、曹圣芬笔战风波

这场风波要从轰动一时的"祝寿事件"说起。1956 年 10 月 31 日，是蒋介石的七十大寿，按照惯例将是一场大庆，但鉴于"国"步维艰，蒋假惺惺地表示，"与其借祝寿来表达对'国家元首'的爱护，何若对"国家""反共抗俄"政策之贯彻，以及内政应有之兴革，贡献具体意见，以此纪念本人生日"，并"切望全国报章杂志"能够"直率抒陈所见"。①在全台媒体的一片歌功颂德声中，独有《自由中国》借机出了个"祝寿专号"，邀集众多知名人士撰文，对蒋的专断作风及其政治路线、经济政策、思想文化管制等各领域进行了猛烈批评，其中尤以刘博昆的《清议与干戈》最为激烈，文内以慈禧太后来影射蒋的独断专行，以末清即将亡国的征兆来比拟蒋政权的日薄西山。于是，在当局的意旨下，以《中华日报》为代表的御用报刊对《自由中国》来了一场言论"围剿"。12 月 24 日，《中华日报》社长曹圣芬②在其报上发表一杀气腾腾的言论《蛇口里的玫瑰》，斥责刘文"从诅咒'总统'到诅咒我们的'国家'，这真是毒蛇里流出来的东西，无比的腥臭，也无比的恶毒"，并错误地引用富兰克林的一句话："在言论自由的国家，要政府来取缔恶实的谩骂和不负责任的言论，总是缓不济急的。倒是群众激于义愤，直截了当给这些文氓一点教训，反能收制衡之效。"③其意不言而喻，也是鼓励我国台湾地区民众效仿费城群众的做法，砸毁《自由中国》社，将主笔痛揍一顿。

在《自由中国》成为众矢之的之时，成舍我在 1957 年元月 10 日化名范度才，以"读者投书"的形式对该刊表示声援，并对曹的反动言论进行了批驳。文内，他首先以读者代表的身份点评《自由中国》，认为它

---

① 转引自：何著恩《〈自由中国〉与台湾自由主义思潮：威权体制下的民主考验》，水牛出版社 2008 年版，第 474 页。

② 曹圣芬（1914—2003），字钦吉，湖南益阳人。1937 年从中央政治学校新闻系毕业后，入中央通讯社开始记者生涯。1937 年，任军事委员会侍从室少校速记，后为蒋介石中文秘书。1953 年，前往美国密苏里新闻学院留学，1955 年回台，历任《中华日报》社社长，《中央日报》社社长、董事长，以及中央通讯社董事长。

③ 据曹文的说法，华盛顿总统退位当日，费城《晨报》特发文对华盛顿进行了恶意的攻击，费城民众为此砸了《晨报》社，并将主笔痛揍了一顿，针对这一事件，富兰克林才说出了上述的话语。但据成舍我研究，美国新闻史中并没有这一段史实，富兰克林也没有说过上述的话语。

"确已善尽代表舆论的职责"；针对近来它被官方报刊围攻事件，成认为"双方只要不逾越轨范，即都不失为民国家的良好表现"，可惜的是，他指出近来官方报刊"对贵刊破口大骂，且千篇一律"；接着他以曹文为批判对象，指斥该文居心叵测，"鼓吹民众暴动"，实际上是在威胁言论自由。针对曹文，成以讽刺调侃的语气提出三项疑问：1. 曹文所引富兰克林的话，究出自富兰克林的哪部著作？2. 美国新闻史是否确有这段史事？3. "我们很奇怪，在民主自由的中国，为什么《中华日报》独能公然鼓吹暴动，而没受到治安当局的干涉和检察官的检举。是否自由中国的报纸，于享有百分之百的言论自由以外，更享有鼓吹暴动自由？"文后再次对《自由中国》声援，希望该刊"勿为暴力恐吓而屈服"，能继续"贯彻对事不对人的原则"，严肃批评"一切问题"，那么读者将会给予更多的支持和同情。①

看到这篇攻击自己的文章后，曹圣芬于1月26日在《中华日报》发表长文《我的看法与作法》。文中对成舍我提出的三项质问避而不答，斥责成独见《蛇口里的玫瑰》一文"鼓吹暴动"，而对《清议与干戈》一文的恶毒却不置一词，将其说成"明足以察秋毫而不见舆薪"；文内集中火力攻击《自由中国》祝寿专号，责骂该刊立场和言论"偏颇""激烈""高傲""不实"，然后重点批判《清议与干戈》，认为该文以那拉氏影射"伟大的""总统"，实是犯了诽谤罪，对此类的文章当然要"迎头痛击"了。②

由曹此文，使得双方的辩论焦点转往《清议与干戈》一文到底是否犯了诽谤罪和诽谤罪该如何定义这两个问题上。为此，成舍我在下一期的《自由中国》上，洋洋洒洒地发表长文《我对〈清议与干戈〉的看法》，以古今中外的事例极力为《清议与干戈》开脱，为防范当局对该文作者及《自由中国》社的迫害，他说："即使《清议与干戈》作者有意举那拉氏亡国事实，以警戒当前执政，这仍不失为爱'国家'爱领袖的忠诚。……为什么曹先生偏要锻炼罗织指为恶毒，慷慨填膺，号召群众，对《自由中国》社及《清议干戈》作者予以迎头痛击？难道新闻界先进，国民党干部的曹先生，竟不愿我们贤明领袖，内与容纳直言的太康贞观，外与尊重舆论的美

---

① 此段所引文全来自：范度才《〈中华日报〉鼓吹暴动!》，《自由中国》1957年1月16日第16卷第3期。

② 该段引文来自：老兵《我的看法与作法》，《中华日报》1957年1月26日第1版。

国总统抗衡并美，恢宏大度同垂不朽?"① 这应该说是施以"捧杀"的策略来为他们开脱。文末更以《战国策》和《资治通鉴》中的两段文字，意味深长地劝解蒋介石应具有容纳异己意见、善于纳谏的胸怀。

此后，双方还有来往，欲罢还休，最终还是由一向与两人熟稔的黄少谷②出面调解，以湖南老乡相聚为名，在台北的"岳阳楼"酒菜馆摆下酒宴，成、曹两人心照不宣，在谈笑声中将这场风波揭过去。③

这场风波可说是整个"《自由中国》事件"中的一小段插曲。"祝寿事件"使得以"自由中国"为代表的民主势力与当局的抗争由台后转到台前，在这泾渭分明的时刻，成舍我敢于仗义执言，一方面既是他向来敢于与"强权"抗争这一品格的体现，另一方面也体现了他对当局限制言论自由的失望与不满，但是无论如何，这一风波使得当局更加认清其不是"同道之人"。

3. "狗年谈新闻自由"风波

1958 年年初，成舍我再次因言论被推上风口浪尖。因弟子何凡、林海音夫妇的约稿，成在他们主编的《文星》杂志上发表了《狗年谈新闻自由》一文。该文的主旨是抨击报禁政策，希望当局能广开言路，开放报禁，尊重新闻自由。之所以引发纠纷，是因为成为说明新闻自由的重要性，在文中以六十年前戊戌变法的失败借古讽今，认为清朝覆亡的一大关键，是那拉氏（慈禧）不遵从新政中的开放言论、倡办新报、尊重新闻自由等主张。如果就此收笔，或许也不会引发纠纷，但是在结尾，成舍我写道："戌是狗年，狗是最富警觉性的，上一个狗年，那拉氏竟在外患内忧万分急迫的时期，毫无警觉，自召覆亡，相信世之当国者，定能永垂鉴戒!"④ 这就使该文有强烈的现实性，意为当局如若再不开放报禁，尊重新闻自由，其结局也逃脱不出覆亡的命运!

该文马上引起当局的警觉，在高层的授意下，《中央日报》于 1 月 17

---

① 范度才：《我对〈清议与干戈〉的看法——敬答〈中华日报〉社长曹圣芬先生》，《自由中国》1957 年 2 月 16 日第 16 卷第 4 期。

② 黄少谷与曹圣芬曾同是蒋介石侍从室的成员，有同事之宜；黄少谷则是北平《世界日报》早期的职员之一，成舍我对其有识人之恩，同时黄也是世界新闻专科学校的发起人之一。

③ 曹志源：《湖南才子笔仗不伤情——黄少谷为曹圣芬、成舍我杯酒除疑记》，《中外杂志》2007 年第 3 期。

④ 成舍我：《狗年谈新闻自由》，《文星》杂志 1958 年 1 月 5 日第 1 卷第 3 期。

日发表社论《亡国主义与救国主义》，文内将《狗年谈新闻自由》一文与郭沫若的《甲申三百年祭》作类比，"在民国三十三年，阴历以干支计是甲申年，于是有些亡国主义者（指郭沫若）就拿甲申做题目，大唱其亡国论。现在'民国'四十七年，干支计是戊戌年，又有新亡国论以戊戌为题，再度出现于'国内'"，斥成舍我为"新亡国主义者"。①

而对于我国台湾地区的一些民主人士来说，成文反映了他们的心声，并无不妥之处。首先由民营报纸《民族晚报》发起了反击，在1月20日的社论里，指出当局应有容纳异己意见的度量，"如果把不同于自己意见的一切言论文章，都视为谬论，甚至加上一些可怕的帽子，俨然以'反共抗俄，只此一家'的态度出之，真使人有不知其可也之感了"②。

因为此文牵涉当局的命运和"反共抗俄"大计，刚创刊未久的《文星》③杂志承受了较大的压力。被迫在下一期作出了如下的表态，"成先生是我国民间报人成就最辉煌的一位，我们向他拉稿子，并无任何预定。大约时值新岁来临，他就写了这么一篇应时文章，以证新闻自由的重要性，并无一言提到眼前情形。我们深知成氏生平，相信他纯出于爱国忧时之一念，并同意其提高警惕的看法，因之乐为刊出"。接着对《亡国主义与救国主义》进行了批驳，"他（成舍我）的爱国心是无可怀疑的。他那篇文章的是非姑不具论，即使有什么可议的地方，未尝不可以夹心静气的讨论。对于这样的人，抹杀过去一切，硬给戴上一顶'新亡国主义者'的帽子，这是不可思议的事情，想任何知道成先生的人当皆有同感"④。

《文星》既作了如上的表态，事情当可告一段落。然而，此时作为我国台湾地区民主人士的"舆论重镇"《自由中国》也来凑热闹，它在十八卷第三期专门为此事刊发了一篇社论和一篇"读者投书"。在社论中指出，《亡国主义与救国主义》虽主要以《文星》为对象，但也附带地骂到《自由中国》社，将该社所宣扬的主张斥为"反攻无望论"，而一并归到"新亡国主义者"群体中。而"读者投书"则更为刻薄，剑锋直指《中央

---

① 《亡国主义与救国主义》，《中央日报》1958年1月17日第1版，社论。

② 《帽子不可乱加》，《民族晚报》1958年1月20日第1版。

③ 《文星》创刊于1957年11月，由"文星书店"主办，标榜要作"思想的""生活的""艺术的"综合性杂志，在60年代对台湾青年思想产生过重要影响。创刊初期何凡、林海音夫妇均在该刊任职。

④ 何凡：《互信团结 不必自扰》，《文星》杂志1958年2月5日第1卷第4期。

日报》的董事长陶希圣，"这种情形，我想一度陷入魔窟，有功抗战，今日荣任中央日报董事长的陶希圣先生一定还能记忆如新"，暗讽他曾入汪伪集团，为真正的"亡国主义者"。①

这场风波终以《自由中国》抓住陶的痛处而暂且结束。然而对于成舍我来说，这件风波使他切身体会到"白色恐怖"下"言论犯禁"的后果，尽管在随后的"报禁"岁月，他仍不时向当局大声疾呼开放"报禁"，尊重新闻自由，可是不敢再写类似的"借古喻今"的文章了。对于当局来说，此次事件更使他们认识到成舍我是一个"刺头"，如果准予成在我国台湾地区复刊《世界日报》，这不是给他们自己找麻烦吗？或许高层中有如许想法的人不少吧！

（二）成舍我与台湾党外运动

令当局深为忌惮的还是成舍我在党外运动中的表现。

自20世纪50年代中后期，以《自由中国》杂志社为代表的来台的自由主义者，与当局的罅隙日益扩大，至20世纪50年代末期，这股势力开始与我国台湾地区本土的社会精英合而为一，掀起了国民党败退台湾后的第一场民主运动高潮。这场运动主要以1960年为主要结点，围绕两项活动展开：一是筹建新党，即"中国民主党"；二是配合1960年大选年，在我国台湾地区各县市举办"地方选举改进座谈会"，以期打破国民党一统天下的局面。在此两项活动中时可见成舍我的身影。

据我国台湾地区学者张忠栋研究，早在做出筹建新党的决定之前，雷震就与成舍我、齐世英、陶百川、吴三连等人轮流做东，时常借以聚餐的机会，反复讨论建立反对党的可能性。据雷震女儿雷美琳回忆："在我的记忆中，一九五九至一九六〇年……在那一段时期我最常见的是谢汉儒、齐世英、蒋匀田、成舍我、郭新雨等诸位前辈，……一九六〇年他们常相聚会，并已讨论组常，到处开会……"② 筹备期间，成在其中表现之积极令人印象深刻，据张忠栋说："成舍我是无党无派的'立法委员'，也坚

---

① 《读者投书》，《自由中国》1958年3月15日第18卷第3期。

② 《雷美琳女士访谈记录》，载《雷震案史料汇编·雷震案口述访谈及大事记》，台北"国史馆""国家历史数据库"，http：//nhd. drnh. gov. tw/AHDPortal/browse/text_content. do? method = showContent&pgType = 1&showId = 2439&eadName = 雷美琳女士访谈纪录 &seriPk = 15&eadSeriSubPk =178&seriName = 民主运动的萌芽与挫折 &seriSubName = 史料汇编，2011年7月15日检阅。

决反对过出版法的修正，……他要参加反对党，当然没有国民党人的顾虑，同时他办世界新闻专科学校，雷震曾经大力帮忙，替他找亚洲基金会的补助。因此雷震的组党活动积极展开之后，他（成舍我）都参加各种聚会座谈，最后一些朋友离开了，他仍是少数和雷震一起奔走的外省人之一。……雷震组党最后的重要人物，除了齐世英、夏涛声和成舍我之外，就是吴三连、高玉树、李万居、郭雨新和杨金虎等人……"① 另据《自由中国》杂志经理、"雷震案"主角之一马之骕回忆，雷震曾对他透露，成舍我甚有意出任"中国民主党"的中央委员（召集委员），后因内部有人考虑他正主办新闻学校，恐徒增压力，以致未列其中。②

在多次"地方选举改进座谈会"的参与名单中，都可发现成舍我名列其中。例如，1960 年 7 月 22 日，情治人员向当局报告："雷震、李万居等于07.19（7 月 19 日，笔者注）17：00 在台中市民族路八十九号杨秋泽住宅，邀集台中市、县、彰、投四县市人士举行中部地区第一次选举改进座谈会，……据查该会主席团为：雷震、齐世英、成舍我、李万居等十七人。"③ 这份名单中，成舍我不仅名列其中，且位次靠前，可知他在该项活动中占有较重要的地位。一直到八月份后，随着他正式向当局提出复刊《世界日报》的申请，才宣布退出"选举改进座谈会"。

9 月 4 日，"雷震案"爆发，成舍我与胡适等民主人士一起展开了积极的援救工作。该月 14 日，成舍我与胡秋原联名在台湾各大报登出声明④，为雷震申辩：不应以《惩治叛乱条例》惩处雷震，更不应交予军事法庭审判。第一个理由，仍是从"新闻自由"的角度阐述，苦口婆心劝道当局不应以该法来破坏新闻自由，至今读来仍有警醒意味：

---

① 张忠栋：《胡适·雷震·殷海光》，自立晚报文化出版部 1992 年版，第 131 页，转引自：李筱峰《成舍我与台湾民主运动》，http：//www. jimlee. org. tw/article. jsp？b_ id = 24458&menu_ id = 4，2013 年 1 月 16 日。

② 参：李筱峰《成舍我与台湾民主运动》，http：//www. jimlee. org. tw/article. jsp？b_ id = 24458&menu_ id = 4，2013 年 1 月 16 日。

③ 《雷震案史料汇编·黄杰警总日记选辑（民国四十九年七月二十二日）》，台北"国史馆""国家历史数据库"，http：//nhd. drnh. gov. tw/AHDPortal/browse/text_ content. do？method = showContent&pgType = 1&showId = 2594&eadName = 民国四十九年七月二十二日 &seriPk = 15&eadSeriSubPk = 178&seriName = 民主运动的萌芽与挫折 &seriSubName = 史料汇编，2011 年 7 月 15 日检阅。

④ 原拟成舍我、胡秋原、陶百川三人联名声明，但陶因第二天要受蒋介石接见，而作罢。

其被捕之理由及被捕时公布之事证，仅为《自由中国》半月刊中之言论文字，则为不争之事实。此为惩治叛乱条例施行以来，军事机关以该法制裁言论文字问题及依军法拘捕当事人之一案。此例一开，今后对于并非叛徒所为之言论文字问题，皆可不依出版法或普通刑法处理，而得迳以军法从事，则每一报纸每一杂志之发行人编辑人，均有随时随地遭遇同样情事之可能。言论自由出版自由讲学自由及新闻自由，自必遭受严重之损害，其流弊有不可胜言者。①

9月25日，成舍我、李万居等12人，在北县省议员李秋远家集会，讨论各项问题，议题之一是为雷震筹集诉讼费。② 9月30日，成舍我又与夏涛声等五人向当局申请旁听"雷震案"。③ 第二年年初，又联合众多知名人士先后两次给蒋介石上陈情书，请求特赦雷震。雷震在其日记中都曾有记录，1月12日，他写道："阅报《联合报》《中央日报》，见有名流签名请'总统'特赦我，谓我对'国家'及国民党均有贡献，胡先生（即胡适）亦签了名，其余为成舍我、夏涛声、蒋匀田、叶时修、陈庆华、曹启文等。"④ 2月6日，他写道："今晨看《联合报》有'知名人士签请'总统'特赦雷震的陈情书，短期内当呈蒋'总统'，在签名簿上签名的人士包括胡适、夏涛声、成舍我、胡秋原等五十余人。陈情书写得非常委婉，文中未涉毁'法'的问题，仅恳请'总统'体念雷震过去对

---

① 陶百川：《台湾还能更好么》，经世书局1980年版，第179页。

② 《雷震案史料汇编·黄杰警总日记选辑（民国四十九年九月二十六日）》，台北"国史馆""国家历史数据库"，http：//nhd. drnh. gov. tw/AHDPortal/browse/text_ content. do? method = show-Content & pgType = 1&showId = 3389&eadName = 民国四十九年九月二十六日 &seriPk = 15& ead-SeriSubPk = 178& seriName = 民主运动的萌芽与挫折 & seriSubName = 史料汇编，2011年7月15日检阅。

③ 《雷震案史料汇编·黄杰警总日记选辑（民国四十九年九月三十日）》，台北"国史馆""国家历史数据库"，http：//nhd. drnh. gov. tw/AHDPortal/browse/text_ content. do? method = showContent & pgType = 1& showId = 3408&eadName = 民国四十九年九月三十日 & seriPk = 15&eadSeriSubPk = 178&seriName = 民主运动的萌芽与挫折 & seriSubName = 史料汇编，2011年7月15日检阅。

④ 傅正主编：《雷震全集》（36）之"狱中十年"，桂冠图书公司，第13页，转引自：李筱峰《成舍我与台湾民主运动》，http：//www. jimlee. org. tw/article. jsp? b_ id =24458&menu_ id = 4，2013年1月16日。

'国家'的贡献，予以特赦。'"① 据李筱峰分析，当时报刊的报道称，"这个文件是由某名报人立委主稿"，在当时符合"名报人"和"立委"两条件的，非成舍我莫属，果真如此，则成舍我为"雷震案"的奔走，可谓用心良苦。②

在我国台湾地区随后的党外运动中，虽很少看到成舍我的身影，可是他所主办的世界新闻专科学校却成为曾遭受当局迫害的民主人士的大本营，被称为白色恐怖下"台湾知识分子的自由堡垒"③。据不完全统计，该校在 30 年间收容的"异端"分子有（见表 6-2）：

表 6-2　　　　　　曾任职于世界新闻专科学校的"异端"分子

姓名	身份
王晓波	因"台大哲学系事件"④ 遭解聘
陈鼓应	因"台大哲学系事件"遭解聘
陈少廷	鼓吹"国会"全面改选
张俊宏	"党外"运动异议分子，曾入狱
黄煌雄	"党外"运动异议分子，曾入狱
马之骕	"雷震案"主案之一
傅正	"雷震案"主案之一
黄珏	因"孙立人案"牵连入狱
吴盛木	无故坐狱，遭政治大学解聘
胡学古	异议分子，因"自由中国事件"入狱
姚大中	因在汪精卫政权任过职，来台后受排挤
崔小萍	因"匪谍案"入狱
王津平	被指挥发动社会主义风潮

---

① 傅正主编：《雷震全集》（36）之"狱中十年"，桂冠图书公司，第41页，转引自：李筱峰《成舍我与台湾民主运动》，http：//www. jimlee. org. tw/article. jsp？ b_ id＝24458&menu_ id＝4，2013 年 1 月 16 日。

② 李筱峰：《成舍我与台湾民主运动》，http：//www. jimlee. org. tw/article. jsp？ b_ id＝24458&menu_ id＝4，2013 年 1 月 16 日。

③ 此语出自王晓波，见王晓波：《台湾知识分子的自由堡垒——记成舍我先生与"世新"》，《报海生涯——成舍我百年诞辰纪念文集》，第99页。

④ 是指 1972 年 12 月到 1975 年 6 月之间，由国民党特工系统以"反共"之名，对"国立"台湾大学哲学系内自由派学者进行整肃的一连串行动，并导致台大哲学系教职员包括赵天仪、陈鼓应、王晓波、阳斐华、胡基峻、李日章、陈明玉、梁振生、黄天成、郭实瑜、钟友联、黄庆明及美国籍客座教授 Robert Martin 遭解聘，台大哲学研究所更破天荒停止招生一年。

续表

姓名	身份
曾祥铎	被指控"为匪宣传"，曾入狱
李筱峰	因言论遭退学、求职遭干扰
蒋匀田	因1979年访问大陆遭台湾"中国民主社会党"抨击
沈云龙	著名历史学家，因言论贾祸
胡秋原	著名史学家、政论家，1988年因访问大陆，遭开除国民党党籍
张化民	异议分子，因"自由中国事件"入狱
李日章	因"台大哲学系事件"遭解聘
李茂政	异议分子，传播学者
张星戈	异议分子

资料来源：据笔者收集整理。

从上述的事件可知，成舍我一方面不遗余力地抨击当局的"报禁"政策，另一方面与雷震等民主人士来往过于亲密，这令当政者深以为忌。事实上，成本身已被当局视为"异端"分子，1960年复刊的尝试，表面上看是功败垂成，然而实际上早就决定了它失败的命运，在他将复刊的申请上交当局时，就有于他不利的传闻传来，说他从美国筹得一笔资金作为筹组"新党"之用①，无论该传闻真假与否，对于当局来说，前既有《自由中国》杂志为鉴，怎会让他步其后尘、容许他在我国台湾地区复刊《世界日报》呢？如此分析，可知在"白色恐怖"下，当局是无论如何不准许他在我国台湾地区办报的。经过这次办报的尝试后，成舍我对这一点也心知肚明，因而他才说出了"报禁不开，绝不办报"之语，该语与其说是赌气之言，毋宁说体现了他对在台办报的最后一丝希望的破灭。

第二节　报禁解除与《台湾立报》的创办

一　报禁解除

1986年10月4日，我国台湾地区当局原则上通过以"国家安全法"取代《戒严令》，于第二年7月15日正式解除戒严，标志着"反共复国"政策的彻底破产；并同时解除"党禁"，允许政治性团体成立，接着准许

---

① 见：《成舍我的困扰》，《民族晚报》1960年9月18日第20版。

老兵回大陆探亲。在此政治氛围日益宽松的情形下,作为"戡乱"体制的重要产物"报禁"之解除也提上了议事日程。

1987年2月5日,"行政院长"俞国华指示"新闻局"对报纸的登记与张数问题,以积极的态度重新考虑,在兼顾新闻自由与报纸善尽社会责任的原则下,尽快制定合适规范或办法,以促进今后报业的发展。① 这是当局针对开放"报禁"问题的最早阐述。此后"报禁"开放成为全岛媒体讨论的热点话题。在此情形下,"新闻局"于2月27日延聘专家学者成立"报纸登记及张数问题"专案研究小组,就报业的公平竞争等问题进行研究,由政大新闻系教授王洪钧任召集人。5月15日,专案小组完成研究报告,针对"报禁"开放之可行性得出了六项结论,其中最重要者是建议当局开放报纸登记和解除"限张"的规定。"新闻局"随即在台南、台中、台北组织听证会,征集业界、专家学者、民意代表等各方对"报禁"开放的意见,经汇集整理,最终形成八点协议,其中最引人注意一点的是:"从'民国'七十七年元月一日正式开始增张,解除报禁,新闻局同时接受新报登记申请"。② 全台新闻界翘首相盼的"报禁"开放终于尘埃落定。

"报禁"开放前夕,多数人对于解除报禁后的我国台湾地区报业怀着几近童话式的乐观,以为我国台湾地区报业从此迈入自由竞争的"战国时代",言论自由受到保障、民意受到重视、真理受到卫护。然而,并非所有的业内人士及学者对开放后的报业前景持乐观情绪;他们都意识到我国台湾地区报业发展史上的里程碑时刻即将到来,但是,他们中还有一部分人以一种喜忧参半的心情来看待"报禁"解除。为此,由台北"新闻编辑人协会"主办的《报学》杂志连续多期就此为主题,相当一部分文章对"报禁"解除后的报业发展表示了忧虑。例如,学者李瞻预见到"报禁"开放后,报业可能朝色情与犯罪新闻泛滥、言论攻讦、滥用新闻自由等负面方向发展,他认为解除"报禁"需付出高昂的代价。③ 又如马骥伸在《报纸开放登记以后》表达了开放报纸登记后,可能引发报纸价格上

---

① 王天滨:《台湾新闻报业史》,亚太图书出版社2002年版,第332页。

② 关于"报禁"开放过程可详参:王天滨《台湾新闻报业史》,第332—337页;王洪钧:《台湾新闻事业的历史演进》,载王洪钧《台湾新闻事业发展证言》,台北市新闻记者公会,1998年,第39页;及林丽云《报禁解除二十年台湾报业大事记》,载卓越新闻奖基金会主编《关键力量的沉沦——回首报禁解除二十年》,世流图书公司2008年版,第147—154页。

③ 李瞻:《我国报禁问题及其解决之道》,《报学》杂志1987年6月第7卷第8期。

涨、新闻处理方式向杂志化演进、言论无法保证超然公正等种种忧虑。①
曾在我国台湾地区文化界扮演过重要角色的《文星》杂志也于1988年第
一期以此出了个专题，邀请多位知识文化界人士展开讨论，结论是："在
报禁开放的起跑枪响时，我们对'解放'的迷幻，应有深层的自觉与反
省。"② 总之，他们多是忧虑开放"报禁"后，报业市场竞争将日益激烈，
报业生存环境将日益险恶，从而导致新闻报道的品质和内涵的下降。

二　报禁解除前夕成舍我对报业解禁后的展望与《台湾立报》的创办

此时，成舍我对"报禁"开放后又有何展望呢？他的观点集中反映
在1987年3月29日于"中华民国"大众传播教育协会年作的专题演讲
"开放报禁与增强传播教育"。从所讲内容看，如果说地球上真有对报禁
解除后的报业发展怀有几近童话式的乐观的人的话，毫无疑问，成舍我必
是其中一位。在演讲中，首先，他认为政府三十多年来实施报禁的两个理
由——报业市场已界饱和及节约纸张——都已不存在，政府此时开放报纸
限制，"这是一个很契合时代需要的决策"。其次，他预料开放登记后，
真正投向报业的人并不会很多。大多数人多因政治热情而办报，不能支撑
长久；即使有少数财力雄厚的资本家对办报感兴趣，但或许因为办报对人
才的需求，以及言论立场的顾忌等种种困难，他们不会轻易尝试。因而，
据他估计，激烈的报业竞争市场不会形成。再次，即便有许多人投身报
业，在成舍我看来，政府也无须担心因报业市场竞争过于激烈而陷入恶性
竞争，出现诽谤、黄色新闻或破坏"国家"安全等不良现象。因为报业
竞争如同所有行业的市场竞争一样，将是一个优胜劣汰的过程，公正的报
道和丰富的内容将是制胜之道，那些言论过于偏激的报纸将遭受读者的唾
弃而无法生存，从这个角度说，解除报禁后，市场竞争会促成新闻报道品
质的上升和言论立场的公正。基于此认识，成舍我认为那些担心"报禁"
开放后报界秩序将会大乱而督促政府赶快制定法规加以规范的人是"杞人
忧天"，根据现有的刑法、民法、出版法等相关法规就足够管理新闻出版
业，无须再专门制定法规。最后，他认为"报禁"解除后，新闻教育应

---

① 马骥伸：《报纸开放登记以后》，《报学》杂志1987年12月第7卷第9期。

② 《戳穿童话版：报禁开放的迷幻与反思》，《文星》杂志1988年第1期。

适时加强，培养具有视野开阔的高级新闻人才是当务之急，而加强人格教育尤为"报禁"开放后的重中之重。①

事与愿违，解禁后我国台湾地区报业的走向与成舍我的展望大相径庭。是什么蒙蔽了他一向锐利的双眼？笔者认为原因有二。

一是在报刊思想上，他深受欧美的经典自由主义思想理论影响，认为报业市场也同经济市场一样，无须政府的管制，通过人类的"理性"和"市场的自我修正"即能达到自我规范的功效。对于像他这样一个将办报作为终生事业的人来说，欧美所谓的"言论出版自由"是他深为羡慕的，因为他个人劫难的办报经历亲身见证了中国长久以来在这方面的缺失，所以他将此次"报禁"开放看作中国自由思想史上的一次伟大胜利。在这种对"报禁"开放的意义无限拔高的作用下，成舍我不愿意看到任何关于"报禁"开放的负面评价。

二是"报禁"解除重燃起了他的办报热情，不愿意有任何的节外生枝阻碍他新报的创办。来台初始，他唯一的愿望是复刊《世界日报》，然而经过多次的奋争，此愿望终不能实现，迫使他赌气说出"报禁不开，绝不办报"的诺言。此后对"报禁"解除的期待，有生之年再办起一份报纸，成为他的夙愿。现今当局终于宣布开放"报禁"，三十余年的夙愿终将实现，心中办报的激情不可遏制地燃烧起来，1987 年 2 月，他就说出："政府开放报禁，我成舍我再不办报，有点说不过去吧！"② 于是他成为当局宣布准备开放"报禁"之后，第一位以明朗态度，表示要办报的人。在此情形下，他希望"报禁"能够按照既定计划开放，不希望有任何变故而殃及新报的创办。

有证据显示，最迟在 1987 年 6 月成舍我就已正式开始报纸的筹备工作。③ 在订购两台印刷机器后，12 月在"世新"校园内动工兴建地下三

---

① 演讲全文可参看：《报禁开放与新闻教育》，原载台湾《传播教育会讯》，1987 年 8 月 17 日，后收入《成舍我先生文集》（1951—1988），第 555—558 页。还可参：《开放报禁与增强传播教育——成董事长在大专教育协会演说对上述两项问题做精辟的见解》，《世新校友》1987 年 4 月 15 日。

② 《成舍我准备十二亿办报》，《美国新闻与世界报道》1987 年 2 月 23 日。

③ 在 1988 年元月接受《文星》杂志访问时，成舍我就表示向美国订购的两部印刷机已运抵台湾，据他说"订购印刷机，起码也要六个月才能运到"之语，可推断出他在 1987 年 6 月就已开始报纸的筹办工作。可参《老骥伏枥志千里——访老报人成舍我先生》一文。

层、地上六层的"传播大厦"，作为新创报纸的社址。1988 年年初，校董事会通过成立"台湾立报筹备处"，因成舍我年事已高，具体事务由其女成露茜负责。在"报禁"开放的第十二天，《台湾立报》通过新闻局的核准，准其登记申请。7 月 12 日，《台湾立报》创刊发行，成舍我任发行人兼社长，写下了中国新闻史上以 91 岁高龄创办报纸的新纪录，也被他的学生称为他个人办报历程的"第三个里程碑"①（见图 6 - 1）。

图 6 - 1　《台湾立报》刊头

资料来源：据笔者实物拍摄。

在发刊词中，成舍我以他一贯的办报精神宣称："《台湾立报》今日创刊，我虽不敢确保这张报必将办得光辉灿烂，十分精彩，但我定可确保，这张报一定能发挥正义抵抗暴力，为老百姓说话，……《立报》基本立场，将百分之百为'抢救国家生存'及'维护大多数人民福利'。"②这等口语与 50 多年前创刊的上海《立报》何等相像！人们有理由相信，经过多年蛰伏后，成舍我定可将这张报办得如他早年的报纸一样虎虎有生气，给中国新闻事业再添光彩，在漫长的新闻生涯中他将有一个圆满的谢幕。可惜的是，人们的这番期待并没能出现。在成舍我的有生之年，《台湾立报》并没有进入台湾的主流报纸之列，这虽然说不上彻底失败，但至少不能说是"成功"了，这成为他人生中最后的一个遗憾，使人不禁感慨万分。

---

①　见程之行《报业第三个里程碑》，《台湾立报》1988 年 7 月 12 日第 2 版。

②　成舍我：《何以要创办台湾立报》，《台湾立报》1988 年 7 月 12 日第 2 版。

第三节 《台湾立报》何以难"立"？

成舍我早年的报纸大多是在条件极其艰难的环境下创办的，缺乏财力、人力，最大的困难是报道及言论稍触及"禁区"，即可能被夺去办报的自由，可即便在如此的环境下，它们都取得成功，都在中国报业史中占有一席之地。从这方面说，《台湾立报》是在较优渥的条件下创办的：成舍我手握十几亿的现金，有较充裕的财力；从人力上说更是他的优势，"世新"毕业生已逾两万余人，其中不少人在业界有卓越的表现，特别是早期的毕业生如王景弘、魏瀚、安强等都已是各自报社的骨干力量，即使在教师队伍中，也有如荆溪人、常胜君这样曾领导过多年编务的老报人，他们都可说是《台湾立报》的潜在人才力量；当然，最大的便利还是实现了办报的自由，报道和言论的"尺度"可以无限扩大，不会再出现动辄"停刊"或被投入大狱之虞。这些便利，应该说充分授予了成舍我施展拳脚的空间，然而《台湾立报》为何还是难"立"呢？这是一个难解的"谜"。

《台湾立报》为何不成功，这个"谜"尽管难于解答，但主要原因可从两方面展开分析：一是客观上，同成舍我早年办报活动的媒介环境相比，时空递嬗，特别是"报禁"初解，我国台湾地区的报业陷入激烈的恶性竞争，这是成舍我始料未及的；二是主观上，成舍我固守的新闻理念与新闻处理方式，不符合时代与民众的要求。下面详述之。

一 激烈的市场竞争是《台湾立报》难"立"的客观原因

实际上，早在1987年，鉴于"报禁"开放成为大家的共识，我国台湾地区各大报或为固守地盘，或为抢占先机，竞争手法争奇斗胜，报业市场已是烽火一片。在此情形下，经济基础较差者倍感压力，该年已有《民族晚报》《中华日报》北部版和《大众报》在报禁未开、正面战争还未开打之时关门歇业。

报禁开放后，新创的报纸如雨后春笋般地冒出来。据台"新闻局"统计，1988年元月内，有21家新报办妥登记，该年内总数已达98家，第二年新登报纸持续增加，总数达139家之多，第三年热潮虽稍有减缓，但也有76家，在这三年中新增报纸多达313家（见表6-3）。

表 6 - 3　　　　　　　　　1987 年至 1990 年台湾报纸家数

年份	新增报纸数（家）	停刊报纸数（家）	报纸总数（家）
1987	尚未开放	3	29
1988	98	7	120
1989	139	66	193
1990	76	63	206
总计	313	139	

资料来源：据汤海鸿《报禁解除后报业的竞争形势》，载台北市新闻记者公会编印《"中华民国"新闻年鉴八十年版》，1991 年版，第 75—82 页，及王天滨《台湾新闻报业史》，第 350—351 页。

　　当然，上述新增的报纸大多数不能维持正常运营，多是断断续续出版，每年正常出版的仅有五六十家。但同"报禁"开放前每年不超过 31 家相比，新增的报纸几达一倍，市场的饱和度已达到顶点。与此同时，在电子传播领域，随着当局陆续开放广播、电视市场，对报业市场也造成极大的冲击，民众的读报意愿呈现逐年下降的趋势。1986 年 10 月，《远见》杂志举行全台电话调查，有 82% 的受访者经常看报纸，15% 偶尔看，从来不看的仅有 3%。有看报习惯的人，看报时间以半小时以上到一小时最多，占 35%，其次是十分钟到半小时，占 34%，有 25% 受访者看报时间在一小时以上。[①] 然而到 1993 年，据陈世敏与罗文辉的调查，我国台湾地区民众的读报意愿呈下降趋势，受访民众不到三成平均每天花 15—30 分钟阅报，有四分之一左右花 30 分钟到一小时读报，而有五分之一多受访民众不看报（见表 6 - 4）。

表 6 - 4　　　　　　　　台湾地区民众每天平均看报时间

每天平均看报时间	人数（人）	百分比（%）
几乎不看	230	20.9
15 分钟以下	66	6.0
15 分钟以上至 30 分钟	328	29.8
30 分钟以上至 1 小时	282	25.6

①　《民众希望开放报禁吗？》，原载《远见》杂志 1987 年 1 月，转引自王天滨《台湾新闻报业史》，第 459 页。

续表

每天平均看报时间	人数（人）	百分比（%）
1 小时以上至 1 小时半	86	7.8
1 小时半至 2 小时	63	5.7
2 小时以上	45	4.1
合计	1100	100

资料来源：罗文辉、陈世敏：《新闻媒介可信度之研究》，"行政院"国科会研究报告，1993年，转引自：王天滨《台湾新闻报业史》，第459—460页。

在此情形下，无论是新报还是老报，为了生存展开了你死我活的激烈竞争。其竞争之激烈，业界人士汤海鸿在《报业解除后报业的竞争形势》一文中开篇即进行了生动的描述：

> 经过长达四十年的管制，政府于"民国"七十七年一月一日宣告解除报禁，台湾地区的报业经营宛如脱缰野马般，奔腾进入一个崭新的境界；老报挟其既有之优势，一面深沟高垒固守地盘，一面增张扩版强力出击；新报则纷纷崛起，虽一时难成气候，但初生之犊，冲刺勇猛，也让人不敢轻视。在新旧势力的交替下，报业市场起起伏伏，时而山穷水尽，时而柳暗花明，其竞争之激烈、变化之多端，真令人目不暇接，叹为观止。[1]

而在竞争中，以联合、中时两大报系为代表的老报以其资本雄厚，手法最为灵活，花招最多，在竞争中占有利之势，而大多数新报则是咬牙苦撑，据学者赖光临总结，新报所以如此艰辛，其原因有：1. 联合、中时两大报系实力雄厚，控制绝大部分广告与行销市场，使新报难以开展生存空间；2. 新报欠缺人才，中上级工人和人员多靠"挖墙脚"而来，无健全人事制度，咸抱"合则留，不合则去"态度，人事动荡不安，影响报纸发展；3. 新报限于人力财力，内容相形逊色，难于吸引读者；4. 新报

---

① 汤海鸿：《报禁解除后报业的竞争形势》，载台北市新闻记者公会编印《"中华民国"新闻年鉴八十年版》1991年版，第75—82页。

纷起，各报群相增张，使读者阅报频增负荷，影响新报行销。[①] 兹就发行、人才两方面的激烈抢夺略述一二。

在发行方面的竞争，主要体现在各大报不惜成本，以订报送赠品来诱惑读者，大打赠品战。1988 年元月 25 日，在报禁解除尚未满一个月之际，高雄的《台湾时报》就以"发行突破五十万份"为由，举办"问卷感谢大赠奖"，这是赠品大战之始。真正使大战掀起高潮的是第二年两大报系的参与。1989 年 11 月 15 日，中时报系举办"千两黄金酬谢读者大摸彩"活动，宣称特等奖独得一百两黄金，从此引发风潮，各报纸借春节临近之机，以"贺岁迎春""酬谢读者""创刊志庆""印报厂开印"等不同说法为由，举办类似凭订报收据参加摸彩赠奖的活动。[②] 赠品大战使得多数读者以赠品价值的高低为订报的重要依据，而不以报纸本身的品质高低为订报依据，从此，报纸发行进入了一个永无休止的赠品大战阶段，这成为报业恶性竞争的开端。赠品大战对于像中时、联合这样财力雄厚的报系尚可支撑，然而对于刚创立的新报来说，则是难以承受的，据业界人士透露，若要争取一份半年的订户，报社须花亿元的推广费用。[③] 如此情形使得发行量越来越集中于财力雄厚的两大报系，报禁开放一年后，王洪钧总结道："台湾报业市场被三大报系占去百分之八十以上，剩下不到百分之廿的大饼才由其他六十家报纸所分啖。因此，报禁开放迄今，虽然已出版报纸家数增为原有报纸的两倍，其生存空间却小得可怜。"[④] 而到 1990 年全台发行量达到创纪录的四百五十万份时，两大报系独占 84% 的发行量，其他报纸一起瓜分剩下的 16% 的市场（见图 6—2）。

在新闻人才方面，由于新报不断创刊，对人才的需求不断膨胀，出现一股前所未有的人员招募行动，从而拉起了一场"挖墙脚"大戏。两大报系因长期注重人才的培育而人才众多，成为各报抢夺的重地，为此两大报系除各有因应之策外，且主动出击，向其他报展开反"挖墙脚"行动。以联合

---

① 赖光临：《检验七十年代报业的发展》，载台北市新闻记者公会编印《"中华民国"新闻年鉴八十年版》1991 年版，第 63—70 页。

② 王天滨：《台湾新闻报业史》，亚太图书出版社 2002 年版，第 341 页。

③ 赖光临：《检验七十年代报业的发展》，载台北市新闻记者公会编印《"中华民国"新闻年鉴八十年版》1991 年版，第 63—70 页。

④ 王洪钧：《报禁开放一年几个值得深思的问题》，载《报学》杂志 1988 年 12 月第 8 卷 1 期。

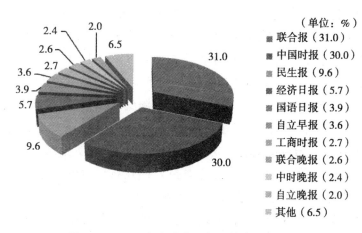

（单位：%）
- 联合报（31.0）
- 中国时报（30.0）
- 民生报（9.6）
- 经济日报（5.7）
- 国语日报（3.9）
- 自立早报（3.6）
- 工商时报（2.7）
- 联合晚报（2.6）
- 中时晚报（2.4）
- 自立晚报（2.0）
- 其他（6.5）

图 6-2　1990 年台湾主要报纸的市场占有率

资料来源：据赖光临《检验七十年代报业的发展》，载台北市新闻记者公会
《"中华民国"新闻年鉴八十年版》1991 年版，第 65 页。

报系而言，一方面尽力提高同人待遇，以留住原有人才；另一方面也非常留意网罗外界的人才，其用人原则是，只要其人对某项问题有研究，或写作能力强，均尽量予以聘用，即使一时之间没有供其发挥的地方，也可避免人才流入竞争对手中。而以中时报系而言，其老板余纪忠向以善于挖掘、争取人才著称，被他看中的人，他常不惜以各种优厚条件、方式加以延揽。[①]

　　报业市场的激烈竞争是以资本为后援的。两大报系以其多年积累的资金，故能打得起，且能扩充"边疆"，挤压其他报纸的生存空间。对于刚刚创立的《台湾立报》来说，不但有其他新报的痛苦，而且有其自身的难言之隐。

　　其一，在资金方面，成舍我虽然喊出过"投资两亿开办，再准备十亿赔下去"的豪语，然而同联合、中时等大报动辄投入几亿巨额资金相比，还是小巫见大巫。并且《台湾立报》的办报资金来自于"财团法人私立世界新闻专科学校"，并不是由成个人所出。他在创办《台湾立报》时必须考虑所用资金不得超过一定限度，不得影响学校的正常发展，且学校此时处于改制的关键时期，须保持一定的现金流。可说资本的限制，是《台湾立报》不能打开局面的最主要原因之一。在开办之前，成舍我对此已经有所预料，

　　① 汤海鸿：《报禁解除后报业的竞争形势》，载台北市新闻记者公会编印《"中华民国"新闻年鉴八十年版》1991 年版，第 75—82 页。

他说："今天办不起大报了，因为必须要有非常雄厚的资金，要有最新最好的设备，要盖大厦，要有编制庞大人力丰沛的编辑部采访部。我们只能运用学校有限的资源，只能办上海立报小报型的大报，以小部队，以奇兵出现。"①他认为通过创办小型报和借用"世新"的人力，能达到减少开支的目的，然而，他还是对报禁开放后激烈的市场竞争估计不足，无法做到如其他报纸一样为打开销量而大打赠品大战，也无法做到为了延聘人才而参与"挖墙脚"大战。直到逝世前，成舍我躺在病床上仍为资金而纠结，老友卜少夫来看望他，劝他加大对《台湾立报》的投资，他感叹道："没有钱啊！"②此语充分体现出他"巧妇难为无米之炊"的痛苦。

其二，在人才方面，如前所说，这本来是《台湾立报》相比于其他各报所无法比拟的一个优势，然而事与愿违，极少有"较入流"的人才愿意来到该报工作。除了薪资低的原因外，它的一个致命缺陷是定位于实习报纸。由于办报资金来自学校，故成舍我创办《台湾立报》的一个理由是"为供应世新校友及在校同学，实现其所学的新闻理论及增进其技术。"③这一定位，使得稍有志向的人士都不愿意加入该报，卜少夫回忆道："（成舍我）1987年准备创办台湾立报时，曾和李荆荪、我，商谈过多次。以后李荆荪与我知道他并无大志，只想办一张教学用的学校报纸，供给学生实习之用的，我们毫无兴趣，也不再同他谈如何办报了。"④好友刘绍唐也曾劝成舍我从学生中选出四十岁上下的人来负责，可是既然有志向的、正当盛年的人才不愿意来，他只得在已经退休或即将退休的"过气"的人才中寻找，最后终于找到在《民族晚报》退下来的黄仰山来主持业务，《台湾立报》出版后已非他内心想象中的报纸了。⑤创刊后，《台湾立报》因无法在短时期内打开局面，且待遇与他报悬殊，人员流动频繁，单就总编辑一职，至成舍我逝世前的短短三年内，已换过五位。

---

① 张佛千：《追思成舍我先生》，载《传记文学》杂志1998年8月第435号。

② 卜少夫：《我的老老板成舍我》，载中国人民大学港澳台新闻研究所编《报海生涯——成舍我百年诞辰纪念文集》，新华出版社1998年版，第235页。

③ 成舍我：《何以要创办台湾立报》，《台湾立报》创刊号1988年7月12日第2版。

④ 卜少夫：《我的老老板成舍我》，载中国人民大学港澳台新闻研究所编《报海生涯——成舍我百年诞辰纪念文集》，新华出版社1998年版，第233页。

⑤ 刘绍唐：《成舍我的终身事业》，载《成舍我纪念文丛》，第52页。

二　新闻理念及经营方式不能与时俱进是《台湾立报》难 "立" 的主观原因

"报禁" 解除后，我国台湾地区的媒介生态环境发生了巨变，这要求媒介管理者需适时地调整新闻理念及经营方式，然而对照《台湾立报》创刊后的表现，不禁使人产生以下疑问：

其一，小型报的办报理念是否与时代相契合？

成舍我对中国新闻事业的一个重要贡献是，经过他的实践，小型报办报理念得到完善和成熟，特别是他提出的 "精编精写" 编辑策略和 "小报大办" 的办报方略深远地影响了中国报业的发展。然而，小型报的产生及风行一时自有其社会背景。它产生于中国社会发展相对落后的背景下，当时中国的报业市场受申、新这样的大报所垄断，相对于普通民众，它们价格昂贵，且不易读，小型报适时出现，以低廉的价格、浅显易读的文字及高品质的新闻内容姿态出现，受到 20 世纪二三十年代民众的欢迎，尤其是上海《立报》，其在抗日救亡运动中的杰出表现更是符合时代的要求。

然而在我国台湾地区，一方面，当局以 "节约纸张" 为由实行 "限张"，我国台湾地区各报迫不得已，为了最大限度地利用版面，小型报的一些做法如 "精编精写" 都得到了具体运用，经过多年的锤炼，其新闻处理方式早已领先于上海《立报》的一些做法，当进入 20 世纪 80 年代后，我国台湾地区民众对小型报的新闻处理方式可说已经是司空见惯了，此时《台湾立报》仍用上海《立报》的手法处理新闻，怎会产生当年的 "惊艳" 效果呢？

另一方面，此时台湾已进入所谓的 "后工业社会" 时代，人们开始追求生活的品质，不仅仅对报纸内容，而且对报纸形式也提出了更高的要求。在版面形式上，人们追求舒适、美观及视觉冲击等效果。为此 "版面设计" 成为报纸重要的营销手法之一，各报纷纷跟进，大胆革新。各报先是将行之多年的每版 20 栏，每栏 9 个字的编排方式，改为每版 14 栏或 12 栏，每栏 12 个字或 14 个字，以增多留白，让读者看起来更觉清爽、更为 "赏心悦目"。① 后以联合报系为代表，在版面处理上作了多处革新。1988 年 3 月创刊的《联合晚报》，大胆采用横式编排，打破中文报纸直式编排

① 汤海鸿：《报禁解除后报业的竞争形势》，载台北市新闻记者公会编印《"中华民国" 新闻年鉴八十年版》1991 年版，第 75—82 页。

的传统风格，予读者全新的阅读形式；1988 年 11 月 14 日，《联合报》宣布改版，将新闻改为 12 个字高为 1 栏，字体放大百分之五，以便利阅读；此后它将英文报刊编排经验引入版面处理，提出"版面布局变化"的概念，采取不同于过去块状组版的矩形组版设计，以总体规划的概念出发，作单元式组合，即一个单元把几组相关的新闻集合在一起，通常做成一个矩形方块（垂直或水平），以塑造焦点凝聚效果，也便于阅读。① 这些做法后来被各报效仿，并加以变化。

以 1988 年 12 月 1 日《联合报》和《台湾立报》的版面为例分析。《联合报》每版划分 14 栏，每栏 12 字；采用小型报样式的《台湾立报》，版面比前者几乎小一半，而每版也划为 14 栏，每栏 8 字，相比之下，它的字数显得密集得多，留白较少，版面的操作空间也相对较小（见图 6 - 3）。

图 6 - 3　1988 年 12 月 1 日《联合报》及《台湾立报》第一版对照图

资料来源：据笔者实物拍摄。

相对于大报，《台湾立报》版面操作空间小，集中体现于该报图片运用较少。兹仍以 1988 年 12 月 1 日《台湾立报》与其他报纸所载的图片数略作比较。

---

① 　王天滨：《台湾新闻报业史》，亚太图书出版社 2002 年版，第 348 页。

如表 6 - 5 所示，在该日从"共载图片数"及"平均每版图片数"两个指标来说，《台湾立报》都是最少的；尤其要提及的是，在总共 19 幅图片中，有 7 幅是集中于"新闻图片集锦"（第 11 版），3 幅载于影视综艺版（第 16 版），余下 9 幅分散于其他 14 版，在要闻版面中配图尤少，而不像其他大报配图相对平均。之所以出现这种情况，不得不说与小型报的版面限制有关。

表 6 - 5　1988 年 12 月 1 日《台湾立报》与其他大报所载图片数对照表（单位：幅）

	共载图片数	版面数	平均每版图片数
《台湾立报》	19	16	约 1.2
《联合报》	53	24	约 2.2
《中华日报》	34	16	约 2.1
《台湾新生报》	40	24	约 1.7
《台湾时报》	32	16	2

资料来源：据笔者翻阅原报，统计而成。另注：同一主题载多幅图者仅计一幅，广告版不计入。

其二，《台湾立报》的刊载内容与新闻处理方式与"报禁"开放后我国台湾地区报业的发展趋势是否相符合？

"报禁"开放后，各报莫不扩充版面，充实内容，给予读者空前丰富的信息，满足读者对信息的多元化要求。以下是"报禁"开放时近一年，我国台湾地区一些报纸的版面配制，从中可看出它们对读者需求的把握趋势（见表 6 - 6）。

表 6 - 6 中《联合报》《中华日报》《台湾新生报》《台湾时报》四报尽管性质不尽相同，版面有多寡之分，然而在内容上仍大体呈现以下趋势。

表 6 - 6　　　　　　　　1988 年 12 月初台湾一些报纸的版面配制

	《联合报》	《中华日报》	《台湾新生报》	《台湾时报》	《台湾立报》
1 版	要闻	焦点新闻	要闻	要闻	中外要闻
2 版	焦点新闻	第 1 要闻	省政要闻	政治新闻	中外要闻
3 版	焦点新闻	社会新闻	国内要闻	综合新闻	中外要闻、社评
4 版	社会观察、大家谈	舆情人物	社会生活	国际新闻	法令规章、会议记录

续表

	《联合报》	《中华日报》	《台湾新生报》	《台湾时报》	《台湾立报》
5 版	生活	第 2 要闻	综合新闻	社会新闻	国际新闻
6 版	经济投资	台北市新闻	财经贸易	北部综合新闻	大台北新闻
7 版	社会新闻	台北县新闻	金融股市	大台北新闻	台高金马地方新闻
8 版	万象	理财投资	体育新闻	体育新闻	财商经济
9 版	大陆新闻	国际新闻	国际新闻	财经新闻	财商经济
10 版	体育户外	分类广告	分类广告	分类广告	文教体育
11 版	国际新闻	现代生活	分类广告	分类广告	特别报道
12 版	广告	体育新闻	广告版	广告版	大陆报道
13 版	北部综合新闻	艺林版	现代生活	娱乐新闻、大地生活	科技新知
14 版	台北县新闻	中华副刊	文教版	台时副刊	文艺荟萃
15 版	北部都会新闻	大陆版	工商新闻	广告	茶余酒后
16 版	缤纷	家庭生活	农业天地	广告	影视综艺
17 版	家庭与妇女		健康生活		
18 版	分类广告		桃竹苗版		
19 版	分类广告		中彰投版		
20 版	电影新闻		休闲消费天地		
21 版	联合副刊		空大专版		
22 版	分类广告		文化点线面		
23 版	分类广告		新生副刊		
24 版	综艺新闻		新生儿童		

资料来源：据笔者翻阅原报。

1. 强化时政报道，地方新闻受到重视。报禁开放后，各报为争夺读者，在体现权威性的主要领域——时政报道上展开了激烈的竞争。上述四报投入了三个至四个版面用于时政报道，并且分类明细，例如《联合报》将时政报道分为"要闻版""焦点新闻"，占用三个版面；《中华日报》分为"焦点新闻""第 1 要闻""第 2 要闻"，占用三个版面；《台湾新生报》分为"要闻""省政要闻""国内要闻""综合新闻"，占用四个版面；《台湾时报》按照传统的划分，分为"要闻""政治新闻""综合新闻""国际新闻"，也占用四个版面。

随着时政新闻报道领域的拓展，各报对各地的选情报道日益重视，从而使得地方新闻的地位得到提升。在这方面，《联合报》的创办人王惕吾在报禁开放前就认识到地方新闻的重要，1987 年在该报的常务董事会上他指出："地方版不是报纸的尾巴，编辑部切不能存有地方版差一点也无妨的心理，……地方记者水准之提高，关系将来报纸前途至巨，大家要正视这个关键问题。"① 报禁开放后，地方新闻地位的上升，在上表四报中得到了具体体现。《联合报》设有三个版面"北部综合新闻""台北县新闻""北部都会新闻"，用于地方报道；《中华日报》设有"台北市新闻""台北县新闻"；《台湾新生报》则放眼台中地区，设有"桃竹苗版"和"中彰投版"；《台湾时报》虽定位于地方报纸，也设有"北部综合新闻"和"大台北新闻"。

2. 社会新闻地位得到进一步提升。从加强读者的"亲近性"角度说，报纸刊载社会新闻无疑是一种重要的手段，适当的社会新闻与恰当的处理手法无疑受到读者的欢迎。报禁期间，因当局对时政新闻的严格限制，台湾各报为避免"雷区"，都投重力于社会新闻，由此奠定了台湾报业一向重视社会新闻的传统。在 20 世纪七八十年代，由于报业竞争日趋激烈，社会新闻报道养成了夸张渲染的风气，各报将社会新闻的报道范围狭隘地局限于犯罪、色情、灾祸等领域，且将之放置第三版，当成报纸的主要卖点，报纸的这种做法备受有识之士的抨击。1983 年，马星野在《中央日报》发表《读报观影罪言》一文，历数社会新闻的种种缺失，发出"为什么我们传播事业文化事业，堕落到这个地步"的质问。② 此文引起各方的响应，触发了一场社会新闻的改革，迫使各报将社会新闻由第三版调至第五版，降低了社会新闻的地位。

"报禁"开放后，迫于严酷的生存压力，不少报纸把社会新闻当作救命的"稻草"，重新调整了社会新闻在各类新闻中的地位，纷纷将之调回第三版（例如上述的《中华日报》），并以更渲染夸张的手法处理，使得社会新闻的地位得到进一步的提升。各报的这种做法，虽然引人诟病，社会新闻的煽情风格甚嚣尘上，直接导致了后来新闻业"腥、臊、色"等

① 《联合报常务董事会会议记录》（1985—1987），《联合报》1992 年，第 264 页。转引自：王天滨《台湾报业史》，亚太图书出版社 2002 年版，第 396 页。

② 马星野：《读报观影言——文化建设委员会春致辞》，《中央日报》1983 年 3 月 1 日第 3 版。

不良风气。但是确实，对于那些急迫在短时间内吸引大家注意、在生死边缘徘徊的新创报纸来说，无疑是条路子。即便对于像《联合报》《中国时报》这样地位巩固的老报来说，加强社会新闻报道，对于稳定并扩大读者群是必要的，从这方面上说，报禁开放后，加强社会新闻报道的力度是台湾各报的共识和必由之路。

3. 强调内容的实用性、知识性和休闲性。在后工业社会时代，人们对信息的需求日益多元化、个性化、软性化，强调信息的实用性、知识性和休闲性。为此，报禁开放后，各报除了继续设有"投资理财"、副刊等传统性质的版面外，还充分利用版面扩张的时机，纷纷推出各具特色的专版、专栏，以迎合人们的需求，上表四报在此方面有充分的体现（见表6-7）。

表6-7　在实用性、知识性和休闲性方面，《联合报》《中华日报》
　　　　《台湾新生报》及《台湾时报》的版面设置

	《联合报》	《中华日报》	《台湾新生报》	《台湾时报》
实用性知识性	"经济投资""生活""缤纷""家庭与妇女"	"理财投资""家庭生活"	"社会生活""财经贸易""金融股市""现代生活""文教版""工商新闻""农业天地""健康生活""文化点线面"	"财经新闻"
休闲性	"万象""体育户外""电影新闻""联合副刊""综艺新闻"	"现代生活""体育新闻""艺林版""中华副刊"	"体育新闻""休闲消费天地""新生副刊""新生儿童"	"体育新闻""娱乐新闻""大地生活""台时副刊"

资料来源：据笔者翻阅原报。另注：因"实用性"和"知识性"内容时有重叠现象，故归入一类。

从表6-7可看出，四报尤其在休闲性方面投入较大的版面，都辟有四至五个版面，除了传统的副刊、体育、娱乐等版面外，还辟有表现现代生活方式内容的版面（如《联合报》的"万象""体育户外"；《中华日报》的"现代生活"；《台湾新生报》的"休闲消费天地"和《台湾时报》的"大地生活"），以满足后工业社会时代人们对休闲、消费的需求。

4. 增设读者投书专版/栏，注重反映民意。报禁开放后，版面扩张的一个重要体现是台湾各报纷纷增设读者投书专版/栏，让市民阶层有充分表达意见的机会。对于此种现象，学者王洪钧曾作过如下的解释：

报业长期以来受到与战时相同的约束，一旦开禁，已非仅登记与张数的开禁，而是精神上和心理上的开禁。因此，在新闻与言论上自然而然的出现了自由的迸发，正像一个判了无期徒刑的监犯，突获特赦出狱常先买醉自贺。尤其因为政治的威权既由"舆论"取代，更鼓舞了报纸为民喉舌的使命感，于是报纸的舆论功能大形扩张。[①]

各报关于读者投书专版/栏的名称及处理方式各不相同，例如《联合报》的读者投书栏名为"大家谈"，采用主题先设、有选择性的"来函照登"的方式处理；《中国时报》的读者投书栏名为"意见桥"，该栏下面设有"延长线""文化观察站""消费眼""编辑室的报告""媒介批判"等众多子栏目，按照主题的不同将读者的来函刊于各子栏目下；《中华日报》则将读者投书放入传统的"舆情人物"版，其处理方式较简单，照登读者来信。虽然在名称和处理方式上有种种差异，然而各报的目的则是相通的，都希望自己不仅起到充任沟通民间与政府、读者与报纸之间的桥梁的作用，还希望以民意代表的姿态出现，能讨好民众，起到巩固并扩大读者群的效果。

对照报禁解除后台湾报业的发展趋势，我们可以发现《台湾立报》在新闻处理及刊载内容上有以下缺失。

1. 时政新闻处理上，归类未明。《台湾立报》的时政新闻不像我国台湾地区各报有明细的划分，而将占三个版面的时政新闻统称为"中外要闻"，显而易见，这种版面处理方式是北平《世界日报》的延续。然而此种作法一方面在追求"速读"的时代不方便读者阅读；另一方面也予人以版面制作粗糙、不精致的印象。

在地方新闻报道上，《台湾立报》投入两个版面，辟有"大台北新闻"（第6版）和"台高金马地方新闻"（第7版），报道范围覆盖全岛，不可谓不重视。然而同其他报相比，体现出全而无重心的缺陷。上面提及的四报都是选准一重点地区，例如《联合报》虽定位于全岛发行，此时它也仅将全岛政治中心且经济活跃的大台北区域作为报道重心，《中华日报》和《台湾时报》也是如此；《台湾新生报》则是例外，它之所以开辟

---

① 王洪钧：《报禁开放一年后几个值得深思的问题》，载台北《报学》杂志1988年12月第8卷第1期，第2—5页。

"桃竹苗版"和"中彰投版"，是因为此时它正努力于开掘台中地区的读者市场。作为一家新创的报纸，《台湾立报》应该首先耕耘于大台北地区的报业市场，可说这是决定新创报纸生死存亡的一大关键，因而它在地方新闻报道方面也应该以大台北地区为重心；然而它仅辟"大台北新闻"一版用于该地区的报道，这与其他各报动辄二版乃至三版的篇幅相比，是远远不够的。另外，《台湾立报》设有另一地方版"台高金马地方新闻"，企图将报道触角延伸至大台北以外的所有区域，事实上这是"吃力不讨好"的做法，这样做一方面分散了人力资源，增加了新闻采集的成本；另一方面因发行网络还未能扩及各地，并不能很好地达到扩展读者群的目的。

2. 社会新闻的缺失。在报禁开放后社会新闻正成为台湾各报吸引读者的主要手段的同时，《台湾立报》不但没有设社会新闻专版，甚至在其他版面也无法散见到个别的社会新闻，这在我国台湾地区报界是独有的现象。

回顾成舍我的办报活动，会发现他早年所办的报纸并不排斥社会新闻，相反，可以用"重视"一词来形容。例如《世界日报》在创刊初期即设有"社会新闻"栏；《民生报》在"本市新闻"栏及"社会写真"版也大多是刊载社会新闻；即便是以"立国立己"为宗旨的上海《立报》在"本地新闻"版也以刊载社会新闻为主。并且，在长期的新闻实践中，成舍我创造了如"法庭旁听记""访问记"等新型的社会新闻报道方式。从报道内容看，这些社会新闻大多也仅限于犯罪、名人逸事、异人异事，有些甚至极尽夸张渲染之能事。然而，在报禁开放后社会新闻大行其道的时代，为何独《台湾立报》缺失社会新闻呢？这是一个值得讨论并深思的问题。

《台湾立报》不刊载社会新闻，其缘由还是与成舍我的新闻思想转变有关。在创办《台湾立报》之前，成舍我已经中断了30余年的办报活动，在这30余年中他冷眼旁观报业的发展，对报业的一些不好发展倾向，尤其对社会新闻朝黄色新闻发展的倾向提出了尖锐的批评。在1956年参加由"台北市编辑人协会"主办的"社会新闻谈会"中，他说：资本家以营利为目的，往往不择手段，利用黄色新闻的刺激，增加销路。许多民主国家均已发现若干报纸借新闻自由的美名破坏了社会善良风气，增加了社会不少罪恶。"① 他认为报纸还是应该如上海《立报》一般以服务国家和民众利益作为首要功能，由此他给《台湾立报》定下的宗旨是"抢救国家生存"及"维护大多数人民福利"。基于这样的思想，他认为报纸的大部分版面应该用于"介绍新知识，分析时事"，并且偏激地将社会新闻等同于黄色新闻，社会新闻应该完全摈弃于报纸内容之外，这是《台湾立报》不载社会新闻的原因。

从现在的眼光来看，成舍我的这种想法及《台湾立报》不载社会新闻的做法当然是矫枉过正的。从世界范围看，不少小型报生存好的重要原因之一是内容能避开大报的重点，展开差异化竞争，其中，社会新闻占有重要的地位，特别强调软性及内幕新闻。从这方面说，《台湾立报》社会新闻的缺失，是其生存状况不好的原因之一。

3. 在内容的实用性、知识性和休闲性方面，《台湾立报》也有待改进。平心而论，《台湾立报》是较注重知识性的，辟有"科技新知"版，专门介绍"国内外"科技领域的前沿成果，其中也有一些与人们的生活有密切的关联。例如 1988 年 12 月 1 日，该版载有《手术治疗痔疮方法很多 以切除效果最佳》一文，对于一些痔疮患者来说就具有实用性，但是大多数成果还是与普通民众联系不大，多是属于知识性的灌输，缺乏像它报开设的如"家庭生活""缤纷"这样既具有"知识性"又具有"实用性"的版面和栏目。

《台湾立报》体现于休闲性的版面有"文艺荟萃"（第 14 版）、"茶余酒后"（第 15 版）和"影视综艺"（第 16 版）。"文艺荟萃"和"茶余酒后"都是副刊性质的，刊载的多是散文、小品文、小说等文学作品，两版并没有截然的划分；"影视综艺"，顾名思义，刊登的都是影视及明星动态，不出一般报纸刊登的范围。可见在休闲娱乐方面，《台湾立报》走的还是传统报纸的路子，即主要通过副刊的内容来体现，缺乏像上述四报开辟出如"万象""体育户外""现代生活""休闲消费天地"等表现现代社会人们追求消费、休闲等生活方式的版面。

4. 舆情版设置不稳定，与读者的沟通有待加强。加强与读者的互动，注重民意的表述，是成舍我早年办报活动的重要特点之一。早在 20 世纪 20 年代，《世界日报》就不定期的设有"读者论坛"栏目，呼请读者对

---

① 《社会新闻谈会》，载台北《报学》杂志 1956 年 12 月第 1 卷第 10 期。

"国家"大事发表评论；30 年代成舍我为贯彻其提出的"读者有其报"的口号，将此栏目固定下来，成为《世界日报》存在时间较长的栏目之一。在上海《立报》时期，由总编辑萨空了主持的副刊"小茶馆"下设有"点心"栏目，刊登了数以千计的读者来信，使得该栏成为《立报》反映民意的高地和民众了解自己与国家、民族关系的纽带，也是《立报》之所以成功的重要原因之一。可惜的是，这项优良传统并不能在《台湾立报》体现出来。

在《台湾立报》发刊词中，成舍我信誓旦旦地宣称：

> 《立报》为确实做到"为老百姓说话"及"读者有其报"两最高原则，特兹订定：……2. 本报特辟"人民论坛"，欢迎读者投书，凡有关"国家"生存人民福利之言论，无不刊载，实施为人民说话，且"人民论坛"与本报社评同刊一版，以示尊重。①

然而，在《台湾立报》创刊后，除了开始几天是这样做外，"人民论坛"栏目就无影无踪了。其原因何在？是读者来信少的缘故，或是其他的原因，那就不为外人所知了。无论如何，在台湾其他报纸正日益重视加强与读者的互动而广设"读者投书"专版/栏的今天，独《台湾立报》缺失，这不得不说是一个遗憾。

其三，《台湾立报》在经营上为何缺乏开发财源的手段？

纵贯成舍我的办报活动，他一向是善于经营而闻名于业界的。从报纸的发行、广告资源的开发及多元化经营他都有其独特的一套。② 然而这些手段在《台湾立报》毫无体现。其原因何在？

笔者认为，这首先与《台湾立报》创办时成舍我怀有的一种患得患失的心理有关。按照他在发刊词中的说法，《台湾立报》创办的首要目的是配合于新闻教育、服务于世界新闻专科学校的，"本报为'私立世界新闻专科学校'所创办，目的在使三万毕业校友及在校同学，有一确实'无党无派''不偏不倚'之日报，实施其所学新闻理念与技术"③。该报

---

① 成舍我：《何以要创办〈台湾立报〉？》，《台湾立报》1988 年 7 月 12 日第 2 版。
② 可详阅第二章第二节之"《世界日报》的创办及其办报特色"。
③ 成舍我：《何以要创办〈台湾立报〉？》，《台湾立报》1988 年 7 月 12 日第 2 版。

既有如此定位，使得它在我国台湾地区报业开禁后的时代扮演着一个道德表率的角色，别的报纸可以刊载不良信息、可以为扩大发行大打赠品战、可以为了生存无所不用其极，唯独它不能如此做，因为它担负着培养未来新闻工作者的责任。这可以说是成舍我在经营《台湾立报》时最大的顾虑，因而在发刊词中他一再保证《台湾立报》绝不是资本家的发财工具，"英美报纸往往为投资者或大幅广告登户所操纵，相信《台湾立报》，永远不会发生此弊害"，然而这何尝不是制约《台湾立报》发展的最大软肋呢？

对《台湾立报》在经营方面的质疑，集中体现于该报在相当长的时期内不刊登广告。成舍我的上述顾虑当然是一种解释，另一种解释是与他对办报的流程认识有关。自 20 世纪 30 年代后，成舍我认为办报应遵循着先内容到发行，再由发行到广告的一个流程，只有先把内容经营好了，发行和广告才能搞上去。[①] 由此，他在创办上海《立报》时，提出了一个口号"在本报销达十万份之前，不载广告"，而《立报》的成功更是坚定了他的这种观念。《台湾立报》不刊载广告的做法无疑受到了此种观念的影响。

然而"时也易也"，在现代报业中，广告对报纸的生存和发展来说其重要性是不言而喻的，尤其对报禁解除后的台湾报业来说更是如此。由下表（见图 6 - 8）可知，自 1988 年到 1990 年，正是台湾报业广告发展的良机，在这三年中台湾广告总投资量高速增长，尤以报业广告增长神速，每年都高于平均的增长率，在各种媒体中独占鳌头。可惜的是，《台湾立报》竟错失此等良机，也错过了自己最好的发展机会。

表 6 - 8　　　从 1988 年至 1990 年台湾媒体广告量与报业增长量增长

项目	广告总投资量（万元）	总投资成长率（％）	报业广告投资量（万元）	报业广告成长率（％）	报业广告占有率（％）
1988 年	3056812	29.67	1593632	26.20708	41.40
1989 年	3933696	28.67	2083955	30.76764	43.40
1990 年	4239830	7.78	2279100	9.364165	39.00

数据来源，赖光临：《检验七十年代报业的发展》，载《"中华民国"新闻年鉴八十年版》，台北市新闻记者公会编印，1991 年，第 63—74 页。

―――――――――

① 可详阅第三章第二节之"本报销达十万份之前，不载广告"。

　　上述三方面的疑问并不能成为全面解释《台湾立报》何以难"立"的原因，但由中可略见一斑。总之，报禁开放后，媒介生态环境的变化，特别是报禁开放初期，大报为争夺地盘，不规范的恶性竞争在所难免，对于像《台湾立报》这样初生的报纸的冲击无疑是极大的。而成舍我在报纸创刊不久身体即开始转差，精力不济，不能如壮年时期一样事事躬行，只得将报社主要业务托付他人，使得该报缺乏坚强有力的领导；加之受其早年的影响，新闻处理方式不能与时俱进，报道内容不符读者的需求，经营乏善，这些都使得《台湾立报》缺乏后天的调补。

中国近现代报人的生存图景与成舍我报业托拉斯之路的破产

回眸世界近现代新闻事业史，会惊愕于中国报人的生存环境之险恶，更会惊愕于其生命力之顽强，可以说，一部中国近现代报业史就是一部压迫与反压迫、控制与反控制的悲壮史。中国报人的这种可慨可叹的命运是由近现代中国的特殊国情所决定的。

区别于世界多数国家的是，中国报人及其事业是在民族危机日益加剧的背景下产生的。面临此"数千年未有之大变局"，部分知识者群体也开始了由"旧"向"新"的转变，其中的先进者逐渐认识到报刊的社会功能，从19世纪70年代的早期维新派到19世纪末的维新派，再到20世纪初的革命派及随后的独立报人，他们创办了一大批报刊，对报刊性质与功能的认识也经过了一个由简单的"强中以攘外""开发民智"到西方资产阶级新闻观的完全移植过程，然而不变的是，每一时代的报人都将报刊视为救亡图存的舆论利器。由此赋予中国报人及报刊强烈的政治色彩，具有浓厚的形而上特性。

报刊怎样才能发挥其舆论利器的功能呢？则只有通过言论。孔子曰："天下有道，则庶人不议"，其意应该反过来理解，"礼崩乐坏""天下无道"的时代，国民是有权议论朝政的。这句话奠立了我国延绵数千年以来士大夫"议政"的传统，士大夫由此逐渐养成"天下兴亡，匹夫有责"的情怀，这也是理解为何每逢国家危机、民族存亡的关键时期就有无数仁人志士挺身而出的缘故。在近代报刊引入中国不久，就有人意识到报刊上所载言论的巨大力量，"若夫主持舆论，阐发政见，评议时局，常足为一国前途之导向方针也，砥柱也"①。于是言论表述的方式发生了变化，由

---

① 范祎：《万国公报第二百册祝辞》，原载《万国公报》第38册，转引自：黄瑚《中国新闻事业发展史》，复旦大学出版社2011年版，第139页。

　　原先友朋聚会的"议政""清议"转向现在以报刊撰文为主，这种转变启示着言论更易形成具有广度和深度的舆论，也启示着"文人论政"时代的来临。这个时代由王韬开启，他在《循环日报》首创"论说"报刊文体，评论中外政治时事，论述中国富强之道，该报"在创办 10 年间所达到的思想水平和为推动社会改革所作的努力，一时无与伦比，成为我国第一个以政论著称的报纸"①。王韬开创的这种新文体为梁启超、严复、章太炎、胡适、张季鸾等人继承和发扬，他们以其学贯中西的学识和卓尔不群的个人魅力影响了一代又一代的中国读书人，可以说，他们所撰写的言论是促使中国的读书人由旧的士大夫转向新的知识分子的催化剂。"文人论政"这种言论方式在凸显报刊作为舆论利器的威力的同时，也大大提升了报人的地位，吸引了包括黄远生、邵飘萍、史量才、成舍我等一大批才华横溢的杰出人士投身报业，他们以指谪"国是"为己任，奉办报为终身职业，至 20 世纪 30 年代，是这批报人及其事业的繁荣时期。

　　然而，"文人论政"对于一方来说是"正言匡世"，对于另一方——历代的统治者来说，则是"妖言惑众""妄布邪言"，无论是末清政府，还是北洋军政府，或是南京国民政府，他们对此都是既惧且恨的心理。他们除了制定严密的言论限禁制度外，为打压报人及其事业的生存空间无所不用其极，从清末的"禁止华人而听西人开设"到北洋的津贴收买，再到南京政府的新闻统制，国人办报步履维艰。而因言论贾祸，受到国家暴力机关直接镇压的报人及报馆更是数不胜数，无怪乎戈公振在 20 世纪 20 年代感叹："文字贾祸，自古有之；报纸既行，于今为烈。"② 关于近现代中国报人的酸苦，用成舍我复刊《世界日报》时说的话更具说服力，"我们真不幸，做了这一时代的报人！在艰苦奋斗中，万千同样的报人中，单就我自己说，三十多年的报人生活，本身坐牢不下二十次，报馆封门也不下十余次。"③

　　面对此巨齿獠牙的险恶环境，对于奉办报为终身事业的报人来说，他们时时面临着一项艰难的抉择：为了民众的福祉而力持言论的独立，或是

---

　　① 方汉奇主编：《中国新闻事业通史》（第 1 卷），中国人民大学出版社 1992 年版，第 322 页。

　　② 戈公振：《中国报学史》，生活·读书·新知三联书店 2011 年版，第 160 页。

　　③ 成舍我：《我们这一时代的报人》，载《世界日报》1945 年 11 月 20 日第 1 版。关于成舍我一生办报的坎坷可详参：李磊《成舍我：一生办报历坎坷》，《临沂大学学报》2011 年第 6 期。

为了保存个人的事业而屈服于当局？生存还是毁灭，这是一个问题，是近现代中国报人最为纠结的问题，期间的酸楚只有他们自身才能体会。他们只得放下高贵的身段，穿梭于政治势力的罅隙中生存，因而在历史的转角处他们又常常面临着另外一项痛苦的抉择：政治倾向是"向左走"或是"向右走"？聪明者定下"居中偏左，遇礁则避"的方针，与各方势力虚与委蛇；狡黠者则屈服于暂时得势的政治势力，企图以"国会代表""立法委员"等政治身份以求得暂时的庇护。然而在外人眼中都已将他们都贴上了某种政治势力的标签，其"独立"报人的身段受到了玷污，当另一种势力得势时，他们及其事业则沦为政治的牺牲品。

由上述描述可知，正是近现代中国内忧外患的政治局势催生了报人这一特殊群体，他们心怀"新闻救国""言论报国"等崇高理想投身报业；然而近现代中国政治的幼稚性决定了此等理想终将不可能实现，于他们身上反而呈现一幅多舛多难的生存图景。

以此观照成舍我，他仍是此生存图景中的一员。

1972 年 10 月，周恩来在接见到访的我国台湾地区同胞时，私下里同成舍我幼女成露茜交谈，要她代向成问好，说他们之间有些误会，他毕竟还是民族资产阶级嘛。① 这是中共对成舍我政治身份的最早论定。1999年，方汉奇先生在《一代报人成舍我》一文中也予他以"民族资产阶级报人"的论定。② 此后，此种观点似乎已成为大陆新闻史学者的共识，被载入各种版本的新闻史著作中。

20 世纪 20 年代，毛泽东对民族资产阶级作出如下的评述：

> 这个阶级代表中国城乡资本主义的生产关系。中产阶级主要是指民族资产阶级，他们对于中国革命具有矛盾的态度：他们在受外资打击、军阀压迫感觉痛苦时，需要革命，赞成反帝国主义反军阀的革命运动；但是当着革命在国内有本国无产阶级的勇猛参加，在国外有国际无产阶级的积极援助，对于其欲达到大资产阶级地位的阶级的发展

---

① 见成思危《成舍我的四种精神》，见《报海生涯——成舍我百年诞辰纪念文集》，第157—158 页。笔者查阅周恩来年谱，其中确载有："1972 年 10 月 6 日，（周恩来）会见台湾同胞、旅日旅美华侨、美籍华裔陈昆旺、梅子强等四十余人。"见：中共中央文献研究室编《周恩来年谱》，中央文献出版社 1998 年版，第 1377 页。

② 见：方汉奇《一代报人成舍我》，载《新闻学论集》1999 年 12 月第 18 辑。

感觉到威胁时，他们又怀疑革命。其政治主张为实现民族资产阶级一阶级统治的国家。……他们反对以阶级斗争学说解释国民党的民生主义，他们反对国民党联俄和容纳共产党及左派分子。①

这段话同样适用于解释成舍我政治思想的两面性。面对近代中国支离破碎的局面，及民众水深火热的痛苦生活，他一方面痛恨强权，反对军阀、帝国主义，有其革命性的一面；另一方面则因个人出身、性格等原因，带有旧知识分子的烙印，奉蒋氏集团为统治的"正宗"，反对中国共产党的阶级斗争学说及武装暴动的主张，这又体现出其软弱性的一面。20世纪20年代，他同中国大多数知识分子一样，企图探寻一套救国救民的方案，然而思想上的这种两面性使得其探寻出的方案带有天然的调和性。

成舍我探寻出的两套方案，一是世界主义，二是"报纸救国"。

世界主义这一方案的践行主要体现在20世纪30年代前所办的《世界日报》及《民生报》。成舍我等世界主义者认为，帝国主义盛行及世界纷争不断的一大原因，是世界各国民众缺乏"亲爱和睦"之精神。因而，改变中国羸弱可欺的处境、避免豆剖瓜分的命运，唯一的选择是向各国民众宣扬民族和解、互助发展等观念，以至"主和平，尚自由"等思想居于主导地位。② 进而，他认为此种方案的最终落脚点在报纸，报纸才是宣扬世界主义的最佳利器。

"报纸救国"是成舍我面对民族危机加剧，企图发挥新闻事业宣传教育功能至新的高度，以唤醒国民意识，挽救民族灭亡之命运。20世纪30年代后期，日本帝国主义对我侵略变本加厉，国土不断沦丧，致使有警惕性的每个中国人都有亡国之虞。在此情况下，各种救国理论蜂拥而出，成舍我则独树一帜，提出"报纸救国"的方案。这个提法并不是他凭空捏造、故作惊人之语，而是站在一个新闻工作者的角度来感知中国的弊端，有切实的依据。以报人敏锐的洞察力，他观察到"中国真正的根本毛病，只是最大多数的国民，知识太低，不认识国家，过分缺乏了国家意识"③。因而，他认为中国的当务之急是让报纸担负起改造国民的重任。此种观念

---

① 《毛泽东选集》（第一卷），人民出版社1991年6月，第4页。

② 见：舍我《世界主义与帝国主义》，《民生报》1929年1月15日第1版。

③ 成舍我：《报纸救国》，《世界日报》1935年11月14日第13版。

并不新鲜，康梁一党早在 19 世纪末就赋予报刊"启迪民智"的功能，然而成舍我此时重提报纸此功能之可贵，在于他的目的是于民族危机存亡的关键时期，让大多数国民了解个人与国家之间有荣辱存亡的关系，相比前者有更强的现实性和紧迫性。基于此种方案，成舍我揭起了"大众化报纸"旗号，以上海《立报》为实践，使之成为此时期宣传救亡图存的代表性报纸。

上述两种方案，无论是为宣扬世界主义思想也好，还是为实现"报纸救国"也罢，最终都驱使成舍我毕生以从事新闻事业为职业。尤其是 20世纪 30 年代初欧美远游时，英美等国报业对各国政坛及民意的巨大影响，予他深刻的印象，坚定了他实现"报纸救国"的信心；同时在他看来，要实现此目的，必须将中国的报业做大做强，中国也需产生如北岩勋爵、普利策这样的报业大王。从此，成为中国的报业大王，组建中国的报业托拉斯之梦，成为他大半生的追求，此梦想凝聚了他个人的追求与对国家前途命运的思考，是两者的有机结合。然而，中国近现代的政经之路，注定了他的梦想终将幻灭。

欧美归来至 20 世纪 30 年代中前期，成舍我以北岩勋爵等资产阶级报人为楷模，一方面对所办的报纸进行大刀阔斧地改革，另一方面奉行言论独立的方针，希冀以言论引导舆论、影响当政者。此种经营下，其所办的报纸从北平的《世界日报》系到南京的《民生报》均呈现欣欣向荣的趋势，易使人想象，照此趋势，成舍我成为中国的报业大王之梦想可望实现。然而，此时期在国民党一党专政体制日益成熟的背景下，当局对其所办报纸多次以言论抗争当局的事实大为恼火，致使报纸多次停刊，尤其是《民生报》成为国民党加强新闻统制的牺牲品，这可以说是成舍我在通往报业大王之路上的一次重大打击，促使其报纸言论保持克制，而希望像北岩勋爵等西方报人一样以言论干涉政局、引导舆论之愿望也无以实现。与此同时，成舍我因与程沧波、李石曾"志同道合"的关系，而长期保持亲密的联系；又因《民生报》停刊事件，他与陈果夫等国民党要员有了接触，这些事实为他以后卷入国共两党之争埋下了伏笔，更为其报业大王之梦的幻灭埋下了祸根。

20 世纪 30 年代中后期，日本侵华步伐加快，中日之间民族矛盾上升为我国的主要矛盾。此时恰逢成舍我再次转战南下，联络筹办《立报》事宜。他敏锐地感触到政治氛围的骤变，以"立国立己"为该报的宗旨，以抗日救亡宣传为己任，在"一二·九"运动和"八一三"事变中都有杰出的表现，使得《立报》成为其"报纸救国"思想的主要实践阵地。不仅《立报》，《世界日报》以其多年奠下的北方大报地位，在这段时期也于救亡图存进行了不遗余力的宣传，也是成舍我的"报纸救国"思想的体现。这些报纸也因抗日救亡的宣传，受到广大民众的青睐，给报纸的生存和发展提供了肥沃的土壤，对于成舍我来说，距离其报业大王之梦近又了一步；然而不久，"七七"事变爆发，在不到半年的时间内，北平、上海相继沦陷，《世界日报》被日寇接办，《立报》宣布无限期休刊，成舍我的半生心血付之一炬，其报业大王的梦想突然变得遥遥无期了。

抗战时期，在辗转万里的流浪生活中，成舍我的思想发生了巨大的变化。面对抗战初期严酷的局势，成舍我认为任何个人、团体或政党都应以民族利益为大义，放弃私见，在国民党的领导下抵御外侮。于是，他开始为国民党的战时宣传出谋划策，进而，在一些部门出任要职，先后与陈诚、蒋介石拉上了关系。此时，成舍我作为一位独立的报人身份受到质疑，集中体现在他接手《香港立报》后，该报关于国共两党的态度上的明显变化。

1944 年后，随着局势的日益明朗，成舍我意识到抗日战争即将结束，搁置已久的新闻梦想重新迸发出来。在国民党高层的有意识推动下，他制订了一个庞大的"中国新闻公司"计划，将重庆《世界日报》作为启动的起点，报业大王之梦有了新起航。然而，此时成舍我再无能力独资创办报纸，不得已，他提出了"资本家出钱，专家办报"的口号，寄望通过借力打力的渠道实现其新闻大王的梦想。此种情形下，"中国新闻公司"由多方势力出资组建，而他们均与当局有千丝万缕的关系，成舍我仅能作为"职业经理人"的身份管理报纸，而对报纸的言论倾向势不能如早年报纸一样牢牢控制在手。实际上，重庆《世界日报》及稍后复刊的北平《世界日报》，在当局的眼中是作为其"外围党报"存在的[1]，从中可见他陷入当局圈套之深，关于这一点，可能连他自己也没有意识到，或者更客观地说，他已意识到，而不愿意承认这一事实。

抗日战争胜利之初，成舍我兴奋之状可想而知，认为回归民间报人、实现其新闻梦想的时机已经到来。为了实现其追求，他从两方面着

---

① 可详参：《中央宣传部至中秘处代电》，1945 年中国国民党党史馆，馆藏号：6.3/26.15。

手：一是面对申、新大报被接收的命运，他毅然放弃上海《立报》的复刊权，以维持与当局的良好关系；二是离开一手创办的重庆《世界日报》，撤开与"中国新闻公司"的联系，以重新获得民间报人的身份。成舍我希望，以独立的资本复刊北平《世界日报》，开始新一轮的梦想追求。然而局势的迅速变化，及《世界日报》的言论倾向受成舍我个人政治态度所左右的事实，使得复刊后的《世界日报》不能回归至战前的水平。在北平和平解放后的一段时期内，虽然有众多亲共的亲朋好友劝解成舍我速即表明政治态度，可是他的踌躇不前断送了其在大陆的最后事业。①

1949 年 2 月 25 日，"北平军事管制委员会"查封《世界日报》，中共延安广播电台为此专发一则消息，原文如下：

> 国民党 CC 分子伪立法委员成舍我主办的北平《世界日报》，已于昨（25）日被中国人民解放军"北平市军事管制委员会"查封，该报虽然戴着无党无派的假面具，并在北平解放以后伪装进步，但是事实上该报自从在北平复刊以来，对于中国人民解放事业始终抱着极端仇视的态度，该报一贯地拥护蒋介石匪帮所发动的反革命内战，对于人民解放军、人民解放区和国民党统治区人民的正义运动，极尽诬蔑之能事。该报的著名主张之一，是认为目前"戡乱"军事，任何人无中立之可能，因此对于反革命内战的人民，该报忍心害理地称为"匪谍"，号召人们拥护国民党反动政府的"清匪"除奸运动，这个对本国人民如此凶恶的反革命报纸，对于美国帝国主义和日本侵略势

---

① 有充分证据表明，中共争取成舍我的意愿是较强烈的。证据一，在 1949 年 1 月 31 日北平和平解放后，北平军事管制委员会并没有马上查封《世界日报》，而是延至 2 月 25 日才查封，这是北平最后一家被查封的报纸；证据二，在此期间，众多的同事、亲朋好友纷纷给成舍我去电、去函，要求他速归北平，这可从成舍我的话中得到明证："北平沦陷，我由上海送家眷赴香港。在香港接到无数从北平发出的电报，要我赶快回平。其中大部分或用报社全体同仁名义，或用某一代我主持社务之个人名义，大意均谓共军对世界日报态度甚好，现他报相继被封，世界日报照常出版，盼我速回继续主持。我对于这些电报，总共只回复了六个字，"速停刊，我不归"。其时在港的亲共报人，都纷纷准备北上，有些人竟来劝我参加。新民报的陈铭德邓季惺夫妇，一再向我说，他们不相信共产党不容许有民营报纸存在。我将家眷安顿好，不到十天，就悄悄地离开了这个乌烟瘴气，人鬼不分的环境，回到南京，继续出席立法院会。"参：成舍我《世界日报何以要申请在台出版》，载台湾《文星》杂志 1960 年 8 月 1 日第 34 期。

力却百般驯顺鼓吹组织亚洲反共集团，迭求美国干涉中国内政，认为否则欲制止共产党之伸展势不可能。该报的反革命立场如此坚决，直至中国共产党毛泽东主席在今年 1 月 14 日提出八项和平条件时，该报尚公然予以反对，"北平市军事管制委员会"为了剥夺反革命分子的言论出版自由而保障人民的言论出版自由，决定将该报封闭，对于亦由成舍我主办的北平《世界晚报》，亦同时封闭，此两报恶迹昭彰，本市人民舆论界早已一再要求人民政府禁止其继续出版，在闻悉两报被查封后，人心大快。①

此消息不啻一篇檄文，罗列出成舍我"国民党 CC 分子""戴着无党无派的假面具""反革命立场"等多种罪名。成随之第二日在上海各大报刊登了一篇言辞激烈的驳斥文章，标志着他与中国共产党的彻底决裂，也是他后来由港去台的主因。在成舍我看来，这些罪名是对他半生从事新闻活动的羞辱；去台后的半生中他一直为此耿耿于怀。

在香港过了几年的"观望期"后，成舍我于 1952 年冬来到我国台湾地区，想拾起梦想，重新起航。然而，当局一方面对成舍我的晚归怀有猜疑心理，另一方面对成归台后，与雷震、吴三连等新自由主义者来往密切极为恼火，这些因素都使当局以"报禁"为借口，剥夺了成舍我办报的权利。来台的三十余年中，成舍我办报不成转而办学，希望培养出千千万万的新闻人才，以间接实现自己的梦想，可说已基本放弃了对报业大王之梦的追求。

然而，世事难料，20 世纪 80 年代后期台湾的政经局势急转直下，解除"党禁"，废除"戒严"，到开放"报禁"，台湾传媒业迎来了一个变化最为剧烈的时代。当成舍我重新鼓起勇气，创办《台湾立报》时，才发现自己已垂垂老矣，无足够的精力应对瞬息万变的媒介市场。至此，60余年对新闻之梦的追求已被残酷的现实击得粉碎，我们可以体会他在弥留之际写下"我要说话"时的悲凉。

回顾成舍我的一生，其政治思想的两面性，使得他探寻出的救国方案带有天然的调和性；为实现这两种救国方案，促使他一生以新闻事业为职业，立下成为中国报业大王之梦；在追梦的过程中，他如飞蛾扑火

---

① 成舍我：《报学杂著》，（台北）"中央"文物供应社 1956 年版，第 175 页。

般地一次次跌倒，一次次站起，其悲壮直可使每一个从事新闻业的人感叹不已；而中国近现代政经局势的发展，又不可能使此梦想得以实现，在成舍我身上体现的，不仅是他个人的悲剧，同时又是中国近现代新闻事业的悲剧。

然而，成舍我这种在新闻道路上孜孜以求的精神及对两岸新闻业的贡献，令两岸热爱新闻事业的人士敬佩不已。1991年4月1日凌晨6时，成舍我病逝于台北三军总医院，走完了他漫长的一生。我国台湾地区的媒体固然是纷纷加以报道，表示哀悼，大陆地区的媒体也是少有地加以关注。由中国社会科学院新闻研究所主办的《新闻研究资料》特为此发简讯《老报人成舍我在台湾逝世》，以冷静的笔调，对成的新闻生涯作了客观地叙述：

> 他从10岁起开始向报纸投稿，15岁客居安庆时被当地报纸聘为记者。1921年毕业于北大文学院，毕生从事新闻和新闻教育事业约80年，曾先后于1926年和1934年因批评权贵被北洋军阀和国民政府两次逮捕。20年代之前，他参加过上海《民国日报》《太平洋》和北京《益世报》工作。20—30年代，曾创办过一些我国新闻史上较有影响的报纸，如北京《世界晚报》《世界日报》，以及南京《民生报》和上海《立报》等，《立报》曾以20万份的印数创当时发行量纪录。他于1949年赴港，1951年与他人共同发起《自由人》杂志并任社长。1952年赴台，此后虽于1988年创《台湾立报》，但主要从事新闻教育，并任世界书局董事长。他一生创办的新闻学校有：北平新闻专科学校、桂林世界新闻专科学校和世界新闻职业学校，培养出大量新闻从业人员。①

《新闻研究资料》作为大陆地区新闻传播学类的权威刊物，打破其刊例，刊登此类简讯，毋庸置疑，是对成舍我在近现代新闻史的地位及贡献的认可；还说明了一点，即两岸学界或许政治立场、意识形态不同，但是那些曾对中华民族及新闻事业有过重要贡献的新闻工作者将被他们共同怀念、哀悼！

---

① 《老报人成舍我在台湾逝世》，《新闻研究资料》1991年第1期。

参考文献

一　史料

（一）研究涉及的报刊

1. 上海《民国日报》（1916 年、1917 年）。

2. 《世界晚报》。

3. 《世界画报》。

4. 《世界日报》。

5. 南京《民生报》。

6. 上海《立报》。

7. 《香港立报》。

8. 香港《自由人》三日刊。

9. 《小世界》。

10. 《台湾立报》。

11. 香港《新闻天地》。

12. 台北《传记文学》。

13. 台北《报学》杂志。

（二）成舍我作品

1. 成舍我：《〈林白水传〉序》，《传记文学》1969 年 11 月第 90 号。

2. 成舍我：《我所认接触的季鸾先生》，《传记文学》1977 年 6 月第 181 号。

3. 成舍我：《如何塑造一个独立记者——从〈沧波文存〉中可获得三项珍贵启示》，《传记文学》1983 年 7 月第 254 号。

4. 成舍我：《我有过三次值得追忆的"笑"》，《传记文学》1991 年 5 月第 348 号。

5. 成舍我：《记柳弃疾违法驱逐朱玺出社之始末》，《中华新报》1917 年 9 月 1—3 日。

6. 舍我：《屑玉词》，《民国日报》1916 年 10 月 21 日第 12 版。

7. 舍我：《浪淘沙》，《民国日报》1916 年 10 月 24 日第 12 版。

8. 舍我：《金缕曲》，《民国日报》1916 年 11 月 3 日第 12 版。

9. 舍我：《小说杂评（一）》，《民国日报》1917 年 1 月 26 日第 12 版。

10. 舍我：《小说杂评（二）》，《民国日报》1917 年 1 月 27 日第 12 版。

11. 舍我：《小说杂评（五）·答张春帆先生》，《民国日报》1917 年 1 月 30 日第 12 版。

12. 舍我：《小说杂评（六）》，《民国日报》1917 年 1 月 31 日第 12 版。

13. 舍我：《小说杂评（七）》，《民国日报》1917 年 2 月 1 日第 12 版。

14. 舍我：《小说杂评（八）·再答张春帆先生》，《民国日报》1917 年 2 月 2 日第 12 版。

15. 舍我：《小说杂评（九）》，《民国日报》1917 年 2 月 4 日第 12 版。

16. 舍我：《小说杂评（十）·三答张春帆先生》，《民国日报》1917 年 2 月 5 日第 12 版。

17. 舍我：《小说杂评（十四）》，《民国日报》1917 年 2 月 10 日第 12 版。

18. 舍我：《小说杂评（十二）》，《民国日报》1917 年 2 月 8 日第 12 版。

19. 舍我：《小说杂评（十九）》，《民国日报》1917 年 2 月 17 日第 12 版。

20. 我：《文字革命》，《民国日报》1917 年 1 月 17 日第 12 版。

21. 舍我：《余墨》，《民国日报》1917 年 5 月 21 日第 12 版。

22. 舍我：《余墨》，《民国日报》1917 年 5 月 22 日第 12 版。

23. 舍我：《余墨》，《民国日报》1917 年 5 月 28 日第 12 版。

24. 舍我：《余墨》，《民国日报》1917 年 6 月 3 日第 12 版。

25. 舍我：《余墨》，《民国日报》1917 年 7 月 9 日第 12 版。

26. 舍我：《余墨》，《民国日报》1917 年 7 月 15 日第 12 版。

27. 舍我：《余墨》，《民国日报》1917 年 4 月 28 日第 12 版。

28. 舍我：《余墨》，《民国日报》1917 年 7 月 11 日第 12 版。

29. 舍我：《余墨》，《民国日报》1917 年 4 月 17 日第 12 版。

30. 舍我：《余墨》，《民国日报》1917 年 5 月 1 日第 12 版。

31. 舍我：《余墨》，《民国日报》1917 年 6 月 12 日第 12 版。

32. 舍我：《余墨》，《民国日报》1917 年 5 月 19 日第 12 版。

33. 成舍我：《记柳弃疾违法驱逐朱玺出社之始末》，《中华新报》1917 年 9 月 1—3 日。

34. 舍：《共产党宣言》，《每周评论》第 16 号，1919 年 4 月 6 日第 2 版。

35. 舍我：《吾友》，《晨报》1919 年 4 月 4—5 日第 7 版。

36. 舍我：《车夫》，《晨报》1919 年 4 月 6 日第 7 版。

37. 成平：《文化运动的意义与今后大规模的文化运动》，《新人》杂志 1920 年 8 月第 5 号。

38. 舍我：《舆论家的态度》，《时事新报》1920 年 4 月 15 日。

39. 成平：《新知编译社报告书》，《北京大学日刊》，1921年1月7日第7、8版。

40. 舍我：《世界主义与帝国主义》，《民生报》1929年1月15日第1版。

41. 舍我：《英法报纸之比较——我所见之巴黎各报纸》，《世界日报》1931年1月19—20日第3版。

42. 成舍我：《成舍我序》，王新命《新闻圈里四十年》（上），龙文出版社股份有限公司1993年版，第7—9页。

43. 成舍我：《我所理想的新闻教育》，《世界日报》1935年4月11日第12版。

44. 白丁：《谈谈报尾巴》，《世界晚报》1926年10月28日第4版。

45. 成舍我：《三种报纸的出路》，《报展》，复旦大学30周年纪念世界报纸展览会纪念刊，1936年1月，第45—53页。

46. 成舍我：《谈晚报》《世界日报》1935年2月7日第12版。

47. 舍我：《中华民国？如何能名实相符 全赖全国民众努力奋斗》，《世界日报》1929年1月1日第2版。

48. 百忧：《国庆纪念与言论自由》，《世界日报》1929年10月10日第2版。

49. 舍我：《欧游通信》（第一次），《世界日报》1930年7月13日第3版。

50. 舍我：《欧游通信》（第二次），《世界日报》1930年7月22日第3版。

51. 舍我：《欧游通信》（第三函），《世界日报》1930年8月21日第3版。

52. 舍我：《欧游通信》（第四函），《世界日报》1930年8月22日第3版。

53. 舍我：《就算是我的感想》，《世界日报》1931年3月16、18—30日及4月1、3—8、12、13、18、20日第3版。

54. 成舍我讲，荣涛、于振纲记：《中国报纸之将来》，《世界日报》1932年5月6—12日第7版。

55. 舍我：《在伦敦所见英国报界之新活动》，《世界日报》1930年11月17、18日及1931年1月14日第3版。

56. 成舍我：《停刊经过如此！！！敬请全国国民公关——"言论自由"固可为"国家自由"而牺牲 但非法摧残决不能不依法抗争》，《民生报》1934年5月29日第2版。

57. 百忧：《国庆纪念与言论自由》，《民生报》1929年10月10日第2版。

58. 舍我：《国人尚不积极备战矣》，《世界日报》1931年10月15日第3版。

59. 百忧：《政府拟将放弃"不抵抗"政策矣》，《世界日报》1931年10月13日第3版。

60. 成舍我：《报纸救国》，《世界日报》1935年11月14日第13版。

61. 成舍我：《当前报业的几个实际问题》，《新闻学季刊》1941年第3卷第2期。

62. 成舍我：《上海立报奋斗的经过贯 彻我们"报纸大众化"的主张》，《香港立报》1938年11月24日第2版。

63. 一戈：《从"节省篇幅"谈起小型报一字千金》，台湾《联合报》1954 年 6 月 30 日第 6 版。

64. 百忧：《国人抗日应有的认识》，《世界日报》1931 年 9 月 20 日第 3 版。

65. 成舍我：《我们这一时代的报人》，《世界日报》1945 年 11 月 20 日第 1 版。

66. 成舍我：《"纸弹"亦可歼敌》，《香港立报》1938 年 6 月 3 日第 2 版、4—8 日第 4 版。

67. 成舍我：《报纸必如何始"真"能代表"民意"》，《中国新闻学会年刊》1944 年 11 月 20 日第 2 期，第 20—30 页。

68. 成舍我：《〈新闻记者法〉的缺点及补救办法》，《新闻战线》第 3 卷第 5 期及第 7、8 合刊。

69. 成舍我：《如何使报纸向民间去》，《世界日报》1933 年 4 月 11—12 日第 7 版。

70. 成舍我：《我如何创办世新》，世界新闻专科学校编印《世新二十年》，1976 年 10 月，第 8—17 页。

71. 成舍我：《世界日报何以要申请在台出版》，《文星》杂志 1960 年 8 月 1 日。

72. 范度才：《〈中华日报〉鼓吹暴动!》，《自由中国》1957 年 1 月 16 日第 16 卷第 3 期。

73. 范度才：《我对〈清议与干戈〉的看法——敬答〈中华日报〉社长曹圣芬先生》，《自由中国》1957 年 2 月 16 日第 16 卷第 4 期。

74. 成舍我：《狗年谈新闻自由》，《文星》杂志 1958 年 1 月 5 日第 1 卷第 3 期。

75. 成舍我：《何以要创办台湾立报》，《台湾立报》"发刊词"1988 年 7 月 12 日第 2 版。

（三）文集（作品集、回忆录、传记等）

1. 方汉奇：《方汉奇文集》，汕头大学出版社 2004 年版。

2. 成舍我：《报学杂著》，（台北）"中央"文物供应社 1956 年版。

3. 成露茜总审订，唐志宏主编：《成舍我先生文集：港台篇 1951—1991》，世新大学舍我纪念馆暨新闻史研究中心 2006 年版。

4. 成露茜编：《舍我先生志节文粹》，台湾立报社 1991 年版。

5. 《成舍我先生文集：大陆篇新闻事业》，世新大学舍我纪念馆 2013 年版。

6. 刘家林：《成舍我新闻学术论集》（上下），暨南大学出版社 2012 年版。

7. 南加州世界新闻专科学校校友会：《成舍我先生纪念文集》，1991 年版。

8. 叶明勋、萧邦导、成嘉玲等：《继志一年》，台湾立报社 1992 年版。

9. 成舍我先生纪念文丛编辑委员会编：《成舍我先生纪念文丛：百岁诞辰专辑》，世新大学 1998 年版。

10. 中国人民大学港澳台新闻研究所编：《报海生涯：成舍我百岁诞辰纪念文集》，新华出版社 1998 年版。

11. 张友鸾等：《〈世界日报〉兴衰史》，重庆出版社 1982 年版。

12. 马之骕：《新闻界三老兵：曾虚白、成舍我、马星野奋斗历程》，（台北）经世书局 1986 年版。

13. 王新命：《新闻圈里四十年》，（台北）龙文出版社 1993 年版。

14. 罗敦伟：《五十年回忆录》，（台北）"中央"文化供应社 1952 年版。

15. 易君左：《火烧赵家楼》，（台北）三民书局 1969 年版。

16. 龚德柏：《龚德柏回忆录》，（台北）龙文出版社有限公司 1989 年版。

17. 赵效沂：《报坛浮沉四十五年》，（台北）传记文学出版社 1981 年版。

18. 阮毅成：《八十忆述》，（台北）联经出版社 1984 年版。

19. 程沧波：《沧波文存》，（台北）传记文学出版社 1983 年版。

20. 陈荷夫编：《张友渔回忆录》，北京大学出版社 1990 年版。

21. 卢荆林：《张友鸾纪念文集》，文汇出版社 2000 年版。

22. 张恨水：《写作生涯回忆》，人民文学出版社 1982 年版。

23. 萨沄：《萨空了》，花山文艺出版社 1997 年版。

24. 张友渔：《报人生涯三十年》，重庆出版社 1982 年版。

25. 张友渔：《报刊杂文通讯和社论》，重庆出版社 1987 年版。

26. 张友渔：《张友渔新闻学论文选》，新华出版社 1988 年版。

27. 张伍：《我的父亲张恨水》，春风文艺出版社 2002 年版。

28. 张明明：《回忆我的父亲张恨水》，广角镜 1979 年版。

29. 赵效沂：《报坛浮沉四十五年》，（台北）传记文学杂志社 1981 年版。

30. 左舜生：《近三十年见闻杂记》，（台北）自由出版社 1952 年版。

31. 卫建民编选：《魂归陶然亭：石评梅》，人民文学出版社 2002 年版。

32. 柯兴：《风流才女：石评梅传》，百花文艺出版社 1996 年版。

33. 金秉英：《京华寻梦》，百花文艺出版社 2003 年版。

34. 赵敏恒：《采访十五年》，（台北）龙文出版社 1994 年版。

35. 王文彬：《新闻工作六十年》，重庆出版社 1990 年版。

36. 傅光明、童仁编：《城南旧影：林海音自传》，江苏文艺出版社 2000 年版。

37. 傅光明：《林海音：城南依稀梦寻》，大象出版社 2002 年版。

38. 陶菊隐：《记者生活三十年》，中华书局 1984 年版。

39. 祝彦：《陈独秀思想评著》，福建人民出版社 2010 年版。

40. 张宝明、刘云飞：《陈独秀的旷代悲情》，东方出版社 2007 年版。

41. 刘建军：《李大钊思想评传》，福建人民出版社 2011 年版。

42. 朱成甲：《李大钊传》，中国社会科学出版社 2009 年版。

43. 朱洪：《刘半农传》，东方出版社 2007 年版。

44. 徐岳：《刘半农评传》，上海文艺出版社 1990 年版。

45. 罗平汉：《风尘逸士：吴稚晖别传》，人民文学出版社 2002 年版。

46. 罗平汉：《布衣大佬：吴稚晖》，团结出版社 2010 年版。

47. 吐楚伦：《楚伦文存》，上海书店 1992 年版。

48. 金雄白：《记者生涯五十年》，吴兴记书报社 1925 年版。

49. 曹聚仁：《天一阁人物谭》，生活·读书·新知三联书店 2007 年版。

50. 曹聚仁：《我与我的世界》，北岳文艺出版社 2001 年版。

51. 郑逸梅：《南社丛谈：历史与人物》，中华书局 2006 年版。

52. 柳亚子著，柳无忌编：《南社纪略》，上海人民出版社 1983 年版。

53. 林香伶：《南社文学综论》，（台北）里仁书局 2009 年版。

54. 杨有钊：《龚德柏先生评传》，（台北）世界和平杂志社 1984 年版。

55. 叶明勋：《感怀集》，（台北）跃升文化事业有限公司 1995 年版。

56. 王洪钧：《我笃信新闻教育》，（台北）正中书局股份有限公司。

57. 世界新闻专科学校编：《世新二十年》，1976 年版。

58. 世界新闻专科学校编：《世新三十年》，1986 年版。

59. 成露茜主编：《洞见：世新半世纪》，世新大学 2006 年版。

60. 雷啸岑：《我的生活史》，（台北）龙文出版社 1994 年版。

61. 萨空了：《香港沦陷日记》，生活·读书·新知三联书店 1985 年版。

62. 陈江、陈庚初：《谢六逸文集》，商务印书馆 1995 年版。

63. 谢六逸著，申符编《才子英年：谢六逸集》，辽宁人民出版社 2009 年版。

64. 江苏省社会科学院《恽逸群文集》编选组编：《恽逸群文集》，江苏人民出版社 1986 年版。

65. 顾雪雍：《奇才奇闻奇案：恽逸群传》，上海人民出版社 1996 年版。

66. 李瞻：《大时代见证：万里孤鸿》，（台北）三民书局股份有限公司 2005 年版。

67. 郭太风：《王云五评传》，上海书店 1999 年版。

68. 包天笑：《钏影楼回忆录》，大华出版社 1971—1973 年版。

69. 徐铸成：《报人张季鸾先生传》（修订版），生活·读书·新知三联书店 2009 年版。

70. 雷震：《雷震回忆录之新党运动黑皮书》，（台北）远流出版事业股份有限公司 2003 年版。

71. 中国人民政治协商会议全国委员会文史资料汇编：《文史资料存稿选编·文化》，中国文史出版社 2002 年版。

72. 忻平：《王韬评传》，华东师范大学出版社 1990 年版。

73. 张海林：《王韬评传》，南京大学出版社 1993 年版。

74. ［美］柯文：《在传统与现代性之间：王韬与晚清改革》，江苏人民出版社 1994 年版。

75. 鲁正葳：《报界奇才黄远生见证》，甘肃人民出版社 2004 年版。

76. 旭文：《邵飘萍传略》，北京师范大学出版社 1990 年版。

77. 华德韩：《邵飘萍传：报业巨子·新闻导师》，杭州出版社 1998 年版。

78. 郭汾阳：《铁肩辣手：邵飘萍传》，浙江人民出版社 2006 年版。

79. 散木：《乱世飘萍：邵飘萍和他的时代》，南京日报出版社 2006 年版。

80. 林溪声，张耐冬：《报人时代：邵飘萍与〈京报〉》，中华书局 2008 年版。

81. 林蔚君：《我的父亲林白水》，时事出版社 1989 年版。

82. 王植伦：《林白水》，福建教育出版社 1992 年版。

83. 庞荣棣：《史量才：现代报业巨子》，上海教育出版社 1999 年版。

84. 庞荣棣：《申报魂——中国报业泰斗史量才图文珍集》，上海远东出版社 2008 年版。

85. 方舟：《一代报王史量才》，中国文联出版社 2005 年版。

86. 陈纪滢：《报人张季鸾》，台北文化图书公司 1957 年版。

87. 徐铸成：《报人张季鸾先生传》，生活·读书·新知三联书店 1986 年版。

88. 王润泽：《报人时代：张季鸾与〈大公报〉》，中华书局 2008 年版。

89. 汪丁丁：《报人张季鸾先生传》，生活·读书·新知三联书店 2009 年版。

90. 李满星：《张季鸾与民国社会》，百花文艺出版社 2011 年版。

91. 洪惟杰：《戈公振年谱》，江苏人民出版社 1990 年版。

92. 穆欣编著：《邹韬奋》，湖北人民出版社 1981 年版。

93. 复旦大学新闻系研究室编：《邹韬奋年谱》，复旦大学出版社 1982 年版。

94. 邹华义：《以笔代剑的英雄：邹韬奋》，花山文艺出版社 1990 年版。

95. 俞润生：《邹韬奋传》，天津教育出版社 1994 年版。

96. 沈谦芳：《邹韬奋传》，山东人民出版社 1998 年版。

97. 郝丹立：《韬奋新论：邹韬奋思想发展历程研究》，当代中国出版社 2002 年版。

98. 邹韬奋纪念馆 编：《邹韬奋研究》（三辑），学林出版社 2005 年版。

99. 马仲扬：《邹韬奋传记》，重庆出版社 2008 年版。

100. 方蒙：《范长江传》，中国新闻出版社 1989 年版。

101. 徐向明：《范长江传》，南京大学出版社 2002 年版。

102. 范苏苏、王大龙：《范长江与青记》，北京工艺美术出版社 2008 年版。

103. 于友：《解读范长江：记者要坚持真理说真话》，群言出版社 2009 年版。

104. 蓝鸿文：《范长江记者生涯研究》，中国人民公安大学出版社 2009 年版。

105. 王必胜：《邓拓评传》，群众出版社 1986 年版。

106. 成美、顾行：《邓拓传》，山西教育出版社。

107. 庞旸：《邓拓和他的一家》，春风文艺出版社 1998 年版。

108. 朱秀清：《书生豪情：邓拓》，山东画报出版社 1998 年版。

109. 李辉：《邓拓：文章满纸书生累》，大象出版社 2000 年版。

110. 张帆：《才子邓拓：一位蒙冤者的血泪人生》，海天出版社 2003 年版。

111. 李玲：《往事经年归史传：邓拓评传》，南京师范大学出版社 2005 年版。

112. 宋连生：《邓拓的后十年》，湖北人民出版社 2010 年版。

113. 王芝琛：《一代报人王芸生》，长江文艺出版社 2004 年版。

114. 张林岚：《赵超构传》，文汇出版社 1999 年版。

115. 赵则玲：《报界宗师：赵超构评传》，浙江大学出版社 2009 年版。

116. 王芝琛：《百年沧桑：王芸生与〈大公报〉》，中国工人出版社 2001 年版。

117. 顾执中：《报人生涯》，江苏古籍出版社 1987 年版。

118. 《南社研究》（2），中山大学出版社 1992 年版。

119. 郝斌、欧阳哲生主编：《五四运动与二十世纪的中国——北京大学纪念五四运动 80 周年国际学术研讨会》（上），社会科学文献出版社 2001 年版。

120. 中国国民党中央委员会党史委员会编：《李石曾先生文集》（下），（台北）"中央"文物供应社 1980 年版。

121. 全国政协文史委员会编：《国民党政权的崩溃》，安徽人民出版社 2000 年版。

122. 孙中山：《建国方略》，中国长安出版社 2011 年版。

123. 雷啸岑：《啸岑文存》，（台北）自由太平洋文化事业公司 1965 年版。

124. 陶百川：《台湾还能更好么》，（台北）经世书局 1980 年版。

（四）报刊文献

1. 萧同兹：《老兵不老的成舍我先生》，香港《新闻天地》杂志第 1021 期，"成舍我七十大寿纪念刊"。

2. 邓俊：《我所认识的成舍我先生》，《新闻天地》杂志第 1021 期，"成舍我 70 大寿纪念刊"。

3. 吴范寰：《成舍我与〈北京世界日报〉》，载《文史资料选辑（合订本）》第 43 辑，中国人民政协委员会文史资料研究会编，1999 年。

4. 张常人：《成舍我与上海〈立报〉》，载《文史资料存稿选编·文化》，中国人民政治协商会议全国委员会文史资料汇编，2002 年。

5. 谢本书：《谈比较历史研究法》，《安徽史学》1986 年第 3 期。

6. 齐绚如：《老骥伏枥志千里——访老报人成舍我先生》，台北《文星》杂志 1988 年第 1 期。

7. 安强：《永远的报人成舍我》，《台湾立报》1991 年 4 月 26 日第 23 版。

8. 《"惨绿少年"成舍我》（新闻稿），台湾《新闻人》杂志 1976 年 3 月 22 日。

9. 柳亚子：《报成舍我书》，《民国日报》1917 年 8 月 8 日第 12 版。

10. 高旭：《南社启》，《民吁报》1909 年 10 月 17 日。

11. 《上海报界俱乐部开幕式》，《民国日报》1917 年 5 月 2 日第 10 版。

12. 吴虞：《与柳亚子书》，《民国日报》1917 年 4 月 28 日第 12 版。

13. 柳亚子：《妄人谬论诗派 书此折之》，《民国日报》1917 年 3 月 11 日第 12 版。

14. 闻野鹤：《恫簃诗话》，《民国日报》1917 年 6 月 9 日第 12 版。

15. 闻野鹤：《恫簃诗话》，《民国日报》1917 年 6 月 24 日第 12 版。

16. 柳亚子：《质野鹤》，《民国日报》1917 年 6 月 28、29 日第 12 版。

17. 朱鸳雏：《平诗》，《民国日报》1917 年 7 月 9 日第 12 版。

18. 《南社紧急布告》，《民国日报》1917 年 8 月 6 日。

19. 《南社社员公鉴》，《申报》1917 年 8 月 7 日。

20. 柳亚子：《报成舍我书》，《民国日报》1917 年 8 月 8 日第 12 版。

21. 《南社第二次紧急布告》，《民国日报》1917 年 8 月 11 日。

22. 柳亚子：《报公羊石年书》，《民国日报》1917 年 8 月 21 日第 12 版。

23. 柳亚子：《与成舍我书》，《民国日报》1917 年 5 月 22 日第 12 版。

24. 关国煊：《锲而不舍的新闻界老兵成舍我》，《传记文学》，1991 年 5 月总第 348 号。

25. 温洽溢：《成露茜口述自传》，《传记文学》2010 年 4 月总第 575 期。

26. 《新潮社纪事》，《新潮》1919 年 12 月第 2 卷第 2 期。

27. 《新知编译社成立记》，《北京大学日刊》1919 年 10 月 2 日。

28. 吴范寰：《成舍我与〈北京世界日报〉》，《文史资料选辑》第 43 辑。

29. 沈雁冰：《五四运动与青年们的思想》，《民国日报》1922 年 5 月 11 日，"觉悟"副刊。

30. 《李石曾先生在北平新闻专科学校讲演：介绍两位能"排"能"写"的老同志》，《民生报》1933 年 1 月 26 日第 7 版。

31. 《北平新闻专科学校董事会正式成立》，《民生报》1933 年 10 月 26 日第 7 版。

32. 《世界报社附设报童工读学校章程》，《世界日报》1926 年 10 月 4 日第 1 版。

33. 《主义研究与取缔暴动：研究社会主义之三要点 三民主义信徒之新任务》，《世界日报》1931 年 2 月 22 日第 2 版。

34. 满恒先：《清末至民初时期社址在西城地区的报纸（三）》，《西城追忆》2007 年第 4 期。

35. 朱传誉：《成舍我与〈世界日报〉》，载台湾《传记文学》2000 年 6 月总第 457 号。

36. 《写在发刊日》，《世界日报》1934 年 9 月 1 日第 10 版。

37. 《编者附识》，《世界日报》1935 年 1 月 28 日第 7 版。

38. 《读者意见总揭布：本报谨宣告今后方针 始终为拥护民众利益而奋斗》，《世界日报》1932 年 8 月 1 日第 4 版。

39. 《本报敬致读者一封公开的信》，《世界日报》1934 年 2 月 12 日第 3 版。

40. 恨水：《本报复刊之意义》，《世界日报》1930 年 1 月 13 日第 2 版。

41. 丁作韶：《"兹收到成舍我一名"》，香港《新闻天地》杂志 1957 年总第 500 号。

42. 《我们的宣言》，《立报》1935 年 9 月 20 日第 1 版。

43. 张佛千：《追思成舍我先生》，《传记文学》1998 年 8 月总第 435 号。

44. 巴金：《我祝福立报》《立报》1937 年 9 月 20 日第 2 版。

45. 六逸：《社中偶记》，《立报》1935 年 12 月 31 日第 2 版。

46. 公衣：《"言林"的两个时期》，《立报》1937 年 9 月 21 日第 2 版。

47. 《本报告别上海读者》，《立报》1937 年 11 月 24 日第 1、2 版。

48. 《悼孙宝琦先生——追还孙氏与本报之因缘》，《世界日报》1931 年 2 月 6 日第 2 版。

49. 田景：《办报　办报　办报　办报》香港《新闻天地》杂志 1945 年 2 月总第 2 期。

50. 《调处失败后将如何——"自由主义份子"与"第三条路"的救国之道》，《世界日报》1947 年 1 月 13 日第 2 版。

51. 《出版法与出版自由》（本刊第一次座谈会记录），《报学杂志》（半月刊）试刊号 1948 年 8 月 16 日。

52. 顾执中：《要不要新闻教育》，《新闻与出版》1957 年 3 月 10 日第 11 号。

53. 宋小岚：《世界民生立报成舍我》，香港《新闻天地》杂志 1945 年 1 月第 1 期。

54. 《开放报禁与增强传播教育——成董事长应邀在大传教育协会演说对上述问题做精辟的见解》，《世新校友》1987 年 4 月 15 日。

55. 宋小岚：《世界民生立报成舍我》，香港《新闻天地》杂志 1945 年 1 月第 1 期。

56. 《成嘉玲、成露茜各显神通——成舍我十七亿现金何去何从?》，台湾《财讯》杂志 1994 年 3 月第 144 期。

57. 李蜚鸿：《报人风骨传佳话》，台湾《时代周刊》1991 年 4 月 13 日第 320 期。

58. 阮毅成：《〈自由人〉参加记》，台湾《传记文学》1983 年 12 月第 259 号。

59. 阮毅成：《世新十五年》，《小世界》周报，1971 年 10 月 15 日，"世界新闻专科学校创校第十五周年特刊"第 1 版。

60. 《"报禁"开放之趋势》，《民族晚报》1960 年 8 月 7 日第 20 版。

61. 常胜君：《〈立报〉"迟到"卅年——追记成舍我先生创报受阻不平事》，《台湾立报》1991 年 4 月 29 日第 23 版。

62. 《报禁不开绝不办报！——办民营报纸舍我其谁 本校成董事长执着的办报原

则》，世界新闻专科学校承印《新闻人》杂志 1980 年 4 月 16 日。

63. 唐煌年：《为自由而斗争——听了成舍我先生的质询》，香港《自由人》三日刊 1955 年 3 月 16 日。

64. 左舜生：《读立委成舍我先生的质问全文书后》，香港《自由人》三日刊 1955 年 3 月 16 日。

65. 易春秋：《成舍我大声疾呼保障人权》，《新闻天地》杂志 1955 年 3 月 19 日第 370 期。

66. 《人权保障与言论自由——立法委员成舍我昨提出质询 俞院长对各问题详作答复》，《中华日报》1955 年 3 月 5 日。

67. 曹志源：《湖南才子笔仗不伤情——黄少谷为曹圣芬、成舍我杯酒除疑记》，《中外杂志》2007 年第 3 期。

68. 王洪钧：《报禁开放一年几个值得深思的问题》，《报学》杂志 1988 年 12 月第 8 卷第 1 期。

69. 张佛千：《追思成舍我先生》，《传记文学》杂志 1998 年 8 月第 435 号。

70. 《社会新闻谈会》，载台北《报学》杂志 1956 年 12 月第 1 卷第 10 期。

71. 《戳穿童话版：报禁开放的迷幻与反思》，《文星》杂志 1988 年第 1 期。

72. 程之行：《报业第三个里程碑》，《台湾立报》创刊号 1988 年 7 月 12 日第 2 版。

（五）档案

1. 《成平、殷兆霆关于成立北平私立新闻专科学校初级班、无线电研究社、英俄日语学社等的呈文及社会局的批复》，北京档案馆，档案编号：J002 - 003 - 00142，1933 年 1 月 1 日—1933 年 12 月 31 日。

2. 《京师警察厅传世界日报社社长成平登载失实一案卷》，北京档案馆，档案编号：J181 - 019 - 47303，1925 年 3 月 1 日—1926 年 3 月 1 日。

3. 《妨害公务 妨害安全》，北京档案馆，档案编号：J065 - 001 - 00014，1925 年 3 月 1 日—1926 年 3 月 1 日。

4. 《赔偿》，北京档案馆，档案编号：J065 - 023 - 02498，1947 年 1 月 1 日。

5. 《徐永祚会计师事务所于〈立报〉馆公司登记》，上海档案馆，档案编号：Q92 - 1 - 209，1937 年 2 月 6 日。

6. 《〈立报〉日刊申请登记书、调查书、变更登记申请书等往来文书》，上海档案馆，档案编号：Q6 - 12 - 53 - 12，1945 年 9 月—1947 年 10 月。

7. 《上海市军管会新闻出版处接管〈立报〉物质移交单》，上海档案馆，档案编号：Q431 - 1 - 105 - 16，1949 年。

8. 《成舍我："总统府"人事资料袋》，台北"国史馆"，典藏号：个人史料 12800/940000/A 成舍我。

9.《蒋中正"总统"文物·事略稿本——民国二十三年七月（二）》，台北"国史馆"，典藏号：002 - 060100 - 00084 - 011，1934 年 7 月 18 日。

10.《蒋中正"总统"文物·事略稿本——民国二十七年二月》，台北"国史馆"，典藏号：002 - 060100 - 00125 - 019，1938 年 2 月 1 日。

11.《蒋中正"总统"文物·一般资料——民国二十三年（二十六）》，台北"国史馆"，典藏号：002 - 080200 - 00168 - 030，1934 年 6 月 7 日—1934 年 6 月 13 日。

12.《蒋中正"总统"文物·一般资料——呈表汇集（九）》，台北"国史馆"，典藏号：002 - 080200 - 00436 - 213，1934 年 7 月 24 日。

13.《陈诚"副总统"文物·军事会员会政治部设计草案汇编》，台北"国史馆"，典藏号：008 - 010705 - 00002 - 004，1939 年 1 月 1 日—1939 年 5 月 19 日。

14.《陈诚"副总统"文物·政治部任内各属人员工作报告》，台北"国史官"，典藏号：008 - 010507 - 00015 - 006，1939 年 6 月 9 日—1940 年 1 月 11 日。

15.《蒋经国"总统"文物·政情——有关党外人士活动及政情报告》，台北"国史馆"，典藏号：005 - 010201 - 00041 - 011，时间不详。

16.《张振鹏致成舍我函》，台北国民党党史委员会，馆藏号：部 2069，1927 年 11 月 24 日。

17.《中央宣传部至中秘处代电》，台北国民党党史委员会，馆藏号：会 6.3/26.15，时间不详。

18.《中国新闻公司计划书》，重庆档案馆，档案号：0296 - 14 - 306。

19.《中国新闻公司临时股东大会记录》，重庆档案馆，档案号：0235 - 9 - 41。

20.《中国新闻公司第一届监察人、董事当选名单》，重庆档案馆，档案号：0300 - 1 - 409。

21.《世界日报拟在渝复刊》，重庆档案馆，档案号：0060 - 13 - 36 - 3。

22.《世界日报社去年九月奉令复刊并于卅四年四月一日出版案》，档案号：0067 - 11 - 279。

23.《马之骕先生访谈记录》，"国史馆""国家历史数据库"，http：//nhd. drnh. gov. tw/AHDPortal/browse/text_ content. do？ method = showContent&pgType = 1&showId = 2434&eadName = 马之骕先生访谈记录 &seriPk = 15&eadSeriSubPk = 178&seriName = 民主运动的萌芽与挫折 &seriSubName = 史料汇编。

24.《雷德宁先生访谈记录》，"国史馆""国家历史数据库"，http：//nhd. drnh. gov. tw/AHDPortal/browse/text_ content. do？ method = showContent&pgType = 1&showId = 2438&eadName = 雷德宁先生访谈记录 &seriPk = 15&eadSeriSubPk = 178&seriName = 民主运动的萌芽与挫折 &seriSubName = 史料汇编。

25.《雷美琳女士访谈记录》，"国史馆""国家历史数据库"，http：//nhd. drnh. gov. tw/AHDPortal/browse/text_ content. do？ method = showContent&pgType = 1&showId =

2439&eadName＝雷美琳女士访谈记录 &seriPk＝15&eadSeriSubPk＝178&seriName＝民主运动的萌芽与挫折 &seriSubName＝史料汇编。

26.《黄杰警总日记选辑："民国"四十九年七月二十二日》，"国史馆""国家历史数据库"，http：//nhd. drnh. gov. tw/AHDPortal/browse/text _ content. do? method＝showContent& pgType＝1&showId＝2594&eadName＝"民国"四十九年七月二十二日 &seriPk＝15&eadSeriSubPk＝178&seriName＝民主运动的萌芽与挫折 &seriSubName＝史料汇编。

二　研究专著

1. 方汉奇主编：《中国新闻事业通史》，中国人民大学出版社 1999 年版。

2. ［美］费正清编：《剑桥中华民国史》（1912—1949），中国社会科学出版社 1993 年版。

3. 曾虚白主编：《中国新闻史》，台湾商务印书馆 1966 年版。

4. 朱传誉：《报人·报史·报学》，台湾商务印书馆 1980 年版。

5. 戈公振：《中国报学史》，上海古籍出版社 2003 年版。

6. 赖光临：《中国近代报人与报业》，台湾商务印书馆 1987 年版。

7. 朱传誉：《中国新闻事业研究论集》，台湾商务印书馆 1988 年版。

8. 李瞻主编：《中国新闻史》，台湾学生书局 1979 年版。

9. 彭怀恩主编：《90 年代台湾媒介发展与批判》，世界新闻传播学院 1997 年版。

10. 卓越新闻奖基金会：《关键力量的沉沦——回首报禁解除二十年》，（台北）巨流图书公司 2008 年版。

11. 郑贞铭编著：《中外新闻传播教育》，（台北）远流出版公司 1999 年版。

12. 林丽云：《台湾传播研究史：学院内的传播学知识生产》，（台北）巨流图书公司 2004 年版。

13. 李金铨主编：《文人论政：知识分子与报刊》，广西师范大学出版社 2008 年版。

14. 许清茂主编：《海岸两岸文化与传播研究》，厦门大学出版社 2005 年版。

15. ［英］布赖恩·麦克奈尔：《政治传播学引论》，殷祺译，新华出版社 2005 年版。

16. 徐耀魁主编：《西方新闻理论评析》，新华出版社 1998 年版。

17. 方汉奇主编：《中国新闻传播史》（第二版），中国人民大学出版社 2009 年版。

18. 吴廷俊：《中国新闻史新修》，复旦大学出版社 2008 年版。

19. 黄瑚：《中国新闻事业发展史》，复旦大学出版社 2001 年版。

20. 陈龄慧主编：《价值的追寻：两岸传播与文化论集》，台南艺术大学音像管理研究所 2009 年版。

21. 陈扬明、陈飞宝、吴永长：《台湾新闻事业史》，中国财政经济出版社 2002年版。

22. 王天滨：《台湾新闻传播史》，（台北）亚太图书出版社 2002 年版。

23. 王天滨：《台湾报业史》，（台北）亚太图书出版社 2003 年版。

24. 王天滨：《台湾社会新闻发展史》，（台北）亚太图书出版社 2002 年版。

25. 续伯雄辑注：《台湾媒体变迁见证——欧阳醇信函日记（1967—1996）》，（台北）时英出版社 2000 年版。

26. 袁昶超：《中国报业小史》，（台北）新闻天地出版社 1957 年版。

27. 李建新：《中国新闻教育史论》，新华出版社 2003 年版。

28. 王文彬编：《中国报纸的副刊》，中国文史出版社 2002 年版。

29. ［美］白瑞华：《中国报纸（1800—1912）》，王海译，暨南大学出版社 2011年版。

30. 彭家发：《小型报刊实务》，三民书局 1986 年版。

31. 林永仁、杨尚聘、熊庆文编著：《小型报纸实用编辑学》，新华出版社 1992年版。

32. 胡庆云：《中国无政府主义思想史》，国防大学出版社 1992 年版。

33. 路哲：《中国无政府主义史稿》，福建人民出版社 1990 年版。

34. ［美］迈克尔·舒德森：《发掘新闻：美国报业的社会史》，陈昌凤、常江译，北京大学出版社 2009 年版。

35. ［美］迈克尔·舒德森：《新闻社会学》，徐桂权译，华夏出版社 2010 年版。

36. 洪煜：《近代上海小报与市民文化研究（1897—1937）》，上海世纪出版集团 2007 年版。

37. 傅国涌：《笔底波澜——百年中国言论史的一种读法》，广西师范大学出版社 2006 年版。

38. 许纪霖编：《20 世纪中国知识分子史论》，新星出版社 2005 年版。

39. 张育仁：《自由的历险——中国自由主义新闻思想史》，云南人民出版社 2002年版。

40. 冯并：《中国文艺副刊史》，华文出版社 2001 年版。

41. 萧东发编：《新闻学在北大》，北京大学出版社 2006 年版。

42. 南京地方志编撰委员会：《南京报业志》，学林出版社 2001 年版。

43. 李磊：《报人成舍我研究》，中国传媒大学出版社 2011 年版。

44. 中国大百科全书总编辑委员会《新闻出版》编辑委员会编：《中国大百科全书·新闻出版》，1990 年版。

45. 陈建云：《向左走 向右走：1949 年前后民间报人的出路抉择》，福建教育出版社 2010 年版。

46. 李文绚：《风吹枷锁——中国新闻史著名报案》，福建人民出版社 1999 年版。

47. 陈昌凤：《蜂飞蝶舞——旧中国著名报纸副刊》，福建人民出版社 1999 年版。

48. 陈彤旭：《出奇制胜——旧中国的民间报业经营》，福建人民出版社 1999 年版。

49. 张功臣：《民国报人：新闻史上的隐秘一页》，山东画报出版社 2010 年版。

50. 历史科学规划小组史学理论组编：《历史研究方法论集》，河南人民出版社 1987 年版。

51. ［美］利贝卡·鲁宾等著：《传播研究方法：策略与资料来源》（第四版），黄晓兰等译，华夏出版社 2000 年版。

52. 张灏：《梁启超与中国思想的过渡（1890—1907）》，崔志海、葛夫平译，新星出版社 2006 年版。

53. 汤志钧：《戊戌变法史论丛》，湖北人民出版社 1957 年版。

54. 杨天石：《南社史长编》，中国人民大学出版社 1995 年版。

55. 方汉奇：《中国近代报刊史》（下），山西人民出版社 1981 年版。

56. 荣孟源审校：《吴虞日记》（上），四川人民出版社 1984 年版。

57. ［美］周策纵：《五四运动史》，陈永明等译，岳麓书社 1999 年版。

58. 刘建国：《主义大辞典》，人民出版社 1995 年版。

59. 李宏图：《西欧近代民族主义思潮研究》，上海社会科学院出版社 1997 年版。

60. ［德］乌尔里希·贝克：《世界主义的观点——战争即和平》，杨祖群译，华东师范大学出版社 2008 年版。

61. 张允侯等：《五四时期的社团》（三），生活·读书·新知三联书店 1979 年版。

62. 黄天鹏：《中国新闻事业》，上海联合书店 1930 年版。

63. 江苏省地方志编纂委员会编：《江苏省志·报业志》，江苏古籍出版社 1999 年版。

64. 徐宝璜：《新闻学》，时代文艺出版社 2009 年版。

65. 林语堂著：《中国新闻舆论史》，王海何洪亮译，人民出版社 2008 年版。

66. 梁启超：《梁启超史学论著四种》，岳麓书社 1985 年版。

67. 李彬：《全球新闻传播史》，清华大学出版社 2005 年版。

68. 黄天鹏编：《新闻学刊全集》，光新书局 1930 年版。

69. 许纪霖编：《二十世纪中国思想史论》（下），东方出版中心 2000 年版。

70. 杨秀菁：《台湾戒严时期的新闻管制政策》，"国立"编译社 2005 年版。

71. 王天滨：《台湾新闻报业史》，（台北）亚太图书出版社 2002 年版。

72. 卓越新闻奖基金会主编：《关键力量的沉沦——回首报禁解除二十年》，（台北）巨流图书公司 2008 年版。

73. 《"中华民国"新闻年鉴八十年版》，台北市新闻记者公会编印，1991 年。

三 期刊学术论文

1. 方汉奇：《一代报人成舍我》，《新闻学论集》1999 年 12 月第 18 辑。

2. 辛华：《中国新闻史研究的黄金时代——中国新闻史学会会长方汉奇教授访谈录》，《现代传播》2002 年第 5 期。

3. 成露茜、唐志宏、李明哲：《无政府主义的影响和实践：成舍我的"非资本主义大众化报刊"》，《新闻学研究》第 106 期。

4. 徐木兴：《五四新文化运动时期北京大学社团类型与功能的历史考察》，《北京党史》2009 年第 3 期。

5. 田建民、丁合林：《柳亚子与冯春航、陆子美交游述评》，《兰台世界》2012 年第 10 期。

6. 张红军：《报纸"大众化""多元化"理想的追求与传承——独立报人成舍我与成露茜的精神传承》，《新闻爱好者》2011 年第 15 期。

7. 李磊：《成舍我：一生办报历坎坷》，《临沂大学学报》2011 年第 3 期。

8. 张晓锋：《成舍我与"南社内讧"》，《传媒观察》2011 年第 3 期。

9. 黄俊华：《成舍我新闻教育观及其现实意义》，《湛江师范学院学报》2010 年第 2 期。

10. 李磊：《一篇反映成舍我办报思想的重要文献——对成舍我〈中国报纸之将来〉的一个解读》，《国际新闻界》2009 年第 10 期。

11. 李磊：《成舍我"二元化"办报思想初探——对上海〈立报〉发刊辞的解读》，《现代传播》2009 年第 5 期。

12. 骆雁：《论成舍我新闻实践的成功之道》，《齐齐哈尔大学学报》（哲学社会科学版）2009 年第 4 期。

13. 谢平：《办报办学 舍我其谁——成舍我与他的报业生涯》，《新闻与写作》2009 年第 4 期。

14. 余望：《成舍我新闻策划行为的现代启示》，《福州大学学报》（哲学社会科学版）2008 年第 3 期。

15. 吕莎：《成舍我"小型报"思想探究》，《新闻窗》2008 年第 2 期。

16. 吕蕾：《成舍我和新闻教育事业》，《新闻爱好者》（理论版）2008 年第 3 期。

17. 陈琼珂：《民国新闻教育的另一种设计——成舍我与北平新闻专科学校》，《国际新闻界》2008 年第 4 期。

18. 刘佳：《成舍我报业经营管理思想特点分析》，《山东行政学院山东省经济管理干部学院学报》2008 年第 1 期。

19. 傅国涌：《一代报人成舍我》，《炎黄春秋》2003 年第 10 期。

20. 傅乃芹：《"八十到头终强项"——纪念成舍我诞辰 105 周年》，《新闻爱好者》2003 年第 12 期。

21. 熊罗生：《成舍我与南社"朱柳论诗"公案》，《株洲师范高等专科学校学报》
2001 年第 3 期。

22. 马达：《成舍我成功的报业经营》，《青年记者》2000 年第 6 期。

23. 邹华享：《一代报人成舍我》，《文史博览》2000 年第 6 期。

24. 李中行：《志在报国的人生轨迹——记成舍我先生》，《党史纵横》2000 年第
5 期。

25. 曹鹏：《成舍我早期的办报艺术（下）》，《新闻三昧》1999 年第 12 期。

26. 曹鹏：《成舍我早期的办报艺术（上）》，《新闻三昧》1999 年第 11 期。

27. 祝晓风：《关于成舍我百年诞辰的纪念》，《读书》1999 年第 8 期。

28. 白润生：《成舍我与少数民族报业》，《当代传播》1999 年第 5 期。

29. 徐少红：《成舍我与南京〈民生报〉》，《紫金岁月》1998 年第 4 期。

30. 李伟：《新闻奇人成舍我》，《世纪》1997 年第 6 期。

31. 孙景瑞：《报业巨子成舍我》，《文史春秋》1997 年第 4 期。

32. 孙引南：《一位不平凡的华裔巾帼——记老报人成舍我之女成之凡》，《春秋》
1994 年第 4 期。

33. 陈维麟：《怀念台湾新闻界耆宿成舍我》，《今日中国（中文版）》1987 年第
12 期。

34. 贺逸文：《成舍我创办新闻专科学校》，《新闻与传播研究》1981 年第 4 期。

35. 毕君：《成舍我与世界日报》，《新闻与传播研究》1981 年第 4 期。

36. 陈建云：《报人成舍我的成功之道》，《新闻大学》2011 年第 2 期。

37. 李时新：《〈晶报〉对〈立报〉的模仿及其败因探究》，《闽江学刊》2011 年
第 1 期。

38. 刘艳凤：《试论成舍我的新闻思想及其新闻实践》，《国际新闻界》2010 年第
8 期。

39. 游琨：《上海〈立报〉小型报思想及其对当代中国都市报的启示》，《大家》
2010 年第 18 期。

40. 杨华：《从"小报大办"到"大报小办"》，《新闻爱好者》2010 年第 13 期。

41. 陶喜红：《大众化：成舍我的报业思想及其实践》，《湖北大学学报》（哲学社
会科学版）2010 年第 3 期。

42. 都海虹：《成舍我的新闻专业精神》，《新闻爱好者》2009 年第 24 期。

43. 刘艳凤：《解读上海〈立报〉发行上的"神话纪录"》，《国际新闻界》2009
年第 8 期。

44. 孔岩：《〈世界日报〉转载〈金粉世家〉的历史启迪》，《新闻世界》2009 年
第 2 期。

45. 杨琦：《成舍我的报刊活动思想探析》，《新西部》（下半月）2008 年第 11 期。

46. 权波：《浅谈成舍我办报思想的现实价值》，《新西部》（下半月）2008 年第 8 期。

47. 唐志宏：《成舍我的小型报广告策略》，《广告大观》（理论版）2008 年第 4 期。

48. 余望：《论成舍我的新闻人才观》，《出版科学》2006 年第 2 期。

49. 傅国涌：《漂浮的木板（下）——重读百年言论史》，《社会科学论坛》2004 年第 4 期。

50. 刘小燕：《中国民营报业托拉斯道路的破灭》，《新闻大学》2003 年第 4 期。

51. 胡正强：《张恨水报刊编辑实践及其思想述论》，《湘潭大学社会科学学报》1999 年第 6 期。

52. 黄候兴：《成门的"夜光"与"明珠"》，《海内下海外》1999 年第 4 期。

53. 阿敦：《〈世界日报〉是〈光明日报〉的前身?》，《读书》1999 年第 9 期。

54. 陈向阳：《新闻记者和行政院长》，《读书》1999 年第 5 期。

55. 诸天寅；《成舍我的办报四原则》，《新闻与写作》1999 年第 1 期。

56. 萧笛：《张恨水的新闻生涯》，《新闻界》1995 年第 4 期。

57. 侯杰：《女性主体性的媒体言说——对 20 世纪 30 年代〈世界日报〉专刊〈妇女界〉的解读》，《安徽大学学报》（哲学社会科学版）2010 年第 4 期。

58. 侯杰：《媒体·性别·抗战动员——以 20 世纪 30 年代〈世界日报〉副刊〈妇女界〉为中心》，《南开学报》（哲学社会科学版）2010 年第 2 期。

59. 刘宝珍；《中国近代四大民营报纸精品副刊特色论析》，《民族论坛》2006 年第 12 期。

60. 石娟：《〈啼笑因缘〉的两个版本——〈新闻报〉与〈世界日报〉之间的一段公案》，《新文学史料》2010 年第 3 期。

61. 刘涛：《一篇访问记、一次讲演与一封快——1935 年北平〈世界日报〉上有关周作人的三则史料》，《鲁迅研究月刊》2010 年第 3 期。

62. 张洁宇：《"人的问题"——〈世界日报·明珠〉上的林庚佚文》，《新文学史料》2010 年第 1 期。

63. 唐海江：《论 1930 年代北平新闻学话语的逻辑构成与纠葛——以〈世界日报·新闻学周刊〉为文本个案》，《国际新闻界》2009 年第 2 期。

64. 刘宁元：《〈世界日报〉的〈蔷薇〉》，《北京党史》1997 年第 3 期。

65. 万枚子：《忆鸾兄在〈世界日报〉》，《新闻与传播研究》1990 年第 4 期。

66. 左笑鸿：《世界日报和世界晚报的副刊》，《新闻与传播研究》1983 年第 3 期。

67. 贺逸文：《采纳意见 改进版面——一九三一年七月至一九三七年七月的世界日报》，《新闻与传播研究》1981 年第 1 期。

68. 张友渔：《我与世界日报》，《新闻与传播研究》1981 年第 1 期。

69. 贺逸文：《抗战胜利后的世界日报》，《新闻与传播研究》1981 年第 4 期。

70. 陈云阁：《重庆世界日报记实》，《新闻与传播研究》1981 年第 4 期。

71. 贺逸文、《发展时期的世界日报（一九二八年至一九三一年六月）》，《新闻与传播研究》1980 年第 3 期。

72. 贺逸文：《世界日报初创阶段（一九二四年至一九二七年）》，《新闻与传播研究》1980 年第 1 期。

73. 刘继忠：《南京〈民生报〉停刊事件再审视》，《国际新闻界》2010 年第 1 期。

74. 张建安：《报界的正义之声——贪污报道引发的〈民生报〉被封事件》，《纵横》2005 年第 10 期。

75. 陈昌凤：《从〈民生报〉停刊看国民党南京政府控制下的民营报业》，《新闻与传播研究》1993 年第 1 期。

76. 张健：《便士报"传播革命"与"第四权力"的确立》，《苏州大学学报》（哲社版）2009 年第 5 期。

77. 许清茂：《萨空了、恽逸群和〈立报〉》，《厦门大学学报》（哲社版）1991 年第 2 期。

78. 萨空了：《忆〈立报〉的那一段生活》，《群言》1987 年第 11 期。

79. 张陈琛：《中国知识分子与媒体关系微探》，《新闻传播》2010 年第 5 期。

80. 中村元哉：《民国期ジャーナリスト成舍我と近代中國メディア史研究——日本．中國．アメリカの視點から東アジア近代メディア史の可能性を探る》，《近代中國研究彙報》2007 年 3 月第 29 期。

81. 杜成会：《如何理解报纸大众化》，载《新闻大学》2003 年（夏）。

82. 李瞻：《我国报禁问题及其解决之道》，《报学》杂志 1987 年 6 月第 7 卷第 8 期。

83. 马骥伸：《报纸开放以后》，《报学》杂志 1987 年 12 月第 7 卷第 9 期。

四 学位论文

1. 杜竹敏：《〈民国日报〉文艺副刊研究》（1916—1924），博士学位论文，复旦大学，2010 年。

2. 向芬：《国民党新闻传播制度研究》，博士学位论文，中国社会科学院研究生院，2009 年。

3. 洪煜：《近代上海小报与市民文化研究》（1997—1937），博士学位论文，上海师范大学，2006 年。

4. 刘少文：《论报人生活对张恨水及其小说创作的影响》，博士学位论文，吉林大学，2005 年。

5. 邵志择：《中国近代报刊思想的起源与转折》，博士学位论文，浙江大学，2009 年。

6. 周庆祥：《党国体制下的台湾本土报业》，博士学位论文，台湾世新大学，2006 年。

7. 唐志宏：《尝试与突围：成舍我与中国近代报业（1919—1949）》，博士学位论文，台湾政治大学，2010 年。

8. 王丽娜：《南京〈民生报〉及其政治主张研究》，硕士学位论文，南京师范大学，2008 年。

五　学术研讨会

1. 新闻典范的挑战与另类媒体——纪念成露茜教授国际学术研讨会，世新大学，2010 年 5 月 28—29 日。

2. 中国新闻史国际学术研讨会（2011·北京）——成舍我与民国新闻史，北京大学，2011 年 3 月 26 日。

3. 传播研究与实践：传播领域的过去、现在与未来，世新大学，2011 年 2 月 24—26 日。

4. "中国新闻史国际学术研讨会"（2012），世新大学，2012 年 5 月 24—25 日。

后　　记

　　完成书稿的最后一次校对，窗外已是春光明媚、杨柳飞絮的三月。从五年前决定以此为选题，到完成书稿，期间犹如经历了一次长途跋涉。为了激励自己余生中有更足的勇气和信心去作更长远、更艰辛的跋涉，更为了对在跋涉中无私给予帮助的师友、亲人深表谢意，到达终点时，笔者觉得有必要对这一跋涉的过程作一简要的回顾。

一

　　以成舍我作为研究主题，纯属偶然。

　　进校第一学期选修了林念生教授的"媒介批判"课程。在一次课上，他要求我们课后搜集欧美高校的新闻传播教育资料，以作分析。因为研究方向是台湾传媒，我的搜集重点转为台湾地区，原本想写一篇两岸新闻传播教育比较分析的文章，但在搜集材料的过程中，台湾世新大学及其创办人成舍我映入眼帘，由此了解到，成舍我在大陆时期就已经创办过"北平世新""桂林世新"，此时我的兴趣点已转往成舍我在中国早期新闻教育的地位这一问题上，想以此为突破口写一篇探求中国早期新闻教育的文章。在与导师许清茂教授沟通时，他的观点是，已经有学者对我国新闻教育作过系统地研究，并且那些早期新闻教育的探索者都已逝世，想在资料方面有新的突破并不容易，所以他不主张我写此类文章，建议我不妨先写一篇探究成舍我新闻教育思想的文章。

　　几天后，许老师突然打来一个电话，大意是，在中国近现代新闻史中成舍我是占有一席之位的人物，要我在较短的时间内搜集一切与成舍我相关的材料，看是否能够以他作为学位论文的研究主题。当时的心情是极为惊讶的，没有想到在入学后如此短的时期内就要决定学位论文的主题，当时的想法是，学位论文，还早着呢。但受许老师当时急促语气的感染，我也不得不动起来，以一种"上穷碧落下黄泉"精神搜寻资料。

约一周后，我心中有数了。首先认识到，以成舍我在中国新闻史中的地位，是具有作为学位论文研究价值的；其次通过整理已有的研究发现，尽管以成舍我及其事业为主题的论文正日益多起来，世新大学舍我纪念馆也已召集多位博士后研究员以成舍我为中心展开研究，并取得丰硕的成果，但多是对成舍我及其事业碎片化的、阶段性的研究，缺乏系统性的研究，即使第一位以成舍我作为博士学位论文主题的唐志宏博士，研究范围也仅限于成舍我在大陆的事业。

然而以成舍我为研究主题，也有顾虑：一是成舍我的新闻活动时间跨度长，几乎横亘整个 20 世纪的中国新闻事业，涉及的报刊众多，我有足够的能力和精力完成吗？二是资料搜寻的不易。想要有所突破，必须大量地阅读报纸文本，然而厦门地处一隅，搜寻资料不如北京、上海等地容易，单一套北平《世界日报》的电子版就需 6 万多元（我曾打电话咨询过北京国家图书馆），这岂是一穷苦学生所能负担？

在随后一周的课堂上，许老师听取了我的汇报后，当场定下来，可以写！勿需担心没有足够的能力和精力完成，只需有勤奋刻苦的精神；勿需担心资料搜寻不易，只需有排除万难、克服一切的意志！听了许老师振奋人心的话后，我犹如吃下了定心丸，决意以此作为论文的主题了。

不久，许老师想方设法、费尽周折，与台湾铭传大学传播学院取得联系，拟暑期让我和其他四位同学以"接待大陆地区大众传播研究生来台实习活动"项目的机会去台湾搜集论文材料。2011 年暑假在台北的近 40 个日日夜夜，至今回想起来仍激动不已。那段日子里，每日清晨 7 时许出，晚上 10 时后归，如战士奔赴战场一样，精神处于极端亢奋状态，在台北"国家"图书馆、世新大学（舍我纪念馆）、国民党党史馆、"国史馆"等地来回奔波，每日至少拍摄一千张资料，至少要爬一千级台阶，每日都有新的发现和收获，可说累并痛快着！

台湾回来后，就忙着对资料进行归类、研读，单是对几份报纸就作了近百万余字的笔记。正式动笔后，虽然也不时磕磕碰碰，但是正是有了这些资料，才能交出这样一篇不是令人满意却可说是差强人意的稿子。

二

在这一路跋涉中，因为有了师友、亲人的扶助、伴随，才能排解一座座险阻，到达终点。

感谢恩师许清茂教授！许老师不因我的愚钝而摒弃于门墙。他的渊博学识和宽容胸怀常令我有高山仰止之感。许老师在整个论文写作中处于居功至伟的地位。在他的帮助下，我才有信心确立此论文选题；他一手促成了我们的台湾之行；而在具体的写作中，每当思路无着时，我们就在一起讨论，他从不对我浅薄的观点加以呵斥，他认为打开思路最有效的途径就是要通过不同观点的碰撞，他的精辟话语常令我有茅塞顿开之感，致使我不时有抓耳挠腮的兴奋状，而每一次这样的讨论都要花费一至两小时的时间。我常常想，相比于其他的同门，我是无比幸运的，因为我比他们多了三年与许老师朝夕相处的日子，使我有更多拜师学艺的机会，深感此生足矣！

感谢厦门大学新闻传播学院前院长张铭清教授、赵振祥教授、阎立峰教授、岳淼教授！

他们在开题报告中给出了中肯且又极具建设性的意见，完善了我的论文框架，并使我在写作过程中不至于犯常识性的错误。

感谢曹立新老师、毛章清老师！

他们是我的江西老表，而我最早与毛老师的相识不在现实生活中，而是先在《新闻与传播研究》等刊物上拜读过毛老师的大作时，为之倾服不已。入校后，才与他谋面，记得那是开学之初，在学院大楼的台阶上他正与本恩谈话，我去搭讪，才一起认识他们的。认识之后，更对毛老师的才华和热情所感服。实际上，他也是我与曹立新老师认识的"红娘"，更是我论文资料收集的大功臣。记得在去台湾之前，我与他通了一次电话，在电话中我诉说了搜寻资料的苦恼，他当下告诉我曹立新老师正在舍我纪念馆作博士后研究员的消息，要我设法与他联系上，看是否能打开局面。果然，按照他所提供的方式，我与曹老师取得了联系。

在台湾同曹老师一交往，我就知道他真是个真诚、热心肠的人。在他的无私帮助下，终于有幸搜集到了许多宝贵的资料；在他回大陆前，他见我每天奔波于铭传、世新间过于劳累，建议我住在他那里，在那几天不仅让我免于奔波之累，也为我节约了一些舟车的费用。在这里，我要再说一句，谢谢您，曹老师！另外有了他的热心介绍，我还认识了台湾其他的一些学者，为资料搜集提供了便利。

感谢台湾铭传大学传播学院原院长陈耀竹教授、邱槿桉女士、刘怡妡同学、陈峻毅同学、林品好同学、颜伶恬同学！有了他们的盛情接待和安排，才使得那次台湾之行变得无比顺利，令我们感到两岸同胞血浓于水的亲情！

感谢世新大学夏春祥博士、舍我纪念馆的黄顺星博士、李兰琪女士、林纯桢女士和世新图书馆的许程墅老师！他们真是太热情了！至于夏老师，尽管早在2011年4月26日于北京的那次会议上就一睹他的风采，时因匆忙，人员繁杂，不好交流，贸然向他要了个电子邮件，此后，觉得时机未至，不好冒昧打扰他，也没及时向他通信，所以真正地认识也是这次台湾之行。夏老师向我提出一些很好地建议，如应多读书，并且多读一些令人深思的书；写文章应带着问题去写；新闻史的研究应不仅局限于资料的整理、诠释，研究方法要创新，可从新闻报道的"议题"入手等等，令我受益颇多。图书馆的许程墅老师虽只经曹老师介绍一面，但是每次去图书馆，如若相遇就必问一个问题：要不要提供帮助？在知道我快要离开台北时，还备礼物给我，令我万分感动和惭愧，深深感受到台湾同胞的好客之道。

感谢俞凡、本恩、晓慧、姜鹏、东英、丽华、莫莉、杨颖、张楠、雪芳、李漪、国慧等同学！有他们相持相伴，令我感觉到大学的生活是如此美好。其中，俞凡、东英、丽华、晓慧与我在台湾之行中结下了战友般的情谊；本恩的诚挚与坦率，使之是我三年中结识的最宝贵的朋友，也是可结伴一生的朋友；而姜鹏，我的好兄弟，你的才华和年轻，令我深羡不已！

感谢厦门大学文学院杨聪凤教授、江西财经大学余镇邦教授、新疆大学原新闻系主任冯浩教授！笔者父母见背于世已久，幸在人海苍茫中得遇这些长者，他们时时以无比宽容、谆谆善诱的长者风范教诲笔者，使我找到父母一般的温暖。

最后，我要将珍贵的一份谢意献给我的家人——爱人徐爱华和女儿梓珂。在这五年中，你要照顾女儿，你要承担所有的家务，还要工作，一切的感激不想多言，只想说一句：你辛苦了。而我的宝贝梓珂，爸爸一看见你，所有的不快和压力马上就烟消云散。你们，是我人生的一笔无价财富，更是我坚持跋涉的动力源泉！

黄志辉

2017年1月13日